昆明古城与滇池

●朱惠荣 著

善阐城
拓东城
益州郡治

云南出版集团
云南人民出版社

图书在版编目（CIP）数据

昆明古城与滇池 / 朱惠荣著. —昆明：云南人民出版社，2017.5（2020.11 重印）

ISBN 978-7-222-15657-9

Ⅰ. ①昆… Ⅱ. ①朱… Ⅲ. ①古城-介绍-昆明②滇池-流域-介绍 Ⅳ. ①K928.5②K928.42

中国版本图书馆 CIP 数据核字（2017）第 001869 号

出 品 人：赵石定
组稿统筹：冯　琰
责任编辑：冯　琰
责任校对：张益珲
装帧设计：胡元青
责任印制：马文杰

昆明古城与滇池

KUNMING GUCHENG YU DIANCHI

朱惠荣　著

出　版　云南出版集团　云南人民出版社
发　行　云南人民出版社
社　址　昆明市环城西路 609 号
邮　编　650034
网　址　www.ynpph.com.cn
E-mail　ynrms@sina.com
开　本　889mm×1194mm　1/32
印　张　11.5
字　数　280 千
版　次　2017 年 5 月第 1 版
　　　　2020 年 11 月第 2 次印刷
印　刷　昆明理煜印务有限公司
书　号　ISBN 978-7-222-15657-9
定　价　59.00 元

云南人民出版社微信公众号

如有图书质量及相关问题请与我社联系

审校部电话：0871-64164626

印制科电话：0871-64191534

目　　录

下篇　昆明山水文化举隅

附篇　地　　图

导　言

一

昆明是国务院1982年公布的首批24座全国历史文化名城之一。

首先，昆明有悠久的历史。考古发掘证明，3万年前的旧石器时代，在今龙潭山一带就有古人类生活、繁衍，被学术界命名为“昆明人”。他们居住的是天然洞穴，以狩猎、采集维持生活，用天然石块打造成工具，还会用火烧烤而熟食，也利用火防御野兽。距今7000～4000年前，昆明已进入新石器时代，滇池周围分布着不少原始聚落，当时的人们滨水而居，他们把石头磨光为各种石器，磨制精良；利用泥土烧制成碗、盘、罐等各种陶器，器形和纹饰多种多样。他们稳定的食源是滇池里丰富的螺蛳，只需把螺蛳尾部敲一个洞，就可轻易地吸食，历千百年，这些已被食过的螺壳在他们的住地堆积如山，成为考古学上通称的贝丘遗址。他们也从事捕鱼、纺织和农业，今天我们还能找到用陶或石做成的网坠、纺轮，还能在陶器上经常看到谷壳、谷穗和麦穗。距今3000多年前相当于殷商时期，在这些原始聚落里的人们，已会建造干栏式、半地穴式和圆形的地面建筑，有柱洞、灰坑、火塘或排列整齐的木桩。不但发现铜镞、铜爪镰等，还发现铜渣，至此，证明古人已掌握了炼铜技术，进入青铜器时代。这些，不禁使我们想到燧人氏、伏羲氏、有巢氏、神农氏等。中国古史上的“传说时代”，在昆明的古史上皆一一获得印证，远古时期的昆明也闪耀着辉煌。

其次，昆明是边疆城市的典型。西南边疆重山复岭，山高水险，地形复杂，易守难攻。古代，贝丘遗址发展所形成的城市也属此类，我们把它称为“山寨”、“水城”，如螺山城、善阐城等。阁罗凤巡视昆川时说，“山河可以作藩屏，川陆可以养人民”，正是评价“山寨”、“水城”眼光的点睛之笔。昆明古城所在的螺山半岛，三面临水，北面的五华山既是陆路通道，又可做陆上屏障。五华山南坡宽衍，东西收缩，东崖有大德山陡壁，西崖的华山西路早年有如栈道。“山寨”、“水城”并非完全依赖天然，一般皆根据当地特点，稍加修葺，以求完善。对某些地形上的不足，稍加工程措施，但无统一规范。南诏、大理时期的善阐城，在山险部分修了一段北城墙，开了北门，临水的三面整修滩涂，形成东玉带河和西玉带河，兼有城濠、防浪、蓄洪等作用，可以同时抵御人为和自然的侵害。也许有人会苛求，“偌大一个城，只修了那么一小段城墙”！“山寨”、“水城”的修建不但需要智者选址的眼光，还需要匠才根据实际情况，巧妙发挥当地的亮点，补缀其弱点。善阐城是西南边疆“山寨”、“水城”型城市建城的典型。没有对这一类城市的总结和深入研究，中国城市史是不完整的。

当然，内地建城的经验也先后被介绍到边疆，内地古城的形态在西南边疆也陆续出现。庄蹻带兵到滇池地区攻打滇国，他要建城以自保，战国时期出现庄蹻故城是可信的。公元前221年秦始皇统一中国，在云南开道置吏，云南自此成为我国中央集权的统一多民族国家的一部分，滇池地区自此也揭开了历史的新篇章。汉武帝重开西南夷，元封二年（前109年）设益州郡，辖24县，辖境约当今云南省的大部，这是云南设置郡县之始。两汉一级政区益州郡的治所在滇池县，相当于后来的省会。两晋在郡上设州，实行州—郡—县三级制，宁州即为其中之一，以后虽郡县有分合，但州仍为一级政区，也相当于后来的省。汉代益州郡、两晋宁州共500年左右，它们的治所皆在滇池县，即今晋宁县晋城。所建的城临水，周达十里，形如飞鱼出海，有九门十二衢，其规模和气势，可称南中第一城。元代的中庆城为夯土筑就的四周完整的土城。明清云南府城改为砖城，周九里三分，开六门，使用了瓮城、雉堞、墩台、马面等筑城技术，环城有濠，可通舟楫。明清的昆明古城，全面吸收了内地的筑城经验，西南边疆的城池与内地“千里同风”了。昆明古城也有一些特殊的、值得学术界关注的内容，如一城双核、一城两制等。南诏、大理时，拓东城与善阐城隔水同时存在。元代，中庆城与斡尔朵城隔盘龙江同时存在。明清时的云南府城不包括城南的大片商业市井繁盛之区，今日我们理解的城市的概念不应局限在城墙保护的范围内，当然也远不止九里三分了。

最后，昆明也是千年古都。在春秋、战国时期，方国林立，“春秋五霸”、“战国七雄”，那是举其大者。西南边疆也出现了滇国，它是和内地的楚、吴、越等相同的古国之一，历史文献早有记载。滇国高度发达的经济和文化，被石寨山等地出土的大量精美的青铜器所证明，世人叹为观止。滇国都城的位置，在今滇池南岸的晋城附近，石寨山古墓群和出土的“滇王之印”金印亦可证明。《史记·西南夷列传》载：“始楚威王时，使将军庄蹻将兵循江上，略巴、黔中以西。庄蹻者，故楚庄王苗裔也。蹻至滇池，方三百里，旁平地，肥饶数千里，以兵威定属楚。欲归报，会秦击夺楚巴、黔中郡，道塞不通，因还，以其众王滇，变服从其俗以长之。”庄蹻王滇的时间，他书又有作楚顷襄王者，当代学者多认为不会晚于公元前 280 年。庄蹻不是来新垦不毛之地，他是“变服从其俗以长之”，篡了原来滇王的位，不能称为“庄蹻开滇”。庄蹻之后，又“分侯支党，传数百年”，汉武帝在此设益州郡治，“赐滇王王印，复长其民”，一直延续到西汉末年。参酌滇池地区青铜文化断代的结论，滇国出现的时间不会晚于春秋末期，昆明作为滇国的都城当不少于 500 年。

唐宋时期，在我国的西南边疆出现了南诏和大理两个地方民族政权，其间也出现过大长和、大天兴、大义宁的更迭，与五代十国的历史特点相同。南诏和大理都效学唐王朝实行两京制度，它们的首府在阳苴咩城（今大理古城），但南诏把拓东城建为“东京”，又称“上都”，大理把善阐城建为“东京”，又称“别都”。《南诏德化碑》记载：赞普钟“十二年冬，诏候隙省方，观俗恤隐，次昆川，审形势。言山河可以作藩屏，川陆可以养人民。十四年春，命长男凤伽异于昆川置拓东城，居二诏，佐镇抚。”《蛮书》卷 6 说：“拓东城，广德二年凤伽异所置也。”广德二年为赞普钟十三年，公元 764 年，赞普钟十四年为永泰元年，公元 765 年，大概拓东城是 764 年始建，765 年建成。东京也是南诏和大理的统治中心，他们在东京大建宫室，其规模往往与阳苴咩城相侔。南诏和大理诸王有的常驻东京处理政务、接待使臣、游幸娱乐，有的在东京就王位，有的死在东京。直到蒙古宪宗四年（1254 年）兀良合台在东京俘得大理国王段兴智，昆明作为南诏和大理的陪都和实际统治中心共 490 年。

明清之际，清兵入山海关，占领北京，并迅速南下，全国形势逆转。张献忠领导的大西农民军的余部孙可望、李定国、刘文秀、艾能奇等四将军退到昆明，举起联明抗清的大旗。从永历元年（1647 年）到永历十二年（1658 年），以昆明为中心，滇黔两省为基地，出兵大败清军，控制全国半壁河山，势力达今四川、湖南、江西、广东、广西等省区，推行一套完整的经济、文化、民族、宗教政策和科举考试制度。抗清义士和文化人纷纷奔走西南，群集昆明。永历十年（1656 年），农民起义军又把南明的永历皇帝接到昆明，昆明成为南明永历政权的最后一个都城，时称“滇都”。在农民军的支持下，永历政权成为南明诸政权中持续时间最长的一个。农民起义军占领省会城市作为自己的中心，左右全国形势达 12 年，在历史上是罕见的。

二

滇池是云贵高原最大的淡水湖。滇池也是昆明市区的内湖，昆明的 6 个市辖区五华区、盘龙区、官渡区、呈贡区、晋宁区、西山区环湖布列。《滇池保护条例》规定，滇池保护的范围按正常高水位为海拔 1887. 4 米的水面和滨岸带，滇池水域为 309. 5 平方公里，库容积为 15. 6 亿立方米，湖岸线长 163. 2 公里，平均深度为 5. 3 米，最深处“海眼”深 11. 2 米。《条例》还规定了最低工作水位为海拔 1885. 5 米。这是今日滇池的状况。

与之相较，人类历史时期滇池水域的变化太大。滇池边有一圈天然老埂，很多地段比较明显，早期修建的公路多取老埂边缘选线。其上的台地比较平缓，适于采集和狩猎，龙潭山遗址即在老埂以上。老埂基本就是旧石器时代的滇池湖岸线。新石器时代的先民从埂上下到湖涘，就水而居。贝丘遗址多在老埂下面的滩地或低丘，也有少数位于老埂上面的边缘。按贝丘遗址位置并参酌有关资料复原的新石器时代滇池湖岸线，大体北起今昆明螺蛳湾，西沿黄土坡、黑林铺、夏家窑，西山脚一段变化甚微。东边湖岸线直抵今高桥村附近的宝象河谷口。以后沿江尾、大古城、石碑村、关山、石子河、安江古城、象山、晋城、小平山一线。南边湖岸线达渠西里、后村、昆阳老城、太史庄、中谊村。那时的昆明古城所在还是狭长的螺山半岛，官渡古镇还是湖中小岛；滇池东岸和南岸洲、岛星列，岸线曲折，有呈贡湾、大渔湾、晋宁湾、昆阳湾、古城湾等分布；盘龙江入口是一片既宽且长的汉营湾；出水口螳螂川也有宽阔的水道，直抵今白塔村和柴厂。

滇池是昆明的母亲湖。哺育了周围大量的市镇和聚落群，一批不同层级的府、州、县治，也有最高层级的政治中心和繁荣的经济都会，如滇国的都城、两汉益州郡治、善阐城、鸭赤城等。在人类历史时期，对周围湖山的开发利用从未停止过。城镇开发对于滇池的影响多局限在其附近，它们赖以生存和发展的湖湾，逐步被填淤垦殖，湖岸线变得平直。滇池又当滇中台地的适中处，自古以来，自然地理的优势让它充当着交通中心的地位。但是，面对这片水域，不同的时代，选线也各有侧重。两汉时期，滇国降汉，与汉王朝中央政府及内地的经济、文化往来频繁，交通主干道取南线，经大板桥、谷昌城，再沿湖东岸往南达今晋宁，以后经昆阳，沿螳螂川谷地到安宁。南诏建拓东城、善阐城，中心北移，交通主干道取北线，经大板桥、金马寺到拓东城，再沿湖滨到昆州城，过碧鸡关达安宁，但南线和北线都必须经过宝象河谷，交通开发对宝象河谷及谷口两侧滇池沿岸延续的时间最长，力度最大。历史上，滇池经历过三次开发的高潮，力度大，移民多，农业开发的效果突出，城市也获得空前繁荣。当然，开发的力度越大，程度越深，滇池的变化也越大。第一次是两汉时期，开发的重点是宝象河谷交通沿线及谷口往南的湖滩直至今矣六乡一带。经过这次强力开发，宝象河口一带的滇池湖岸线已渐模糊，晋宁湾逐渐变成富庶农业区“晋平川”。南北朝到初唐，旧治逐渐式微，行政中心北移昆州，交通阻塞，经济萎缩。第二次高潮是南诏。南诏建东京，力度甚大，也颇具规模。盘龙江口的汉营湾被开发为富庶农业区，宝象河谷及谷口以北的湖滩几乎与其南北的农业区连成一片，时称“昆川”。第三次高潮是元明时期，对整个滇池进行大规模、全局性的开发。以治水为先导，凿低海口降低水位，涸出大片农田；大批军队移民屯垦，充实了劳动人口。结果盘龙江迅速向滇池中延伸，宝象河流域被深度开发，两江并肩，在下游形成稠密的水网，土肥水饱，适于农业发展。从此，烟水浩渺的滇池东北部，发生水陆逆转，变成富庶农业区，至今昆明古城以南一望无际的平原沃野就是这一阶段形成的。今天我们生活的这片土地，就是过去滇池湖水荡漾的地方。

滇池也塑造着昆明古城的形象。“城际滇池，三面皆水”，南诏和大理善阐城都处滇池边，三面临水，是一座壮丽的水城。元代鸭赤城仍是三面皆水，但东面为盘龙江，西面、南面为滇池。各种鱼类及水产品丰富，滇池里的航运十分发达，工商业繁荣。“千艘蚁聚于云津，万舶蜂屯于城垠，致川陆之百物，富昆明之众民。”元人王昇的《滇池赋》对此做了生动的描述。明代，云南府城周围成为军屯的重要基地，城以南成为富庶农业区，云南府城从此丧失了“水城”的形象，但近日楼以南又是另一番小桥流水的图景。玉带河、臭水河绕流间阁市井，河上有鸡鸣桥、板坝桥、柿花桥、桂香桥、三板桥、马蹄桥、珠市桥、奏功桥、彰化桥等，与城郊的西坝河、鱼翅河、永昌河、板坝河、采莲河、大观河等若干条小河相连，形成纵横交错的水网。人们出行，在老篆塘（今大观商业城附近）、弥勒寺、得胜桥、南坝等处皆可乘船，盘龙江和大观河成为运输各种物资的水上动脉，篆塘和得胜桥则是两处著名的货运码头。明清时期的昆明，俨然一幅“水乡”景象。昆明犹如一座滇派园林，一山一石，一草一木，一湾水池，一座小桥，一亭一廊，一抔土，一滴水，无不打上滇池的烙印。研究昆明古城必须研究滇池，研究滇池的变迁必须研究昆明的开发史，这就是本书探讨的两大对象之间密不可分的关系。

对历史时期滇池湖岸线变迁的考察，我们发现自然力的影响十分缓慢，变迁的主要动力是人的直接干预。从汉代到清末的2000多年，对滇池及周围湖山的开发力度和规模一次比一次大。近700年来，滇池成陆的面积成倍增加。为了农业社会的繁荣，牺牲了高原上的大片水域。然而，为了利用滇池，明清时期距云南府城最近的草海湿地未被垦殖；为了享用滇池，翠湖湾被围入城内，成为今日昆明城中的绿宝石翠湖，这是历史上保护滇池的例子。事在人为，我们如何善待滇池，历史的经验值得总结。

三

对于昆明古城的研究，可谓先天不足。从汉晋至唐宋，记载甚少。明清以来，关注者多，探究者少。有关零星的记载条目渐被钩沉出露，但罕见系统的成果问世。对古城的定位，或失之笼统，或失之偏颇，甚至昆明古城被淡出在人们的视野之外。

昆明古城和滇池的研究首先要在观念上突破。通过历史地理研究，搞清昆明这片土地自古以来的山水大势及其与古城变化产生的同步变化。各个时期古城赖以存在的环境状况清晰了，舞台的位置、规模明确了，轰轰烈烈的历史活剧才得以展开，而不致成为一厢情愿的空中楼阁。20世纪末，笔者提出了“山寨”、“水城”的观点，强调城市的发展既具有时代特点，也具有地域特点和民族特点。西南边疆历史上普遍存在的“山寨”、“水城”，充分利用自然山水险要，针对个别的不足，稍加补苴罅漏，就可负固自守；没有完整的城墙、城壕等设施，其形象与内地通常讲的城不同，但性质和功能却相同。（详《西南边疆古代城市研究导论》一文，收入《朱惠荣学术文选》，云南大学出版社、云南人民出版社2014年版。）螺山城、拓东城、善阐城都属典型的“山寨”、“水城”。中国古都学会自1983年由老一辈历史地理学家史念海先生倡导成立以来，推动了中国古代城市的研究。古都是统一王朝（如汉、唐、元、明、清），或分裂政权、民族政权（如春秋战国、三国、南北朝、五代十国）的统治中心，也包括“两京”、“四京”、“五京”等陪都，还包括农民起义政权的政治中心。我国悠久的历史，造就了上百个都城，它们已不同于一般行政区划中的一、二、三级政区治所，成为更高一个层次的城市。有的传统王朝的都城，统治地域最宽、影响最大、时间最长者，被公认为“大古都”。古都必须今天仍是活生生的古城，而不是废墟；当年的古都所在，距现在有关城市较近，或属于现在这个城市的境域之中。1990 年在昆明历史文化名城研究会成立大会上，笔者提出昆明是千年古都的观点（载《昆明社科》1991 年第 3 期，收入《朱惠荣学术文选》，云南大学出版社、云南人民出版社 2014 年版），在会上即获得大家的热烈赞同。1992 年，昆明市纪念昆明历史文化名城公布 10 周年，专门请笔者在大会上讲《名城昆明在我国占有特殊的地位》（载 1992 年 4 月《昆明城市科学》“纪念昆明历史文化名城公布 10 周年增刊”），受到市领导及有关专家的重视。昆明是古都也获得学者们的肯定。1992 年《中国都城辞典》的编纂工作上马，1999 年由江西教育出版社出版，该书收古都 40 座，其中就有昆明。该书有史念海先生撰写的词条：“滇池：滇王之都。《史记·西南夷传》载：‘靡莫之属以什数，滇最大。’《华阳国志》卷四《南中志》：‘滇池县，故滇国也。’滇池县为汉益州郡治所，在今云南晋宁县东。”还有陈桥驿先生撰写的词条：“南诏录：唐徐云虔撰。此书共 3 卷。《新唐书·艺文志》、《宋史·艺文志》等均有著录。作者徐云虔，岭南节度判官。万历《云南通志》卷一四称：‘《南诏录》三卷，乾符五年七月，南诏请通好，邕州节度使辛谠遣从事徐云虔复命，使回录所闻见上之。’故此书撰于乾符五年（公元 878 年）。张国淦《中国古方志考》按：‘南诏哀牢之后，有六诏，曰蒙嶲诏、越析诏、浪穹诏、邆赕诏、施浪诏、蒙舍诏。今云南省西部大理一带也。’此书已亡佚，亦无辑本流传。”《南诏录》记徐云虔使南诏事，至东京见骠信而还。两位古都研究的前辈亲为推荐古都昆明的事，令我们感动。

对昆明古城和滇池的研究，还必须在资料上突破。新中国建立后，开展了多次有价值的考古发掘，又进行了三次大规模的文物普查，对滇池周围的文物状况，从点到面都有揭示。对龙潭山“昆明人”的发现，石寨山滇王及其臣仆墓葬的出土，还有对于贝丘遗址的积累，配合城市建设进行抢救性发掘的城市考古，使人们大开眼界，从而填补了过去未知的历史，改变了对古代昆明认识的偏差。我们的研究，有条件充分利用近人考古发掘及文物普查的成果。从 1979 年到 1983 年，我国开展了历史上空前规模的全国地名普查，以后又编纂地名辞典和地名志，云南编印出版了 100 多部县市地名志。对这些成果的深入研究和利用，有助于我们解读昆明的过去，探讨昆明古今的变迁，把古代昆明和今日昆明有机地联系起来。我们也重视搜集稀缺的文献资料，扩大文献资料的范围，如散在各地的碑刻，游记、诗歌等文学作品。地图是解析地理形势的直观工具，多年来，我们坚持搜集、利用各种古今地图。

对昆明古城和滇池的研究，还应在研究方法上突破。本课题研究的重点是对昆明古城及古代滇池地理环境的复原，并探讨它们的变迁。范围不大，对象集中，在历史长河中又充满渐变的过程。对此，笔者长期坚持实地踏勘，与文献或地图对照，进行微地貌学考察。经过反复的踏勘、对照和思索，历史的图景渐渐明晰起来，了然于心。有些读不懂的资料，接触地理实际后就豁然贯通。我们研究的主要依据是历史文献，采取“竭泽而渔”的方法，尽可能详细占有资料。尽量核查不同的版本，依据经过整理的精善的版本，有些重要的内容或名称，往往因版本不同而获得突破。各种资料间的抵牾不可避免，我们尊重前人的成果，不轻信，不轻疑，后人抄录前人者以前人为据，尽量选用时间最早的记录。书中考证的地方甚多。对于考证，近人强调二重证据法、三重证据法，其实我们使用的是多重证据法，只要有助于解决问题，不同学科的知识都可调动起来，避免单文孤证，让考证具有坚实的基础。本书是一部融多学科、多视角为一体的著作。全书分四篇：上篇昆明古城的历史考察，从螺山城到清代云南府城，对昆明主城的历史地理变迁，按时间顺序，逐代进行考察；中篇滇池周围的沧桑变迁，以顺时针为序，对滇池周围的古城和水域从东北到西北做一圈扫描，按空间位置，逐段进行探讨；下篇昆明山水文化举隅，择其要者，对昆明古城深厚的历史文化进行解析；附篇为地图24幅，依上述行文的顺序排列，便于对照阅读。

上篇　昆明古城的历史考察

五华山与五华山水系

五华山在昆明城中，应该是昆明人最熟悉的山。但为什么称五华山？从何时开始称五华山？人们不甚了了。

《寰宇通志》卷111载："五华山，在府城内，上有五华寺。"《读史方舆纪要》卷114亦载："五华山，在城内，上有五华寺，俯见昆明池。"按此可以理解为，五华山即因五华寺得名。在明代，山称五华山，寺也称五华寺。但是，元代山上的建筑称悯忠寺，该山已称五华山。支渭兴《悯忠寺记》载：

> 至元十四年，忽哥赤云南王、平章赛典赤公及郁凹麻师谋为保国安民，于中庆城北隅高阜之上创建五华大殿，匾曰悯忠寺。其地左蟠龙，右玉案，滇池朝于前，商山耸于后，像设五如来于其中。周檐四壁绘画诸佛、菩萨、神龙之仪形，范金填彩，绚烂人目。其殿制高爽宏丽，重檐叠栱，奇巧异乎他构，真一方兰若之甲者也。……至正癸卯春三月，红巾贼兵乘虚入寇，陷中庆城，毁民庐以为寨栅，梵宇神祠亦不免焉。于是寺之门庑僧房扫地而尽，惟大殿俨然独存。官军克复之后，住持僧庆堂罄其衣钵修葺之，未底完美。今行省平章政事脱欢普花荣禄公嘉其志，启奉梁王令旨，捐俸廪增置寝殿，备金碧丹漆之饰，焕然一新，前之废者，咸复其初。

据《南诏野史》："元至正癸卯三月，红巾入滇，陷中庆城，焚悯忠寺及民居。”悯忠寺确毁于至正二十三年（癸卯，1363 年）。支渭兴于至正二十八年（1368 年）撰《悯忠寺记》。这年明军入大都，元帝北走开平，山上重修的建筑仍称悯忠寺。但元代名士王昇的《滇池赋》对中庆城有一段生动的描述："五华钟造化之秀，三市当闾阎之冲，双塔挺擎天之势，一桥横贯日之虹。"王昇为昆明人，历任云南诸路儒学提举、曲靖等路宣慰副使，"通经术，能文章"，他说的天然秀耸的只能是五华山，而不可能是五华大殿。《明一统志》卷 86 说："五华寺，在五华山，旧名悯忠寺，元至元初建，云南诸刹惟此为最。"以后诸书多据此说。洪武十五年（1382 年），推倒了元在云南的统治，不能再祀元王朝的忠烈，也不应该继续称悯忠寺，于是选择了人们已经习用的山名作寺名，改称五华寺。

在更早的南诏、大理时期，东京善阐城已有五华楼。明人诸葛元声《滇史》载：

> 大中十年丙子，蒙丰佑于东京建五华楼，以会西南夷十六大国君长。楼方广五里，高百尺，上可容万人。保和五年建完。八年，王幸东京，树碑于金马山以纪方物。按，五华楼在云南府后西，遗址尚存。丰佑于文宗开成五年庚申改元天启，则建楼完及东幸皆天启年事，非保和，此记者之误。

清初冯甦的《滇考》也载：

> 大中十年，（丰佑）于东京建五华楼，以会西南夷十六大国君长。楼方广五里，高百尺，上可容万人。又树碑金马山以记方物。

以上两书所载基本相同。诸葛元声将原始资料录出后，又进行了考订，冯甦则删去了有疑问的字句，他们的态度都认真审慎。两书所载都有涉及大理五华楼的内容，证明他们不可能把大理五华楼误移于善阐，而是南诏的东京善阐城和西京阳苴咩城各有一座五华楼。建筑大理五华楼的时间，《元史·地理志》、正德《云南志》等都明确说是“唐大中十年南诏王券丰佑所建”，《南诏野史》也说“蒙丰佑建”。据此可知，两座楼都建于唐大中十年，即南诏劝丰佑天启十七年，丙子，公元856年。《滇云历年传》载：“宣宗大中十年，丰佑建五华楼以会西南夷，树碑以记方物。”其后引录《滇考》有关东京五华楼的文字，并加按语说：“大理先有五华楼，大抵是南诏会集所也。”倪蜕也认为东京有五华楼，但他提出大理先有五华楼，不知何据。东京五华楼的位置，诸葛元声是有心人，他通过实地考察指出，“五华楼在云南府后西，遗址尚存”。对以今地望，约当五华山西坡的延伸地带，南诏土主庙以西，今五一电影院、武成小学一带。五华楼不但有高楼，也是一组庞大的建筑群，其范围方广五里，能容纳上万人活动，今武成路两侧的平缓地带正可当之。南诏大理时期，其北（今翠湖）、其西都是滇池水域，南面可俯瞰善阐城的宫阙和街市，作为东京举行大典、招待西南夷各族首领的重地，登高览胜、游宴娱乐都很适宜。

东京的五华楼不知毁于何时？大概在后理国时期，段氏和高氏的微妙关系，使两座五华楼迎来了各不相同的命运。大理五华楼仍是段氏统治的象征，段智廉时，派人入宋求得《大藏经》1465部，就置于五华楼。同时，楼前又有高氏以郑买嗣《抚运碑》改刻的《高公辅政碑》，成了宣传高氏恩德的纪念建筑。而善阐城的五华楼，长期作为蒙氏、段氏的象征，却是“自领善阐牧”的高氏难以接受的。高氏既不愿为之维修粉饰，又不能公开拆毁，竟让其饱经历史沧桑和风雨剥蚀，终成废墟，逐渐从人们的记忆里消失！至蒙元时期，大理的五华楼因忽必烈征大理曾驻兵楼前，又斩大理相国高泰祥于五华楼下，至元三年（1266年）“赐金重修”，仅存的大理五华楼又成了宣扬大元统一声威的纪念建筑，受到中央王朝看重。《南诏野史》载，大理五华楼“重修后，遭兵火，始废”，可惜后来终毁于火！

昆明的五华山，东起盘龙江边，西至小西门，东北部高峻陡峭，西部、南部舒缓绵长，是一列完整的山体，也被分别称为祖遍山、五华山、磨盘山。最东端今华山东路以东因有祖遍寺而称祖遍山，后该寺以成宗大德年号改名大德寺，山亦或称大德山。西边在今黄公东街、黄公西街一带稍微隆起，形似巨大的磨盘，称为磨盘山。北边也有一片隆起，达今圆通街南侧，高地巷从中穿过，《五华区地名志》谓，“原名高帝巷，因巷中高帝庙（始建于明末，现无迹——原注）得名，后‘帝’与‘地’谐音，讹传为今名”。其实，高地巷的称谓与这一片的地势十分吻合。五华山的主峰在今所指的五华山处。《嘉庆重修一统志》卷476载：“五华山，在昆明县城内。《旧志》：由螺峰叠巘而下，当省会之中，领袖群山，土赤色，可煅金。本朝康熙二十六年，建拜云亭于其上。”孙鹏《石林歌序》又说，“点苍十九五华五”，指大理点苍山有十九座山峰，昆明五华山有五座山峰。据以上可知，该山土为红色，又有五峰，像五朵红花高擎在城中，因而得名五华山。人称五华山“脉分五支”，也有迹可寻。该山山体下部分支往各方延伸。最东一支在盘龙江西岸，包绿水河南流；中支基本沿正义路达光华街口；西支最长，基本沿武成路达小西门。今近日公园的水准点为海拔1891.753米，可视为昆明古城的中心高程点，当然原始的高程已有变化。历史上的五华山，山高、箐深、林密，兼山水之胜。五华山主峰多奇花异卉，林木蓊郁，“五华鹰绕”成为老昆明又一胜景。其下的秃杉箐①，以产珍稀植物秃杉著称。秃杉至

---

① 秃杉箐：原被误写为涂杉箐或屠杉箐。不从。

今仅腾冲、贡山得见，被列为国家一类保护植物①。南诏土主庙有千年古树菩提树，“其大四五抱，干上耸而枝盘覆，叶长二三寸，似枇杷而光”。五华山的风光，正如明代姚肇的诗所说：“五华山高几千尺，快阁凌空近奎壁。朱栏倒映岩壑间，露浥岚光翠堪挹。”

五华山的形象和色彩都很特殊，是环境条件绝佳的风水宝地，当然被历代主政者首选。南诏的重要建筑置于其西部，因名五华楼。自元代以来，开发的重点指向五华山主峰。至元十四年（1277 年）在山顶建悯忠寺，主体建筑设五如来像，五个红色的莲座俨然五华山的缩影，因名五华大殿。明代的五华寺已形成一组建筑群。正德《云南志》卷 34《寺观》载：“云南诸刹惟此为最。内有楼曰聚远，曰无边风景，曰旷怡竹悟，深处有堂曰泰然，亭曰真意，皆本朝定远伯暨都督同知沐璘修建，以为滇人游燕之所。”南明时期，五华山倍受青睐，先后成为孙可望的秦王府、永历皇帝的最后一处皇宫。清代在山顶建拜云亭，俗称“万寿亭”或“皇亭”，为文武官员遥向皇帝祝寿的地方，还有武侯祠等纪念建筑，其景致如师范《见会城》诗中所说“殿阁五华开”。清代还在山南侧建五华书院，成为云南著名的最高学府。从民国初年至今，五华山都是省级行政领导驻地，有光复楼和开武亭等建筑。五华山厚重的历史，也使它承受了过多的关怀、修饰和改造。笔者多次踏勘五华山的上下和四围，史书记载的自然地理特点，很多已难辨识，历史建筑更渺不可寻。然而，五华山的命名高雅，形象生动，特点突出，容易为一般人识别和记忆，虽历尽历史的沧桑而仍然鲜活。这一备受群众喜爱的山名，终于被扩大为政区地名，五华区即

---

① 见《中华人民共和国野生植物资源保护条例》附件《国家重点保护的野生植物名录》，秃杉被列为一类保护植物。

以此得名。

俗话说，“山有多高，水有多高”，五华山的情况确实如此。今华山东路稍西有黄河巷，巷头原来有泉水汇聚成潭，该巷早年有山泉流淌，因在永历故宫内，俗称“皇河心”，水并不黄。其南的布珠巷，或以为系“布主巷谐音”，未得其实。该巷处黄河巷南端，北高南低，早年也是一条水道，高山流水，形似垂帘布珠，景色宜人。五华山东麓的绿水河与彩绘般的石壁、山顶的双塔映衬，“绿映双塔”俨然画幅。一为泉瀑，一为澄潭，两水在四吉堆下汇合后，往南经今兴华街、青龙巷，在威远街以北、财盛巷以东形成双水塘。以后再经县桥（在双水塘南）、白鹤桥（在今威远街、庆云街东口间的护国路上）、启文楼下南流，过宝善街西段的珠市桥，以后从同仁街、毡子街间往南①，过通济桥，再沿今书林街，蜿蜒流淌，纵贯螺山半岛，入滇池，俗称穿城江，构成五华山水系。后来，随着盘龙江往南延伸，它又成为盘龙江的支流。

五华山水系不但方便沿岸人们生产、生活必须，滋润着昆明古城的发展，也便于培护风景，影响着昆明古城的建设和城市发展的格局。南诏将其下游改造成东玉带河，成为城防设施。南诏、大理都在双水塘一带建宫苑，大理国高氏的东府就设于此。双水塘也是元代梁王宫的后花园，绿水河边的报国寺成为接待贵宾的国宾馆。明代对于这条水的利用最充分。沐府建在今正义路以东、长春路以北一片，黄河巷、布珠巷下来的水，正是叠山理水进行园林建设的首选。祖遍山的双塔为明成化年间建，“绿映双塔”一景至此建成。双水塘周围又成为岷王府。明代改建云南府城，“环城有河，可通舟楫”。护城河水有两

① 据道光《昆明县志》“城外街巷图”，在南教场以西，当时已有毡子街和同仁街，臭水河位于两街之间，从北往南流。

源，其东即引五华山水系的水，往南过白鹤桥，入护城河；其西即引玉带河水北上，在顺城桥（烧猪桥）入护城河。护城河水主要往西与西坝河、篆塘河及翠湖通城河相连，对东南角出城的五华山水系出现了认识上的混乱。以通济桥为例，明代诸书多有记载：

景泰《云南图经志书》载：

> 在城南关市中，即银棱河之旁流泛入于市而不可渡，故为是桥，亦表以坊，与金马、碧鸡二坊相接立也。

正德《云南志》载：

> 在云津桥西，水即银棱河之旁流，市而不可渡，[①]故为是桥。

万历《云南通志》载：

> 在云津桥西，水即银棱河之濠水，泛注入于市而不可渡，故为是桥。

天启《滇志》载：

> 在云津桥西，水即金棱河之支流，达濠水，泛注于市而不可渡，因建是桥。梁王格杀段平章于此。今水涸而桥存。

《读史方舆纪要》载：

> （云津桥）稍西为通济桥，跨金棱河支流，元末梁王杀平章段功于此。今水涸而桥存。

按，此通济桥在云津桥之西的闹市，约当今书林街北端的金碧路上。元代水大，“泛入于市而不可渡”，因建此桥。这就是阿禚公主撕心裂肺呼唤的“段阿奴”殒命的地方，当时江流的情况可以想象。大概因段功事，乡人“亦表以坊”，受到重视。元代流贯中庆城内的五华山水系，一目了然。但明代新建

---

① 此处不能句，原文疑有脱误。

城墙和城濠，五华山水系的河道被分隔在城内和城外，人们对通济桥的水源已不甚了了。或谓“银棱河之旁流”，“银棱河之濠水”，或谓“金棱河之支流”，皆不可解。明末“水涸而桥存”，后来桥亦被废。清代以来，五华山水系萎缩，各段相继被废弃或填掩。据《清末昆明街道图》，绿水河分为大绿水河和小绿水河。据民国年间的《昆明市图》，“双水塘”变成了弯曲的小巷，青龙巷、回龙巷都是双水塘的地名遗迹。民国年间，今同仁街一段被改为下水道。余下最南的一段，流经闹市区，后污染严重，俗称臭水河，新中国建立后，改为下水道，建书林街。若干年前笔者考察大小绿水河，在民居丛杂间，得睹一片绿色水潭，近年再往，乌有也。五华山水系的地上遗迹已全部消失，仅留下一束散发着余温的地名。

螺山城考

螺山是今昆明市区南诏以前的聚落名。《南诏德化碑》有一段叙述，有助于我们认识螺山的性质。该碑载：

初，节度章仇兼琼不量成败，妄奏是非。遣越嶲都督竹灵倩置府通爨，通路安南。赋重役繁，政柯人弊。被南宁州都督爨归王、昆州刺史爨日进、梨州刺史爨祺、永州爨守懿、螺山大鬼主爨彦昌、南宁州大鬼主爨崇道等陷杀竹灵倩，兼破安宁。天恩降中使孙希庄、御史韩洽、都督李宓等，委先诏招讨，诸爨畏威怀德，再置安宁。

这是一次诸爨联合反唐的事件。查《旧唐书·本纪》，开元二十七年（739 年）十二月，以益州司马章仇兼琼权剑南节度等使，天宝五载（746 年）八月，以户部侍郎郭虚己为御史大夫、剑南节度使，则这一事件发生在开元、天宝年间。诸爨首领杀了嶲州都督竹灵倩，攻下安宁城，唐王朝派人调停，终于再置安宁。安宁城即今云南安宁，是唐代从西川通安南交通线上的枢纽和军事重镇。参加者涉及南宁州（今曲靖）、梨州（即黎州，在今华宁）、求州（今武定）、昆州（今昆明市马街）和螺山，则螺山的实力和地位当与上列诸州不相上下。上文所列包括爨氏上层的两类代表人物。一类是唐王朝设治授予的地方官，包括羁縻州的刺史，最大者为南宁州都督府的都督。另一类称为大鬼主。《新唐书·两爨蛮传》载：“夷人尚鬼，谓主祭者为鬼主，每岁户出一牛或一羊，就其家祭之。送鬼迎鬼必有兵，因以复仇云。”又载：“大部落有大鬼主，百家则置小鬼主。”《蛮书》卷 1 亦载：“大部落则有大鬼主，百家二百家小部落，亦有小鬼主。一切信使鬼巫，用相服制。”两书所载内容相同。我们据此可知，这是唐代前期在西爨和东爨的一种政教合一的社会组织，鬼主不但是宗教领袖、部落酋长，必要时也带兵打仗，兼为军事首领。百家二百家的小部落有小鬼主，或只称鬼主，大部落则有大鬼主。当时滇东有南宁州大鬼主爨崇道，滇中则有螺山大鬼主爨彦昌，螺山不仅是一座山，也是西爨的中心之一；不是一二百家的一般村落，而是一处大聚落，其规模和级别当与南宁州驻地相伯仲，在爨地数一数二。它人口众多，经济实力雄厚，是爨氏长期经营的据点。在南诏修建东京前，其最繁荣的时期就是唐代前期。

螺山的位置和地貌特征，元代以来的记录却与此大相径庭。《元混一方舆胜览》载：

> 螺山，在中庆北望①许。山无草木，石深青色，望之盘旋如螺然。下有深洞莫可测，常有持炬入，行二日，阻水而回。

景泰《云南图经志书》卷 1 载：

> 螺山，在城中。山有巨石，皆深碧色，望之蟠簇如螺髻状。下有洞，深黑莫测，常有人燃炬入其中，行两日，阻水而返。今郡城倚其山之阴。

《寰宇通志》卷 111 载：

> 螺山，在府城北，有巨石，皆深碧色，望之蟠簇如螺髻之状。下有洞曰潮音，深黑莫测。

《明一统志》卷 86 载：

> 螺山，在府城北，旧名盘坤山。有巨石，色皆深碧如

① “望”，诸本如此，疑为“里”之讹。

螺髻。下有潮音洞，洞门有盘瓠庙基。

正德《云南志》卷2载：

螺山，在府治北，旧名盘坤。上有巨石，色皆深碧如螺髻。下有潮音洞，洞门有盘瓠庙基。今郡城倚其山之阴。

万历《云南通志》卷2载：

螺山，在府城北。山无草木，山石色青，盘旋如螺髻然。滇池望之，唯此山与碧鸡独高。

天启《滇志》卷2载：

府城北二十里曰陟山，一曰商山，俗又称蛇山。由东北而来，以开西南，滇之望也。……由商山而南，其山曰螺峰，滇城北郭倚以为枕，睥睨占此山之阴。其崖曰盘坤，曰补陀。曲磴跻攀而上，多奇石。其特立可徙倚而迟月者曰明月石，江陵张楚城藩伯题。其麓有二洞，曰潮音，曰幽谷，皆有景。由螺山叠巘而下，曰五华山。

《肇域志·云南府》载：

府北二十里曰陟山，一曰商山，俗又称蛇山，滇之望也。其高数十仞。由商山而南，其山曰螺峰，滇城北郭倚以为枕，埤堄占此山之阴。由螺山叠巘而下，曰五华山。

《读史方舆纪要》卷114载：

螺山，在城北，旧名盘坤山。山童然皆石，作深碧色，蟠旋如螺髻，因名。下有二洞，曰潮音，曰幽谷，深杳莫测。自滇池中望之，惟螺山与碧鸡独高。

《嘉庆重修一统志》卷476载：

螺山，在昆明县城内东北隅，色深碧，旋如螺髻，故名。《府志》：元时山在北郭外一里许，明初扩城，始在城内。其岩曰盘坤，曰补陀罗。曲磴攀跻而上，有石兀然突出，曰明月石。山麓有二洞，曰幽谷，曰潮音，深邃莫测。又潮音洞口有盘瓠庙基。

《清史稿·地理志》“云南府”载：

城内：五华山、螺山。山有潮音洞。山侧有翠湖。

综合以上记载，并参合相关地物认识，元代以来的螺山即今圆通山。万历《云南通志》说，“滇池望之，唯此山与碧鸡独高”，这是远望时的视觉误差。《读史方舆纪要》虽抄了这句话，但其所记有关要素不会引起误解。比万历稍后的天启年间，刘文征在《滇志》中详记了螺山与其后的陟山、其前的五华山的相关位置，似在订正万历《云南通志》的混乱。顾炎武的《肇域志》即依据天启《滇志》。明代诸书多有记载，“与碧鸡独高者”不是螺山。方国瑜先生拟定螺山为今大普吉后山，[①]主要亦据万历《云南通志》，碍难依从。

元代以前的螺山，樊绰《蛮书》卷2有记载：“金马山在拓东城螺山南二十余里，高百余丈，与碧鸡山东南西北相对。”“螺山遍地悉是螺蛤，故以名焉。”此螺山即唐代善阐——拓东城内的螺山，被认为是现今昆明市的圆通山，近人向达、赵吕甫等皆持此说。《蛮书校注》谓：“螺山在今昆明城内，名圆通山。”[②] 赵吕甫《云南志校释》亦谓：“螺山旧称圆通山，在昆明市内，今已辟为人民公园。”[③] 其实，螺蛳壳是海滨、湖滨的物产，滇池周围螺壳堆积如山的地方往往有之，还夹以新石器时代的石器或人类的其他遗物。今官渡区有多处以“螺蛳堆”、“螺蛳湾”、“螺蛳墩”命名的村落，也都以螺壳堆积著称，被认为是新石器时代遗址，详《官渡区地名志》。官渡镇有螺峰村，即以螺壳堆积的小山命名。法定寺就建在螺蛳山顶上，人

① 方国瑜：《中国西南历史地理考释》，中华书局1987年版，第459页、549页。

② 向达：《蛮书校注》，中华书局1962年版，第38页。

③ 赵吕甫：《云南志校释》，中国社会科学出版社1985年版，第60页。

们曾在山腰的螺壳中发现过新石器，属新石器时代文化遗址。《蛮书》所载的螺山，也应该是这种贝丘遗址的典型之一。

唐代，在今昆明市中心为三面环水的半岛，上有三台小山从北往南递减，最北且最高的是圆通山，往南稍低的是五华山，再往南金马、碧鸡坊一带称为中堆。“堆”是滇池边的高地，很多称“堆”的地方后来都变成了聚落，如赵家堆、五家堆、土堆等。直到道光《昆明县志》的《城外街巷图》，在金马、碧鸡坊一带还标注有“中堆”地名。“中堆”是因其位置适中而得名，应该就是人类历史时期以螺壳堆积为主而形成的低丘，作为俗称地名一直保留到清代。1998 年 5 月，金马碧鸡广场工地发现大量南诏时期文物，笔者亲到现场考察，见地下深坑的周围皆布满一层层白色的螺蛳壳，比近年昆明吃的螺蛳大得多。有关螺壳堆积的记载亦见诸文献。《滇海虞衡志 · 志虫鱼》载：

> 滇池多巨螺，池人贩之，遗壳，名螺蛳湾。尝穿育材书院地，入五六尺深许，即为螺壳。出之堆山，水泉迸出。他穿亦然。疑此地旧亦螺蛳湾，渐成平陆，移湾于其下，则滇嗜螺蛳已数百年矣。剔螺掩肉，担而叫卖于市，以姜米、秋油调，争食之，立尽，早晚皆然。又剔其尾之黄，名螺蛳黄，滇人尤矜，以为天下所未有。有曹姓业于此者，居菜海边，人谓之曹螺蛳云。

该书作者檀萃于乾隆年间来滇，在云南 20 年，曾主育材书院讲习，对育材书院的记录当为亲见。育材书院原作“成材书院”，有误，从《滇海虞衡志校注》改①。据《新纂云南通志 · 学制考》：“育材书院一名昆明书院，在城南门外慧光寺左，清康熙二十四年总督蔡毓荣、巡抚王继文建。”慧光寺即西寺，

---

① 宋文熙、李东平：《滇海虞衡志校注》，云南人民出版社 1990 年版，第 188 页。

在今西寺塔附近。这段文字被师范《滇系·赋产》全文收入，足见其史料价值很高。《纪我所知集》卷16又载：

前数十年，轿子巷内某姓，掘井而无水出，认为是不及于泉，遂深掘之，约及二丈五六尺，即发现无数的螺蛳壳，似厚处可能有数尺。又稍去其螺蛳壳，便有泉水冒出。又东寺街之西寺巷内，某姓亦以掘井，深及二丈，而亦有螺蛳壳发现。可知此一带地方，在若干年前概属巨浸也。

昆明池中盛产海螺，咸名螺蛳。螺蛳却形体不大，仅及一小儿拳，壳圆而尖长，有旋而瘰，干则色白，内含软质，却具有不少的涎汁。人以手法取出其软质，扎草把杵之，去其涎汁，配以芝麻酱、甜酱、芫荽、蒜泥等，入口脆而且滑，复饶有滋味。此一种食品，滇人极喜啖之。螺蛳有黄，名为螺黄，入于荤汤内，加韭菜而烩之，可供酒席上用。

罗养儒的记录又涉及两个地方。轿子巷以清代人们常在此租赁轿子而得名，民国初年改名教子巷，在今近日公园稍南，东起三市街，西至南通街。西寺巷在西寺北墙外，东起东寺街，西至板坝桥。加上后来发现的贝丘遗址，北起光华街及长春路的一部分，南达螺蛳湾，都有螺壳分布，是滇池边最大的一片贝丘遗址。在唐代，“遍地悉是螺蛤”给人以深刻的印象，螺山应指中堆等螺壳堆积的丛丘。然而，历经南诏、大理500年的开发建设，地表的螺壳已渐难寻觅，如山的丛丘也被逐渐侵削而不显。人们对于螺山的指认，则逐渐从物质走向精神的层面，转移到容易识别且具有象征意义的今圆通山。元代以来的记录，就变成“石深青色，望之盘旋如螺然”或“望之蟠簇如螺髻状”。有趣的是和螺山这个古老地名一同顽强地保留的，还有昆明人嗜螺的习惯。直到20世纪70年代，在昆明的饭店里还能经常看到人们津津有味地品尝凉拌螺蛳，一如前人所描述的吃螺蛳的传统方法。

螺山南端还有个螺蛳湾。螺蛳湾的指称十分广泛。据《清末昆明街道图》，在后新街以南、东寺塔以东一片，当时还有水塘残迹，有小村注记“螺蛳湾”。至今这一片仍比较低洼，虽屋舍栉比，却经常遭水淹。前些年，在后新街东口南廊，挖下水道时曾发现大量螺蛳壳，笔者赶去参观，都是完整的白色大螺蛳壳，还带回几个做标本。今日的螺蛳湾村，在玉带河以南，东近盘龙江，既是聚落名，又是地片名。据《昆明市地名志》：“螺蛳湾，在市区南部，双龙桥西侧。东起盘龙江，西邻云南纺织厂，北起环城南路，南抵黄瓜营。”“明初，这里是滇池的一个湖湾，螺壳成堆，故名。后滇池水位逐渐下降，干涸形成村庄。”《纪我所知集》卷 15 又载：“在近百数十年，一般住近西岳庙、玉皇阁、弥勒寺、西天台等处之居民，凡凿井至二丈以下，即可能发现多数的螺蛳壳及蚌壳、龟壳、鳖甲等。可知此一些地处，在数百年前，仍是昆明湖之水浅处。”螺蛳湾村近代曾改名凤翥村，明清时的玉皇阁即在此村。西岳庙原址在今西岳庙 8 号，现为地片名，包括环城西路以东，双龙桥以西，北至土桥，南至环城南路。弥勒寺原名摆渡村，在西坝河南岸，因有高达丈余的铜铸弥勒佛而著名。综合以上可知，唐代以前螺山的湖岸线大体沿今后新街、书林街、土桥，再沿玉带河达西坝河沿。这一片可谓广义的螺蛳湾。

作为聚落的螺山，三面环水，北面有五华山、圆通山为屏障，倚天堑为城固守，是西南夷地区典型的“山寨”、“水城”，当之无愧可以称螺山城。它地势平缓，滩浅岸线长，富鱼、虾、螺等水产，可渔可农，亦可兼樵采，适于发展多种经济，是一处安全而富饶的宜居之地。螺山是新石器时代以来滇人长期生活繁衍的一块宝地，是滇池周围最大的贝丘遗址。然而它也曾有过人工构筑的城。《蛮书》卷 6 载：拓东城“城西有汉城，土俗相传云是庄蹻故城”。庄蹻事迹，见《史记·西南夷列传》：

> 始楚威王时，使将军庄蹻将兵循江上，略巴、蜀、黔中以西。庄蹻者，故楚庄王苗裔也。蹻至滇池，地方三百里，旁平地肥饶数千里，以兵威定属楚。欲归报，会秦击夺楚巴、黔中郡，道塞不通，因还，以其众王滇，变服从其俗以长之。

庄蹻带兵在滇池地区，大体经历了两个阶段，先“以兵威定属楚”，通过战争打败了滇国，后长期驻下，“变服从其俗以长之”，逐渐与当地群众融合，并且成为他们的首领。后一阶段的痕迹，人们正从滇王及其仆臣的墓中寻找，而前一阶段建城战守亦不可避免。樊绰《蛮书》在唐代对于庄蹻故城的调查记录留存至今，十分难得。本书下文考订拓东城在今五里多，以拓东城为坐标，则城西的庄蹻故城，与拓东城隔水相望的正是唐代的螺山半岛，今天盘龙江西岸的昆明古城。其选址刚好与滇国都城隔滇池水域南北对峙，战略地位重要。庄蹻故城是云南最早的人工构筑的古城。王思训《滇南述古诗》之一说：“南中五郡蜀兼名，（原注：汉武帝置牂柯、夜郎、越巂、沈黎、武都五郡，虽曰西南夷，实多蜀地。）偏霸先留玉女城。（原注：庄濠略滇，初筑玉女城居之。）”此庄蹻故城疑即称玉女城。早在战国时期，庄蹻及其部将把内地的建城技术推广到滇池地区，可以相信，他们也带来了楚国先进的生产技术和文化，成为螺山城以后长期发展的内动力。

南诏东京考

善阐城是在螺山城的基础上发展起来的。南诏把螺山城推上历史的舞台。建拓东城后，螺山属拓东城，所以《蛮书》上称“拓东城螺山”，当时仍然遍地螺蛳壳，所以又说“螺山遍地悉是螺蛤，因以名焉”。南诏对于拓东城双核的另一半，坚持利用改造，处心积虑，长期经营，终于建成东京善阐城。

首先，南诏对爨部势力是不放心的。它通过行政力量甚至军事胁迫，改变当地居民的民族结构。《新唐书·两爨传》载：“阁罗凤遣昆川城使杨牟利以兵胁西爨，徙户二十余万于永昌。东爨以言语不通，多散依林谷，得不徙。自曲靖州、石城、升麻、昆川南北至龙和，皆残于兵。日进等子孙居永昌城。乌蛮种复振，徙居西爨故地。”早在阁罗凤时就以兵强迫迁走西爨二十余万户，力度之大，规模之大，可以想见。以上内容，《蛮书》所载同。《蛮书》卷 4 又载：“河蛮，本西洱河人。”“及南诏蒙归义攻拔大厘城，河蛮遂并迁北，皆羁制于浪诏。贞元十年（794 年），浪诏破败，复徙于云南东北拓东以居。”“磨蛮，亦乌蛮种类也，铁桥上下及大婆、小婆、三探览、昆池等川，皆其所居之地也。”“南诏既袭破铁桥及昆池等诸城，凡虏获万户，尽分隶昆川左右及西爨故地。”“穿鼻蛮、长鬃蛮、栋峰蛮，其蛮并在拓东，南生杂类也。”卷 6 载：拓东城“贞元十年，南诏破西戎，迁施、顺、磨些诸种数万户以实其地。又从永昌以望苴子、望外喻等千余户分隶城傍，以静道路”。卷 10 载：“蛮贼太和六年（832 年）劫掠骠国，虏其众三千余人，隶配拓东，令之自给。今子孙亦食鱼虫之类，是其种末也。”南诏的善阐城及其周围农村，逐步聚集了十多种民族，形成多民族的杂居区。

在此基础上，南诏正式建立两京制度，命东京为善阐。《新唐书 · 南诏传》载：“王都羊苴咩城，别都曰善阐府。”“善阐”亦作“鄯阐”。其含义，赵式铭《白文考》曰：“昆明曰善阐，音近矢产。”白族学者熊元正认为：“善阐似可按白语音义理解为第二个美丽的都城，即别都之意。”① 善阐行用的时间，胡蔚本《南诏野史》载：寻阁劝于“宪宗己丑元和四年正月，改元应道，群臣上尊号曰骠信，以善阐为东京，大理为西京”。时在唐宪宗元和四年，南诏应道元年，公元 809 年。《蛮书》卷 1 有一处提到“善阐拓东城”。此时，螺山城已改称善阐城，作为双核的东京，可明确写为“善阐—拓东城”，也可理解为东京善阐府的拓东城。

按南诏制度，东京地位与西京埒，善阐的建筑亦多与大理比肩。倪辂本《南诏野史》载：“元和三年（808 年）建东寺塔，高百十五尺，西寺高八十尺，大匠尉迟恭造。”劝丰祐“四年，立善阐王宫”。胡蔚本《南诏野史》载：“世隆，唐宣宗己卯大中十三年（859 年）即位，年十六岁。明年为懿宗庚辰咸通元年（860 年），改元建极，改西京曰中都，东京曰上都。”“咸通辛卯十二年（871 年），立善阐王宫。”诸葛元声《滇史》载：“南诏以滇地之胜览，遣弄栋节度使王嵯颠诣善阐，创建觉照、慧光二寺，命大匠尉迟烧造砖石，皆勒其匠名。始建双塔，以为善阐浮图。”该书系此事于元和元年（806 年）。该书又载：“大中十年丙子，蒙丰佑于东京建五华楼，以会西

① 熊元正：《南诏史通论》，云南民族出版社 2007 年版，第 218 页。

南夷十六大国君长。楼方广五里，高百尺，上可容万人，保和五年建完。八年，王幸东京，树碑于金马山以纪方物。”该书按：“五华楼在云南府后西，遗址尚存。丰佑于文宗开成五年庚申改元天启，则建楼完及东幸皆天启年事，非保和，此记者之误。”该书又载：“隆舜立三年，幸东京，祭金马、碧鸡各庙；又僭立郊祀山川、社稷二坛于善阐城外；山川坛西南又筑一城，与子舜化居之，名曰中城。”以上各书所载可以互补。

我们对善阐城的认识，可以从今天的东寺街开始。东寺街，顾名思义，应是东寺之所在。南诏时在此街上建了常乐寺、觉照寺、慧光寺，街东的觉照寺又称大东寺，常乐寺又称小东寺，街即因此得名。街西的慧光寺俗称西寺。它们都各有自己的标志，常乐寺有高塔称东寺塔，觉照寺后墙外的小路称东寺巷，慧光寺有高塔称西寺塔，北墙外的小路称西寺巷。至今寺宇皆已不存，但街巷名一直未变。觉照寺遗址今为省滇剧院，东寺塔在清道光十三年（1833 年）地震中倾圮，后移建于书林街东侧，至今东寺街再也找不到古代东寺的遗迹了。创建东、西寺塔的时间，诸书所说多不准确。1983 ~ 1984 年维修西寺塔，在清理塔基时，发现刻有“天启十年正月廿五日段义造砖处”题书年款的塔砖，[①] 天启为劝丰祐年号，天启十年相当于唐宣宗大中三年，公元 849 年。可以确认双塔为南诏劝丰祐天启年间所建。西寺塔为 13 级密檐式砖塔，通高 35. 54 米，平面呈正方形，边长 6. 95 米。塔身下垒台基 3 层，高 2. 38 米，最下一层边宽 10 米。塔身第一级高大，南面辟门，可入至塔身内方室。内室中空，沿内壁设有螺旋式木质楼梯，可通顶部。塔身中部东西与南北向交错设佛龛或券洞，内置石佛一尊。塔顶四隅各立铜质金翅鸟一只，刹为铜质，由相轮、伞盖、宝珠等组成。

---

① 《云南省志 · 文物志》，云南人民出版社 2004 年版，第 276 页。

东寺塔亦为13级密檐式砖塔，平面呈方形，通高40.57米。第二层至十二层，每层有龛，交错置二佛像于内。塔顶四角亦各置一铜质金翅鸟。塔内沿塔壁设有木梯楼板。有地宫，深约1.5米，原置木雕坐佛一尊。2006年，东、西寺塔被公布为全国重点文物保护单位。按照中华传统文化的认识，在江边或湖边建塔，可以镇慑妖龙作孽，防止水患。东、西寺塔选址在善阐城南隅滨临滇池的地方，塔顶四角铜制的迦楼罗俗称金鸡，传说以龙为食，对于雄镇水患的目的表示得更加明显。其西南和东北角金鸡的喙内各噙有管状口笛一枚，每当西南风劲吹时，金鸡即“呜——呜——”鸣叫，声音传得很远，这是对昆明常有的西南大风报警的科学尝试，惜由于锈蚀，口笛已不再鸣叫。对于浩渺滇池的水上而言，东、西寺塔也成为让人心暖的、独特的航标。景泰《云南图经志书》“云南府古迹”载：“双白塔，在城之南，一在常乐寺，一在慧光寺，相峙而立，蒙氏嵯颠所造，盖自四方来者莫不远见之，亦云南之望也。”古代一条街集中一些寺院并不罕见，但矗立两座高塔在街端两侧却不寻常，它提高了东寺街的地位，成为善阐城的地标性建筑，为南诏东京涂抹了浓墨重彩的一笔。

南诏、大理时期，滇池湖岸线在今螺蛳湾，“城际滇池，三面临水，既险且坚”。南诏又对周边的滩涂进行整治，开挖玉带河，环城三面。河身随湖岸多次弯折，犹如飘扬的玉带，河美，名称也美。玉带河是南诏时期城市水利工程的又一杰作，它的作用也是多方面的。它犹如加固的城壕，便于规范和控制一般人的出入，更便于军事防守。它也具有防浪堤的作用，把大风掀起的巨浪消弭在堤内而不致影响岸上。滇池偶有水患，涨溢的洪水即可由玉带河接纳，它也成为城边备用的滞洪区。当然，有东、西寺塔做背景，在玉带河边欣赏滇池的朝霞和夜月，体验惠风和畅的高原上似海的景色，更成了达官贵人、文人墨客的首选，善阐城的耆宿和幼童也纷纷聚集到东寺和西寺进香、游赏，东、西寺塔一带成为东京人气最旺的公共活动场所，此后历千年不衰。善阐城的对外交通主要靠水运，主要水上交通线为与拓东城的联络线，从南边来的船只也在今金碧路东南一带后称“嵩山古渡”的地方登陆并售卖农副水产品，今鱼课司街就是当时官府设衙门征收鱼税的地方。

善阐城有土主庙，又称大灵庙，因其中有特殊的植物而倍受人们关注，诸书多有记载。最早见于元代王昇撰《大灵庙记》：“蒙氏威成王尊信摩诃迦罗大黑天神，始立庙，肖像祀之，其灵赫然。世祖以之载在祀典。至今滇之人无问远迩，遇水旱疾疫，祷无不应者。神主盟誓烛幽明，昔有阴为不善而阳誓于庙者，是日暴卒于庙庭，亦愿治者之所嘉赖也。”据《记古滇说集》，曰南诏威成王诚乐，始塑大灵土主天神圣像，曰摩诃迦罗。有神匠曰罗都道太自蜀中来，塑像将成，又有菩提巴坡者自天竺至，以秘咒丹书神位为种子，创庙城中而奉之。倪辂《南诏野史》亦载：“土主庙，蒙氏十一年建，大义法师以菩提珠九子种左右，今存西一株甚茂。”南诏土主庙的建立是可信的。徐霞客于崇祯十一年（1638 年）十一月初六日记：

> 过土主庙，入其中观菩提树。树在正殿陛庭间甬道之西，其大四五抱，干上耸而枝旁覆，叶长二三寸，似枇杷而光。土人言，其花亦白而带淡黄色，瓣如莲，长亦二三寸，每朵十二瓣，遇闰岁则添一瓣。以一花之微，而按天行之数，不但泉之能应刻（原注：州勾漏泉，刻百沸），而物之能测象如此，亦奇矣。土人每以社日，群至树下，灼艾代灸，言灸树即同灸身，病应灸而解。此固诞妄，而树肤为之瘢痏无余焉。

土主庙在武成路东端今五华二中处，20 世纪 50 ~ 60 年代，尚能看到石基及断碑。庙的修长甬道所对的那段武成路，直至民国年间仍称土主庙街。

五华楼是一组庞大的建筑群，其范围方广五里，能容纳上万人活动。诸葛元声是一位有心人，有赖他的留意，我们得知“五华楼在云南府后西，遗址尚存”。对以今地望，约当五华山西坡的延伸地带，后来的武成路沿线。东京的五华楼和西京的五华楼都建于劝丰祐天启十七年，相当于唐大中十年、丙子，公元856年。

据《南诏野史》，劝丰祐和世隆时，两次大兴土木，修建善阐王宫。建善阐王宫是南诏后期的事。善阐王宫的规模和建筑布局缺载，但我们发现当时规制的思路：一方面是东西两京比肩相侔，制度相同，甚至名称相同，如五华楼的建筑等。另一方面是效学唐的制度、技术和设计思想。东西两京的建立就是学习唐代设立西京长安、东京洛阳的两京制度。坚持坐北朝南，取南北正向。善阐城的东寺街有壮观的东寺塔、西寺塔矗立，犹如长安城南北向的大道朱雀大街。其北端较高，大理时见于记载的北门，疑始建于南诏，犹如长安的玄武门。善阐王宫疑在今正义路以东，长春路以南，威远街以北一片，这里地势平衍，有双水塘等河湖体系，大理国及元代都是宫苑及行政区，其位置在古城的东半，与唐玄宗经常活动的兴庆宫相同。中堆周围及其东直抵盘龙江边一带，近年出土了大量南诏时期的日常生活实用器，这一带正是当时人们居住密集的地方。唐长安城有东市和西市，这一片的位置足可与东市相比，这是南诏善阐城的市井繁华区。1977年云南大学中国古代史教研室的教师赴内地考察文物古迹，西安的主人知道我们从昆明来，特意安排我们参观小雁塔。东、西寺塔与小雁塔形制、风格都极相似，但小雁塔顶已不存，变成了“天窗”。我们沿盘折的木梯缓缓登顶，极目远眺冬日的古都和关中大地，感慨万千。

近些年，大规模的城市建设，发掘出大量南诏时期的文物。

出土的地方，有位于金碧路南侧，东寺街与书林街之间的金马碧鸡广场，位于金马碧鸡广场东侧，仅隔书林街的富邦花园，位于金碧路北侧的吉泰龙、南侧的冠生园，位于东寺街东廊原东寺遗址的东方广场，位于三市街和宝善街交叉处的柏联广场，位于宝善街与青年路交叉口的华尔贝大厦，位于护国路的顺达房地产，位于庆云街中段的省劳动厅宿舍，位于威远街的正义大厦，位于圆通街南廊的省卫校综合大楼等。在以上建筑工地发现深埋于地下的具有唐代文化风格和南诏地方特点的各类文物数万件，让我们大开眼界。如金马碧鸡广场，在38000平方米的施工范围内，到处分布有古代建筑遗址。其上部为3.8米厚的褐黄色沙质黏土层，包含有宋、元、明、清至民国时期共8个居住面；下部为厚达3米的南诏时期黑色黏土文化层，内中有厚1.8米、面积约400平方米的南诏建筑物的夯土台基。有成层的大型布纹瓦片和狮面纹、莲瓣纹瓦当。在一些瓦片和木块上甚至还可看到涂金抹漆现象。共发现8块有字瓦，还有一些菱形梵文题记砖。出土大量泥质黑衣灰陶器，均为轮制，烧成温度高，硬度极大，扣之有声。还有铜饰片、石磨、石臼，漆的木盘、木碗及竹器，其中一件圈足碗底朱印有篆书铭款。揆其地望，此大型建筑疑即中堆的高台，这一带正是南诏东京城的中心。在富邦花园工地7000平方米的施工范围，上部为厚3.7米的黄色黏土层，包含有宋、元、明、清、民国时期共7个居住面；下部为黑色黏土层，厚3.3～4米不等。其中，在约1000平方米考察面积上，发现建筑物菱形纹花砖铺地1块，卵石铺地1块，还有许多木桩及八边形水井4眼，垒石排水沟1条。有梵文法轮纹瓦当、狮面纹瓦当以及莲瓣纹瓦当若干。出土“开元通宝”1枚，铜针、饰片各1件，铁秤砣2件（包括1件造型特殊的十四面体秤砣），铁箭镞5件，陶质古乐器三音孔埙。还有少量漆器盘、碗、碟及木桶、麻绳和石器、骨器、皮革。黑衣灰陶器十分丰富，主要有侈口器、直口罐、盘口罐、花瓣口罐、瓶、带流壶、盘、碗、盆、碟、缸、高足盏、短流水匜、熏、香炉、带把炒锅、爵形器等，采回千件。在一处探方中，发现4具身首分离甚至无头的人骨架，其中包括1具女性骨架。这一带应是商业繁华的市井之区，人口密集，日用品种类多、数量大，还有从事商业活动的秤砣、钱币等。出土1块楷书阴刻“夏夫人”字样砖；1件篾圈箍卷盘身的漆盘，底心朱书篆款“尚府”字样，这一带也是大户居住的地方。在柏联广场11000平方米的施工范围，上部为厚达4.1米的棕黄色黏土层，包含有宋、元、明、清、民国时期7层居住面；下部为厚2~5米的黑色黏土层。发现建筑物菱形纹花砖铺地1块，灰坑14个，骨器加工场多个，锯骨料遍地。有字瓦1块、菱形梵文题记砖2块、莲瓣纹瓦当和云纹滴水数十块。黑衣灰陶器相当丰富，还有2件陶制面具和1件陶拍。出土“开元通宝”1枚，还有少量漆器、骨器及皮革。这一片应该是从事骨器加工等的手工工场聚集区。在东方广场2800平方米的施工范围，上层厚约4米，包含宋、元、明、清、民国时期的多个居住面，出土上千件精彩的瓷器；下层深至6米，发现多个灰坑充填有黑色黏土，出土大型建筑构件龙头鸱吻、戗兽、脊兽，体量大，重达数十公斤。出土一批厚重宽大的布纹瓦、狮面纹及莲瓣纹瓦当、云纹滴水、有字瓦、菱形梵文题记砖、双塔模印砖、砖雕柱头等。在地下6米深处发现一眼古井。其位置与文献所载南诏东寺的位置吻合，众多大型建筑构件透露出南诏始建东寺时的规模，这是南诏东京城南部的又一重要建筑。昆明古城地下大量南诏时期文物的出土，及其后连续堆积的文化层，反映出昆明古城自南诏以来历宋、元、明、清、民国连续不断的文化积累，是一座血脉从未中断的历史文化古城。南诏时期遗址的分布甚广，南迄东寺街，北抵圆通街，东抵青年路、护国路，但都未逾越“三面临水”的螺山半岛的范围。螺山半岛的湖岸线，限制并规范着南诏东京城的发展。建筑遗址包括官府、公共建筑及宗教建筑，大批建筑构件的规格及纹饰规范，一些大型建筑构件体量大，并“描金抹漆”贴以金箔，这些规模大、层次高的大型建筑遗址，让人们体察到了南诏东京城的壮丽图景。在金马碧鸡广场和相邻的富邦花园工地，密布着南诏宅井，共采集到各种形制的陶器上千件，且多为日常生活实用器。人口众多、民宅密集、闾阎栉比、工商繁荣的图景让人们印象深刻。南诏东京也是一座市井繁荣的大都会。①

南诏善阐——拓东城郊的建筑，有迹可觅者也不乏一二。

南诏时期昆明流行阿育王三子追神骥的传说。《纪古滇说集》载：

> （南诏威成王）九年，追封阿育王三子一舅，皆谥以帝号，而神主各山，以庙祀之。长子福邦为碧鸡山主，庙山之下，谥曰仗义山河清邦景帝；次为灵伏雠夷滇河圣帝；三为金马名山至德景帝，庙于金马山麓。谥舅氏神明，乃曰大圣外神明天子，庙亦碧鸡山主庙之左。

金马山神祠最早见于《蛮书》卷 2，元、明、清记载不绝。今昆明东郊的金马寺，有三太子殿、阿育王殿、神骥亭等，与传说内容相符，应即南诏时的金马山神祠。金马寺塔为 13 层密檐实心方塔，通高 24 米，四方台基，边长 3.5 米，2 ~ 13 层四面券龛，中置石雕坐佛一尊。塔刹为铜制，由相轮、伞盖、圆光、宝珠组成。外形及出檐手法与东、西寺塔相同。20 世纪 80 年代笔者考察时，金马寺屋舍为小学，教室墙上还嵌有古碑，

---

① 以上详见胡绍锦：《拓东城址考》，载《昆明社科》2005 年第 2 期。昆明市博物馆：《昆明城区地下南诏文化遗址调查报告》，载《云南文物》2015 年第 2 期。

高塔已显倾斜，岌岌可危。

延祐七年（1320 年）李源道《创修圆通寺记》载：

往昔蒙氏窃有兹土。岩有洞穴，蛟潜其中，大为民害。蒙即岩而寺，曰补陀罗以镇之，而蛟害息。俚俗传闻如此。岁甲寅，世祖皇帝天戈南指，十睑六诏稽颡厥角，望风来庭。六飞既北，明年，余寇陆梁，而寺毁于兵燹矣。

补陀罗寺即今圆通寺的前身，有潮音洞、咒蛟台、采芝径等遗迹。“补陀罗”又作“普陀”、“布陀”、“布达拉”、“补怛落伽”、“布怛洛迦”等，皆梵语音译，为光明之意。补陀罗寺建寺的时间，袁嘉谷《滇绎》认为：“凤伽异建拓东城时并筑圆通寺，宏阔伟峻，佛像神光，顶礼者众。”圆通寺后山采芝径有摩崖题记“元封元年春元月奉旨书于崇嵩之石隅”等十六字。《南诏野史》王崧本载：“德宗兴元元年迁都太和，改元上元，封岳渎，立三皇庙。”“改元上元”后原按“一作改元元封”。环碧山房本亦作“改元元封”。汉代于元封二年（785 年）才开滇，此元封元年当系南诏异牟寻年号，时在唐德宗兴元元年，岁在甲子，公元 784 年。孙太初谓：“余审其书体诡异，刀法软弱单薄，不类古刻，疑是近时好事者所为。据文古堂碑帖店主人彭君寿祺告余，系姚安赵松泉前辈戏作。”① 此一方摩崖可能是赝品，但不妨碍南诏创建补陀罗寺的历史。近人考证认为：此补陀罗寺的建立比浙江普陀山要早 100 多年，是我国最早的观音道场。② 补陀罗寺一直存在到蒙古宪宗五年（1255 年）毁于兵燹。

明人王景常《龙泉山道院记》载：

逾昆明二十里，有山曰龙泉。山之下有穴焉，广二寻，

---

① 孙太初：《鸭池梦痕》，云南人民出版社 1992 年版，第 149 页。

② 王海涛：《昆明文物古迹》，云南人民出版社 1989 年版，第37 页。

深称之，涌泉漫出，鲦鱼数百伏其隩，每岁旱，则云气勃勃而上，或以为有蛟龙焉。自蒙段时，水旱必祷，祷则雨旸时若。其泉厮而东南流，溉田数百顷，民赖其利。元初尝构寺崇之，中遭兵燹，祠毁。

该文末以诗咏曰："鄯阐灵休，以疏民忧。民忧既弭，神其格止。"黑龙潭以唐梅、宋柏、明茶著称于世，被誉为"千岁梅花千尺潭"，"黑水祠中三异木"，南诏时于此祈雨之说信而有征。唐开元、天宝年间，有道安和尚由大理罗筌寺云游至昆明，手植两株梅花。到清嘉庆年间，两株古梅"树身腐烂，中若玲珑，旁发柔枝"。1923 年两株唐梅自然死去，现留下一株的四分之一枝干，虬结苍劲，蜿蜒横陈如龙卧。现存唐梅为唐梅支干上的"旁发柔枝"。[①] 今龙泉观尚有《唐梅碑》、《宋柏碑》等画像碑及大量题咏碑刻。

南诏诸王经常巡幸东京，甚至长住东京处理政务，直至五代郑、赵、杨氏政权未改，史不绝书。劝利晟立，"国事一决于嵯颠，而专事游幸，常出居东京善阐"，唐穆宗长庆三年（823 年）死于东京。唐"宣宗大中十三年（859 年）己卯，丰祐死于善阐"。隆舜亦常在东京接见唐的使臣。于唐僖宗乾符六年（879 年）在善阐接见徐云虔。中和二年（882 年），李龟年使南诏议和亲，"不至苴咩城，只达善阐，约为甥舅之国"，唐许降安化公主。隆舜最后被"竖臣杨登弑之于东京"。舜化真于唐昭宗乾宁四年（897 年）即位于东京，改元中兴。后唐明宗天成二年（丁亥，927 年），"节度使杨干贞在东川，欺（郑）隆亶幼弱，假以朝见入东京，令人毒杀之，而立其侍中赵善政"。

---

① 昆明市园林绿化局编纂：《昆明园林志》，云南人民出版社 2002 年版，第 100 页。

隆舜在善阐会见徐云虔事，《新唐书·南诏传》、《通鉴》卷253、《唐会要》卷99等各有侧重，诸葛元声《滇史》糅合有关材料，让读者可窥全貌，录出供参考：

唐僖宗广明元年庚子（880年），辛谠遣幕府徐云虔摄使者往觇南诏。自邕管涉川陆，四十七程，方到善阐府。见骑数十，曳长矛，拥绛服少年，朱缯约发。典客伽陀酋孙庆曰："此骠信也。"问天子起居。下马揖客，取使者佩刀视之，自解左右钮以示。乃除地剿五丈版，命左右驰射。每一人射，法骋马逐以为乐。数十发止，引客就幄。云虔与骠信抗礼，骠信不悦，使人谓云虔曰："贵牒欲骠信称臣、奉表、贡方物，骠信已遣人与唐约为兄弟，不则甥舅，何表、贡之有？"云虔对曰："骠信之先由大唐之命，得合六诏为一，恩德深厚；中间乖隔小忿，罪在边鄙。今骠信欲修旧好，岂可违祖考之故事乎？顺祖考，孝也；事大国，义也；息战争，仁也；审名分，礼也。四者皆令德也，可不勉乎！"骠信闻此言，乃设宴礼待。伥子捧瓶、盂，四女子侍，乐饮，夜乃罢。又遣问客《春秋》大义，授以木夹遣还，终不肯奉表、称贡。云虔修《南诏录》三卷，献于朝。

按，《通鉴》系此事于乾符六年（879年）并载："二月丙寅，云虔至善阐城，骠信见大使抗礼，受副使已下拜。己巳，骠信使慈双羽杨宗，就馆谓云虔。""骠信待云虔甚厚，云虔留善阐十七日而还。骠信以木夹二授云虔，其一上中书门下，其一牒岭南西道，然犹未肯奉表称贡。"《滇史》系此事于广明元年，有误。

骠信与其下于善阐避风台赋诗事，见《太平广记》卷483引《玉溪编事》载：

南诏以十二月十六日谓之星回节日，游于避风台，命清平官赋诗。骠信诗曰："避风善阐台，极目见藤越（原注：邻国之名也。）；悲哉古与今，依然烟与月。自我居震旦（原注：谓天子为震旦。），翊卫类夔契，伊昔经皇运，艰难仰忠烈。不觉岁云暮，感极星回节；元昶（原注：谓朕曰元，谓卿曰昶）同一心，子孙堪贻厥。"清平官赵叔达曰（原注：谓词臣为清平官。）："法驾避星回，波罗昆勇猜（原注：波罗，虎也。昆勇，野马也。骠信昔年幸此，曾射野马并虎。）；河阔冰难合，地暖梅先开。下令俚柔洽（原注：俚柔，百姓也。），献琛弄栋（原注：国名。）来；愿将不才质，千载侍游台。"

按，古代云南，腊月二十四与六月二十四皆为星回节，但腊月星回节原在十六日，后改在二十四日。善阐台应是善阐王宫内一座赏景的上有重楼的高台。此骠信方国瑜认为即隆舜。诗中难解处原多有注，熊正元、王敬骝等学者认为可用古白语解释。[①] 藤越、弄栋不是邻国，原注有误，但与解释白语无关。冬日的善阐，宽阔的盘龙江冰很少，梅花早已开放，比羊苴咩城风小而温暖，郊外还有老虎和野马出没，骠信与群臣在高台饮酒赋诗，一派热烈祥和的景象。

---

① 熊正元：《南诏史通论》，云南民族出版社 2007 年版。王敬骝：《南诏骠信与清平官赵叔达星回节唱和诗考释》，载《民族学报》第 7 辑，民族出版社，2009 年版。

大理东京考

宋大理国仍有善阐府，为八府之一，并继承了南诏的两京制度。昆明地藏寺经幢《造幢记》分别称“皇都”和“东京”。《元史·兀良合台传》称“附都善阐”。《南诏野史》称“东京”。张道宗咸淳元年（至元二年，1265 年）成书的《纪古滇说集》概括说：“蒙段同四十一主，共历六百有一年，皆都于善阐、大理也。善阐金碧为城，昆水为池。”“蒙、郑、赵、杨、段五姓数百年之间，五姓固守。”从广德二年（764 年）凤伽异筑拓东城，到宝祐二年（蒙古宪宗四年，1254 年）段兴智在善阐被俘，经唐、五代、宋，历蒙、郑、赵、杨、段，若加上高升泰篡位，国号大中，则为六姓，共历 490 年。当年阁罗凤巡视昆川时，以他的慧眼发现，“山河可以作藩屏，川陆可以养人民”，与 500 年后的地理大势基本一致，仍然“金碧为城，昆水为池”。金碧指金马山、碧鸡山，昆水即滇池。善阐城山环水抱，因山为城，因水为池，形势十分险要。《元史·兀良合台传》记蒙军攻善阐城经过甚详：

> 甲寅秋，复分兵取附都善阐，转攻合剌章水城，屠之。合剌章，盖乌蛮也。前次罗部府，大酋高升集诸部兵拒战，大破之于洟可浪山下，遂进至乌蛮所都押赤城。城际滇池，三面皆水，既险且坚，选骁勇以炮摧其北门，纵火攻之，皆不克。乃大震鼓钲，进而作，作而止，使不知所为。如是者七日，伺其困乏，夜五鼓，遣其子阿术潜师跃入，乱

砍之，遂大溃。至昆泽，擒其国王段兴智及其渠帅马合剌昔以献。余众依阻山谷者，分命裨将也里、脱伯、押真掩其右，合台护尉掩其左，约三日卷而内向。及围合，与阿述引善射者二百骑，期以三日，四面进击。兀良合台陷阵鏖战，又攻纤寨，拔之。

东京善阐城仅有北城墙，东抵盘龙江，西抵翠湖湾，在五华山的山脊蜿蜒，下为陡崖，中开北门，居高临下，城防坚固，易守难攻。倪蜕《滇云历年传》载："东京即今省城，蒙、段时，城亦甚小。圆通寺天王殿东南角有段氏政德年碑云，'寺在城之北二里'，则其大小可知矣。"揆之今地，"寺在城北"之说大致差合，但"城亦甚小"之说失之偏颇。

据明人诸葛元声《滇史》：段素兴"广营宫殿于东京。凡春登堤上多种黄花，名为绕道金棱；云津堤上多种白花，名萦城银棱。素兴每春月必游东京，挟美幸，载酒肴，自玉案三泉溯为九曲流觞。男女列坐畅饮，斗草簪花。……"冯甦《滇考》及以后诸书作"广营宫室于东京"。改"殿"为室，体量较小，形制多样，甚当。《滇云历年传》更对玉案山和三泉加以考证："玉案山，俗呼棋盘山，夷名列和蒙山，在城西二十里。三泉者，商山下冷泉，名莲花池，在城北，最近。玉案山下菩提泉，迤逦而泻西壁为瀑布。文殊山下有文殊泉，亦在城北。今荒烟蔓草，旧迹难寻；而曲水流觞，风流可想也。"与南诏时"修善阐王宫"不同，大理前期已不满足于城内，而是"广营宫室于东京"，选取城郊山水之胜者加以培护点缀，建成离宫别馆，既保留自然景观的朴野之趣，又增加了丰富的文化内涵，成为东京城郊有记录可寻的皇家园林。至今云南一些民族还有斗草、簪花的习俗。春日在春登堤、云津堤上欣赏大规模开放的迎春花和素兴花，对着跳舞草、含羞草等奇花异草，挟妓饮酒，载歌载舞，尽情欢娱，具有浓郁的民族色彩。九曲流觞为古代内地流行的饮酒赋诗的文化活动。每年中历上巳日（三月初三日）多到风景胜地游赏，饮酒赋诗，祈福消灾，称为“修禊”。人们沿溪列坐，置酒觞于清流之中，觞随水流，一旦停在谁人坐前，则需酬诗一首，如诗不成，则罚饮觞中酒。段素兴修禊游赏的地方，冷泉即今商山下的莲花池；文殊山下有文殊泉和文殊寺，据道光《昆明县志》，在马村附近；玉案山下的菩提泉，当即宝珠寺附近的瀑布泉，《徐霞客游记》所载与《滇云历年传》所说相同。前者为池，次者为泉，后者为瀑，水的形态各异，实为理想的修禊胜地。段素兴九曲流觞的盛况，已不得其详，但王羲之《兰亭集序》所载，可借以感怀其胜景盛事：

永和九年，岁在癸丑暮春之初，会于会稽山阴之兰亭，修禊事也。群贤毕至，少长咸集，此地有崇山峻岭，茂林修竹，又有清流激湍，映带左右，引以为流觞曲水。列坐其次，虽无丝竹管弦之盛，一觞一咏，亦足以畅叙幽情。是日也，天朗气清，惠风和畅，仰观宇宙之大，俯察品类之盛，所以游目骋怀，足以极视听之娱，信可乐也。

玉案山，倪蜕注为棋盘山，景泰《云南图经志书》“云南府古迹”载：“仙人奕棋石，在玉案山顶，有石若棋枰，其中凹处，隐然类当时布子之所。世传昔有仙人奕棋于此，盖亦以其异而奇之耳。”万历《云南通志》于“云南府名山玉案山”条下收有《唐道南和尚诗》，中有“一局仙棋青石烂，数声长叹白云间”，“万古难磨真迹在，峰头鹤凤几时还”等句，足证此山开发之久远。谢肇淛《滇略·胜略》“玉案山”条载：“山椒有棋局，相传有仙人奕于此。”亦载“唐道南和尚诗”。天启《滇志》卷218亦载此诗。20世纪70年代笔者登棋盘山顶，见屋舍仅剩石墙，全部为天然石块垒砌，千年石棋盘完好无损。在传说仙人曾下过棋的地方弈棋成为皇室的时髦追求，段素兴登玉案山弈棋是可能的。九曲流觞、登山弈棋都是中华传统文化中独具特色的娱乐方式，在南诏、大理的首善之区流传，值得我们重视。

大理国中期高氏擅权。宋哲宗绍圣元年（甲戌，1094 年）段正明避位为僧，权相高升泰自立，改国号曰大中国，改元上治。升泰在位两年卒，遗命其子还位段氏，此后史称后理。后理国时期善阐成了高氏的实际统治中心，昔日善阐王宫俗称“东府”。张统的《布政司公廨记》说：“段氏时称东府，元为行省。皇明底绥万方，以洪武壬戌戡定云南，就置布政使司。”景泰《云南图经志书》“云南府井泉”载：“清侯井，在布政司内。段思廉封高智升为善阐演习，号清侯，凿井得泉，因而名之。”“阐西井，在城隍庙内。土人取之濯丝以织土锦，其色鲜明。”东府所在，即南诏、大理以来善阐王宫的旧址，元云南行省、明云南布政司的官衙所处，沿革十分明确。“阐西井”的得名，当因其在善阐城西部。《嘉庆重修一统志》卷 476 载，阐西井“一名阐侯井”，则阐西井确与高氏有关。据卜保怡先生告知，阐西井在原铁局巷 114 号院内，近年始被填塞，他家原住在其附近。所述与古书所载同，明初的城隍庙范围包有后来的铁局巷一带，几与土主庙接。证明后理国时期五华楼一带已从宫苑禁地变为民居，成为阛阓丛集、工商汇聚之地，老百姓才有条件取此水濯锦。淡生堂抄本倪辂《南诏野史》载：“享天皇帝，名智廉，宋宁宗庆元六年八月即位，改元凤历。入宋取经。壬戌入宋取《大藏经》置五华楼，凡千四百六十五部。”胡蔚本所载略同。段智廉仅在位五年，他的主要功绩就是入南宋都城临安求《大藏经》，诸书所载皆突出此事。但此时南诏的五华楼已不存在，他对从宋廷获得的经书十分重视，专门建永宁宫存放敬奉。永宁宫是善阐城内值得重视的古寺。戴絅孙《昆明县志·祠祀志》载：“其宫曰永宁，祀宋岳忠武王，盖段智廉遣使诣临安取经之后所建。取经，宋宁宗嘉泰二年也。”其位置，故老相传，有古地名为证。罗养儒《纪我所知集》载：

> 永宁宫，亦七百余年前古寺也，考志载：后理国段智廉，于宋宁宗嘉泰二年（1202 年），遣使至临安取《大藏经》，得经后即建此寺。明正德年间复拓展庙宇，建前殿而祀岳忠武王，以铁铸秦桧夫妇像跪于殿上之庭柱脚，凡妇孺入庙烧香者，无不举手而掌之曰：“打死卖国贼。”吁！秦桧在掌握朝政时，谁敢云其卖国，今死而遭人唾骂，而遭人掌击其像，是荣于生前而辱于死后也。嗟嗟！

永宁宫是官方修建的五华山上最早的一座佛寺，在今黄河巷与华山东路间，处华山东路北段西廊，与大德寺相对，该陡坡因称永宁宫坡。永宁宫的含义，当为祈福永远安宁。近代，将永宁宫坡与南段的四吉堆合称华山东路。罗养儒曾亲历了永宁宫的变迁和消失，所记至为宝贵。

近年，在昆明的城市建设中也有一些大理时期的文物出土。在正义路百货商场工地距地表 8 米深处的遗址中，发现铜佛像数尊和其他金属器物数百件。在庆云街中段的省劳动厅宿舍工地曾发现灰坑 9 个，出土陶器罐、瓶、壶、碗、盘、碟、香炉、器座等共 130 件。在威远街正义大厦工地距地表 8 米深处出土陶质龙头鸱吻 1 件。这些都是大理国时期东府的宫闱之地。在昆明市博物馆与弦街之间的集成广场工地，施工面积约 6000 平方米，包括南诏、大理、元、明时期的地层，出土陶质龙头、鸱吻 5 件。[①] 在圆通街易门烟草公司工地出土“宣和通宝”，柏联广场工地出土“景定元宝”等铜币。地下出土的文物遗迹涉

---

① 昆明市博物馆：《昆明城区地下南诏文化遗址调查报告》，载《云南文物》2015 年第 2 期。

及善阐西城和善阐东城。

大理国后期，善阐城郊今西山、玉案山一带，山高林密，云气勃郁，野兽出没，植物生长旺盛。这一带成了高氏经常游幸的地方。元人述律杰《启建华亭山大圆觉禅寺碑文》载：

> 华亭突出数山之间，峰拔绝顶，泉石洗心，昔汉遣使代祠。鄯阐匡国侯高智升，以其岗峦峻峭，故竖楼台。每值风晨月夕，寒时暑候，乃驾舫涉海，舣于汀渚。或摄轻裾，履巉岩，登高望远，携朋载酒，陟华顶峰，玩赏龙泉，临风放歌，倘徉徙倚，以快舒眺之乐。幽花发艳，佳木森翳，猿猴长啸，皓鹤高骞，云霏霏而朝暝，烟冉冉而夕晦，四时殊状，不可殚记。历世既久，洎乎青侯高光，宴游憩于此殆无虚日。贵介公子，驻迹酣宴，屏脱尘坌。至威楚世子高贤、高政昆季，登斯山也，适遇青阳，众芳竞妍，繁花簇锦，红紫交映，光艳夺目。仰睇碧空，天朗日明，霄云霭霭，状如华盖，飘飘萦结，移晷不散。已而孤鹤蹁跹，戛然而鸣，声闻于天，重振缟衣，徘徊回顾，翔翱欲下。世子处乎殷盛于世，亦好博雅，因指斯亭，怡然而谓其弟曰：汝能识此妙观乎？夫花芬芳而聚奇云，绚烂而张盖，放炜煌之瑞光，类华严之境界；况喜松声鹤唳，千载来归，抑华表之事乎？拟此而弗华，其何以为华也。由是而名之曰华亭，以志于山，而形胜甲诸他境。

高氏世代着意于华亭山自然风景的利用和开发，自高智升开始，延绵几近200年。华亭山即今华亭寺所在的西山的一支，是西山开发最早的部分。明代郭文《重建玉案山筇竹禅寺记》载：

> 玉案山筇竹禅寺，滇之古刹也。爰自唐贞观中，鄯阐人高光之所创也。初，光偕弟智猎于西山，有犀跃出，众逐之，至寺之北壑，失犀所在。仰视山畔，见群僧状甚异

常。驰往觅之，又无所睹，惟所持筇杖植于林下，众弗能拔。翌日，往视之，则枝叶森然矣。光昆仲于是异之，知其为山灵示显福地也，乃建寺其处以居僧徒，因以“筇竹”名焉。然是时滇人所奉皆西域密教，初无禅、讲宗也。

该文所述背景为高智升封善阐侯、子孙世袭以后的事，亦即大理国后期，而不可能是“唐贞观中”。筇竹寺山深林密，窅若隔世，奇花呈祥，异木献瑞，但又“东对峡隙，滇池一杯，浮白于前，境甚疏窅，有云林笔意”，近山远水，可引来出世、入世的无限遐想，作为昆郊最古的寺院，禅意无限，亦诗意无限。选此建寺，可谓独具慧眼。

安宁城为善阐府所辖，又处东西两京间的交通要道上，大理时所建佛寺不少，其著者有洛阳山石窟和曹溪寺。景泰《云南图经志书》“安宁州”载：“洛阳山，在州治之东十里，段氏于东山石壁凿十六罗汉其上。”“法华寺，在洛阳山，即段氏凿罗汉之所也。”“洛阳泉，源出洛阳山之麓，经波罗村过东桥巡检司，溉田三千余亩。”康熙《安宁州志》引《南诏通记》说，该寺“先是金叶杨宜所建，被火。公主段氏延寿姐重建。氏，天王杨凌之妻也”。“旁石凿罗汉十八，世传二尊飞去。”以上所载说明洛阳山石窟及法华寺建于大理国时期。洛阳山位于今安宁市东郊小桃花村后的山箐中，在陡峭的红砂石壁上，凿有佛、菩萨、罗汉等造像24窟。有十八罗汉、文殊苦行、牧女献乳、青牛负经等石刻，刀法细腻。罗汉窟西南侧约100米外，另有一窟长4米的卧佛①。石壁前即法华寺，今已不存。西向

① 一般认为24窟，今依《昆明园林志》，加上其南的卧佛窟，应为25窟。昆明市园林绿化局编纂：《昆明园林志》，云南人民出版社2002年版，第153页。

的红砂石佛窟，迎着晚霞，似闪佛光，映着山麓的洛阳泉，红崖碧水，选址绝佳。“洛阳”应即“落阳”的雅化。对于曹溪寺的记载，当以保存至今的名碑杨升庵《重修曹溪寺记》最著。该碑载：“相传此宇，在昔盛时，楼殿撑天，梵呗沸地，福田连阡，岁入千钟，香积食指，无虑近万。”真是盛况空前。但曹溪寺建于何时，何时最盛？嘉靖年间的人已不甚了了。《嘉庆重修一统志》卷476“云南府寺观”说：“曹溪寺，在安宁州西北葱山，南宋时建。中有优昙花树。”所说可信。其大殿梁思成先生认为是南宋所建，学界一般认为具有宋元建筑风格。2011～2014年对该寺宝华阁进行修缮保护，获全国十佳文物保护工程奖。竣工后的评价是：“曹溪寺宝华阁大殿始建于南宋大理国，构架做法、斗栱铺作、柱础形制，‘七朱八白’做法等方面仍保持了宋元时期古建筑的特征，在建筑技法上融合了官式和地方做法。”这次修缮，“在全国首次采用全矿物原料和原有工艺对早期建筑的彩绘进行了恢复修复，探索完成‘七朱八白’的恢复，真实再现了文物始建时期的原状，填补了古建筑维修矿物原料缺失的空白”①。曹溪寺毗邻安宁温泉和螳螂川，旁边又有珍珠泉和“三潮圣水”，集中了各类水的精华，大理国时期在此选址建寺，自因其特殊的环境优势。

---

① 见《中国文物报》2015年11月13日6～7版：《第二届（2014）全国十佳文物保护工程》报道中的《云南曹溪寺宝华阁修缮工程》，并附有彩图。

元代中庆城考

在中国历史上，元祚不标长，但蒙元在云南的统治却延续了128年。宪宗四年（1254年）兀良合台攻下大理国东京善阐府，此时南方各地还在南宋治下。朱元璋在南京称帝后，云南还属北元，直到洪武十五年（1382年）明军才攻下昆明。蒙元时期的经营，在昆明城的发展史上占有重要的地位。

《元史·地理志》载：“元世祖征大理，凡收府八，善阐其一也。”“宪宗五年，立万户府十有九，分善阐为万户府四。”“（至元）十三年，立云南行中书省，初置郡县，遂改善阐为中庆路。”善阐之名一直沿用到至元十三年（1276年）设立云南行省时。随着中庆路的设立，今昆明古城即称中庆城；中庆路首县为昆明县，因此也称昆明城。然而，从蒙古军队统治云南后，昆明也称为鸭赤城。《元史·本纪》皆作鸭赤，如：“至元十年六月丙子，以平章政事赛典赤行省云南，统合剌章、鸭赤、赤科、金齿、茶罕章诸蛮。”鸭赤亦作“鸭池”、“押赤”、“雅赤”。如《筇竹寺白话圣旨碑》谓“云南鸭池城子玉案山筇竹寺”。《元史·兀良合台传》谓“遂进至乌蒙所都之押赤城”。《马可波罗行纪》作“押赤”。拉施特丁《史集》谓“哈剌章省会立于押赤大城”。陈垣《也里可温考》谓“城名雅赤”。鸭赤的语种及含义有不同说法。《元混一方舆胜览》载：“拓东城，白人言益城，汉讹为鸭池。”一说纳西语称昆明为yichi，与“鸭赤”音近，意为南方地，因昆明为南方大城而得名。另一说为彝语方言，“密岔语称昆明为一期，罗罗语称昆明为以扯”。“一期”、“以扯”与“鸭赤”音近。

元代的中庆城仍是一座水城。王昇的《滇池赋》做了全面、细致、生动的描述，也是文学名篇，兹全文录出以飨读者：

晋宁之北，中庆之阳，一碧万顷，渺渺茫茫，控滇阳而醮西山，瞰龟城而吞盘江。阴风澄兮不惊，玻璃莹兮空明；晴晖澹苍凉之景，渔翁作欸乃之声；蛟鼍载出而载没，鱼龙或变而或腾；岸芷兮馥馥，汀兰兮青青。粤穷其源，合众派而为滦，爰究其流，乃自西而之东。不假乎冯夷之力，不劳乎神禹之功，自混沌之肇判，经螳川而朝宗。电光之迅兮不足以仿其急，雷声之轰兮未足以拟其雄，此滇池气象之宏伟，难以言语而形容者也。

予归自于神州，寻旧庐于林丘，怀往日之壮游，泛孤艇于中流。薄雾兮乍敛，轻烟兮初收，晴光兮浴日，爽气兮横秋。川原渺兮莽苍，江山郁兮绸缪，鸿雁集于沙渚，凫鹥翔于汀洲。睹景物之萧萧，纵一叶之悠悠。少焉，雪波兮凌空，霜涛兮叠重，荡上下之天光，接灏气之鸿濛。叹濯缨之靡暇，乃系缆于岩丛，发长啸于云端，寄尘迹于篸巃。探华亭之幽趣，登太华之层峰，览黔南之胜概，指八景之陈踪：碧鸡峭拔而岌嶪，金马逶迤而玲珑，玉案峨峨而耸翠，商山隐隐而攒穹，五华钟造化之秀，三市当闾阎之冲，双塔挺擎天之势，一桥横贯日之虹。千艘蚁聚于云津，万舶蜂屯于城垠，致川陆之百物，富昆明之众民。

迨我元之统治兮，极覆载而咸宾，矧云南之辽远兮，久沾被于皇恩。惟朝贡之是勤兮，犀象接迹而骈骈，如此池之趋海兮，亘昼夜之靡停。因而歌曰：万派朝宗兮海宇穹窿，神圣膺运兮车书大同。

王昇（1285～1353 年)，字彦高，号止庵，昆明人。历任云南诸路儒学提举，官至曲靖宣慰使司副使，“通经术，能文章”，“老于文学”，“思如涌泉”。他不但熟悉从小生长其间的环境，也充满对家乡的深情热爱，《滇池赋》为我们描绘了元代气象万千的滇池和水边大城中庆城的繁荣景象。仿佛作者带我们畅游滇池，先指点江山，介绍宏观定位：“晋宁之北，中庆之阳，一碧万顷，渺渺茫茫”。重点是滇池北部：“控滇阳而蘸西山，瞰龟城而吞盘江。”继而“泛孤艇于中流”，体验滇池宏伟苍茫、千变万化的景色。以后，系缆上西山，登高览胜，欣赏昆明八景。碧鸡、金马、玉案、商山四山，各以其不同的形状环峙城郊，似有灵气。再把镜头逐步推近，中庆城中的景色壮美无比：城北的五华山天生秀美，城中三市一带街衢汇聚，商业繁荣；在城南，东寺塔和西寺塔挺拔逼天；城东盘龙江上的长桥如横卧的彩虹。镜头最后聚焦到中庆城繁荣的水上交通和商业活动：“千艘蚁聚于云津，万舶峰屯于城垠，致川陆之百物，富昆明之众民。”中庆城三面滨水的城边都停满各种船舶，而云津堤边（今巡津街北段）则是繁忙的大码头，或可称为云津码头，与大德桥相邻，形成水陆接驳的交通枢纽。各种货物种类繁多，商贸繁荣。《马可波罗行纪》亦载：“行此五日毕，抵一主城，是为国都，名称押赤，城大而名贵，商工甚众。”“尚有一湖甚大，广有百哩，其中鱼类繁殖，鱼最大，诸类皆有，盖世界最良之鱼也。”① 据《马可波罗行纪》，当时交易用贝，附近产盐，出产良马，人民以畜牧耕种为主。元代，中庆城是一座壮丽的水城，繁忙的商港，繁荣的商业都会，水上交通和商工繁荣发展到极致。

《元史·地理志》“昆明县”载：“其地有昆明池，五百余

---

① 《马可波罗行纪》译本甚多，以冯承钧译本最好。本文所据皆冯承钧译、党宝海新注，河北人民出版社 1999 年版。

里，夏潦必冒城郭。张立道为大理等处劝农使，求泉源所出，洩其水，得地万余顷，皆为良田云。”这次水利工程对昆明城的影响怎样?《元史 · 张立道传》载：“（至元）十年三月，领大司农事。中书以立道熟于云南，奏授大理等处巡行劝农使，佩金符。其地有昆明池，介碧鸡、金马之间，环五百余里，夏潦暴至，必冒城郭。立道求泉源所自出，役丁夫二千人治之，洩其水，得壤地万余顷，皆为良田。”两处所载略同，但透露了张立道系得赛典赤重用而主持治理滇池水患的。《赛平章德政碑》可以为证：“初，昆明池口塞，水及城市，大田废弃，正途壅底，公命大理等处巡行劝农使张立道付二千役而决之，三年有成。”张立道治水在赛典赤主政时期，凿海口洩滇池水，得地万余顷，加大了昆明附近的农业开发力度，滇池水位虽有所下降，但并未引起中庆城作为水城形象的改变。王昇《滇池赋》写于大德年间大德桥建成后，对中庆城的描绘可以为证，可视为元代中庆城城市形象的常态。据《明史》卷 289《王祎传》，直到洪武五年（1372 年）朱元璋“命祎赍诏往”，“招谕云南”，祎“谕梁王”，“若恃险远，抗明命，龙骧鹢舻，会战昆明，悔无及矣”。“龙骧”比喻气概威武，亦指大船。“鹢”为头上画着鹢鸟的船。“舻”指船前头的刺棹处。描绘出一幅中庆城边大规模水战的场景。

元代，云南一些州县逐步改变依天然地势据险为城的“山寨”、“水泊”形象，建立完整的土城。《马可波罗行纪》记马可波罗过金沙江后到押赤城途中，“见有环墙之城村甚众”。作为元代云南行省行政中心的中庆城自不例外，中庆城城防坚固，直到明初还起作用。程本立《黔宁昭靖王庙记》载：“王师已东，鄯阐诸蛮部乘之以叛，围城二十万众。都督冯诚以孤军固守，伏强弓弩于埤，贼近辄射之，往往应弦而毙；伺贼怠，则出击之，贼不敢即攻城。”张洪《南夷书》亦载，洪武十五年

(1382 年）初平云南，“留汝南侯梅思祖戍守云南。夷人以为将轻师寡，各怀异志，暗相连结，同日俱叛”。“悉众来攻云南。时城中资粮、器械殆尽，汝南侯欲弃城遁去，度不能，令复婴城固守。戍兵脔尸爨骨以供脯，裹创映堞以支敌。乃夜缒刘总旗出，访总兵所在求援。刘夜行昼伏，得至乌撒，见西平侯沐公言状，沐公遂提兵西援，遣人告云南固守，大军且至。其人夜闻更鼓，错诣高宣慰营，夷闻之，宵遁。城中见贼不出，以为有奇，及见鸟集其营，始知遁去，乃资其余粮以暂给。沐公至，人心始宁，招降讨叛，军威复振。”[①] 明军初占中庆城，城堞设施依旧，但已改朝易帜，故不称中庆城或鸭赤城，按洪武十五年的政区设云南府。此云南城即原中庆城。

有关元代中庆城的建城情况，缺乏完整的记载，但通过各种片断记录，仍可拼接出中庆城的轮廓。支渭兴《悯忠寺记》载：“至元十四年，忽哥赤云南王、平章赛典赤公及郁凹麻师谋为保国安民，于中庆城北隅高阜之上创建五华大殿，匾曰悯忠寺。”悯忠寺始建于至元十四年（1277 年），建在“中庆城北隅高阜之上”的五华山顶，此时中庆城城墙已建成。李穑撰《西天提纳簿陀尊者浮图铭并序》记僧人指空在云南行踪，载“云南城西有寺，上门楼，入定居，僧请入城，至祖变寺”。祖变寺即祖遍寺，后称大德寺，在祖遍山顶，即今华山东路东侧，亦在中庆城内。李源道《创修圆通寺记》载：“滇城之北陬一许里，有岩曰盘坤。”“大德五年己丑岁也，乃基岩之巅，创观音大士殿三楹。”此盘坤岩即今衲霞屏，在圆通寺最北的接引殿下。接引殿始建于大德五年（1301 年），为元代圆通寺最早建成的部分。陬，意同“隅”。其所记“滇城之北陬一许里”

① 此据江应樑《百夷传校注》，云南人民出版社 1980 年版。江本所据为北京图书馆藏《四库全书存目》原抄本。

包有今日圆通寺纵深的全部。元代五华山顶的平台全在城内，中庆城的北城墙比大理善阐城北移，约在今五华山北部山腰。从北城墙往北抵盘坤岩还有一里左右。邓麟《至正桥记》：“兹桥西抵通衢，东揵驿路，而控制方面，雄伟尤称。”落成时，“黧老童孺，隘巷沸郛，鼓舞欢忻，胥来观睹”。该桥西边是城中的大街，东接城外的驿路。“巷”指城中的小巷，“郛”同“郭”，即外郭，指城外，透出了城的形象。孙大亨《大德桥记》：“去城之东百举武，有江横绝，曰盘龙。”古时以六尺为步，半步为武，步武表示距离很近，大德桥在今得胜桥处，城距盘龙江仅百举武，距离当不远。东边两座桥皆在城外盘龙江上，距城不远，且正对两道城门，“西抵通衢，东揵驿路”，作为交通枢纽，控制一方。王绅《滇南恸哭记》记洪武二十九年（1396 年）来昆寻其父王袆洪武五年（1372 年）在昆的遗迹，这不长的时间内中庆城被改建为云南府城，该文不但记载人事的沧桑，也记载了城池的沧桑，中庆城被拆毁，斡尔朵城被废弃，残破景象触目惊心，两相对照，极具资料价值。该文有“小南门城濠”，正是明代云南府城建成后，对元代中庆城南门的称谓。大南门即今近日公园所在的明城的南城门，小南门位置约在今土桥处，玉带河即为其城濠。洪武十四年（1381 年）十二月，“征南副将军蓝玉、沐英师次板桥，元梁王把匝剌瓦尔密率其妃属及亲信臣驴儿达德俱赴滇池死，右丞观音保以城降，云南平”。《滇云历年传》记梁王逃离中庆城的经过甚详，今录于下：

癸酉，师次板桥。梁王谓左丞驴儿达德曰：“我宗室，无降理。我亦居守，则生民残害矣!”及奉其母嘉僖同其妻忽的斤等百余人，鼓乐出西门。驴儿达德率其妻子以从。遂走呈贡之罗佐山，亦名罗藏山，又入晋宁之忽纳寨，即鲸鱼山也。甲戌，右丞观音保以城降，诸父老焚香出迎。

玉等整众入城，秋毫无犯，收官府符信图籍，抚定其民。梁王闻城不守，乃进请太妃，得允，亦缢其妃。令驴儿达德和药以进，饮之不死，遂尽驱其亲属赴滇池，俱溺而死。驴儿达德等亦皆自杀。妻子从死者几二百人。中庆父老怀其恩，收葬之于进耳山，亦立庙于妙应寺侧，祀之。

中庆城有西门，东对通衢大街，西临码头，进出滇池方便，约在今小西门附近。中庆城形状如龟，又称“龟城”，且与盘龙江关系密切，王昇《滇池赋》说得明白，“瞰龟城而吞盘江”。《滇释记》卷1载：“玄坚雪庵宗主，姓王氏，古滇龟城人。”玄坚为元代僧人，此“龟城”亦应指元代中庆城。中庆城的城墙北绕五华山后，东边当沿盘龙江西岸向南，西边约经今大富春街、瓦仓庄、国防路，皆南达金碧路，金碧路以南则沿东、西玉带河直至土桥。东西北三面随地势略呈弧线，形状如龟。东开二门，疑西边也有二门，东西对应，北门在五华山后，南门在今土桥。三条通衢大街皆正对城门，马队进出方便。玉带河环绕的一段城变窄，形如乌龟伸长脖子，正在吮吸盘龙江水。通过古城建筑的巧妙设计，综合天工与人力，寓意千年神龟终于制服作恶的蛟龙。城内有两横一竖三条主街，除北门外，其他五座城门皆与通衢相连，城外有码头或桥梁衔接，交通顺畅。《滇池赋》说，“三市当闾阎之冲”，今马市口为牛马交易市场；宝善街中段过去有珠市桥，猪市在今宝善街中段，后雅化为珠市；羊市口在今南通街南段。三市指大牲畜交易市场，为元代规模最大的商贸集市，也是当时最时尚的商品市场。但中庆城的集市远不止此，如在今靖国新村一带还有鱼市街，是售卖滇池水产品的市场。《马可波罗行纪》说，“押赤城大而名贵，商工甚众”，是可信的。

元代在基层实行乡坊制。农村设乡，见《元一统志》残卷；城关设坊，坊有坊正。当时云南行省中庆路的附郭县为昆明县，城内的居民也设坊分区管理，见于记载者有利城坊和止善坊。景泰《云南图经志书》载：“王昇，字彦高，号止庵，昆明县利城坊人。”邓麟《元宣慰副使止庵王公墓志铭》又载，王昇“作诗别亲友而终”，“浮殡于观音寺侧”。观音寺在三寺街边，应是王昇家就近处，在中庆城南半，为闹市区，元代置利城坊。邓麟《至正桥记》又载，“桥东普安堂主庐陵僧刘觉正愿输止善坊店房为间二十有八”，则止善坊应在至正桥一片，即中庆城北半，元代置止善坊。

今正义路以东、长春路以南、庆云街以北一片，地势平坦，且有水渠水塘，易于培植园苑，历来为宫闱禁地。曾任云南左布政使的张纨有《布政司公廨记》，记其处沿革说：“段氏时称东府，元为行省，皇明底绥万方，以洪武壬戌戡定云南，就置布政使司。”万历《云南通志》“云南府古迹”载：“故梁王府，在府城南。元世祖至元五年，封其子忽哥赤为云南王，镇其地。后复封皇曾孙松山，寻进封梁王。传至柏匝剌瓦尔密，建府于此。明初，即其址建岷王府，后移封武冈。今即其地为长春观，岁时习仪之所。”按，李元阳所记没有错，因明代城墙退到近日楼，这一片变成了“在府城南”。其西半靠近正义路一片为行政机构所在地，元代即云南行省衙署，明代为云南布政司署。东半象眼街与护国路间一片即王府禁地，元代为梁王府，明代为岷王府。又称梁王宫、岷王宫，见《肇域志》。

中庆城东北隅今长春路以北、华山东路以东一片，元代也有开发。万历《云南通志》“云南府寺观”载：“大德寺，在五华山东。”并录副使周鉴《重修记略》：“大德寺在黔城祖遍山之颠，传者谓前代金仙氏卓锡于兹，特方丈尔。大德间，尚人释陀连增广殿庑，颜以佛像，号曰极乐宝宫，与寺之圆通、五华相对峙，虽规制有未若，而灵贶则过之，黔之人岁时禳灾祷雨者多归焉。厥后更名大德寺，因前修于大德间而得名也。”

康熙《云南府志》卷 4 又载："流云阁，旧名松子楼，在城内祖遍山大德寺东，其下即绿水河。元大德间梁王阔阔建。"大德寺原名祖遍寺，后扩为极乐宝宫，后更名大德寺。祖遍山是五华山的东峰，有大德寺再配以流云阁，远眺盘龙江流如带，飞阁流云，以开阔著称；沿石级（今大德山巷）下到山麓，峭壁千仞与澄潭相映，偶闻梵呗钟声，又以幽深见长。这是元代开辟的中庆城又一新景。据王绅《滇南恸哭记》："先公前馆于报国寺，后因贼脱脱至，遂移馆于春登杨氏家。"元代，云南行省的国宾馆设在报国寺，北元和明的使臣皆先后馆于此。报国寺在今报国街北端，这里近东门，出入城方便；距梁王府甚近，便于安排招待、会见；又近绿水河，环境幽静，确是理想的国宾馆选址。

元代，在云南建文庙，办儒学，行科举。《元史·赛典赤传》载："创建孔子庙、明伦堂，购经史，授学，由是文风稍兴。"赵子元《赛平章德政碑》载："中庆首建文庙，岁祀于春秋二丁，仍收置儒籍。"自赛典赤主滇即命张立道建文庙，置学舍。据郭松年《创建中庆路大成庙碑记》，赛典赤刚到任，"乃捐俸金市地于城中之北偏，以基庙学"，"经始于至元甲戌之冬，落成于丙子之春"，至元十一年（1274 年）始建，至元十三年（1276 年）建成，这应该是元蒙政权在云南筹建的第一座文庙。"中庆于古为鄯阐，其西、南濒昆池，地甚卑湿，独北偏最为爽垲，故卜居从之。"中庆城文庙的选址十分考究。郭文又载：

> 凡为屋五十有三楹。礼殿奠其中，夫子巍然南面，而兖、郕、沂、邹四公与夫十哲配焉。两庑翼其旁，七十子之徒及历代名儒有功于世教者，绘其像而列焉。内外有门，左右有堂，双亭对峙，跂翼翚飞。别建讲堂，以为师儒授受之所。

中庆路文庙的规制，完全按照全国的统一要求执行。后来又“择官民子弟之秀者，以补学生，奏复其身。命蜀士王君荣午充教官以董之，使肄业焉”，终于办起了培养士子的庙学。大德元年（1297 年）又重修学宫，新建御书阁，事见王彦《中庆路重修泮宫记》。据李源道《中庆路学讲堂记》：“滇学旧矣。讲经有堂，在大成殿之东偏，岁久漫漶，且规制逼偞。”“得北邻隙地三十举武，南向为堂四筵，匾曰‘明善’，东西为斋六楹，通匾曰‘进德’、‘修业’，以栖生徒，使肄业其中。”则又扩建了大成殿东北隅学宫的明善堂一院，作为生员学习生活的地方，此时“爨、僰亦遣子入学，诸生将百五十人”，生员将近 150 名，其中还有少数民族生员。方国瑜考订此碑写于泰定二年（1325 年）。据支渭兴《重修中庆路庙学记》，至正二十三年（1363 年）红巾军入城，“官舍民居，焚毁殆尽，庙学虽存而守者四散，日以坏漏，经籍、礼乐之器亡其大半”。至正二十九年（1369 年）重修，“栋楹椽瓦，腐裂者易新之；赤白漫漶，堕落者补治之。自大成殿、宸章阁、两庑、三门、讲堂、斋舍，以及献官更衣之所，提举、教授治事之厅，下至仓廪、庖厨，百尔器用，莫不毕具。补礼、乐器之缺，购经、子、史之亡，悉如其故”。在脱欢普化等官员的带领下，“重道崇儒”，“每月朔、望、初八、二十三日，公诣庙炷香讫，即赴学，坐讲堂，令教官、学生暨民间子弟通经者，以次讲说，至晡乃罢。外人来观听者，充庭塞户，教化大兴”。该文展现了元末中庆路儒学建筑群的庞大规模、完备的礼乐图籍设备及宣讲儒家经典的浓厚气氛。元代在全国实行科举制度，云南也不例外。万历《云南通志》“学校志”记元代云南进士共 5 人，都是昆明人，中庆路办学的成效和在全国的地位，不容忽视。兹录如下：

至治辛酉科（至治元年，1321 年）王楫：昆明人，晋宁州判官。

至顺庚午科（至顺元年，1330 年）李敬仁：昆明人，仕至宣慰司副使。

至正戊子科（至正八年，1348 年）李郁：昆明人，仕至理问所知事。

甲午科（至正十四年，1354 年）段天祥：昆明人，本省都事。

庚子科（至正二十年，1360 年）李天祐：昆明人，嵩明州判官，本省都事。

元代中庆城文庙作为文化教育的集聚区、体现道德文章的重地，其选址是经过认真踏勘和考量的。中庆城“其西、南濒昆池，地甚卑湿，独北偏最为爽垲，故卜居从之”。这一片既不低湿，又不需登山，但地势高爽干燥。“夫子巍然南面”，前面开阔，背枕五华山，坐北朝南，最适于人居和礼制。整个建筑群包括两列，其西为孔庙，是祭祀孔子举行盛大典礼的重地；其东为学宫，是培养人才、学习文化知识、砥砺学术的重地。逐步抬升的丹陛平台，更增加了这组建筑宏伟庄严的气氛。其范围在今文庙横街以北，华山南路以南，文庙东巷和文庙西巷之间，前与文庙直街相对，为一狭长的地块。我们惊奇地发现，这块文化宝地位于中庆城北端的正中，南与东、西寺塔间的南门对，形成中庆城南北向的通衢，也突出了中庆城的文化氛围。与这条中央大道对景的是五华山上的悯忠寺。支渭兴《悯忠寺记》载：“周檐四壁绘画诸佛、菩萨、神龙之仪形，范金填彩，绚烂人目。其殿制高爽宏丽，重檐叠栱，奇巧异乎他构，真一方兰若之甲者也。”道光《云南通志稿》“祠祀悯忠寺”又载：“按寺皆佛像，而以元明阵亡诸人附祀于两庑，故以悯忠名。”设该寺于中庆城内最高处，金碧辉煌，成为中庆城的另一标志性建筑。又在此祀阵亡将士，作为蒙元时期最早底定南方的象征，增加了中庆城的政治色彩。在这条中央大道中部的节点上，还有清真寺蔚为壮观。万历《云南通志》载："清真寺有二，一在崇正门内，一在崇正门外。俗呼礼拜寺，俱元平章赛典赤建。"康熙《云南府志》亦载："清真寺，凡二：一在南门内，一在城南鱼市街。俱元平章赛典赤建。"此二清真寺今存，一在正义路南端西侧，一在顺城街西端南侧敦仁巷内。一说原为一个清真寺的上下两院，后分为两处。其实，变化的原因与明初新建南城墙有关。元代中庆城的清真寺分上下两院，中有宽阔的清真寺广场，成为中庆城中轴线上的一处重要节点。明代建云南府城，南城墙则从清真寺广场穿过，将原上下两院分开，一在明代南城内，一在明代南城外，顺城街的兴起亦在此时。

元代中庆城外的名胜，首推曹溪寺附近的安宁温泉，声名鹊起，享誉海内。《元混一方舆胜览》载："温泉，云南诸郡汤池一十七所，惟安宁州者为最。石色如碧玉，水清可鉴毛发，虽骊山玉莲池远不及。"云南温泉很多，当时已发现者达 17 处，"惟安宁州者为最"，安宁温泉不但为全省第一，与全国各地的温泉相比，也是最佳的，"石色如碧玉，水清可鉴毛发"，连骊山杨贵妃洗浴的华清池也远比不上。

安宁温泉的发现，时间甚早。民国《安宁县志稿》卷 9《温泉志》载：

> 安宁温泉之沿革，发现之始末，见于温泉火龙寺《先王先帝考》一碑中。此碑于清康熙甲子仲夏由主持僧龙太空所立，经由嘉庆己巳年，由温泉合村重立。碑文系吴保和所录。据所载蒙、段志之记录云，东汉时有苏文达者，于光武帝建武丙辰岁，随伏波将军南讨交趾。次二年戊午十一月庚子，伏波班师，公瘴发不得归，遂为散人，游荡至明帝永平庚午岁，适滇过新罗邑，与郡主阿树罗为友。公与阿树罗逐日巡山游猎。遇冬时常见此山中白气腾空，使人搜寻，见茂草中温泉流溢。公往视之，喜，于是修平

凿开，浴之甚美，覆屋于上。其后公疾发，遂终于此。阿树罗立庙祀之，题曰先王祠。①

按，此段文字见于民国年间修的《安宁县志稿》，今仅存稿本，记录了一个发现安宁温泉的动人故事。这是南诏、大理时期就被记录下来的传说，清初立碑上石，民国年间被收入地方志。也许修志者虑及乡人“俚俗之言”容易被忽视，反复交代了资料的依据。该碑为清代康熙二十三年（1684）火龙寺主持僧龙太空所立，嘉庆十四年（1809）又由温泉合村重立，抄录碑文者为吴保和。而今，温泉的火龙寺和《先王先帝考》碑已不存，但碑文得以保存下来，十分可贵。《南诏德化碑》说：“安宁雄镇，诸爨要冲，山对碧鸡，波环碣石，盐池鞅掌，利及牂、欢，城邑绵延，势连戎、僰。”安宁开发甚早，物产富饶，地位重要，从滇国至南诏都十分突出。安宁有丰富的盐矿，是滇国赖以生存的盐产地。汉武帝时益州郡的连然县即设于此，并在此设了盐官。以后盐产历代不衰，甚至远销到滇东及贵州等地，至今仍是云南的食盐主产地。安宁“城邑绵延”，经济发达，“山对碧鸡，波环碣石”，虽不滨湖，但距滇池甚近，也属滇池经济、文化圈的一部分。东汉建武年间马援征交趾时，已注意到有麊泠水道。《水经·叶榆河注》引马援上书说：“从麊泠水道出进桑王国，至益州贲古县，转输通利，盖兵车资运所由矣。自西随至交趾，崇山接险，水路三千里。”“愚以行兵此道最便，盖承藉水利，用为神捷也。”这是一条水陆转输的交通要道，也是一条便捷的云南出海通道。南为红河水运，往北过河口、蒙自，渡杞麓湖、星云湖，越关索岭即到晋宁，再沿滇池湖岸及海口河达安宁。马援班师时，苏文达因瘴发生病

---

① 党卓善纂：《安宁县志稿》卷九《温泉志》，云南省图书馆藏民国三十八年稿本。

不能随队，流落当地，以后就通过这条卷冷水道来到安宁，并终老于此。安宁温泉的发现和开发利用至今已近两千年。元代，中央政府曾应云南地方官员之请，封苏文达为帝，并重修苏公祠。元代对安宁温泉的重视，正与《元混一方舆胜览》对安宁温泉的评价相呼应。大一统的元代，云南与内地交往频繁，天生丽质、养在深闺的安宁温泉被介绍到全国，从此开始了安宁温泉为海内外人士服务并受到广泛赞赏的新时代。

明代的云南府城

明代全国设十三布政司，亦称十三省，云南为其中之一。布政司所在地设云南府，附郭县为昆明县。因此，省会通常称云南府城，亦省称会城。明代云南府城的情况，万历《云南通志》卷5《建设志》载：

> 府城：洪武十五年建，周围九里有奇，凡六门：东曰咸和，东北曰永清，南曰崇正，西曰广威，西南曰洪润，北曰保顺。上各有楼，其崇正门之楼则更漏在焉。前有坊：曰忠爱，曰安远，曰金马，曰碧鸡。环城有池，可通舟楫。

以上内容，天启《滇志》之《建设志》同，又补载："四隅亦各有楼，居西南之间者为钟楼。""其外有重关，楼凡九，各跨衢市之隘，万历庚申巡按御史潘浚建。""咸和"，他书或作"咸化"。《读史方舆纪要》卷114所载略同，但"广威"作"广远"。又载："西南曰洪润，俗谓之小西门。东北曰永清，俗谓之小东门。"唯《南诏野史》载："周围十里三百三十四步，共一千九百六十七丈。"录出备考。云南府城的建设，始于洪武十五年（1382年），洪武十九年（1386年）完成。刘有年《南楼望远记》载："乃于十九年冬，董士卒浚湟固垒，宏大厥基，建楼于城之南门。层檐三翚，栋宇百尺，巍乎翼然。"沐英题曰"南楼望远"四字。其他各城楼的情况，可大体比照。通过保存至今的有关文物和实地踏勘，我们可大致复原明代云南府城的位置、规模等情况。城周九里三分，开六门。咸和门俗称大东门，在今小花园；永清门俗称小东门，在今圆通公园大门前、圆通街东口；保顺门即北门，在今北门街尽头、省杂剧团门口；广威门俗称大西门，在今文林街西端、新建设电影院旁；洪润门俗称小西门，在今武成路西端与东风西路交会处；崇正门即南门，在今正义路南端、近日公园处。城墙的走向大体沿今青年路、圆通山顶台地的北缘、云南大学校园内、师大附中的北缘，再沿东风西路、南屏街，往东与青年路接。今圆通山瞭望亭所在的那段高墙，就是云南府小东门北面城墙的残段。残长约 50 米，高 7.4 米，顶部宽 24 米，包括北墙、东墙和南墙的一部分，三面青砖平砌，内为夯土填实，似为一墩台。在今护国路中段的护国桥，长 23 米，宽 17.5 米，为双孔石拱桥，让人们有机会可以目击云南府城护城河的状况。南城墙的护城河位于南屏街南廊，“可通舟楫”的说法是可信的。笔者目睹了从云大校园横穿的城墙残段和城濠的残迹，还有城墙上设置的马面；亦得见北城门和南城门。云大校园内发现过明代城砖，一种为文一行，上有“正德□年云南府知府刘”字样；另一种为文两行，上有“大明崇祯壬午岁云南府知府刘监造”。有的砖上横书“砖户”，其下直书“周士吉、曾为贵、袁志忠”三人名字。城砖甚大，每块长 33 厘米，宽 18 厘米，厚 12.5 厘米，重 12.4 千克。说明北段城墙在正德（1506 ~ 1521 年）年间及崇祯十五年（壬午，1642 年）都曾加固修葺过。北城门位于陡坡上，城楼为重檐歇山顶，极为壮观。前设瓮城，仅向东开门。遥想当年攻城是很困难的，必须奋力冲上陡坡，先攻瓮城，再从瓮中转向攻北门，方得入城。城防之坚固，于此可见。笔者看到的近日楼为重檐歇山顶，有步道登楼，也很雄伟，但两边的城墙已被撤去，车马行人皆可绕行，前面的月城亦已不存，体会不到城防险阻的概念。

明代云南府城是在南诏以来各代城址的基础上，特别是元代中庆城的基础上发展起来的，但是，它又具有自己的特点：第一，城址后移，放弃大部分湖滩，大体沿五华山的山脚线环绕，从而减少了“夏潦暴至，水漫城郭”的痼疾。（当然，靠盘龙江一面还需防御水患。）第二，有别于元代夯土构筑的城墙，全用烧制的青砖筑砌，并采用了城濠、瓮城、雉堞、墩台、马面等筑城技术。第三，结束了延续600年的一城双核的格局，军事首脑和屯兵重地皆在主城，加强了主城的军事功能。从此，斡尔朵一片鞠为茂草，逐渐淡出历史。第四，城随地势蜿蜒起伏，略呈龟形。但与中庆城伸长脖子的龟不同，明代的云南府城变成了一只缩头乌龟，象征性地具有绻伏守成的特点。第五，城市功能区分明显，商业区被弃之于城墙之外。明代云南府砖城内按功能可分为三片：五华山南坡地形规整、平缓，为官府衙署区；五华山与圆通山一带，外有山体屏蔽，内部山重水复，便于分散、隐蔽驻兵，六卫等军事机构、仓廪系统、军械系统多集中在此，是理想的藏兵窟；翠湖湾被包入砖城，大大改善了城内的环境条件，宽阔的湖沼区及其周边，成为官员、权贵游憩居止的地方，一些重要的文化教育设施也设在这一片，如沐英的柳营、云南进行科举考试的贡院。三市街、东寺街、金碧路等延续数百年的传统商业街区，明代未改其繁荣，但却被隔离在砖城之外。封建政权不保护商人和一般群众，但工商业街区仍是封建社会城市不可或缺的一部分，因此，云南府城不能仅算砖城之内的范围，还应该包括砖城以外的商业街区。第六，明代人崇尚屏风聚气，一改中庆城东西城门相对、通衢直达的特点，六座城门所对的大街都是断头路，必须拐弯方能到达。第七，明代，滨湖水城的城市形象逐渐消失，云南府城另以富庶农业区水乡中心城市的形象出现。正德《云南志》“云南府滇池”条载：“滇为云南巨浸，每春夏水生，漭漫无际，池旁之田岁饫其害。弘治十四年，巡抚右副都御史应大猷、金谋协，镇守太监刘泉、总兵官黔国公沐崑，令军民夫卒数万，浚其泄处，遇石则焚而凿之，于是池水顿落数丈，得池旁腴田数千顷，夷汉利之，众谓是役功倍于金汁河。”通过明代连续不断地治水，滇池水位的变化十分突出，湖滩当然成了军屯点的驻屯之地。昆明古城近旁至今行用的三合营（原为焦家营、赵家营、波转湾三村，近代被合称三合营）、刘家营、老鸦营、大营、豆腐营、黄瓜营，都是明代军屯点遗留的地名。见于正德《云南志》的还有南坝屯、四道坝边屯、小西门外屯、大西门外屯。这些军屯聚落，遍布在昔日中庆城西面和南面水域，云南府城周边已普遍开发为农田。玉带河北接护城河，从玉带河往北过烧猪桥，引盘龙江水到护城河，翠湖外流的水也进入护城河，胜因寺前（今昆师路）原来也有小河。从玉带河往西，有西坝河、船房河、永昌河。在玉带河以南，引盘龙江水西流，有采莲河、太家河等。从而形成密集并列的篦状水系。在玉带河上，先后建成了鸡鸣桥、板坝桥、柿花桥、土桥、三板桥、马蹄桥，还有三节桥、柳坝桥等，据光绪《云南通志》“建置志”所载，昆明城内外的桥梁达 47 座。明清时期，在云南府城南城的城乡内外，小桥流水一派水乡景象。小船在河中穿行，河堤就是乡间小道，到西山的游艇在弥勒寺登程，到滇池晋宁、昆阳诸地的大船从西坝起航，水上交通十分方便。

明代沿元代旧制，文庙仍在今文庙横街和文庙直街之北。景泰《云南图经志书》“云南府祠庙”载：“文庙，在府学之西，中为大成殿，殿前左右为两庑，肖圣贤之像于其间。有古柏数株立于墀，盖百余年矣。外建尊经阁，与殿对峙，又其外则棂星门也。”明代曾对文庙多次进行维修，并有所增建。据王潜《重修庙学记》，永乐十五年（1417 年）维修，“邃殿广庑，崇门杰阁，诚足以冠乎诸郡，不徒为观美也”。景泰间，巡抚佥都御史郑颙树成德、达才二坊。弘治十五年（1502 年），巡按御史何琛勒《乡贡题名碑》，建讲堂、聚奎楼，增置号舍。正德十四年（1519 年），“拓大成殿，迁尊经阁，端丽靓深，像设俨焕。又伐石为门，树以棹楔，黉舍旁列，周垣外绕，焕然改观”。嘉靖十年（1531 年）建启圣祠。嘉靖年间，又有聂良杞《云南府儒学乡贡题名记》。据彭时《重修儒学记》，万历元年（1573 年），“巡抚邹应龙凿泮池，周六丈许，上券石桥，迁启圣祠于文庙右，修敬一亭、聚奎楼。巡按御史郭庭梧建外坊垣”。明代对文庙极为重视，培护、修葺几未间断。

按规制，儒学分两级，府有府学，县有县学，上述附于文庙者为云南府儒学，在云南的一些府的驻地还有县的儒学，昆明也不例外。正德《云南志》载昆明县学：“其山水奇秀，堂斋宏敞，为云南诸学之最。初，学宫正基为镇守园，地方议立学时即捐焉，而黔国公沐崑又割地以足之。”大成殿、明伦堂、尊经阁、泮池并池上泮亭、讲堂、馔堂、斋舍皆备，见彭纲《新建昆明县儒学记》。揆其地望，在翠湖边，早年沐府柳营的边缘。万历《云南通志》之《学校志》载：“昆明县儒学，旧在府学西北菜海子。弘治十六年，巡抚都御史林元甫、巡按御史陈天祥建。嘉靖十七年，巡抚都御史汪文盛因地势卑湿，迁于府学东南半里。”提学佥事徐养正《重修儒学记》记迁建经过甚详：“其学自弘治乙丑间创之菜海子，地湫底垫，洳基甚廛。嘉靖戊戌，抚台白泉汪公按视，未有惬志，遂计宜迁之。会长春观火，时太宰古冲李公督学也，议观隙地以请，胥曰‘良’。会宪长受庵周公守郡，为之经划，而董治则指挥王璋。逾年，巡台新塘彭公至，始落其成，即今学也。”昆明县学创自弘治十六年（1503 年），弘治十八年（1505 年）建成。正德二年（1507 年）增建大成殿，并益以学前空地，扩大了范围。嘉靖十七年（1538 年），以“地势卑湿”为由，因长春观遭火灾，于是迁往火后的长春观重建，第二年建成。长春观在今长春路中段南廊，昆明县学的环境得到改善，但遗憾的是，长春观原址又被新的项目盯上。万历四十年（1612 年）云南提学使黄琮谓：“滇城广袤几许？王宫跨其五六，不得已而以西偏居孔殿，无怪其然。乃明兴二百五十余年于兹矣，梁宫废址改为公室者不知其几，而独其最胜之区以继流处之，使学宫偏弱仍昔，殊所未解。”力排众议，争梁王宫废址的一席之地为孔庙，“奉孔圣于长春观，迎玄君像于旧学”，将孔庙与长春观对调。又将府学与县学合并于原长春观，“故以后殿祀启圣，两学合而一之，而启圣之左则县学明伦堂也，改为府学，于是，右复辟地建县学焉”。如此劳民伤财，左搬右调，结果把府县学合并于一处，反而削弱了办学条件。事见黄琮《改迁云南府儒学记》。清康熙二十九年（1690 年），文庙仍迁回原址，亦即今址，直至清末未变。对于长达 700 多年的云南府文庙，黄琮的做法仅是一出插曲，但却给后世治史者带来误会。云南府文庙建筑群受到的最大一次摧残是日本侵略军进行的狂轰滥炸，昔日宏伟的建筑顿成瓦砾。至今棂星门、泮池等部分建筑仍存，全部地下基址完好，作为云南古代文化的象征，作为昆明历史文化名城的标志性建筑，修复展示的条件具备。大家盼望它重新屹立在昆明古城中原址。

明代，在县以下的基层实行里甲制度。1930 年在云南大学大门外稍西的玉龙堆挖到碑石一块，记载明初这一带称佛护里，为至今得知的明初昆明的里甲地名。近人陈古逸在当时翠湖北路 50 号其所住小院的外墙嵌有一碑，长 64.5 厘米，宽 23 厘米，篆书大字“古佛护里”，还有一段题记：“据净园新出土洪武僧塔残石载，城西北五百年前名佛护里，立石表之。民国庚午冬。里人陈古逸文。”滇池沿岸各州县设里的情况，明代诸地志皆有记载：

	昆明县	呈贡县	归化县	晋宁州	昆阳州	安宁州
《明一统志》	16	4	2	5	4	10
正德《云南志》	26	4	2	5	4	10
万历《云南通志》	26	4	2	5	4	10
天启《滇志》	26	4	2	5	4	10
《读史方舆纪要》	27	4	1	5	4	10

按明代制度，以 110 户为一里，里分十甲，每甲十户，但上列诸书所列的数字，从明前期延续至明末基本未变，里甲的设置并未随人户的增减而调整。《明一统志》所载昆明县“编户一十六里”当为“编户二十六里”之误。明末的情况，据《读史方舆纪要》所载，昆明县“编户二十七里”，增加了一里，归化县“今编户一里”，不久也就撤县。昆明作为附郭县，首位度最高，设里最多；安宁州以产盐著称，又是通往滇西的要冲，亦设十里，大大超出附近的州县。昆明县设里的大聚落见诸史籍的有：春登里、官渡里、高峣里、黑林里、沙浪里（今沙朗）、九门里（今云溪村）、板桥里（今大板桥）、羊坞里（在今盘龙江东岸大古楼一带）等，系综合考虑人口多少、聚落规模、地理位置、交通状况、战略冲要等条件而设，有明一代基本稳定。

明代，各省分设三司。承宣布政使司为一省的最高行政机构，掌管民政和财政，简称布政司，别称藩司。提刑按察使司管一省刑狱、司法和监察，简称按察司，别称臬司。都指挥使司管一省军事，简称都司。各省另派诸王坐镇，云南省则由沐英及其后代坐镇。沐英被封为黔宁王；永乐间，沐英子晟被晋封为黔国公，世袭，其住地世称黔府。皇帝派的镇守太监的衙门称镇守府。为协调处理重大事务，镇守府成为地方各主要长官会商之地，后称帅府或公议府。由皇帝派到各省的大员还有巡抚、巡按、总督。巡抚“巡行天下，抚军安民”，多督理重大政务，但偏重军事，其衙署称都察院。巡按为分道出巡按临的监察御史，主考核吏治、审录罪囚，也可直言政事，奏闻朝廷，其衙署称巡按察院，简称察院。始命监察御史巡按，寻复设清军御史，故有一段时间分巡按察院和清军察院，嘉靖末年罢清军，以巡抚兼摄，则清军察院存在的时间较短。明后期，也因临时重任往各地派都督，出现了都督府。

《明史·地理志》载：“云南府，元中庆路，洪武十五年正月改为云南府。”“昆明，倚。”云南府及其附郭昆明县，作为明代云南的省会，行政职能十分突出，可谓衙署云集。

明代云南各主要官署的位置，地方志多有记录。景泰《云南图经志书》卷1载：

> 布政司：在城之中，洪武十五年建置。内有经历司、照磨所、理问所、司狱司、济用库、架阁库、仪从库，外有薇垣、宣化二坊在其南。景泰五年春，左布政使贾铨别建一坊于其西，总兵官沐璘题之曰“福民”。
>
> 都司：在布政司之西南，洪武十五年建。内有经历司，外有振武、宣威二坊，立于街之东西。其断事司则别置于东南之前街。
>
> 按察司：在布政司之东，洪武二十九年建置。内有经历司、照磨所。其司狱司则置于门外。又有弼教、慎法二坊立于东西。
>
> 旧察院：在崇正门内，建于永乐二年。今参赞都御史居之。
>
> 新察院：在咸穆门内，建于正统二年。今巡按御史居之。
>
> 帅府：在城之崇正门内，建于景泰二年。今总兵、镇

守、参赞、三司等官，遇有边境重务，会议于此，议定，然后行之。

正德《云南志》卷1载：

黔国公府：在布政司北，洪武十五年建。黔国公世居之。

布政使司：在黔国府南，洪武十五年建。内有经历司、照磨所、理问所、司狱司、济用库、黄册库、仪从库。

都指挥使司：在布政司南，洪武十五年建。内有经历司。其断事司则在本司东南。

按察司：在公议总府西。旧在布政司东，今旧贡院是也。成化十年迁此。内有经历司、照磨所、司狱司。

巡抚都察院：在崇正门内。巡抚都御史居之。

巡按察院：在咸和门内。巡按御史居之。

镇守府：在崇正门内，景泰二年建。

万历《云南通志》卷5载：

黔府：在布政司北，洪武十五年建。

云南等处承宣布政使司：在黔府南，洪武十五年建。经历司、照磨所、理问所、司狱司、济用库俱在司内。

云南都指挥使司：在布政司南，洪武十五年建。经历司在司内。断事司在司外之东南。操道、屯道俱在司外之西。

云南等处提刑按察司：在布政司西南，成化十年建。经历司、照磨所、司狱司俱在司内。

都察院：在布政司南，正统五年建。隆庆二年，巡抚都御史陈大宾迁建五灵庙右。

巡按察院：旧在布政司东南。嘉靖十三年，巡按御史董珊迁于布政司西南，以旧院为清军察院。

清军察院：在布政司东南。

公议府：在布政司西南。旧为镇守衙门，弘治间改今名。凡镇巡三司官，有地方大议，则会于此。

天启《滇志》卷5载：

黔府：在布政司北，洪武十五年建。

布政司：在黔府南，洪武十五年建。经历司、照磨所、司狱司、济用库、理问所俱在司内。

都司：在布政司西南。经历司在司内。断事司在司东南。

按察司：在布政司西南，成化十年重建。经历司、照磨所、司狱司俱在司内。

都察院：旧在布政司南，正统五年建。隆庆二年，巡抚陈大宾迁建旧院之西。

察院：旧在布政司东南。嘉靖十三年，巡按董珊迁于新都察院右。

都督府：在布政司右，嘉靖二十六年建。

公议府：在布政司西南。旧为镇守衙门，弘治间改今名。凡有地方大议，则会于此。

这些记载比较笼统，只有相对位置。而且一些机构经过多次搬迁，缺乏系统的整理。唯明初至今昆明城中路网的框架未变，多数官府的地块甚至建筑，后来仍被袭用，为我们的探究创造了条件。明清两代都有布政使，虽然级别不同，但职能未变。清代，布政使降为总督、巡抚辖下的官员，仍掌管一省的民政和财政。从明初到清末，布政使署的位置也一直未变，清代威远街西段仍称藩台衙门、布政司街。明代布政司位于今正义路以东、长春路以南、象眼街以西、威远街以北一片，既处于明代衙署的中心位置，也成为我们选取的坐标原点。明代，布政司地块的规模和建筑，左布政使张纮的《布政司公廨记》有记载："公廨广三十七丈，袤百又十步有奇。"其大堂"正六楹，楹围五尺，栋九架而衍其前，脊高四寻，檐杀脊之半以强”。又越二年，“门寝暨经历司始成，其外门、两廊仍未易也”。“数逾年而迄未毕工，如是乎其艰且滞也。”云南布政司的重建，从洪武十九年（1386 年）开始，历数年而未完工，既考虑到当时民力有限，也因该建筑群规模庞大。

黔府的位置，王士性《广志绎》载：“省会吉壤莫过于五云山下。当黔国封赏时，圣祖命以自择城中善地造府第，画图进呈。黔国乃择此地，拓架大厦数层。比进呈，圣祖览图，以朱笔横作一画于其层院中，云前面作云南布政司。以故黔国宅至今无大门，惟作曲街，开东向出。其图至今藏于沐氏。”这段难得的史料透露了黔府和布政司的关系，又被顾炎武收入《肇域志》中。黔府正在布政司之北，诸书所载同。黔府又处五华山麓。五华山亦称五云山，明人题咏者甚多，如沐璘的《题五华寺旷怡楼》有“五华屹立滇城中，殿矗五朵金芙蓉”，“五云天阙渺何处”等句，王大谟《五华揽翠》的“五色云章薜荔裳”，童轩《登五华寺戎上人楼》的“五云东北是神州”，冯诚《游太华寺》诗有“策马翠微高阜望，五云深处是蓬莱”等。黔府北倚五华山，东临绿水河，集山水之胜；南即布政司署，西与孔庙遥对，处城的核心区，位置独尊。黔国公府的范围，应在今长春路以北、华山南路以南、正义路以东、如意巷以西一片，无大门，门开东向出。黔府内有栖凤亭，《新纂云南通志》卷 48 说：“栖凤亭，在城内，明时黔国公沐崑建。”明陕西提学何景明诗《栖凤亭》描述了其中盛况，“元勋甲第高入云，珍奇异玩穷山陆”，“清晨邀我促席看，半日卷帘犹不足”。黔府西偏有五华书屋，既是藏书楼，又是接待宾客的地方。郑颙《五华书屋记》载：“五华，山名，在滇南城中，高不逾数寻，而雄峙秀拔，比他山为尤胜。总戎都督继轩沐公先世之居，适当其麓。公于训兵讲武之暇，卜其居地之西偏，构屋数椽，蓄古书、经文、百氏之集于中，题曰五华书屋。每宾客过从，或披卷相娱，或命琴相乐，汲泉煮茶，封花行酒，襟怀洒然，天和叙洽，不知日之既曛而忘其归也。”黔府的位置和形势，终明之世未变。钱海岳《南明史》卷103《林启俊传》载：“林启俊，字柱伯，昆明人。崇祯六年武举第一，授都司佥书，为沐天波旗鼓。”沙定洲之乱，“及变，启俊仅以亲族数十人巷战于五华山侧，斩金盔贼首一人，并余贼十余。贼不得遽入第门，沐天波乘间得出”。

都指挥使司的位置，据景泰《云南图经志书》和天启《滇志》，明初建于布政司西南。疑正德《云南志》与万历《云南通志》有误。抑或搬过，后又迁回原址。洪武十五年（1382年）所建都司，位于今龙井街以南、五一路以西一片，处城内西南隅，适于军事首脑机关隐蔽驻扎，清代地图上的“都司署”当袭用明代旧衙。今端仕街是原断事司街的雅化急读，其街东廊应即原都司所属的断事司之所在，与“断事司在（都）司外之东南”的记载吻合。

提刑按察使司建于洪武二十九年（1396年），原在“布政司之东”。《都督同知沐璘建司公廨记》说：“洪武二十九年，太祖高皇帝有诏开设云南等处提刑按察司，始即昆明县治为之，堂阶、门庑、制度粗备，历五十余年，……”具体说，即利用昆明县治为司治。景泰《云南图经志书》说，“昆明县，旧在按察司北，今徙布政司之东南”，直至清末地图，双水塘的出水口仍称“县桥”。按察司署应在双水塘之南，今威远街东段南侧。

巡抚都察院建于永乐二年（1404年），又称旧察院，在崇正门内，布政司南，约当今正义路以东，庆云街南部。巡按察院建于正统二年（1437年），在咸和门内，万历《云南通志》又说：“旧在布政司东南”，约当今护国路北段东侧。护国路北段旧称绣衣街。汉代曾派侍御史持节衣绣衣赴各地巡视，称绣衣御史或绣衣使者。后相沿成俗，此绣衣街应因巡按御史衙署在街边而得名。昆安巷又称绣衣后街，应即绣衣使者衙署后门之所在。后来，从事绣衣的手工铺房多集聚于此，绣衣街获得了新的含义。

从以上机构的位置不难发现，明代云南的主要衙署都集中在云南府新建砖城的南部。北有五华山、圆通山及翠湖，山环水抱；南边城外即是传统商业区，既接近市廛，又有高城控隔。明初布列的范围，还受历史条件与地理条件限制。最东为元代的梁王宫，明初用作岷王宫，双水塘、穿城江一带是宫廷禁苑，这一片基本未触动。最西的一片三角地，坡度较大，又多陡坎，不便安排规模较大的衙署。以今正义路为中轴线的两侧，地势平整开阔，又是传统行政区，便于规划利用。衙署区各机构按性质相对集中，功能区分明显，可以节约用地，方便管理，提高行政效率。中轴线以东为行政区，集中了黔府、布政司、按察司等及其下属机构。中轴线以西是军事区，以都司及其下属机构为主，还有其他军事机构，万历《云南通志》说，“操道、屯道俱在司外之西”，但当时东片和西片的建筑密度相差较大。东片今正义路东侧沿用元代云南行省的地块，连甍栉比，布列紧凑；西片多为散列式分布，各机构间比较疏朗，间有坡坎空地。

明代，云南府城的北部山水错落，环境幽静，对这一片也做了巧妙安排。一为仓储。利用当时翠湖水上运输的条件，又靠近大西门和北门，陆路搬运入城很方便，也考虑到人为的安全及地势高爽便于储存等自然因素，在翠湖西北侧和东北侧分别设置了西仓和北仓。翠湖西北沿湖边高地建的大西仓，在今西仓坡的坡头，紧靠沐英洗马的柳营，系储备军用粮草的仓库。翠湖东北坡北门街北侧的常平仓规模更大。天启《滇志》卷

5载：

广备仓，在府北门。

常平仓，在府北门。天启四年巡抚都御史闵洪学即中卫仓改建。六卫仓可储米十万石有奇，而岁入之额不过三万。今并六卫仓于四卫，以中卫仓改作之。见在十廒，可贮谷二万石。又拓旁隙地，度其中可置四十廒，环以周垣，岁籴谷二千石实之。自是岁以为常。

预备仓，在府北门。天启四年巡按御史罗汝元即左卫仓改建。

按明代制度，各卫皆有自己的屯仓。北仓早已有之，天启四年（1624年）扩建，并六卫仓于四卫，又以中卫仓改作常平仓，俨然一座仓城。其地今有一条弧形小巷称北仓坡，仓房倚山势层递而升，从北门街直至圆通山顶的唐继尧墓地处。城北部也是僻静安全的仓储重地。二为贡院。自弘治十二年（1499年）贡院从城东南部迁来，选址十分精到，倚山纳海，“周围二里许”，“比屋连甍，新营别构”，“古木轮囷，苍然秀出”，增加了城北部的教育功能和文化氛围，与翠湖连为气势雄伟的风景胜地。三为府署。景泰《云南图经志书》载：“府治，在广威门内，洪武十五年建置。内有经历司、照磨所、司狱司、广盈库、架阁库。”“旌善、申明二亭在府前。”明初建的云南府治选址距大西门不远，即今师大附小处，府甬道的地名一直行用至今。

明代作为省会的云南府，集中了大量兵力。六卫在城外昆明坝子中的军屯聚落交错安排，如云南前卫有金马山屯，云南右卫也有金马山屯，云南中卫及云南后卫都有官渡屯，云南左卫又有官渡河尾屯。但六卫的指挥机构都集中在府城内，环城布列，分片负责府城的守卫镇戍。景泰《云南图经志书》载，“六卫散置于城中”。据万历《云南通志》卷7，云南左卫在府治东，云南右卫在府治西南，云南中卫在府治东北，云南前卫在府治西南，云南后卫在府治东，广南卫在云南府治东。清代行用的前卫十字街、左卫十字街、中军署等都是明代的地名遗迹。据商辂《重建云南按察司记》，中卫署在今圆通街北廊圆通寺西。据道光《昆明县志》，“知县署在敷泽门内，即后卫旧署也”。《新纂云南通志》卷44也说，后卫署在小东门内，清代为知县署，即今圆通街东段北廊市第一职业中学，广南卫署在大东门内绿水河东。有关广南卫的情况，万历《云南通志》之《兵食志》载：“广南卫，旧在广南府，洪武二十九年建，永乐元年迁建于云南府治东。”据天启《滇志》，后来位置未变。道光《昆明县志》记清代云贵总督署有一段说明：“云贵总督署，在城内正中三牌坊西。考顺治十六年始设云贵总督，即前广南卫旧署改建行台，在咸和门内绿水河东。十八年，移驻曲靖府。康熙四年，移驻贵州布政使司治。二十年，吴三桂平，仍移驻云南府。总督蔡毓荣改建今署，总督范承勋复加修葺。康熙三十四年总督王继文修。”戴氏意在梳理清代云贵总督署迁治的沿革，所说明代广南卫“在咸和门内绿水河东”与明代诸书“云南府治东”的说法吻合，而且更加具体，但却被后人误解为“三牌坊西”一片“即前广南卫旧署”。屯军布列城内外。据正德《云南志》卷2，明代在昆明县地方共设36个军屯点，其中距城最近的军屯点有马村屯、北门外莲花池边屯、大西门外屯、小西门外屯、小西门外鱼池傍屯；城内西北部的翠湖边上，有云南右卫、云南后卫、云南前卫的西海子屯各一个，云南中卫、云南前卫的南海子屯各一个。军队统一进行操练的地方，明初已有安排。景泰《云南图经志书》载：“其演武之地有二处：一在崇正门外，曰小教场；一在保顺门外，曰大教场。”天启《滇志》卷7亦载：“演武场有二，一在南门外，一在北门外。”北门外的北教场，又称大教场，范围甚广，包括今教场东路、教场中路、教场西路、教场北路一带。南门外的南教场又称小教场，在今宝善街以南、北后街以北、南华街以东、护国路以西一片，一直沿用到清末。明代云南府城可谓云南最具规模的军事城堡。

按明代制度，各省皆设同姓王分镇。洪武二十六年（1393年）诏岷王朱楩镇云南，原梁王宫成了岷王宫。至仁宗即位，徙岷王于武冈州。此后，原岷王宫成了分割的对象。萧镃《重建长春观记》载：

> 云南长春观，旧在郡城崇正门内之东，《图经》不载其所始。正统己巳春毁于火。皇上即位之三年，是为景泰壬申之岁，总戎都督同知沐公璘，参赞军务兼巡抚左佥都御史郑公颙相谓曰：长春为观，实古迹，况为国家祝釐之所，废而弗修，是为缺典。顾旧址湫隘不称，而城之西隅隙地，宽闲亢爽，足以改卜，曷徙而新之。议既克合，即具疏请于朝，许焉。

长春观与一般寺观不同，“乃命道纪司都纪凌道崇以典祠事”，是政府重点管理的道院，又是官员习仪、举行庆典的地方，因此设在城内，并获准于景泰四年（1453 年）重建。据上文，观址原近穿城江，“湫隘不称”，往西稍移，则“宽闲亢爽”。此处的“城”系指原梁王宫的宫墙，既处宫墙“西隅隙地”，又系“拓地于阛阓”的居民杂处之区。这一年，云南还获准始建贡院于长春观旁。陈文《新建云南贡院记》载：“相城中长春观之旁，得故址，平衍而亢爽，佥曰宜此，遂定基焉。”景泰《云南图经志书》说“长春观，在城内贡院之西”，与此相合。景泰年间在今长春路南廊从西往东排列着布政司、长春观及贡院。这一片正因为有著名的长春观，后来才称长春坊，1951 年称长春路。景泰《云南图经志书》又载：“帅府，在城之崇正门内，建于景泰二年（1451 年）。今总兵、镇守、参赞、三司等官，遇有边境重务，会议于此，议定，然后行之。”又载：“贡院，在帅府之北。”镇守府又称帅府，景泰二年建。镇守府当时在贡院之南，约当今威远街与庆云街之间，大柳树巷与云兴巷一带。商辂《重建云南按察司记》又载：

> 本朝洪武丙子，设云南按察司。于时即昆明县治为之，因陋就简，几八十年于此矣，中间虽时加葺治，然不过易朽以坚。拓而新之，良有待也。成化丙戌，新安庄君歙奉命总宪是邦，……请以云南中卫及贡院改本司，而以本司为贡院，以圆通寺西空闲官舍改为中卫。诸公称善，仍合辞具疏以闻，上可之。

成化二年（1466 年）获准按察司署与贡院屋舍调换，从此贡院搬到原昆明县治处，按察司搬到长春观旁。正德《云南志》说，按察司“旧在布政司东，今旧贡院是也”，天启《滇志》卷 17 也说，“长春观，旧在府治南臬司之右”，反映的正是这段时间的情况。此时在今长春路南廊从西往东排列的是布政司、长春观、按察司。正德《云南志》卷 1 载：“按察司，在公议总府西。成化十年迁此。内有经历司、照磨所、司狱司。”万历《云南通志》又载：“云南等处提刑按察司，在布政司西南，成化十年建。经历司、照磨所、司狱司俱在司内。”疑衍“西”字。成化十年（1474 年），按察司迁到公议总府西，今正义路与端仕街间。这一片原是元代行省衙门的南半，洪武十五年（1382 年）立云南布政司，完全承袭云南行省的衙署范围，从此分出威远街以南部分建按察司。清代仍为按察使署，别称臬台衙门。此后，今庆云街北廊从西往东排列的是按察司、断事司、公议府。据陈善《重修提学道记》和黄琮《增建云南提学道署记》，云南提学道所在的一片地势狭窄，南北长，东西窄，后购得周围民居若干间，建为重楼、射圃，“于是，建堂则金马如几，出门则流泉如带，登楼则四望云山，皆如屏如戟，列侍环拱”。此提学道应在城东南部，双水塘下游的小河边。万历《云南通志》卷5载：“译字馆，在布政司东。”当时负责外事工作和民族事务的机构也在今长春路以南、象眼街以东的行政区内。同书卷6载：“象只，奉有勘合，随即买进，每次三十只。”同书卷16还记载了贡象道路。处理贡象事务是明代云南地方官的重任。“象只原系土司进贡”，万历以后也从“夷方买进”，象眼街有大象逗留，象房设在绿水河东岸，都与有关职能机构靠近。至此，城东南部原梁王宫一片，包括那些“湫隘不称”之地都已被挤占完毕。

行政核心区安排已满。明代中后期，随着机构析分和行政人员增加，一些衙署逐步跳出中轴线以东，往西分散安插，也引起东南部核心区的重新调整。万历《云南通志》卷5载：“贡院，在保顺门内，布政司西北。旧在布政司之东，弘治十二年巡抚右副都御史李士实、陈金相继迁于今地。”弘治十二年（1499年）在北门内今云南大学处建成新贡院，第二年将布政司下属的督理银场道、督粮盐法道、分守安普道、分守临元道、分守金沧道、分守洱海道等机构皆安置在贡院旧址。自此，这一片就成为正德《云南志》所说的“布政分司”。“在本司东，弘治十二年改旧贡院为之。”万历《云南通志》卷5又载：巡按察院“嘉靖十三年，巡按御史董珊迁于布政司西南，以旧院为清军察院”。都察院“隆庆二年，巡抚都御史陈大宾迁建五灵庙右”。天启《滇志》卷5又说：“嘉靖十三年，巡按董珊迁于新都察院右。”则嘉靖十三年（1534年）和隆庆二年（1568年）巡按察院与都察院先后皆迁到布政司西南的五灵庙之西。按五灵庙的状况，明人柯暹《重修五灵庙记》说，该庙元代称五龙庙，明初“以祷旱有感，改为五灵”，“七十年间，黔宁三世总兵者五，新庙者三，益宏而益丽”。“庙在城之通化街西，距城门百余武”。正德《云南志》说，“五灵庙，在本府南”。天启《滇志》卷 16 也说，“五灵庙，在都院二台左”。我国古代以六尺为步，半步为武。道光《昆明县志》附《城内街巷图》有五灵庙，在正义路西侧，光华街与景星街之间，与上述文献记录相符，明清五灵庙的位置未变。则明代嘉靖年间巡抚都察院与巡按察院迁到今文明街以西一片。都察院在东，巡按察院在西。天启《滇志》卷 5 载：“都督府，在布政司右，嘉靖二十六年建。”嘉靖二十六年（1547 年）始建的都督府，直接安放到“布政司右”，揆之地望，应即今胜利堂一片，清代被袭用为总督衙门。

以上所说明代各衙署的分布状况大致如此。这些地块的分布基本固定，但其上衙署的性质和功能却有变化，以官员变化频繁的镇守府和都察院最突出。据万历《云南通志》所收周洪谟《旧巡抚都台记》及严清《移建巡抚都察行院记》，永乐二年（1404 年）所建的都察院，后都御史郑公被召回，“地方宁靖，召还京师，其廨宇遂为镇守内臣所寓”。成化十八年（1482 年）后，又派都御史巡抚云南，“时镇守太监王公谓：予所居即往昔郑公视事之所”。成化二十年（1484 年）重修后仍做都台衙门，但后又“因事报罢”。若干年后重置巡抚都察院，“顾府第狭湫弗称，三省诸大夫固请易之，公乃相度旧镇守太监府，吉第非南向，乃谂于有众，移而辟之，地不足，易诸氓廛者若干间”，于隆庆二年（1568 年）移新址建成都察院。都察院新址在布政司西南，也即万历《云南通志》和天启《滇志》说“在布政司西南”的公议府是一个地方。

明清时期，砖城东南部行政机构的群集，在其周边也逐步形成一些具有服务功能的街巷。其南接近南门的今庆云街原称登仕街。明代文武官员均以对应品级授给荣誉称号，登仕郎为文官正九品升授之阶，登仕佐郎为文官从九品升授之阶。清代封授有功官员及其先世以官爵名号，文职封赠之阶正九品也称登仕郎，从九品称登仕佐郎。登仕郎可说是对低级官员的美称。登仕街就是从各州县来办事的低级官员及官府眷属寓居的地方。最靠近南城门的永升巷，原名迎宾馆巷，因有旅店“迎宾馆”得名。庆云街南侧的翠花巷，因生产“翠花”饰物得名。

明代的衙署布局，奠定了老昆明城的基本格局，影响着清代衙署的功能和分布，有的甚至影响到近代。其设计思想值得总结。

南明的滇都

明末，在中国历史上发生了“天崩地坼”的巨大变化。崇祯十七年（1644 年）三月十九日，李自成领导的农民起义军进入北京，崇祯皇帝在煤山上吊，明亡。四月二十二日，驻守山海关的明将吴三桂迎清兵入关。四月三十日，李自成撤出北京。五月初二日，在吴三桂的导引下，多尔衮顺利进入北京。清兵实行严厉的民族压迫政策，强迫大家薙发，“留头不留发，留发不留头”，很多人甚至为突如其来的强制削发被杀害。清兵又进行大规模的野蛮的屠杀政策，出现了“江阴守城”、“扬州十日”、“嘉定三屠”等惨绝人寰的事件。清兵攻下扬州，下令屠城十日，然后封刀，被杀害的人约 80 万，尸横遍地。英勇就义的史可法的遗体已无法辨认，他的部将和人民把他的衣冠葬在扬州城外的梅花岭。江阴人民在阎应元、陈明遇的领导下，守城 81 日。清军攻进江阴后，下令屠城，“满城杀尽，然后封刀”，被屠杀 172000 多人，未死的老小仅有 53 人。嘉定人民前仆后继，多次抗清，更惨遭清军的“嘉定三屠”。当时中华大地上这种形势的变化，使如火如荼的农民起义军与明王朝的矛盾，迅速转化为全国各族人民与清统治者之间的矛盾，农民军和残明势力联合反抗新入关的清统治者，全国各地各阶层反清民族起义和斗争风起云涌。从此，历史进入了史家通称的“南明”时期。

南明政权不止一个。明亡后，在南方的明宗室势力纷纷自立。

1. 1644 年（甲申）五月，福王朱由崧在南京即位，以明年为弘光元年。第二年五月，南京陷，弘光帝在芜湖被清军所俘。

2. 1645 年（乙酉）闰六月，唐王朱聿键在福州即位，改是年七月一日以后为隆武元年。后移驻建宁、延平，第二年八月在汀州遇害。

3. 1645 年（乙酉）七月，鲁王朱以海在绍兴监国，以明年为鲁监国元年（《天南逸史》），未建年号。第二年退至福建中左所。

4. 1646 年（丙戌）十一月五日，苏观生拥立隆武弟朱聿鐭在广州称帝，“以明年为绍武元年”（《东南纪事》）。至十二月十五日，凡 40 日，被清军抓获，引帛以尽。实际上，“绍武”年号还来不及用。

5. 1646 年（丙戌），桂王朱由榔于十月十四日称监国于肇庆，十一月十八日在肇庆即皇帝位，以明年为永历元年。

6. 1646 年（丙戌），农民军在巴东奉韩王朱本铉（一作铉）抗清，年号定武。从“癸卯定武十七年”倒推，则是以明年为定武元年。

7. 1648 年（戊子），淮王朱常清被郑成功奉为监国，年号东武。见李兆洛《历代纪元编》。

这些政权散在各地，各自为政，有的时间甚短，或仅月余。永历政权有农民起义军的支持，而西南地区又有广阔的腹地可以回旋，但建政过程也十分艰辛。最初几年，在武冈、桂林、梧州、肇庆间辗转，由于明将何腾蛟、瞿式耜率领的明军与荆襄十三家农民军共同作战，在广西、湖南累获战功，成为支撑永历政权的主力。王夫之《永历实录 · 高必正传》载，高一功和党守素到梧州见永历帝，“请自为诸将倡，以兵归兵部，赋归户部，简汰瘦弱，分汛战守，较勘功罪，则事尚可为”。后来，农民军将领李赤心、高一功、党守素等或病死，或战死，农民军退回荆襄丛山中固守。永历五年（辛卯，1651 年）失去支撑，往南流离，途经中越边境。据《永历纪年》，九月离南宁登舟，十月初七至新宁，十二月五日至太平府濑湍，后登陆将至镇安，以后改经龙英取逻江。永历六年（壬辰，1652 年）一月三日至十一日驻云南皈朝，十六日到广南，在广南至今还留下一座皇姑坟。一月二十五日发广南，经竜卜、晒利、鼎贵、加浦、那羊、娅堂、呼马、扁牙、板屯、板桥、峒沙。二月初六日，永历至贵州安龙府。永历帝后来有诏回顾说：“自武、衡、肇、梧以至邕、新，播迁不定，兹前冬濑湍，仓卒西巡，苗截于前，虏追于后，赖秦王严兵迎扈，得以出险，定跸安隆。”（载刘湘客《行在阳秋》卷下）在安龙的四年，正是李定国在湖南、广西前线节节胜利的日子，永历避居一隅，却被孙可望挟持，处死正直的吴贞毓等，留下历史遗恨的十八先生墓。“随行文武俸，尽向秦府报销”，由地方官“造开销银米清册报秦王”，生活亦窘迫。永历十年（丙申，1656 年）至永历十二年（戊戌，1658 年），永历帝被李定国迎至昆明，建“滇都”，实现了农民军与南明宗室政权在“反清复明”前提下历史性的融合，然而犹如落日前的晚霞，孙可望降清，清军已步步进逼。永历政权的最后三年，是寄人篱下的日子。永历十三年（己亥，1659 年）闰正月，永历帝经保山、腾冲，从铜壁关入缅，后宫及重臣沐天波等一批人随行，李定国等也在边境接应，力图重振。由于吴三桂率重兵声讨缅甸，永历十五年（辛丑，1661 年）十二月，缅人奉永历与清军。永历十六年（壬寅，1662 年）是巨星陨落的灾年，这年的四月十八日，吴三桂进帛，永历崩于滇都；五月八日，延平王郑成功薨于东都；六月二十七日，晋王李定国殁于勐腊，一段轰轰烈烈的史剧终于结束。

随着清兵入关，农民起义军的主力大顺军迅速南下，李自成在湖北通山九宫山遇害，其部将郝摇旗、刘体纯等联明抗清，在湖南、湖北一带转战，后退入湖北、湖南、四川间的丛山中长期固守，称荆襄十三家。“出则以勤王灭虏为事，入则以课农练兵为本。”直到1663年，李来亨在巴东茅麓山殉国，李自成农民起义军的余部坚持长期抗清。这支农民军与定武政权的关系，查继佐《罪惟录》卷22“附纪”有载：“太祖十九子宪王松之后，世封平凉。……及献贼死，摇旗内款，独奉韩王为主。自闽事坏，韩便称尊，改元定武。尝移书桂王，叙长幼，不称臣，北抗保郧西乱山之中，驻房山自为号令。”“癸卯定武十七年，来亨被困，……房山旋败，韩王不终。”

农民起义军的另一主力张献忠的大西军于1644年11月攻下成都，1646年冬为清兵所败，张献忠在西充战死。其部将孙可望、李定国、刘文秀、艾能奇号称“四将军”，因孙可望年龄较长，他们共推孙为首，联合执政。大西军余部往南攻克重庆、遵义、贵阳，又经交水（今沾益）、曲靖、陆凉（今陆良）、宜良，于永历元年（顺治四年，丁亥，1647年）四月二十四日抵昆明。《滇南纪略》载：“流贼哨骑至省城三市街，见城门不闭，各民人户外设香案迎接，飞报四贼。城中老幼拥吴（兆元）抚军出城降，贼入城令安抚。”农民军“秋毫不犯”，昆明群众热情欢迎农民军入城。孙可望称平东王，李定国称安西王，刘文秀称抚南王，艾能奇称定北王，实行以孙可望为主的四人共同领导。

农民军的行政中心，主要安排在翠湖周围。孙可望的府第在五华山。李定国以原布政司署作西府，后称晋王府，即今正义路以东、长春路以南、威远街以北一片。刘文秀在翠湖西侧原柳营处，称南府，后称蜀王府，在今仓园巷以北一片。艾能奇的定北府在原贡院，即今云南大学处。四大王府中，仅孙可望的王府经过专门营构，“黄屋双阙”，称秦王宫。其他王府基本都是利用原有的建筑。孙可望拆呈贡、昆阳城建秦王宫的时间，诸书所载不同。《滇南纪略》、《爝火录》载：“丁亥八月，开始建置四王府，用黄瓦，撤呈贡、昆阳二城为之，墙脚宽六尺。”《续修昆明县志》载：“顺治九年壬辰三月，孙可望由黔回云南，大营宫室于省城五华山，创建宫殿，制侔大内，毁昆阳、呈贡二城以筑之。”《昆阳州志》则将拆城事系于顺治四年（丁亥，1647 年）。《呈贡县志》则将“拆城运省筑造”事系于顺治庚寅年（顺治七年，1650 年）。其实，这正好说明秦王宫修建的过程，始于永历元年（顺治四年，丁亥，1647 年），延续至永历六年（顺治九年，壬辰，1652 年），中间曾断断续续多次拆除昆阳新城及呈贡县城的物料运省筑造。

四将军领导的农民军以昆明为都城，在云南、贵州两省建立了巩固的后方基地，又兵分三路，进击清军。孙可望出兵辰州（今湖南沅陵）、沅州（今湖南芷江）；刘文秀进攻四川，收复了叙州、重庆；李定国率师东征北伐，收复武冈、靖州（今靖县）、宝庆、全州、桂林、永州、衡州，转战湖湘一带，歼灭清军数十万，在衡阳、桂林两次大捷，并驻军长沙约半年。黄宗羲《永历纪年》说：“李定国桂林、衡州之战，两蹶名王，天下震动，此自万历戊午以来所未有也。”以后又进攻广东，攻克高州（今广东茂名）、廉州（今广西合浦）、雷州（今广东海康），直达肇庆、新会。他们建章立制，设官置守，冯甦《滇考》说，“铸兴朝通宝，经营土木，造印敕，设六部、九卿、科道等官”。他们调整建置，更改部分政区名称，改云南省为云兴省，昆明县为昆海县，改安隆所为安龙府，改辰州为沅州府，沅州为黔兴府，改阿迷州为开远，蒙自县为沐新。入滇之初，铸“大顺”钱，后孙可望改铸“兴朝通宝”，以后又铸“永历通宝”，昆明市博物馆皆有收藏。传世的还有大罗卫银锭，重 1833 克，上刻铭文“大罗卫指挥使司起解永历六年谷价银伍拾两银匠范洪”等，大罗卫在今宾川县。招抚外逃百姓回家复业，不足者借给牛种。“括近省田地及盐井之利，俱以官四民六分收”。他们执行团结各族的民族政策，获得诸土司支持，出兵认饷，“四将军联合诸㑩㑩部，有其军，众至二十余万”。定国善用象，象十三，俱命以名，封大将军“所向必碎”。《寻亲纪程》载：“各处兵马众多，群象塞路，粮械运送，多仰于民。时见山民运送火药军器，且有苗子成群，运送军粮。”李寄《天香阁随笔》载：“其所部半为㑩倮、傜、佬，土官极难钤束，因定国御之有法，故能兵民相安。”李定国到鸡足山敬香，特宣谕布告，“杂派从宽”，田粮减豁，度牒援免，反映了农民政权的宗教政策。

农民政权尊孔崇儒，并开科取士。永历元年（丁亥，1647 年）命严似祖考试省生员，一考为定，高下有差，取 33 人，观政选官。永历四年（庚寅，1650 年），孙可望命马兆熙考滇南生童。永历八年（甲午，1654 年）设科取士，以慧光寺为棘闱，取陈士基等 54 人。永历十一年（丁酉，1657 年）又举行云南乡试，以校场为贡院，取王肇兴等 54 人。一般三年一试，多在八月举行。农民军的考试制度，《滇南纪略》记载较详：“甲午岁春，命学道孙顺考试滇南士子，随即开科。以西寺为贡院，命盐税司史文为监临，减三场为二场，减七篇作五篇。头场三书二经，二场策论表并诗二首，其题‘官柳连云’、‘滇南纪胜’。取解元高应雷等三十二名，照给头巾、青袍，与明例埒。自是士子书声不辍。”“孙可望乃命马兆熙考试滇南生童。……考试毕，率云、武二府生童赴定国府谢。定国赏钱三百串，面云：‘诸生用心读书，不日开复地方，就有你们官了’等语。诸生谢出。由是文教渐复兴也。”农民军取消了一些烦琐的考试方法，考试内容也有改变，这是对明清科举制度进行改造的尝试。由于明代贡院被用作定北府，考试地点或在西寺（即慧光寺，今西寺塔尚存），或在教场（此指南门外的教场，或称南教场）。所取解元高应雷字澹生，昆明人，后从李定国到湖广，兵败流寓溆浦，著有《高澹生诗文钞》二卷。

永历十年（丙申，1656 年），李定国执行“联明抗清”的政策，从贵州安龙府迎永历帝朱由榔入滇。正月二十六日发安龙，途经新城所（今贵州兴仁），普安州（今贵州盘县），西抵曲靖，沐天波到马龙驿（今云南马龙）迎接，三月抵云南府。从此，昆明成为南明最后一个政治中心，号滇都。《滇南纪略》载：“将贡院腾出作行宫，制仪杖，选校尉，安顿迎帝来省，诏告中外。”“至滇城，百姓阻塞道路，左右观者如堵。有年老数十人见帝至，大恸曰：‘不图今日复见大明天子！’帝亦含泪点首而过，至行宫安息。”《滇云历年传》卷 10 载：李定国奉永历入滇，“过金马山，百姓遮道相迎。既入城，以贡院为行宫，群臣朝谒”。《南明野史》卷下也载：“三月，定国及文秀、文选等各率所部至曲靖，扈从銮舆入滇，以定北府为行宫，暂驻跸焉。改云南为滇都，赐定国晋王册宝，封文秀蜀王。”“于是初莅朝堂，二王侍立，文武肃然。朝贺出，皆喜相谓曰‘今日乃见真圣主也’。是日帝为二王割襟，订二姓之盟，二王谢恩感悦。”云南贡院坐北朝南，居高临下，屋舍栉比，又有突出的中轴线。永历元年（1647 年）九月定北王艾能奇在征东川土司禄万钟时遇伏，中箭牺牲，定北府长期闲置，正是永历滇都皇宫的首选。第二年八月，永历帝移驻五华山。《南明野史》载：“八月……十一日，移跸秦王宫，即云南府城五华山地也。山有五华寺，为滇南诸刹之冠。”《明史·桂端王常瀛传》谓永历“居可望署中”，《清史稿·李定国传》也说“入居可望廨”，皆指此后一段。《昆明县志》说：“明永明王故宫，在五华山上。”五华山建为永历皇宫时，大概还保有五华寺。永历皇宫的范围甚大，其东北抵今螺峰街菜场，那一带高耸的围墙直至清末仍俗称皇城角。其西南直抵今华山南路与华山西路交会处。光绪三十三年（1907 年）在五华山南坡建学堂，于水池中出土永历玉玺“敕命之宝”，龙钮、阳刻篆书、方印。1992 年在云南省高级人民法院工地出土集于一处的铜印 54 方，铜质方印，椭圆柱形钮，当是永历政权西逃时仓促埋藏。其中如“寻甸军民府印”，印面为阳文九篆，右后刻“永历十年九月□日礼部造”，左后刻“寻甸军民府印”，后上是“永字叁仟伍百贰拾壹号”编号。现皆藏云南省博物馆。

永历驻跸滇都期间，形势相对稳定，正是永历朝君臣力图再举的岁月。一方面尽量争取孙可望，设法修好孙可望和李定国的关系，共图大业。另方面，又写信与郑成功联系，加强西南与东南两大抗清力量的联合。然而，由于孙可望降清，形势逆转，清兵分三路西进。永历十二年（戊戌，1658 年）十二月十五日，永历帝被迫离昆明西走，从者数十万人，“既至碧鸡关，兵民呼哭，声振山谷”。李定国殿后，于十八日黄昏“率兵千人严队西走”，结束了四将军领导的农民军和永历政权在昆明威武雄壮的一幕。永历十六年（壬寅，1662 年），永历帝被吴三桂从缅甸索回，缢死于昆明篦子坡头利昆巷口的金蝉寺，昆明百姓因谐音称篦子坡为“逼死坡”（在今华山西路）。1912 年立的“明永历帝殉国处”碑至今还见证着这段历史。

作为“四将军”领导的农民起义军和永历政权的京畿所在，云兴省的历史遗迹一直留存到近代。今据《新纂云南通志》卷 97《金石考》等资料所载整理如下：

《九峰山碧霞庵碑记》　澜沧兵备道楚黄何闳中撰，张永纯书，永历庚寅岁（永历四年，1650 年）仲秋月吉旦。原在大理市碧霞庵。有拓片。

《北京都察院雷御史觉轩墓表》　赐进士及第翰林院编

修年第唐皋撰，永历四年（1650 年）孟冬。原在巍山县东南 20 里鸡鸣山。有拓片。觉轩讳跃龙。

《云南府晋宁州重建学宫记》　岳池知县宋光祖撰，增生王图一书，永历五年（1651 年）岁在辛卯谷旦。原在晋城镇文庙。有拓片。

《启建宝华庵碑记》　前澜沧兵备道遽庵和尚何闳中撰，云南知县陈泗洲书，世守土官杨玉蕴等立，永历辛卯岁（永历五年，1651 年）无射月既望日。原在祥云县水目寺。有拓片。

《无柱洪如碑》　永历辛卯（永历五年，1651 年），原在祥云县。

《重修法明寺碑记》　邑人周泽溥撰，柳光辰书，永历五年辛卯岁孟冬月。原在宜良法明寺。有拓片。碑述永历戊子（永历二年，1648 年）千岁帅主振旅南滇，命阎、杜二公驻宜督收粮饷。住寺中者四年。阎公讳钟纯，延安人。千岁帅主，孙可望也。

《赤水瘝叛重修城垣公署记》　守备云南洱海等处都指挥□□□立，永历壬辰（永历六年，1652 年）□□□。原在宾川县。有拓片。碑文首言："中原牧虏，四海翔枭，民赴倒悬，人要涂炭，积有岁矣"。"幸我秦王殿下，上辅明君于危难之际。"

《重修宝峰山佛殿碑记》　吏部验封郎郡人胡璇撰书，皇明永历七年岁次癸巳（1653 年）夏月吉。原在腾冲宝峰寺。

《重修弥勒寺中殿记》　南府帅标管理各营大营事务副总镇高隆撰，永历癸巳（永历七年，1653 年）季春。原在昆明城西南弥勒寺。有拓片。高隆应为四将军南府总戎。

《鼎建龙海寺碑》　邑人王士章撰并书，永历七年岁在癸巳（1653 年）八月下浣之吉。原在通海县河西龙海寺。有拓片。

《腾越关圣殿宇碑记》　陇蛮游击江川胡鲤建，永历八年（甲午，1654 年）仲春月朔八日吉旦。原在腾冲武庙。有拓片。

金顶寺大铜香炉　固原侯王尚礼造，有款识阴文二百余字，永历八年（甲午，1654 年）季夏月。原在鸡足山金顶寺。见《鸡足山志补》。正文有：“固原侯弟子王尚礼，率男广禄，原籍陕西西凉府固原卫群门所张城人氏。自丁亥岁躬随国主临滇，发心清崇三宝，修严各山寺院，刊印释道经忏二藏，施送十方，延请僧道拜讽佛道经忏百二十藏，建设罗天大教，已经三载。”左耳镌文“永历八年季夏月吉旦敬建”。右耳镌文：“爵前中军邱维良，旗鼓孙志高，标官徐应长、王国胜、魏思孝、潘自奇、王舜年、李凤翱，铸士陆乘龙，住持主事白玉。”

《金粟庵碑》　永历九年（乙未，1655 年）正月。原在牟定县北区。有拓片。

《东岳庙常住碑记》　宜良知县叶榆杨祖植撰并书，永历九年岁在乙未（1655 年）孟冬月。驾前总镇阎臣，宜良知县王三徵，经历李文蔚，指挥陈得善、张显、陈达重修。原在宜良东岳庙，有拓片。阎、王、杨皆孙可望部属。

《重修金轮寺玉皇殿记》　胡璇撰，永历丙申（永历十年，1656 年）仲春月。原在腾冲西山金轮寺故址，存残石一段。有拓片。

《宝山州印铜印》　篆字朱文“宝山州印”四字。印背楷书铭文，右为“永历十年九月□日□礼部造”，左为“宝山州印”，上为“永字叁仟伍佰拾柒号”。1984年3月在丽江大研镇北门坡下出土。见《云南少数民族官印集》。

《驻防寻沾营参将杨春富墓碑》　永历十一年（丁酉，1657年）立。原在沾益城西里泥沟。见光绪《云南通志》。

《管理瑞昌府事关防》　篆字朱文“管理瑞昌府事关防”八字，两侧款曰：“永历十一年二月礼部造”。铁质。民国二十五年（1936）在万仞关烧山种地所得，时存莲山设治局（今属盈江县）。有拓片。

《岩上岩下长官司铜印》　阳文叠篆“岩上岩下长官司之印”。背刻楷书铭文，右为“永历十二年三月□日□礼部造”，左为“岩上岩下长官司之印”，上为“永字伍仟贰佰伍号”。见《云南少数民族官印集》。

《敕封大慧禅师碑》　将军刘崇贵、知州谢桢立石，永历十二年（戊戌，1658年）五月□日。原在晋城镇。有拓片。

《宽减常住钱粮杂派令谕》　此为晋王李定国令，时在永历十二年（戊戌，1658年）。见《鸡足山志补》。文曰：“本藩西征既捷，便道进香，遵麓跻巅，游览已悉。惟是峰壑幽深，刹院不无倾圮，询之僧众，咸称近苦差徭。因念其供奉香灯，出于常住，寺僧别无活计，杂派宜与从宽，即或增加田粮，有司当为减豁。至于本山度牒援纳，已经通免。自后或有奸胥积棍播害滋端，过往官兵搜求践踏，许尔各寺僧人指名启究。永为遵守，俱勿违忽。此谕。永历十二年六月十九日。”

《赐寂光寺为护国兴明寺敕》　起首为“皇帝敕曰”，末为“钦哉，特敕”，文中有“其余在山七寺及大小七十余所丛林”等。末署“行在礼部尚书臣程源、左侍郎臣郑逢元、右侍郎臣邓士庶、祠祭司主事臣丁若郭等题请，永历十二年七月□日”。见《鸡足山志补》。

《晋宁州鼎建棂星门碑记》　行在经筵官少詹事汪蛟撰，李经世书，永历十二年戊戌（1658年）孟冬。原在晋城镇文庙。有拓片。

《礼仪房提督铜印》　阳文篆书“礼仪房提督关防”七字，印侧有“永历年”字样。1930年在腾冲河西练孟蒙村出土。原存腾冲县。有拓片。

以上文物，从永历四年延续到永历十二年，中无间断。其中涉及大量人物、职官、政绩、行政运作、社会生活等各方面，为我们提供了“四将军”农民起义军和永历政权滇都周围畿辅之区生动的图景。可惜至今有些文物已不再获见。

“四将军”领导的农民起义军在民族矛盾突出的历史时期，高举反清义旗，联明抗清，以云南、贵州两省为广阔的基地，以昆明为农民政权的都城，长达12年之久。发动并获得了傣、彝等边疆各少数民族的支持，据有巩固的后方；曾控制昆明、贵阳、桂林、长沙等多座省会中心城市，其势力北达川北保宁（今阆中），东到湖南常德、岳州（今岳阳），江西吉安，南抵广东新会、肇庆，控制半壁河山；在各地设官置守，采取了一系列政治、经济、文化、教育、民族、宗教措施。一时间，“滇南天下饶乐土也”（吴伟业《梅村家藏稿》卷36），“威名大震中外”，成了南明时期民族斗争的旗手和中流砥柱，彪炳史册。特别是以李定国为代表的农民起义军的辉煌战绩、政治路线、政策措施等，皆可圈可点。

在明宗室所建的众多南明政权中，永历政权最令人瞩目。第一，它坚持时间长达16年，从1646年至1662年。第二，它活动范围广，遍及广东、广西、湖南、四川、贵州、云南各省。第三，它影响大。据《海东逸史》，永历二年（戊子，1648年）十二月，粤中遣使封郑成功为延平王，闽海始用永历年号；永历七年（癸巳，1653年，鲁监国八年）三月，鲁王自去监国号，奉表滇中；永历十一年（丁酉，1657年），滇中遣使至，加张煌言左侍郎。据《小腆纪传》的《文安之传》，永历十三年（己亥，1659年），永历帝派的内阁大学士文安之，去到巴东，做十三家军的监军，率刘体纯、李来亨等十六营，由水道围攻重庆，以牵制清兵南下的势力，全蜀为之震动。直到吴三桂杀害永历帝后，台湾郑氏仍用永历年号，直至1683年（康熙二十二年）。第四，它实现了农民起义军“联明抗清”的路线。以昆明为“滇都”的三年，“四将军”的代表人物李定国、刘文秀率部与永历政权结为一体，农民军与拥护明宗室的抗清力量实现了深度融合，成为永历政权中政治上最成熟的一段，也是南明时期“联明抗清”最成功的例子。

老一辈著名历史学家陈寅恪为陈垣著《明季滇黔佛教考》一书作序说：“明末永历之世，滇黔实当日之畿辅，而神州正朔之所在也。”南明时期滇都的历史地位于此可见。

清代的云南府城

清代设云南府，为云南省省会，附郭县仍为昆明县。清代承袭明代的云南府城，位置、规模、形状皆未变，所不同者为对城门、城楼的命名。康熙《云南府志》之《建设志》载：

(云南府城) 明洪武十五年重筑，拓基周九里三分，高二丈九尺二寸，向南。城共六门，上各有楼：南门曰丽正，楼曰近日（原注：原名向明，总督范承勋易今名）；大东门曰咸和，楼曰殷春；小东门曰敷泽，楼曰璧光；北门曰拱辰，楼曰眺京；大西门曰宝城，楼曰拓边；小西门曰威远，楼曰康阜。居南门西偏者为钟楼。环城有河，可通舟楫。外有重关，跨隘街市。

戴絅孙《昆明县志》所载略同，“眺京”作“望京”。

清代，对云南府城的维修几乎连续不断，但多为应对险情，动作不大。光绪《云南通志》之《建置志》记载坍塌及修葺情况甚详，兹录于下：

顺治十七年以来，凡有颓坏，题请动支盐税修葺。康熙二十年，因大兵攻围吴逆，倾圮重修。《案册》：雍正六年酌定公件项下，每年存银三百两，以备岁修，以后凡有倾圮，俱动公项存银修补。（谨案《会典事例》乾隆三十一年复准云南省城垣，每年酌留耗羡银三百两，如有另星坍塌工段，准其随时动支，仍造具估册送部。）乾隆十三年知府徐铎续修，二十一年知县额鲁礼重修，二十九年知县魏成汉动项修理。三十年复有坍塌，三十一年拦马古埂坍塌，咨部修理，委知县李世保董其役。三十三年小东门城脚陷落，城楼垛口坍塌，巡抚诺穆亲委知县朱学醇修理。五十五年被雨坍塌，巡抚谭尚忠委知县施廷良承修。嘉庆四年小西门外城脚陷落，巡抚初彭龄委知县李治重修。二十一年总督伯龄、巡抚孙玉庭、陈若霖请支地丁银两重修，捐赀兴建东偏鼓楼，以配西偏钟楼，知府景谦、钱昌龄，知县丁锡群、叶申藏董其役。道光九年总督阮元、巡抚伊里布动支边费银两，委署知县王燮承修。昆明县采访：道光十三年地震，墙垣鼓楼半多倾圮，十八年总督伊里布、巡抚颜伯寿督同各官捐廉重修，名鼓楼曰启文，钟楼曰宣化。咸丰五年官民重修，并改建启文楼，增高丈余，以培文风。十一年重修大西墙垣；因多火灾，仍将启文楼改修如故。同治十年大水，大东门城脚陷落，城楼垛口坍塌，巡抚岑毓英筹修。复以六城城楼垛口墙垣均有损坏，光绪元年檄善后局筹款重修。六年，小东门外城墙坍塌，甕洞倾圮，总督刘长祐、巡抚杜瑞联等修，并重修六城垛口墙垣。

以后的情况，《续修昆明县志》之《政典志》有补充：

光绪二十年大东城北、小东城南墙垣坍塌，知县许台身请由善后局檄委蒋永佑督修。宣统元年大西城门楼朽坏，总督锡良檄委提举葛亮元督修。二年大西城墙脚坍塌，知县陆飞鸿请由财政公所檄委丁铨昌督修。按，城内女墙，光绪二十二年总督崧蕃檄委武弁黄呈祥筑，高七尺。

清代，在云南府城内新建的一组光鲜建筑当推万寿宫。万寿宫建在五华山顶最高处，习称万寿亭，又称拜云亭，作为一组建筑，准确些应依《道光云南志钞》称万寿宫。有关情况，以罗养儒《纪我所知集》记载最详，今录如下：

万寿亭是以山颠上建有一亭，亭供万岁牌，为百官朝贺帝后，向其行礼处，因而以万寿亭三字统名其一切地处。亭有六角，取统一六合也；亭前阶级有九，寓此为九重帝居也。亭前为一大平墀，系百官朝拜处也。下有三大间敞厅曰朝房，厅有高及尺、方二尺之短几若干张分列左右，是百官朝拜时须先在此小坐数分钟，然后出而朝拜之一地处也。朝房南面，又为一大平墀，深约五六丈，阔近十丈。平墀南下，有大石阶九级，中嵌螭陛。级尽，系一段平地，深约数丈。再下，复有石阶九级。至此，便接近正门。正门三格，门扇用木签子装成，饰以朱色。门头横额署有“万寿亭”三大字，传为王继文手笔。盖此一地处，是建筑于康熙二十六年，在平吴藩之后数年也。此一道正门是长久关着，要必有喜诏或忧诏至，始开此门而迎入。百官出进，是由其左边去二几百步远，而正对红栅子，有石坎四十余级之一道红门出进。万寿亭正门，诚形势巍峨，而尤正大堂皇。正门外有石玉柱二根，高丈余，各嵌一石凿之祥云捧日，若纱帽翅然，极其美观。

这是一组极其庄严崇隆的建筑，居高临下，往北层层递进，如朝天拜云，往南正对南正街（今正义路）、三市街这条城市中轴线，街衢阛阓尽收眼底，胸襟为之开阔，为古城增添了新景。作为边疆云南的省会，在平定“三藩之乱”后，组织官员定期举行活动，通过对皇帝的朝拜加强国家观念，也具有强烈的政治含义。逢皇帝生辰或其他节日，还在此搭台演戏三日，市民扶老携幼，来此登高、看戏、游乐、聚会，也成为云南府城内一处公共游乐设施。

清代云南府城内的山水形势和衙署，王崧《道光云南志钞》卷1所记较全面准确：

城内有三山：曰五华，曰螺峰，曰祖遍。有池曰九龙，一名翠海，(俗讹为菜海)。有河曰绿水。祝釐之所曰万寿宫，在五华山顶。其麓为五华书院。院南有文庙。庙西北为城隍庙，西南为巡抚署（俗谓之西院）。其东南为总督署（俗谓之东院）。总督署东越大街为布政司（俗谓之后司）。布政司南为按察司（俗谓之前司）。由按察司越大街而西为粮储道，粮储道之南为盐法道。螺峰山之西为贡院，又西为云南府；山之东为昆明县；南为学院，院西为翠海，海西有教场（俗谓之西教场）。其余文武大小官署以次环列。其形势由五华山趾自北而南达丽正门，谓之大街。中道有坊（俗谓之三牌坊）。其匾南面曰平定百蛮，北面曰怀柔六诏。道光七年，改题曰天开云瑞，曰地靖坤维。大街之东则布政司、按察司；其西则总督署、巡抚署、粮储道、盐法道。出丽正门为南关厢，有坊，匾曰忠爱（俗谓之三市街，以其有羊市、马市、菜市也）。偏东为大教场，云南府通判分驻于此。由忠爱坊而南，东有坊曰金马，西有坊曰碧鸡。由金马坊而东，出重关，入京之大道也。由碧鸡坊而西，出碧鸡关，达楚雄以西诸郡之大道也。

以上所载及原注，与戴絅孙《道光昆明县志》附的地图一致，而且延续至清末基本未变，可视为清代云南府城城市布局的标准形态。

清代设云贵总督，辖云南、贵州两省，综理军政事务，为地方最高长官，别称总制、制台、督军、制军。另设云南巡抚，管云南一省的政务大权，地位仅次于总督，别称抚台、抚院、抚军。清代昆明城的最高行政中心转移到古城中轴线的西部。

总督署规模和气派都大。与其西的巡抚署相对应，总督署在东，称东院，前面的横街称东院街。总督衙门由两部分组成。东边为总督署，外门称辕门口，其后地势逐步抬升，有三门、四堂，建筑层层递进。西边凹陷的一大块平地，是卫队驻扎和练武的地方，称西箭道，即演武场。西箭道北端有旗纛庙，在原民生街西端的劳动剧场处，为军队或仪仗队竖旗、祭旗的地方，民生街原称二纛街。其东的民权街原称三纛巷，也是云贵总督竖旗的地方。辕门口正南称甬道街，是总督府前面居中、其他人等回避的专用通道。甬道两侧有狭窄的东卷洞巷和西卷洞巷，是回避出行的要员给行人预留的小巷。在文庙直街稍西还有一条海天阁巷，因总督署内的海天阁得名，巷底的台地已是总督衙门的花园。后花园东偏还有菜花楼，阮元又在后花园西偏建碧鸡台。总督衙门的范围，南起景星街，北近武成路，东起文庙直街之后，西达五一路。清末在西箭道西缘形成兴隆街，街北端的大院即办了法政学堂。1911 年 10 月 30 日“重九起义”，推翻了清朝在云南的统治，东院街改名光华街，意即光复中华。此后，总督衙门的主体部分用作云瑞中学，西箭道改作光华体育场。1944 ~ 1947 年改建成抗战胜利纪念堂，南起景星街，保留甬道街及东西卷洞巷，新建云瑞公园及云瑞东路、云瑞西路、云瑞北路，勾勒出一个高脚酒杯的形象，云瑞公园及东卷洞巷和西卷洞巷像杯座上的装饰，胜利堂恰似杯中的美酒，既保持了胜利堂—甬道街这 300 年的纵轴，又通过建筑符号表达了“为胜利干杯”的历史主题，实为云南建筑史上的杰作。近年，建胜利公园时撤除云瑞北路，光华体育场一片建为省中医院。

巡抚署在总督署之西，与之相对应，称西院。以现今的位置计，北抵武成路，东抵五一路，西至小富春街及华兴巷，南达龙井街。其北地势平整，利用率高，为巡抚署的主体建筑；中段有一片平地，近年曾用作如安街菜场；其南为斜坡，建为衙门正前方逐步抬升的梯道；梯道前的坡脚另有一片平地建旗台，是竖旗和祭旗的重地，称五纛巷，近代改称五福巷，又称五一巷。巡抚衙门的东边与总督衙门相对，原称西院街，北段又称福照街，即今五一路。巡抚衙门坐北朝南，大门在五櫜巷，坡道修长，气势雄伟，但进出不方便。其东西各有侧门在今如安街上，成为进出最频繁的地方。东门虽不是大门，却可算主门，西院街名因置于东门外，西门系便门，供官府的办事人员及杂役进出。西墙接近丰乐街（今小富春街的南北向段），汲水巷中丰沛甘美的水源也为衙中首选。在西墙外缘山形成弯曲的坡道，多满族吏员及为官府服务的人员聚居，因称满洲巷，辛亥革命以后改名华兴巷。

清代沿袭明制，仍设布政司和按察司，但仅为总督、巡抚下面的职能机构。它们的位置也未变。布政使署在今威远街北廊，正义路与象眼街之间，清代仍称布政司街，又称藩台衙门或后司，1912 年才改名威远街。按察使署在今庆云街北廊，正义路与端仕街之间，称臬台衙门或前司。清代突出了对经济活动的管理，粮储道和盐法道获得特殊地位，它们分管粮务、仓储、盐务、驿传等。《道光云南志钞》说：“滇之盐产于井，治之以盐法道，而统于巡抚部院。”驿传原附于盐法道，称驿盐道，乾隆三十三年（1768 年）改由粮储道兼管，称粮驿道。它们分置今景星街两侧，北侧为粮储道署，南侧为盐法道署，这条街清代称粮道街。

清代云南府城内的驻军分督标和抚标，总督亲辖的绿营兵称督标，巡抚亲辖的绿营兵称抚标。督标原有前、后、中、左、右五营，乾隆三十五年（1770 年）裁两营，后仅为中、左、右三营，督标中军署在今五一路以东、景星街以北，即原公安厅一片。督标都司署在今五一路以西、龙井街以南，即公安厅的一部分。抚标有左右二营，抚标参将署在巡抚署以西，即今如安街西段，原称平安街。它们都紧靠督抚衙门，便于卫戍、应急和调度。另有专门守城的城守营，驻扎在府城西北隅近大西门边，今师大附中处。

清代重视文化教育设施，贡院和文庙仍在原址，并多次维修或扩建。《嘉庆重修一统志》卷476载：“五华书院，旧在昆明县治西北，明嘉靖中建。本朝雍正九年，总督鄂尔泰改建于城内五华山麓。”雍正九年（1731年）以后，五华书院迁至后来的省对外经济贸易厅址，今华山南路西段因称书院街。该书又载：“昆明书院，在昆明县南门外，本朝康熙二十四年，总督蔡毓荣建，圣祖仁皇帝赐御书‘育才’二字匾额。”这所康熙二十四年（1685年）开办于慧光寺左的昆明书院，后来称为育才书院。光绪十七年（1891年），又设经正书院于翠湖北畔，以后在经正书院旧址开办云南省图书馆，位于今翠湖公园北门外。据《嘉庆重修一统志》，文职官员中总督、巡抚之后即提督学政，注明“驻云南府”。在道光《昆明县志》的附图中注为“提学节署”、“学院”、“学院坡”。提督学政的衙门称“学司署”，在今圆通街、螺峰街与华山西路间的坡头，新中国建立之初做工青妇机构驻地，后为民政厅宿舍，今圆通街西端旧称学院坡。

清代云南府署在今府甬道所对的师大附小处。昆明县署在圆通街东段北廊，新中国建立后做昆明第七中学，后改为市第一职业中学。清代沿用明代旧址，北仓在今北仓坡头，西仓在今西仓坡头。为了搬运方便，坡道皆分为两股。但由于翠湖的淤缩，清代已不再具备水运粮食到坡底的条件。

清代在明代云南府城的基础上做了精心调整。砖城的北部仍是府县衙署区，把县衙从南部迁到小东门内，更强化了这一片的职能。砖城的南部仍是省级主要衙署集中的地方，但重心转移到城市中轴线西侧并做了巧妙安排。总督衙门占地广，地势高爽，设施考究，建筑复杂，居行政区的正中，地位独尊，并形成行政区内的主轴。其东北为文庙和书院，以文化为特色；东南为粮储道和盐法道，集中了经济管理机构；西北为巡抚衙门及其下的机构；西南集中了有关的军事机构。围绕总督衙门，各片机构按性质相对集中，各片之间稍有间隔，又互相呼应，犹如十字花科的一朵花，以总督衙门为花心，其他四组犹如均衡地分布着的四片花瓣。古城中轴线以东临街的布政司署及按察司署未变，既是承袭明代的遗产，也与大街以西各衙署呼应，维持中轴线东西两侧适度平衡。清代云南府城内占地最广的是万寿宫、总督署、巡抚署、孔庙、贡院、西教场、圆通寺等数处。它们皆坐北朝南，取南北正向，地块为长方形，前低后高。前半有照壁、旗台、三道重门及梯道等礼仪性建筑，构成气势雄伟的轴线；后半为主体建筑，成为压轴，重要性更加突出。旗台的位置不固定，贡院、巡抚署在正前方，总督署在后，学宫的旗台在今马市口旁的四通巷，那里过去有门进文庙，称四纛巷。西教场为铲平洪化府后所建，地势低平；圆通寺在吴三桂时将甬道往南延长接圆通街，二者情况与前有别。

清代云南府城也沿袭了明代云南府城一城两制的弊端。严密设防的城墙只保护官府衙门和达官贵人，广大市民和商贾被弃之城外。因此，城墙内的发展比较平稳，城墙外的市井则容易出现明显的繁荣和萧条，建成区的盈缩变化难以准确勾勒。康熙五十一年（1712 年），实行“盛世滋生人丁永不加赋”的政策，刺激了人口的增长，在云南府城应该也有反映。罗养儒《纪我所知集》记其蔡姓外太祖母叙述嘉庆、道光年间的情况谓：当时商业繁荣，铺户多分布在城墙以外。三市街为绸缎、布匹、纱花市场。珠市桥（今宝善街西段）为珠宝玉器市场。羊市口（今南通街）纯是卖牛羊肉之市场。盐行街（今拓东路西段）有盐号七八十家。太和街经营药材、山货者八九十家，“淮、浙、川、广地道药材，及迤西方面运来之药材，无不荟萃于此”，普洱茶叶、川烟广布，黄草坝（今贵州兴义）运来的棉纸，东川的铜、锰、铅，个旧的锡，都堆存在这条街上的堆栈内，也有些在此设行店，所以太和街的人马店极多。四川街（今宝善街东段）则售卖川杂货。东寺街多卖纸伞、雨笠及一切农具之铺面，碧鸡坊一段则有很多皮草铺。云津夜市在云津铺（民国年间建为云津市场），于两廊铺户关闭后，就其檐下摆摊列肆，售卖之物百样俱全，“灯光灿烂，烛影摇红，行人扰扰纷纷，必自黄昏达于清旦，此夜市收，村中人亦至城卖菜矣”。“是时的南城外，实是繁盛极。”“道路宽阔，烟户密集，房屋栉比，楼阁云连，巷道参差，店铺杂错，市面之上，货物山集，行人水流。”“可是城里的景象就冷淡多了”，“若与三市街的生意相较就差多了”，有些街道“可都是些半住家半做点小生意来糊口者”。“城里的住房极不值钱，不仅租不起价，而且常常闲空着”，“若是居于城外，而又在繁盛街道，那么租价就高了”。据看过户口册者说，“城内有人口四万多，城外有二十五、六万”。这些描述不尽准确，但基本可信，清代中叶是云南府城人口的高峰期，也是云南府城商贸繁荣的又一个高峰期。

然而，战乱、天灾频仍，繁盛的市面亦不稳定，后来在南城外市场萧条的同时，商铺的经营者为求保护，逐渐转入城内。清末至民国年间，最热闹的商业大街是近日楼内的南正街，为各行业杂处的中心集市，百物杂陈，什么东西都有销售。店前又设摊，还有全城最大的肉市、菜市。其他主要售卖专业物品者，如文庙直街的帽业，二纛街（今民生街）售卖铜器，打铜器、锡器，辕门口（今光华街）以帽业、靴鞋、皮革最盛，书院街（今华山南路西段）为装裱铺、画匠铺。临城门的交通要道，连接城乡，既适应商贸特点，不受限制，又容易进城避险，也成为商旅聚集的线状商业区，马店甚多，马帮云集，如南城外的顺城街、宝善街、毡子街（今南华街），小西门外的庆丰街，大西门外的凤翥街。小东门外的米厂心、灵光街、猪集街

（今珠玑街）一带也如此，还有一个大菜市和一个大米市。盐行街（今拓东路西段）既是交通要道，又是传统商业区，马店、堆栈不少，以盐铺、清油铺、油腊铺等为盛。1950 年统计，当时全市有堆店 33 户、旅社 22 户、客马栈 188 户。遗憾的是，具有其特点和设施的马店至今已荡然无存。

清代，云南府城内外的驿传、铺递、关哨汛塘等通信和治安设施齐备。据道光《昆明县志》整理如下："县置驿二：滇阳驿，马六十四，马夫三十名，堡夫一百名；板桥驿，马四十四，马夫二十名，堡夫一百名。""设铺七：县前、金马、板桥、赤水鹏、黑林、碧鸡关、清水。铺司三十二名。由县前铺东十五里至金马铺，又二十五里至板桥铺，又二十五里至赤水鹏，又二十五里则嵩明州之者察铺也。由县前铺西十五里至黑林铺，又二十五里至碧鸡关铺，又四十里则安宁州之州前铺也。自黑林铺西北三十里至清水铺，又二十五里，则富民县之麦营铺也。由县前铺南三十里，则呈贡县牛街铺。西南七十里，则昆阳州界也。"为关四：曰重关，在城东四里；曰金马关，在城东十里金马山麓；曰碧鸡关，在城西三十里，碧鸡山北；曰高峣关，在县西。《碧峣精舍记》："滇海西斥，舍舟登陆，俗亦曰高桥。稽之古志，桥实曰峣。"设汛二，即昆明汛、板桥汛。下有哨十四，塘二十四，"皆属城守营，以兵分守焉"，并在南教场设总塘。南教场又称南营，大门在南，称营门口，有宣威万里坊。

清末的情况，至今保存在书林街茶花园内光绪十六年（1890 年）的《重建东寺文笔塔暨忠爱金碧三坊碑记》有所反映。该碑详细开列了官绅商各界捐钱的具体数字，其中有"崇政坊八段挨户月租捐银一千八百八十二两三钱五分五厘，钱二百二十四千六百五十七文。世恩坊四段挨户月租捐银五百二十四两四钱八分，钱一百八十三千二百八十九文。报功坊四段挨户月租捐银一百五十两，钱八十千”。“城外二十四铺挨户月租捐银四百零四两一钱二分，钱一百四十一千九百五十九文。五路四十六堡捐银三千一百四十两零三钱。”三坊是砖城内的基层行政单位，崇政坊因南门旧名崇政门得名，管理马市口以南的城内南片；报功坊因有祀赛典赤的报功祠得名，南起马市口，北至圆通街，管理城内东北片；世恩坊因有纪念明朝刑部尚书严清的“世恩”牌坊而得名，管理城内西北片。崇政坊最大，人口密集，分八段；其他两坊仅各有四段；报功坊所捐银钱最少，应该是人户最少的一片。二十四铺明确是在砖城以外，应该是对砖城以外商业区所设的基层行政单位，它与明清长期行用的铺递邮传制度的铺，即前引“设铺七”的铺性质不同。远郊所设应即“五路四十六堡”，为主要设于交通要道或易于扼制的隘口。云南府城外商业区称铺的地名出现较早，《清实录·高宗实录》载乾隆四十八年（1783 年）正月云南总督富纲奏有：“云南省城南关外新城铺、三市街、教场坝等处，路达三迤，五方杂处，向派城守营千总带兵弹压。”“应请将云南府通判移驻南关，专司督捕。”铺即商业铺户，商店集中的地方。三市街今名同，教场坝指南教场，在今宝善街与金碧路间，新城铺在南教场南隅，清代这一带一直是商业繁华区。作为基层行政单位的铺的设置，可能在乾隆年间直至清末。二十四铺的设置，孙髯翁《盘龙江水利图说》和光绪年间的《重建东寺文笔塔暨忠爱金碧三坊碑记》皆有所及，可以据信。二十四铺的名称无权威记载，前辈追忆名称如下：

高山铺、忠爱铺、中堆铺、羊马市铺、鱼课司铺、土桥铺、鸡鸣桥铺、石桥铺、新城铺、云津铺、三义铺、嵩山铺、三元铺、十里铺、咸和铺、太和铺、金牛铺、敷泽铺、桃园铺、商山铺、螺峰铺、文林铺、胜应铺、龙翔凤翥铺。

亦有十八铺之说，名称如下：

云津铺、新城铺、三义铺、石桥铺、三元铺、咸和铺、敷泽铺、鱼课司铺、碧鸡铺、太和铺、近华铺、临江铺、高山铺、羊马市铺、庆丰铺、迎恩铺、东寺铺、西寺铺。

按，以上各铺的地望必须略做解说：

高山铺：今名同，在今庆云街以南，原城墙北侧，地势较高，又名南城脚。东接庆云街，西至正义路，又与南屏街及若干小巷相通。

忠爱铺：今三市街忠爱坊一带。

中堆铺：或作“中端铺”，误。中堆在今金马、碧鸡坊间一带。

羊马市铺：又称羊市街、羊市口，即今南通街。

鱼课司铺：今鱼课司街。

土桥铺：土桥，今名同，在东寺街南端，玉带河上。

鸡鸣桥铺：鸡鸣桥在今金碧路上，原玉带河转折处。

石桥铺：今名同，原为臭水河上的石桥而得名，在今书林街与庆福巷之间，北接司马第巷，南接敬德巷。

新城铺：据《清末昆明街道图》，新城铺在南教场南隅。

云津铺：处云津桥西，并形成“云津夜市”，因名。包有今金碧路、书林街、后新街之间的云津市场一片。

三义铺：今名同，在盘龙江西岸，南起金碧路，北至宝善街，其北段因有三义庙得名，南段卖竹子，称竹子巷。1949 年后两段合称三义铺。

嵩山铺：据道光《昆明县志》“城外街巷图”，后新街东南、盘龙江东岸注记“嵩山古渡”，嵩山铺应在此一带，后因建滇越铁路火车站撤迁。

三元铺：拓东路白塔巷至金汁河一段原名三元街，因有三元宫得名。

十里铺：今名同，距市区 6.5 公里，在金马寺东 3 公里，临白沙河。

咸和铺：今人民东路小花园至北京路一段，因大东门又称咸和门，此处大东门外。

太和铺：原太和街，今北京路塘子巷至穿心鼓楼一段。

金牛铺：在今金牛街。

敷泽铺：今敷润街，东起灵光街南口，西至珠玑街北口，俗称小东门桥头。古代为交通要道。

桃园铺：今盘龙江东岸的桃源街，北段有一片桃树林，名桃园口，光绪年间有人建别墅“潜圃”，因名桃源。中段原有青帝宫，亦以宫名为地名。南段称卖米巷。1949 年后统称桃源街。

商山铺：因商山得名，应设于莲花池正街，控制北门外一片。

螺峰铺：今螺峰街，道光年间西北段名乐丰街，东段称皇城角，1938 年左右谐音改称螺峰街。

文林铺：在今文林街。

胜应铺：胜应即胜因，胜因寺在今昆明师专处，此铺包有潘家湾一片。

龙翔凤翥铺：包括龙翔街与凤翥街，当大西门外交通要道。

上列二十四铺名录，不纯不全。十里铺为城郊铺递性质，与我们讨论的范围无涉，此为后人羼入，则所列仅二十三铺。其中螺峰铺、高山铺、文林铺皆在清代云南府城墙以内，为三坊管辖地，与《重建东寺文笔塔暨忠爱金碧三坊碑记》所反映的“城外二十四铺”的制度不合，它们设置的时间当更晚，可能是民国年间的称谓。螺峰铺在今螺峰街，西段原名乐丰街，东段名皇城角，1938 年左右才谐音统称螺峰街，其北有短巷若干条，多形成较晚。高山铺在今庆云街以南、原城墙北侧，地势较高，又名南城脚，东北两方通庆云街，西可达正义路，南与南屏街相通，有小巷若干条，致果巷原称小火巷，康宁巷原称小土巷，原处城内偏隅，建南屏街后又成为闹市区肘胁。这些地方设铺，也透露出铺的性质后来又发生变化，已不仅单纯管理城市商铺的职能了。其他各铺几乎环绕云南府砖城周围，但情况各异。其一，繁华闹市区，铺户密集，设的铺也多；其二，六城（按：指六道城门，此为清以来习惯称法）内外交通孔道，便于控扼；其三，人口密集的城乡接合部或商市附近的棚户区，为治安管理盲点。一切工商人等都成了二十四铺管理的对象。另有十八铺名录，主要部分与二十四铺名录相同，可能为不同时期的制度；有的铺名可能系改名，如鸡鸣桥铺与碧鸡铺皆有“鸡”字，且位置相似，疑其中之一为讹称或改名。当然也可补有关昆明铺名记载的佚缺，今附记于此：

碧鸡铺：今金碧路碧鸡坊以西一段。

近华铺：取“近华浦”之意，在今大观街。

临江铺：今临江里。南起南太桥，北至长春路。

庆丰铺：今庆丰街，最早的篆塘码头旁。

迎恩铺：今东站，原有石坊名迎恩坊。

东寺铺：今东寺街北段。

西寺铺：今东寺街南段。

太平铺：今拓东路西段小桥一带。该桥跨明通河，称太平桥，今已不存。

商业和城市的繁荣要求城市的管理和服务跟上，比之于前代，清代云南府城的市井气更浓。重要文物如乾隆四十六年（1781 年）立的《告免苛役碑》，昆明地区 70 余所寺庙庵堂联合上书请求减免苛税杂役，获准所奏，勒石立碑示众。光绪九年（1883 年）立的《重建药王庙碑记》，记康熙二十七年（1688 年）因“灾疫流行”，建药王庙，至光绪年间，昆明各中药店共同捐资重建的名单。47 家中药店名皆一一表列。道光二十七年（1847 年）立的石雕路灯，高约 2.5 米，上部凿成方形台座，三面凿成窗形，可以糊纸。台座中央雕有一圆形石灯盏，可盛油。台座顶部有圆形气孔。路灯靠墙的一面刻有“道光丁未年五月”字样。该石雕路灯立于五华坊、柿花巷与长春路咸宁巷三条小巷交会处，弯曲僻静小巷的深处有此一灯，增加了多少热度和安全感。这是昆明保存至今的清代唯一路灯，也是我国古城难得一见的街巷路灯的标本。

清末至民国年间，作为省会的昆明城在商业、交通和城市景观方面都发生了新的变化。

第一，开设商埠。

鸦片战争以来，帝国主义在我国沿海、沿江多处进行武力挑衅，逼清政府订立不平等条约，割地赔款，开通商口岸。云南的蒙自、思茅、河口、腾越（今腾冲市）亦被开为商埠，这些称为约开商埠。为了保护权益，扩大利权，湖南、山东等省出现了自辟商埠。光绪三十一年（1905 年）在陈荣昌等人的建议下，云贵总督丁振铎上奏：“中外通商贸易渐臻繁盛，滇越铁路转瞬畅行，省会要区，商货尤为辐辏，自不得不开设商埠，以保主权。”拟请在云南省城开设商埠，获清廷准许筹办。宣统二年（1910 年），云贵总督李经羲上奏《云南省城南关商埠总章》八条，并成立商埠总局，以后又制订了《云南商埠总局办事权限专章》十六条，由沈秉堃、世增等人主持筹办，云南自辟商埠之事得以实现。商埠总局设在太和街，宣统二年设立的蒙自海关云南省分关也在太和街租赁警厅房屋为办公地点。云南省城商埠以得胜桥为几何中心，以盘龙江为轴。“总计东西界自桂林桥起至鸡鸣桥止，计长六百六十一丈五尺，约三里六分零；南北界双龙桥起至溥润桥止，计长六百二十丈零，约三里五分。”“计东西长三里六分，南北长三里五分，周围约十二里有奇，地面平坦，居中附近车栈，即作为商埠。”北接云南府城，有南门和大东门可就近出入古城；南部腹心即为滇越铁路终点站，与国外联络甚为方便；西以玉带河为界，东以金汁河为界，较易管理。其中盘龙江以西一片为古城中心区及传统商业区，开发程度高，人口稠密，设施完善；盘龙江以东一片为盘龙江几百年前涸出的江滩，有太和街、拓东路、塘子巷（指今吴井路）纵横交错，多菜园、田亩和村庄，开发潜力巨大。留存至今的《云南商埠草图》是清代留下来的一份经过实测考量的设计精品，它引导昆明城往东南方向发展的鹄的至今未变。它用心良苦，但胃口太大，商埠占地比云南府砖城还大。其中民国年间变化较大的是金碧路、拓东路、太和街，南教场开辟为商业住宅街区，云津夜市建成棚户区性质的住宅小区；盘龙江东岸的大片农田和村庄，直到新中国成立后才逐步获得开发。云南自设商埠的历史虽已过百年，但留存至今的两块商埠界址碑仍供人们缅怀。一块原在金牛街166号门口墙脚，现移至金牛公园盘龙江边，为市级文物保护单位。直行楷书，文曰：“商埠界址（横额），南北界自溥润桥起至双龙桥（一行）止，计长陆百二十丈，约三里许（二行）。光绪三十二年三月吉立（三行）。”另一块可能原立于双龙桥附近，后到拓东酱菜厂，最后在和平村10号东侧墙脚发现。亦楷书直行，正中为“商埠南界”4字，左侧为“光绪三十二年三月吉立”一行10字。

第二，修建铁路。

法帝国主义为了掠夺云南资源，扩大其势力范围，通过各种手段扩大利权，兴建滇越铁路。其中在越境者自海防经河内至老街389公里，在滇境者自河口经蒙自碧色寨、开远、宜良至昆明共465公里，全长854公里，轨距为1米，通常称为“米轨”。滇段于光绪二十九年（1903年）开工，宣统二年

(1910 年）四月一日全线通车。参加筑路的工人二三十万，多为当地人，也有来自广东、广西、浙江、福建、河北、山东、四川、贵州者。他们用铁锹、锄头、撬棍、竹筐、扁担、手推独轮车等简陋工具，从事艰苦的劳动，用中国工人的血汗铺就这条钢铁交通线。据湖南省候补道沈祖燕查复云南参案禀稿记载：“此次滇越路工所毙人数，其死于瘴、于病、于饿毙、于虐待者实不止六七万人计。”这是第一条从云南腹地通达海洋的现代陆上交通线，它以省力、省时、运量大、时间准的优势改变了云南长期延续的人背马驮的交通环境，也是近代昆明城市发展繁荣的要因。通常行车由海防到老街 1 天，河口到开远 1 天，开远到昆明 1 天，共计 3 天。20 世纪 80 年代以来，也开过开远到昆明的夜车，在开远换乘，河口到昆明只需一天一夜。2002 年笔者乘昆明—河内旅游专列火车赴越南，连续运行时间仅 29 小时。

应该说明的是，当年滇越铁路与今昆明的米轨位置不同。昆明站在今拓东路以南、塘双路以西的狭长地带，傍盘龙江东岸，长 1 公里，宽 200 米。在昆明郊区设的车站较密，顺序为索珠营、九门里、西庄、獭迷珠、呈贡、七甸、水塘、前所、可保村到宜良。索珠营为今天的日新村，九门里为今云溪村，西庄靠近官渡古镇，獭迷珠即今塔密苴，呈贡车站在呈贡老县城，水塘车站在今呈贡区东北隅。1938 年，滇缅铁路、叙昆铁路先后开工，1940 年，由于日军的轰炸及侵越，利用滇越铁路河口—碧色寨段撤下的旧轨铺设昆明—杨林段，1941 年仍移铺旧轨建昆明—安宁段，形成云南省的米轨系统，昆明北站成为滇缅、叙昆两线交会的起点，于是往东增加了黑土凹、杨方凹、小石坝、大板桥等站，往西增加了麻园、石咀等站，原来的昆明站改称昆明南站。经过线路调整，北站与南站间通过绕城环线连接，撤销了坝子中原来滇越铁路的各站。1979 年在原南站旧址建昆明铁路局办公楼，米轨铁路的起点改成了昆明北站。如今，滇越铁路昆明段的遗存仅原南站停放机车的南车房的一堵墙（今用作俱乐部的一部分）和站前广场长期守望的大树，还有官渡古镇旁的西庄车站。

第三，修建公路。

清末以来就有修建公路的呼声，有留学生在国外学公路建设。民国年间，公路的修建也提上了日程，云南计划修筑滇西省道和滇东省道。滇西的省道自小西门外大观街西安马路口为起点，经三分寺、黄土坡、黑林铺、普坪村至碧鸡关，共16.4公里，于1925年10月在昆明西车站举行通车典礼。当时西车站设在潘家湾今大观小学附近，后以三分寺为起点建汽车西站，一般这段通往滇西的省道仅计14.9公里。1926年12月，滇西省道通到安宁，计昆明西站（三分寺）到安宁县城长33.5公里。滇东省道自1926年冬开工，1929年2月完成，从盐行街口（今拓东路口）至大板桥龙泉寺长22公里。自此，昆明也进入了汽车运输的时代。但那些年代汽车很少，新修的公路主要供骡马、马帮和马车踩踏，因此人们仍习惯称“马路”。昆明最早的名胜公路为1916年修筑的从小西门外到大观楼的“沙马路”，长3.2公里，即今大观路。20世纪20年代、30年代陆续修建的有东陆运动场（今云南大学体育场）—黑龙潭公园（即今龙泉路）、穿心鼓楼—金殿公路（即今穿金路）、塘子巷—吴井桥公路（即今吴井路）、岔街—巫家坝机场公路（即今民航路）。1931～1934年修筑“环城马路”。计分6段，即由西站至西坝河；由西坝河至柳坝河（以上为今环城西路、西昌路）；由西岳庙经双龙桥与滇越铁路相交（今环城南路西段），后至塘子巷（今塘双路）；由塘子巷经太和街至穿心鼓楼（今北京路的一段），再至螃蟹石东河埂（今鼓楼路）；由螃蟹石至东陆运动场（今云大体育场，此段今名鼓楼路）；由东陆运动场至西站（今一二一大街）。两过盘龙江，北边在螃蟹石建通济桥[①]，南边利用原有的双龙桥。全线共 9921 米，绕城一周，铺碎石路面。至此，昆明郊区初步形成了公路交通的网状格局。当年的西站在今西站立交桥处，东站在今环城东路、环城南路、拓东路、东郊路交会处，各有一排黄色平房为站房，居公路环岛的中央，方便控扼、查验。

第四，水运繁忙。

从水城到水乡，自古以来，水运是昆明的主要交通方式，一直十分繁忙。清代，云南府城虽已远离滇池，但盘龙江、大观河仍是两条主要航道，云津桥一带和篆塘都有码头，一在城东，一在城西，水上运输十分方便。滇越铁路昆明站的选址，也考虑到水陆联运，从盘龙江起坎的物资转运方便。民国初年最早修建的通往滇西的公路的起点选址在篆塘边，也是为了解决水陆运输的衔接，其遗迹的一段为今西安马路。民国年间仍有一批以船为家的水上居民，又从内地购买小火轮从事客运，滇池航运仍很繁忙。昆明水上交通的图景，新中国建立后仍能看到。20 世纪 50 年代，笔者曾多次驻足得胜桥头欣赏这种水上生活。盘龙江上经常停泊着许多大木船，有运大石、山沙、木材等建筑材料的，有运粮食、蔬菜、柴草等农副产品的，多无篷，便于装卸货物。船大货重，掉头困难，要用篙杆慢慢拨弄。有篷者多为船民起居生活所用，仓内有床铺、锅灶，船舷上放有盆花，养着鸡，举家开船进城来售卖农副水产品或办事，傍晚船舱里亮起了灯火。经常看到捕鱼船，鱼鹰在水上扑腾，衔着鱼欢快地浮出水面。那时的鱼鹰捕鱼，不是表演而是实战。

---

① 按，此桥 1932 年始建，名通济桥，三孔，跨河九丈。1964 年整治盘龙江时改建为双孔钢筋混凝土桥，群众称为新桥，桥边有鸽子集市，又名鸽子桥。1982 年命名为圆通桥，但与其后建的圆通大桥（斜拉桥）重名。

篆塘停泊的船不下数百艘，挤满泊位，一派繁忙景象。篆塘又是城边的客运码头，人们多喜欢从此乘小船游大观楼或西山，还可到高峣、苏家村、龙门村，随叫随开。一叶扁舟，三五友朋，沐着和煦的阳光，看蓝天白云，两岸绿野，还可欣赏清澈水底的游鱼和迷幻的海藻，惬意极了。篆塘也是滇池航运的起点，有小火轮每天一班，途经西山龙门村、西华街、观音山、白鱼口、海口，终点站是昆阳，沿途皆可上下，当天往返，停靠各站皆在外海沿岸，游赏滇池及较远的旅行也十分方便。“篆”系昆明方言，昆明人喊人转过身来称“你篆过来”，“篆塘”即转塘。在大观河尽处，专门扩宽一片水域，既是河水转弯回流处，也是船只停靠、调度、转身的地方，成为昆明城西部的重要客货运输码头。清代最早的篆塘距小西门甚近，民国年间篆塘码头移到今老篆塘处，原址填平建房，至今那一带还留有仓储里、庆丰街等地名。1979 年，又在老篆塘西 790 米处开辟水深 2. 2 米、面积 1. 5 万平方米的码头，即今新篆塘。不久，新篆塘亦被废弃，码头移到大观楼边的五家堆，大观河航运的历史结束。今日昆明城，水上运输仅保存在历史的记忆里。

第五，撤除城墙。

辛亥革命以后，撤城墙的活动风靡一时。1915 年云南护国首义告成，1919 年在商业繁盛的省城东南隅新开一门，命名护国门。从此，云南省城变成 7 道城门，丽正门俗称大南门，此门俗称小南门。同时在门外的护城河上新建了一座桥，命名为护国桥，护国门外直至金碧路一段建了新街，称为护国街。大南门的状况和变化，张维翰《整理城南交通工程记》记载较详：“南城门当交通要冲，其门内外凡二，皆有城楼：一曰丽正门，即今移建于古幢公园以作劝农亭者；一曰近日楼，即今所称之正义门。画栋雕栏，固庄严犹在也。”“重门叠设，皆阔仅丈余，窈然深黑，而又络以月城，廛屋参差，露贩杂陈，市人熙来攘往出入于其间者，肩背相摩，有如万峰穿穴，充塞于缝之势。”1923～1924 年，将月城城垣与丽正门楼同时撤除，近日楼东西两端各辟一口，筑环形马路，楼前建椭圆形公园，缭以铁栏，安喷泉，植花草，竖“唐公再造共和纪念标”，建成近日公园。1932 年撤近日楼以东的一段南城墙，用以填平该段护城河，建成当时最时髦的商业金融街南屏街。从此，历明清两朝，行用了 500 多年的云南府城一蹶不振。抗日战争时期，日本飞机多次轰炸昆明，多处城墙被临时挖了缺口，供群众出城跑警报用。1952～1954 年间，全市青年参加义务劳动，撤除东城墙，填平护城河，建成青年路。此后，又撤除近日楼，将西城墙改造成东风西路，北城墙也被零星改造，成为历史的记忆。今圆通山东北角瞭望亭所在的高台，就是云南府城城墙残段至今留存的标本，为市级重点保护文物。今护国路中段的护国桥，2000 年在路基下被偶然发现，经过清理后重见天日，桥拱下有“护国桥民国八年孟夏月建造”字样，是留存至今的云南府城护城河的珍贵标本，也是市级重点保护文物。

直至今日，城墙虽早已撤除，但城门的俗称地名仍被广泛行用。大东门在今青年路中段，长春路东端，又称小花园；小东门在今圆通街与青年路交会处；北门在今北门街下坡处，云南大学东小门与省杂剧团相对的地方；大西门在今文林街、龙翔街与东风西路交会处；小西门在今武成路西端与东风西路交会处，俗称近日公园就是原来南门近日楼所在的地方。据此即可大体获知明清云南府城的走向和规模。

中篇　滇池周围的沧桑变迁

滇池贝丘遗址研究

俗话说“靠山吃山，靠水吃水”，自古已然，河湖边上的贝丘文化就是一例。在滇中高原的滇池、星云湖、杞麓湖等，也有过贝丘文化的辉煌篇章。

对滇池周围贝丘遗址的调查研究已延续了半个多世纪。1953 年 8 月云南省文化事业管理处文物调查工作组发现了官渡遗址，1954 ~ 1955 年间云南省博物馆又相继发现石寨山、河泊所、石碑村、海源寺等 4 处遗址。1955 年省博物馆对石寨山遗址进行了试掘，孙太初《云南晋宁石寨山古遗址和墓葬》（载《考古学报》1956 年第 1 期）和《在云南考古工作中得到的几点认识》（载《文物参考资料》1957 年第 11 期），最早揭示滇池周围贝丘遗址的面貌。1958 年 1 月，黄展岳、赵学谦在滇池东岸进行调查，查明新石器时代文化遗址海源寺、官渡、石碑村、乌龙浦、石子河、安江、象山、石寨山、河泊所等 9 处，发表《云南滇池东岸新石器时代遗址调查记》（载《考古》1959 年第 4 期）。1958 年 3 月，云南文物训练班曾对官渡遗址进行试掘。1959 年云南省文物工作队又发现海口白塔村遗址。1960 年云南省文物工作队和中科院考古研究所共 4 人环滇池周围进行考古调查，他们发表的《云南滇池周围新石器时代遗址调查简报》（载《考古》1961 年第 1 期），遗址数量增加到 14 处。以后，昆明市文物管理委员会组织力量，经过 1973 年、1974 年、1978 年的多次调查，特别是 1982 ~ 1983 年的文物普查，丰富了滇池地区贝丘遗址的数量，2001 年出版的《中国文物地图集·云南分册》所收增至 26 处，1999 年出版的《昆明市志·文物志》所列《昆明新石器时代遗址一览表》中，贝丘遗址达 36 处。近年，云南省文物考古研究所和美国密歇根大学人类学系等单位开展了滇池区域史前聚落的考古调查，发表《云南滇池地区聚落遗址 2008 年调查简报》（载《考古》2012 年第 1 期）、《云南滇池盆地 2010 年聚落考古调查简报》（载《考古》2014 年第 5 期）。根据他们的调查，滇池地区又发现了一批新的贝丘遗址。笔者首先对各遗址进行认定，逐一核实其具体位置，对异名、重名进行规范化处理，确定其标准名称，得滇池地区贝丘遗址 60 处。按滇池湖岸线的顺序，分段登录如下。

一、东岸北段：在今官渡区范围。以螺峰村遗址最典型，内容最丰富。附近还有石虎滩遗址。

1. 螺峰村遗址：

在官渡古镇，或称官渡遗址。据《官渡区地名志》，螺峰村“因螺壳堆积如山得名”。海拔 1890 米。[①] 1958 年发掘，1982 年又做过调查。面积约 2 万平方米，文化层厚 2 ~ 5 米，全为螺壳堆积。陶器有平底和凹底碗、盘，还有陶纺轮、陶网坠、陶管、陶丸等。泥质红陶约占 80%，器壁有谷壳印痕。陶质粗糙，壁厚，器形简单，皆为手制，火候低。还有夹砂红陶与灰陶。纹饰有方格纹、点纹、山字形纹、羽毛纹、弦纹等，多为手划。石器有有肩石斧、石锤、石锥、石凿等。骨器有铲和锥。

2. 石虎滩遗址：

在官渡古镇南 3 公里，先锋、矣六两办事处辖境交界处，

---

① 官渡螺峰村海拔，诸书各异，一作 1889 米，《昆明市地名志》作 1890 米，《官渡区地名志》作 1891 米。

渔村西北面。1969 年围海造田时露出水面，远望像一只石虎，因名。1978 年在此建腐氨厂挖地基时发现。1982 年调查。面积约 2 万平方米，文化层厚约 2 米。陶器有盆、钵、碗的残片及完整的单耳小罐。以夹砂灰陶居多，次为泥质红陶，多数为慢轮制作，饰小方格纹、点线纹、人字纹、绳纹。小方格纹多为拍印，其他皆为手划，也有素面不施纹饰者。石器为有段石锛。据《昆明市官渡区文物志》（1983 年编印）。

二、东岸中段：在今呈贡区范围。有记录的贝丘遗址 9 处。

1. 小古城遗址：

处马料河南岸的坝区，属龙街乡。海拔 1897 米。为元代屯兵贮粮之地，建有土城。1973 年调查。面积约 1 万平方米，螺壳堆积已暴露于地面，内有人骨、石斧，陶器有罐、碗、盘的残片。

2. 彩龙遗址：

处今滇池边，属龙街乡，海拔 1888 米。每年斗南村耍龙灯，要到此请送龙神，故名。村西侧有柳林，风景甚佳。1973 年调查，面积约 500 平方米。文化堆积分两层，上层为螺壳堆积，下层为黑土层，出土泥质红陶器碗、盘等。

3. 江尾遗址：

处洛龙河入滇池处，原河口水域较宽，故名江尾。属龙街乡。海拔 1889 米。村内有海潮寺，“海潮夕照”为呈贡十六景之一。1974 年调查。面积约 2000 平方米，螺壳堆积高出地表约 5 米，其中有人骨及陶碗、陶盘残片。

4. 大古城村东河遗址：

元代于此置呈贡县，后称古城或大古城，北邻明、清呈贡城。海拔 1891 米。东大河为洛龙河下游改直后的别称。1973 年在古城村新开掘东大河，在河床底部发现一大批新石器时代泥质红陶碗、盘等。石器有刮削器、砍砸器，还有骨针及 2 块铜渣。遗址面积 1 万平方米。见胡绍锦《试论滇文化的分期问题》（载《昆明社科》1992 年第 3 期）。

5. 气象台遗址：

在呈贡县城东 0. 5 公里，龙街东北，洛龙河北岸。见《昆明新石器时代遗址一览表》。

6. 石碑村遗址：

石碑村在龙街稍南，海拔 1899 米。村东的小山上有汉墓群。遗址处石碑村西，紧靠公路以西的农田中，比村子低。1958 年调查。面积约 1000 平方米，有大量螺壳堆积，并出土陶碗、陶盘等。

7. 关山遗址：

在乌龙浦村西南，滇池东岸。1958 年调查报告作“乌龙铺”，应即乌龙浦，彝语意为渔浦。过去渔舟繁忙，晚上灯火如繁星，“渔浦星灯”为呈贡一景。该村海拔 1889 米。1973 年调查，遗址面积约 800 平方米，文化堆积厚 1 ~ 3 米，暴露有房基、柱洞等建筑遗址。出土泥质红陶碗、盘等。陶盘饰弦纹，有谷壳印痕。有打制石斧若干件。

8. 石子河遗址：

在大渔乡大海晏村东北，今距湖岸约 300 米。大海晏村临滇池，海拔 1888 米，以产鱼、鸭著称，村后有石龙寺。村旁原有河，遍布石子，别名石子河。1958 年调查，面积 6000 平方米，文化堆积厚 5 米。出土碗、盘等，多为夹砂红陶。

9. 归化古城遗址：

即最早的归化县城，后来县城迁至化城，原归化县治即称古城。因与龙街的古城重名，1983 年更名为化古城。在今马金铺乡驻地化城南 200 米，海拔 1923 米。1974 年调查，面积约 500 平方米，文化堆积厚 3 米。大量螺壳中有陶碗、陶盘残片。

三、东岸南段：在原晋宁州范围内，今仍属晋宁区。有记录的贝丘遗址达21处。

1. 古城遗址：

乌蛮伽宗部曾筑土城于此，又称安江古城，属新街乡。处梁王河与淤泥河之间，海拔1889米。1958年调查，称安江。面积约1.4万平方米，文化层厚4米。在大量螺壳堆积内，有夹砂灰陶、红陶及黑陶碎片，器型有盘、碗、罐、圈足器等，以夹稻壳的红陶盘为主。2008年调查，遗址以古城村中部的一个小土丘为中心，村中的房屋墙壁中，螺壳和陶片仍随处可见。文化堆积中发现大米、小米、小麦和藜属的炭化种子。从土丘的上层堆积中采集的两粒炭化种子，测年数据分别为公元前850年至公元前760年，和公元前810年至公元前550年，相当于春秋时期甚至更早。

2. 海宝山遗址：

该山位于古城西北约500米，海拔1968米，山体呈新月形。遗址分散在山脚和山腰数处，文化层堆积都是螺壳层与土壤层交替叠压，2008年调查采集到陶片108片。

3. 安江遗址：

安江村在古城西，淤泥河东岸，海拔1889米。2008年采集到陶片。

4. 团山遗址：

团山村属新街乡，海拔1888米。遗址在村北的圆形小石山上，1960年调查。面积5000平方米，表面为灰褐色松土，文化层厚0.55～0.77米。陶器为夹砂红陶和夹砂灰陶，器型有碗、盘，少数有网格纹。还有蚌壳、炭屑、灰烬和兽骨。

5. 福安遗址：

福安山原名黄土坡。村在山东麓，清代建悲愍寺，内有反映滇池水位上涨、淹倒房屋的碑记。属新街乡，海拔1890米。1982年调查。遗址在村西南的台地，面积900平方米。文化堆积上层为红土层，厚约 0.9 米；下层为螺壳堆积，厚 0.3 米，内有夹砂红陶罐、盘等，为素面陶或作方格纹。

6. 梁王山遗址：

该山海拔 1934 米。其东麓有下梁王、上梁王两村，海拔 1889 米。属新街乡。见《昆明新石器时代遗址一览表》。

7. 左卫山遗址：

该山海拔 1953 米，山西麓有贝丘文化堆积，山的南坡曾出土南北朝时期梁堆墓及南诏火葬墓。山南为明代所设的左卫，海拔 1915 米，属新街乡。

8. 象山遗址：

晋城镇东有象山，海拔 2084 米。遗址在象山麓的李家凹村北，距滇池约 8 里。该村海拔 1908 米。1982 年调查，遗址面积约 800 平方米，文化层堆积厚约 0.8 米，内含大量螺壳，间有少量夹砂灰褐陶片，无纹饰。遗址西南面受破坏。

9. 晋城遗址：

海拔 1915 米。2008 年采集到夹稻壳陶片 4 片，夹粗砂陶片 1 片，汉文化陶片与瓦片 22 片。

10. 天城门遗址：

在晋城镇西，天女城山南麓，曾名上石美。海拔 1890 米。2008 年调查，在接近山脚的台地断面上发现原生螺壳层堆积，采集到石寨山文化陶片和汉文化陶片。

11. 下石美遗址：

有龙潭山，海拔 2004 米。遗址在龙潭山东北麓，海拔 1890 米。2008 年调查采集到石寨山文化陶片和汉文化陶片。

12. 石寨山遗址：

该山南北延伸，海拔 1919 米，西北边是灰岩石崖，也是小山的最高点，东南边是遗址的最低处。其东北麓的石寨村，海拔 1889 米，属上蒜乡。遗址南北长约 500 米，东西宽约 200

米，1954 年发现，1955 年试掘，发掘面积 204 平方米。堆积厚约 1.5 米，在灰褐色耕土层下即为螺蛳壳层，为大量食用过的螺壳。出土有磨制梯形石斧、有肩石锛、石镞、石锤、石纺轮，还有骨锥、穿孔蚌器等。陶器极为丰富，多手制泥质红陶凸底浅盘、卷边碗、平底小碗。陶胎用谷壳、谷穗或麦穗作垫，器底多同心圆纹。纹饰有羽纹、圆点纹、三角纹、波浪纹、篮纹、绳纹、方格纹等。还发现少量夹砂灰陶或黑陶罐、圈足器、钵、壶、碗、纺轮等。据《昆明市志·文物志》，经 ^{14}C 测定，石寨山螺壳距今 4262 ± 160 年。2008 年调查时，取碳化种子测定的年代为公元前 780 年至公元前 480 年。

13. 金砂山遗址：

金砂山西麓有金砂村，海拔 1890 米，属上蒜乡。2008 年调查，在接近山脚的台地断面上发现原生螺壳层堆积，采集到石寨山文化陶片和汉文化陶片。

14. 河泊所遗址：

海拔 1888 米，属上蒜乡。1958 年调查，遗址在村北，面积 2400 平方米，文化层为厚达 8 米的高堆，出土以泥质红陶盘、罐、碗较多，也有夹砂灰陶和夹砂红陶器，纹饰有同心多层圆圈纹和网纹。2008 年调查，河泊所遗址规模达 316174 平方米，仅次于汉代的益州郡治（今晋城）。

15. 下西河遗址：

在金砂村西北，海拔 1887 米，属上蒜乡。2008 年采集到石寨山文化陶片 9 片、汉文化陶片 18 片。

16. 上西河遗址：

在金砂村西北，下西河稍东，海拔 1890 米。2008 年采集到石寨山文化陶片 6 片、汉文化陶片 11 片。

17. 小江渡遗址：

在河泊所与金砂村间，海拔 1888 米。2008 年采集到夹稻壳陶片 8 片、夹石灰石陶片 3 片、夹粗砂陶片 1 片、汉文化陶片 7 片。

18. 螺蛳堆东遗址：

螺蛳堆在河泊所以北，不见于《晋宁县地名志》。为与螺蛳堆西区别，此称螺蛳堆东。2008 年采集到陶片 49 片，多为夹稻壳陶片，也有夹石灰石陶片，但无汉文化陶片。

19. 螺蛳堆西遗址：

在螺蛳堆以西 85 米处，亦不见于《晋宁县地名志》。2008 年调查。在 4 口井中发现螺蛳壳及陶片。

20. 西王庙遗址：

西王庙在河泊所以南，不见于《晋宁县地名志》。2008 年采集到夹稻壳、夹石灰石陶片 27 片。

21. 小平山遗址；

小平山在牛恋乡（村）东，为东西宽约 300 米、南北长约 500 米的椭圆形石灰岩山丘，今距湖岸约 300 米，顶部高出周围水田 7 ~ 8 米。1982 年进行过调查。2005 年正式发掘，遗址面积约 7.4 万平方米。发现完整的螺壳层、螺壳碎片层与灰烬层交替叠压的原生地层堆积，共发现灰坑 11 个，用火遗迹 12 处，排水沟 4 条。发现房屋 2 座，一为半地穴式圆形房屋，一为圆形地面建筑，内有火塘。出土大量陶器，包括夹砂陶和泥质陶两大类，有釜、罐、钵、尊、碗、盘、豆、盆等。还有石坠、石锛、玉镯、铜镞、铜爪镰、铁锥等。早期年代在战国中期以前，晚期年代在战国中晚期。

四、南岸：在原昆阳州范围内，今属晋宁区。有记录的贝丘遗址 12 处。

1. 黄牛墩遗址：

在昆阳城东约 4 公里，海拔 1888 米。位于渠西里村西北，有的资料作渠西里遗址。1960 年、1982 年多次调查。面积 5184

平方米，残存文化层厚约 0.2 米，内有螺壳、石器、陶片。

2. 小团山遗址：

在渠西里村西北，海拔 1888 米。1982 年调查。面积 4386 平方米，文化层厚 0.5 ~0.6 米，有大量螺壳，其中夹有泥质红陶和夹砂灰陶片。

3. 海埂遗址：

处滇池南岸，昆阳镇东北 4 公里，海拔 1886 米①。据《晋宁县地名志》，村西有新石器遗址。

4. 兴旺村遗址：

该村距昆阳城约 1.5 公里，为南北延伸的块状聚落，海拔 1888 米。村东有一大土堆，曾名墩子。1958 年调查。面积 2.4 万平方米，文化层厚约 9 米，中有大量螺壳及夹砂红陶、夹砂灰陶和少量泥质红陶片。

5. 大河村遗址：

在兴旺村东南，东大河东岸，大河村东 500 米，海拔 1888 米。1982 年调查。为一狭长台地，面积 6000 平方米，文化堆积厚约 2 米，螺壳较多。陶片呈褐色，内夹有螺壳粉末，器形有碗、盘，纹饰有方格纹等。

6. 小墩沟遗址：

在昆阳城东，海拔 1889 米。位于一条小沟边的土墩上。2010 年调查发现陶片。

7. 堡孜村遗址：

在昆阳城东，“堡孜”即堡子，海拔 1887 米。2010 年调查，曾发现多种陶片，还发现汉代拍印方格纹灰陶片。

8. 和代桥遗址：

在原昆阳城东南郊，后被埋压在现代昆阳城下。2010 年调

---

① 仅此一处作 1886 米，疑有误。

查时，3 个树洞中都发现陶片。

9. 后村遗址：

在昆阳城南 2 公里，海拔 1889 米。位于后村西北，因曾是南村乡驻地，有的资料作“南村遗址”。1960 年调查。面积约 1500 平方米。文化层厚约 1.2 米，内含大量夹砂灰陶、夹砂红陶和少量泥质红陶片。2010 年调查还发现汉代拍印方格纹灰陶片。

10. 太史庄遗址：

在昆阳城北 3 公里，临滇池，海拔 1893 米。2010 年调查曾发现陶片，有木桩等建筑遗址。

11. 虎山遗址：

位于滇池西岸南端的河泊所，虎大山北麓，一条小河入海处。在昆阳城北 5 公里，属古城镇。海拔 1888 米。元代以来一直是水运集散地，以渔业及莲藕、茭瓜等水产著称。见《昆明新石器时代遗址一览表》。

12. 中谊村遗址：

在昆阳城北 6 公里，属古城镇，海拔 1905 米。2010 年调查，发现陶片种类多样，各类陶片出现的频率也高，陶器数量多，门类齐全，还发现汉代拍印方格纹灰陶片。

五、西岸南段：在海口镇范围内，原属昆阳州平定乡，现属西山区。有记录的贝丘遗址 9 处。

1. 老街遗址：

在螳螂川南岸，距滇池湖岸约 2 公里。曾名六街、海口街，为海口地区集市所在地，后来街子迁到新街（今中新街），此地即称老街。明代又称茶埠墩。1960 年、1982 年、2010 年多次调查。是由 1 个大型贝丘和周围 4 个较小的贝丘组成的聚落群，其间相距 200 ~ 600 米。遗址面积约 7000 平方米，实际面积可能大得多，文化层厚约 3 米。螺壳堆成高堆，厚达数米。

陶器以砂质红陶和灰陶为主，泥质红陶较少，有罐、带流罐、盆、钵、圈足器等，纹饰有小方格纹和斜方格纹、点纹、人字纹。未见石器。在低于地下水位的文化层中发现了几个木桩，可能为建筑遗迹。

2. 中滩街遗址：

处滇池泄水口，螳螂川中岛上。2010 年采集到陶片，该调查报告称为“河中岛”。

3. 海门村遗址：

处滇池泄水口北岸。2010 年采集到陶片。

4. 耳材村遗址：

在螳螂川南岸，中新街南约半公里。2010 年采集到陶片。

5. 白塔村遗址：

在螳螂川转折处的西南侧，白塔村东的蔡家坟。距滇池湖岸 6 公里，在今螳螂川南 1 公里。曾名古龙得，清代在村南建白塔，村随之称白塔村。1959 年发现，1982 年又调查。面积约 2 万平方米，文化层厚约 4 ~ 5 米。有夹砂红陶、夹砂灰陶罐及石锛等。

6. 白塔山遗址：

在白塔村东约 300 米白塔山北，离塔 350 米。1960 年、1982 年调查。面积 2. 5 万平方米，文化层厚约 4 米。有泥质红陶凸底浅盘、卷边及平底小碗，未见石器。

7. 天子庙遗址：

在白塔村稍北。2010 年采集到陶片。

8. 大营庄遗址：

在螳螂川河谷，沿河道纵向分布，西距老街 11. 5 公里，海拔 1920 米。2010 年调查时，因修路而暴露的地层剖面上显示带有螺壳的地层在耕土层下约 0. 2 ~ 1. 5 米。采集陶片 339 片，发现谷物遗存和炼渣。测年数据为公元前 780 年至公元前 550

年，约相当于春秋时期。

9. 文家山遗址：

《昆明新石器时代遗址一览表》载："文家山遗址，西山区海口镇。"

六、西岸北段：今分属西山、五华两区。有记录的贝丘遗址 4 处。

1. 西园遗址：

在西山脚下，占据了大片海滩，与天子庙遗址相近。2005 年曾进行过较大规模的发掘。

2. 西山龙门天子庙遗址：

位于西山脚的台地上，高出海滩 20 米。2002 年修高海公路时发现，2005 年曾进行发掘。现存面积 2000 平方米左右，今地面以下含有大量螺壳堆积。陶器主要为钵、罐、碗等，还有少量平底盘和圈足器，石器有石斧、石锛、石网坠，铜器有青铜鱼钩、铜锥、铜条、铜片，还有玉镯、珥玦、骨箭镞、骨锥、泥质纺轮等。①

3. 王家堆遗址：

王家堆村在高峣北 1 公里临水，是草海边上的土堆，有 107 户 446 人。或作王家墩，今据《西山区地名志》统一。遗址在王家堆村东滇池水中，1969 年围海造田，筑堤排干水后才成陆，1979 年发掘。遗址面积约 4 万平方米，有排列规整的木桩和两处贝丘堆积，为干栏式建筑遗址。文化层上部为螺蛳壳层，厚约 1 米，中部为黑土层，下部为白泥。文化遗物相当丰富。陶片极多，有瓮、罐、盘、杯、钵、贯耳锅、纺轮等，为轮制夹砂灰陶、黑陶，素面，但少数有刻划符号。磨光石器有

---

① 蒋志龙、徐文德：《云南昆明天子庙贝丘遗址发掘获重要收获》，载《中国文物报》2005 年 9 月 16 日。

石斧、有段石锛、石镯及砺石，石斧分有肩、无肩两类。还有鹿、牛、猪骨，骨椎、骨刀、角铲及木勺。发现两件铜器及铜渣，一为有段实心铜锛，一为直援方内铜戈。学术界确定遗址年代与剑川海门口相同，为商周时期。

4. 十四中遗址：

属五华区。有的资料称为海源寺，有的资料称为黑林铺。《云南滇池周围新石器时代遗址调查简报》注明位置“在昆明第十四中学操场”。昆十四中在黑林铺前街50号。

七、北岸：北岸最大的贝丘遗址为昆明古城。近年的城市建设中，曾多次发现螺壳堆积，收入《昆明新石器时代遗址一览表》的有3处。

1. 五华区文化馆遗址：在三市街。属五华区。

2. 腾冲饵丝店遗址：在光华街东口北廊。属五华区。[①]

3. 轻型汽车大楼遗址：在长春路口（今人民中路）。属五华区。

作为贝丘遗址所在的滇池，生态环境优越，自然禀赋极佳。湖盆内大量生长的螺蛳，属中型螺类，比田螺大，比海螺小，可谓湖螺，在洱海、星云湖、杞麓湖等皆有分布，也造就了这些湖泊的贝丘文化。据《云南省志·动物志》，螺蛳壳表面不光滑，具有许多旋转的肋纹，其上有棘和珠状突起。成熟个体的螺壳长约35~40毫米，壳顶尖，螺壳12~13层。底栖，一年四季都行繁殖，生长较快，不到一年便达到性成熟。螺肉是名菜，更名贵的是螺黄，生炒、煮汤或做凉菜，是有名的地方风味食品。古代，大量的螺蛳分布在滇池湖边或湖中，至今称为“螺蛳湾”、“螺蛳堆”的地名不少，发现螺壳堆积的地方也不少，但这些只能算自然遗址，还必须寻找这些遗迹与人的关

---

① 原作“蒙自饵丝店”，经落实，应为“腾冲饵丝店”。

系，才有条件构成贝丘文化遗址。通常古人类在螺壳的尾部敲通一个小孔，就可吸食，不需烦琐挑剔，十分方便。现今我们发现的螺壳都是空的，尾部已被敲通，吃完成为废壳丢掉。所以，贝丘遗址是古人类生活、繁衍的聚居地。

选择捞取螺蛳作为主要食物，是昆明古人类发展史上的一次飞跃。食物丰富，富于营养，味道鲜美，更重要的是食源稳定，捞取方便；不需要狩猎，满山遍野去追逐野兽；虽然也设网罟捕鱼，但游动的鱼类，捕获量也难控制。以捞取螺蛳为主促进了昆明古人类定居，出现了最早的聚落。如《史记·五帝本纪》所载，“一年而所居成聚”，成了长期居住的固定的居所。昆明古人类选择居所比较挑剔。他们往往选择湖边的低丘或台地，特别是湖中的小岛或土堆，周围环水，可以防止野兽侵袭。一般仅高出水面数米，最多亦仅二三十米，不愁湖水肆虐。据1958年、1960年调查，官渡、石子河、古城、兴旺村、河泊所、老街等遗址当时都还存在大量暴露在地面的“螺壳堆成高堆”。据《云南滇池东岸新石器时代遗址调查记》所载：“以河泊所为例，东西长80，南北宽30，高8米。有的是零散的几堆，如石碑村遗址。有的则堆积如一道长堤，如官渡、石子河遗址的堆积，长达里许，高出地面2~3米，地面下深也在2~3米以下。”《云南滇池周围新石器时代遗址调查简报》亦载这些遗址的螺壳堆积：官渡约4米，石子河约5米，古城约5米，兴旺村约9米，河泊所约8米，老街约3米。这种景观十分独特。螺蛳高堆似为古人有意为之，往往出现在地势比较低下的遗址，利用废弃的螺壳，成为人工堆砌的避让水患的高地。这些螺蛳堆可能还具有图腾的象征，犹如大草原上用石头堆砌的玛尼堆，或佤族寨门上的牛头，具有文化符号的意义。为了避风遮雨，王家堆、小平山、关山等多处发现了房屋遗迹，有柱洞、灰坑、火塘，有排列整齐的木桩，或为半地穴式房屋，或为地面的圆形建筑，或为水边的干栏式建筑。据《汉书 · 沟洫志》，“或久无害，稍筑室宅，遂成聚落”，这些贝丘遗址就是滇池周围最早出现的村落。有的一个聚落周围还有三四个小聚落，有的两三个聚落靠近，遥相呼应，形成聚落群。由于新的科学技术的应用，对于贝丘遗址的探测也愈趋精细，对遗址面积的测量，21 世纪的调查比 20 世纪调查的数据往往增大，也就是说，对贝丘遗址聚落的规模，现在我们知道的要比过去想象的大。滇池周围贝丘遗址的最大者，当推螺山、官渡、河泊所、古城、老街等数处。或以为这些贝丘遗址没有城墙，没有城壕，其实这是忽视了西南边疆古代的城市特点。城在山上或水边，依自然山水为险固守，西南边疆古代存在的“山寨”、“水城”，早在贝丘遗址中即已出现。这是滇池边上最早出现的文明的曙光。

滇池贝丘遗址大体可分为三个发展阶段，即新石器时代遗址、青铜时代遗址、汉文化阶段遗址。

新石器时代的贝丘遗址是最早出现的贝丘遗址，其石器磨制精良，数量不多，以小型为主，多为有肩石斧，还有有段石锛、有肩有段石锛、细腰石锤、石敲砸器、石刀、石锥、磨石等。骨器有骨锥、骨铲。陶器的制作和使用十分普遍，制作技术和器型也有变化。第一类为泥质红陶，陶质差，火候低，器壁厚，都是手制。器形简单，有凸底浅盘、平底小碗、卷边小碗，也有少数器盖，被认为是较早期的新石器时代遗存，石寨山、河泊所、白塔山等遗址皆属此类。第二类为夹砂红陶，用螺壳或石英作羼和料。火候增高，壁较薄，一般为轮制，少数手制或模制，口缘则多轮旋，有釜、盆、竖口罐、圈足器等，器形较大。纹饰有小方格纹、斜方格纹、草叶纹、斜线纹、点纹，或由人字纹、斜十字纹组成的图案，除小方格纹为印纹外，其余皆是划纹。此类陶器，石子河遗址发现最多，釜的外壁有烟熏使用过的痕迹。第三类为夹砂灰陶，也用螺壳及石英作羼和料。手制或轮制，口缘多轮旋。器壁薄，器形较大，有盆、钵、双耳罐、带流罐、圈足器和器盖等。花纹有斜十字纹、波浪纹、小方格纹、斜线纹等，都是划纹，有的磨光。老街遗址即属此类。后两类夹砂陶较多，器型较大，器物种类增多，纹饰精美，时代较晚。值得注意的是，制陶时用谷穗、谷壳或麦穗做垫，至今在陶器内外壁和胎子中夹有谷壳、谷穗芒的痕迹，有的还遗留有谷壳，反映当时的人们已使用石器从事原始农业生产。陶器中还发现陶网坠、陶纺轮、陶管、陶丸等，反映当时的人们不但善于制陶，也从事捕鱼、纺织等生产活动。

滇池贝丘遗址的第二个阶段是青铜时代。作为新的生产工具，铜器的出现，引起了人们生产、生活各方面深刻的变化，但是在铜器占主导地位或普遍应用铜器前，滇池边的先民仍长期延续着石器时代的生活，稀有的铜器只是贵重的奢侈品。从最初的铜石并用时代到青铜时代，也经过了漫长的岁月。王家堆遗址发现有段实心铜锛和直援方内铜戈，都是武器，还发现铜渣，也许已掌握了炼铜技术。大营庄遗址也发现炼渣。西山龙门天子庙遗址发现青铜鱼钩和铜器残件。小平山遗址发现铜镞和铜爪镰，一为武器，一为生产工具，铜器在生产中的地位越来越重要，还发现了铁锥。

滇池贝丘遗址的第三个阶段为汉文化时期。21 世纪最初几年在滇池周围的调查，逐渐扩大了我们对滇池贝丘遗址认识的视野。从《云南滇池地区聚落遗址 2008 年调查简报》所附《在各聚落群采集的陶片统计表》获知，在所列 17 个遗址中，只有 5 个未见汉文化陶片，其他采集到汉文化陶片甚至汉式瓦片的遗址及数量如下：海宝山 1、安江 3、古城 5、河泊所 11、上西河 11、石寨山 4、小江渡 7、下西河 18、晋城 22、天城门 2、下石美 12、金沙江 3。汉文化及其先进制陶技术传入并逐渐被原来居住在贝丘遗址的古人类接受，也丰富了这些遗址的文化内涵。滇池周围的原始聚落生命力很强，直到汉代仍鲜活地存在着。大概在此以后不久，由于滇池中螺蛳的消亡，以食螺为特点的滇池贝丘遗址才成为历史的陈迹。

滇池贝丘遗址存在的时间，据南京地理研究所对白塔村下部螺壳所做的^{14}C测定，该遗址上限距今7000年①。经过^{14}C测定，石寨山螺壳距今4262±160年②。滇池新石器时代贝丘文化的标准时段约在7000～4000年前。对于官渡螺峰村遗址，《昆明探奇》一书记录说：

> 金刚塔之西有一东西宽10余米，南北长50余米，高近四米的螺壳堆。据有关专家观察研究，螺壳堆的中及下部含有古陶片、陶块与石锛、石斧，中及上部含陶片与青铜箭簇，说明这是古人类活动的遗迹。螺壳堆西坡，有湖滨浪击带韵律沉积层；其北有含丰富水草、螺壳的湖湾相淤泥层。螺壳堆中部的^{14}C年代测定为3120±170年。③

王家堆的时限，学界认为：

> 实心铜锛、铜戈和石器同出的情况与海门口早期青铜遗址相同，出土青铜器也具早期特点，确定遗址年代与海门口相同，为商周时期。④

螺峰村和王家堆遗址标志着3000多年前的殷商时期滇池贝丘文化聚落已跨入青铜时代的门槛，被称为铜石并用时期。2008年调查时，古城遗址的两粒炭化种子的测年数据分别为公

---

① 胡绍锦：《昆明新石器时代考古》，未刊稿。

② 见《昆明市志》第9分册《文物志》，人民出版社1999年版，第711页。

③ 张兴永、阎庆桐主编：《昆明探奇》，云南科技出版社1987年版，第49页。

④ 《云南省志·文物志》，云南人民出版社2004年版，第66页。

元前850年至公元前760年，公元前810年至公元前530年，但在该遗址群中没有发现与金属制造业相关的遗物。另外，石寨山遗址的炭化种子测定的年代为公元前780年至公元前480年，但同时发现炼渣和绿松石[①]。2010年调查时，大营庄遗址的测年数据为公元前780年至公元前550年，该遗址同时也发现炼渣[②]。小平山遗址不但有铜镞、铜爪镰，还有铁锥，时间更晚至战国。[③] 2008年和2010年的数据表明，大体在春秋战国时期，由于各聚落的发展不平衡，它们之间产生严重分化。以古城遗址为代表的一些聚落，未使用金属工具，仍停留在新石器时代贝丘文化阶段；而石寨山、大营庄、小平山等一批聚落，则已进入了青铜时代的贝丘文化阶段。

贝丘遗址的特点是滨水定居。由于滨水，我们正可用以复原新石器时代滇池的湖泊形态；由于长期在一个地方定居，位置稳定，才具有地理标识的科学意义。这就是贝丘遗址对于历史地理研究的价值。60处贝丘遗址虽不算洋洋大观，但已可勾勒新石器时代的滇池湖岸线。当时的滇池，北起螺山半岛（昆明古城），西达今黑林铺、王家堆，西山脚的岸线基本稳定。东边的官渡古镇还是水中的小岛，彩龙、关山、海晏，至今仍是岸边瞰水的风景胜地。南边的安江、昆阳城，明末还在水边，梁王山、石寨山、河泊所，明末还是水中的小岛，昆阳以北的虎山河泊所一直都在水边。这些遗址大体分为两类。一类为山

---

① 云南省文物考古研究所、美国密歇根大学人类学系：《云南滇池地区聚落遗址2008年调查简报》，载《考古》2012年第1期。

② 云南省文物考古研究所、美国芝加哥大学、美国密歇根大学人类学博物馆：《云南滇池盆地2010年聚落考古调查简报》，载《考古》2014年第5期。

③ 云南省文物考古研究所、晋宁县文物管理所：《云南晋宁县小平山遗址试掘简报》，载《考古》2009年第8期。

丘型近岸的小岛，如石寨山、梁王山、海宝山、左卫山；或湖边的低丘、台地，如白塔山、石子河、小平山。一类为河湖相沉积层上的湖边或湖中的土堆、沙洲，如官渡、古城、黄牛墩、兴旺村。统计属于土堆、沙洲型的贝丘遗址，海拔多在1887～1890米之间，古今的水位变化也不突出。从宏观上看，滇池湖岸线古今变化不大。变化最大的水域是盘龙江、宝象河填淤的滇池东北部，变化最大的历史时期是元代以来的700多年，变化的主要动力是人为而不是自然。如果我们细为分析，今呈贡诸遗址，或位于江口，或伸入湖中，或为岬角，或为沙堤，长短错落，当时的湖岸线作锯齿状。今晋宁诸遗址，多数为近岸岛洲，小平山、晋城、象山诸遗址虽背倚陆地，也是滇池水域所达，它们所包容的范围，刚好形成晋宁湾。今昆阳诸遗址，黄牛墩、小团山、海埂、兴旺村、大河村等至今仍近湖岸，但其内还有后村、堡孜等，形成昆阳湾。海口镇境内的螳螂川长14.4公里，俗称海口河。今海口镇的遗址皆在海口河南岸，应为滇池出水口海口河的贝丘遗址。今白塔村等皆距河较远，当时从海门经老街至白塔村段河面较今日宽阔得多。

上述原始聚落的海拔让人惊讶。若按近人估计的数值，则一大批新石器时代的聚落迟迟还未成陆，原始聚落的海拔数值又几乎与现今相同，殊不可解。其实，滇池与其他湖泊不同，是一座半封闭的自然调节的高原湖泊体系，出水口螳螂川在柴厂以下甚窄，又有诸滩险及石龙坝等门槛控扼，由于它们的调节，在漫长的历史时期总库容基本不变，水位也基本未变，因此沿湖各原始聚落才得以安然无恙。由于湖盆总容积不变，逐渐减少的水体却被逐渐排入湖内的泥沙置换，表现在湖泊形态上，湖水面积越来越少，成陆的面积越来越多，湖岸线的推移和水域的收缩十分突出，古代“五百里滇池”之说不是没有道理的。应该重视各历史时期滇池湖岸线的变迁。贝丘遗址所反映的湖岸线，是认识滇池水域变迁最早的标杆，再与其他多种文献和文物参酌对照，滇池变迁的历史轨迹就会呈现出来。

原始聚落难以抗拒的是自然灾害，个别遗址对此也有反映。有的聚落的选址是河湖相沉积的土堆或沙丘，因土质松软，也会发生沉降。明天顺二年（1458 年）建的官渡金刚塔，历经 500 多年后，石塔用作人行的拱门变成陷入地下的水潭，只剩拱顶露出地面。2002 年，古建筑部门实施整体顶升的新技术，将古塔抬高 2.6 米，恢复人们穿行的坦途，并保留了塔底遍布的螺壳和至今未腐的木桩，让人们重睹螺峰村的地下实景，成为研究滇池贝丘遗址的标本。最严重的当然是整村塌陷，距官渡不远的石虎滩遗址是围海造田时露出水面被发现的；王家堆遗址虽距湖岸不远，也是孤悬在湖中的聚落，后来沉入湖底。

新石器时代的原始聚落是昆明城市发展的滥觞，贝丘遗址又展示了人类历史时期滇池最早的图景，滇池贝丘遗址是难得的历史坐标和地理坐标。

盘龙江与拓东城、善阐东城、斡尔朵城

滇池东北岸的变化十分突出，而岸线的变化，主要与盘龙江有关。曾修万历《晋宁州志》的许伯衡，在其《海口记》中说："尝闻之长老云：先是，昆阳学前与教场、南村诸处皆滇池也，池水上接松花坝，下出昆阳海口，其源大而流细，故谓之滇。"滇池抵松华坝之说，极富识见。盘龙江为滇池的主要水源，盘龙江也塑造了滇池东北岸广袤的沃野平川，沧海桑田的巨变，震撼心目。

据云南省水文地质监测总站调查，盘龙江沿岸可划分为5级阶地：

Ⅰ级阶地：位于盘龙江河道近岸，阶面宽120～350米，阶面平坦，高出河床0.5～3米，由砂、卵砾石组成，在罗丈村一带有断续出露。

Ⅱ级阶地：为第四纪全新世冲积相，卵砾石、砂、砂质黏土组成，高出Ⅰ级阶地0.5～2.5米，阶面平坦，宽50～400米，分布于松花坝—岗头村一带。

Ⅲ级阶地：主要为冲积、洪积物组成，上为砂质黏土，下为砾石层，高出河床5～10米，阶面宽数百米，分布于岗头村、普吉等地。

Ⅳ、Ⅴ级阶地：相对高度向下游降低，分布于小坝、浪口东侧，北部松花坝出露基座阶地，表明河流上游地壳上升。

参见《盘龙江阶地分布图》。[①] 近代地貌显示，西岸沿霖雨

---

① 冯均似主编：《滇池流域环境遥感研究》，云南科技出版社1991年版，第16～17页。

桥附近、马村、江岸小区、小菜园、圆通山东麓，直至得胜桥、螺蛳湾，东岸沿龙头街稍西、波罗村、小坝、金马寺，其间都是滇池的湖湾。而南端的五里多高地为一小岛，俨如一道门阈。在佴家湾以西、菊花村以东，形成两条出水通道。这就是先秦直至汉晋时期盘龙江汇入滇池处的形象。

滇池东北岸的开发，主要集中在盘龙江两岸。1977 年在上马村后的五台山发掘 13 座长方形竖穴土坑墓，墓圹长 2 ~4. 6 米，宽 0. 6 ~2. 1 米，深 0. 2 ~4. 4 米，未见葬具，人骨多朽蚀无存。随葬品少至 2 件，多仅 23 件，共出土 103 件。青铜器有蛇头形茎首无格短剑、椭圆形銎和方形銎斧，以及矛、戈、啄、钺、镞、削、凿、臂甲、爪镰、镦、铃、扣饰等。陶器以夹砂黑陶为主，还有夹砂红陶和黄陶，轮制较多，兼有手制，饰弦纹、波浪纹、叶脉纹等。器形有釜、罐、壶、碗、盘、纺轮等。玉器有耳环，玛瑙器主要为珠、管。1 号墓较大，墓圹长 4. 6 米，宽 2. 1 米，深 4. 4 米，残存墓主人少量骨殖，在其足端另有头骨 3 个及一些散乱骨殖，表明有杀殉现象。五台山墓群年代相当于战国至西汉，墓主人身份为中小贵族。① 有的学者认为早自春秋晚期至战国中期。② 在棕皮营村东发现晋代石室封土墓 10 座，其中 8 座已毁，1983 年清理 1 座。墓南向，石室方形，顶作覆斗状，长 3. 2 米，宽 2. 8 米，墓道长 1. 78 米，宽 0. 8 米，高 0. 64 米。征诸史籍，《三国志 · 后主传》载："三年春三月，丞相亮南征四郡，四郡皆平。""十二月，亮还成都。"《三国志 · 诸葛亮传》裴松之注引《汉晋春秋》又载："亮至南中，所在战捷"，"遂至滇池"。蜀汉建兴三年（225 年）诸葛

---

① 云南省文物工作队：《昆明上马村五台山古墓清理简报》，载《考古》1984 年第 3 期。《昆明市志 · 文物志》，人民出版社 1999 年版。

② 《云南省志 · 文物志》，云南人民出版社 2004 年版。

亮南征到了滇池。他在滇池地区驻军的位置，《新唐书·南诏传》载："广德初，凤伽异筑拓东城，诸葛亮石刻故在，文曰：'碑即仆，蛮为汉奴'。夷畏誓，常以石搘捂。"万历《云南通志》卷2《云南府古迹》说得更具体：

> 诸葛碑，在府城东二里旧汉营，相传以为孔明屯军之所。唐广德初，凤伽异筑拓东城，故有诸葛亮石刻，文曰"碑即仆，蛮为汉奴"。夷畏誓，常以石搘捂。今废。

搘捂：支撑。又作楮梧。揆之地望，诸葛亮在滇池驻兵之地即今五里多，当时还是滇池中的一处高岗，东近宝象河谷地传统交通线，西与螺山大聚落（今昆明古城）隔水相望，既便于控扼，又可就近取得军需给养。汉晋时期滇池东北部的湖湾可称汉营湾。

南诏建拓东城，滇池东北岸发生了重大变化。《南诏德化碑》有较详的记载：

> （赞普钟十一年冬）安宁雄镇，诸爨要冲，山对碧鸡，波环碣石，盐池鞅掌，利及牂、欢，城邑绵延，势连戎僰。乃置城监，用辑携离。远近因依，闾阎栉比。十二年冬，诏候隙省方，观俗恤隐。次昆川，审形势，言山河可以作藩屏，川陆可以养人民。十四年春，命长男凤伽异于昆川置拓东城，居二诏，佐镇抚。于是威慑步头，恩收曲靖，颁告所及，翕然俯从。

安宁、昆明一带位置适中，物产富饶，经济基础雄厚；"城邑绵延"，"闾阎栉比"，聚落密布，人口众多；"山河可以作藩屏，川陆可以养人民"，战略地位重要。阁罗凤经过实地考察，几乎与建阳苴咩城同时，决定建拓东城"居二诏，佐镇抚"。《通鉴》胡三省注："交趾在南诏东，南诏于东境置拓东节度，言将开拓东境也"。倪蜕《滇云历年传》谓："然则增此城，必令凤伽异居之，而以绥安东爨耳。'二'与'贰'同，

‘二诏’犹言储君也。”拓东城建立后，其军事和行政的地位迅速突出，《南诏德化碑》碑阴就有“大军将前户曹长拓东城大军（将□□）”的题名，拓东节度不但作为南诏六节度之一，还是经营滇东，面向交州、邕管、黔中的战略基地：“居二诏，佐镇抚”，一开始就明确了陪都的地位，南诏两京的布局至此已定。建拓东城的时间，《蛮书》卷6载：“拓东城，广德二年凤伽异所置也。”与《南诏德化碑》相差一年。应该是广德二年（赞普钟十三年，764年）开始建，永泰元年（赞普钟十四年，765年）建成。

南诏拓东城的选址，天启《滇志》“云南府古迹”也说：“诸葛碑，在府东二里旧汉营，唐广德初凤伽异筑拓东城得之。”南诏拓东城与诸葛亮屯兵的汉营在同一个位置，即明清云南府城东郊的五里多高地。景泰《云南图经志书》“云南府山川”载：

> 其东北所出诸泉，咸会于盘龙江，至松花坝则分而为二：其一由金马山之麓流过春登里，其一由商山之麓流过郡城。蒙、段氏时，由金马者堤上多种黄花，名绕道金棱河；由商山者堤上多种白花，名萦城银棱河。尝筑土石，托神灵护之，号为“佑文”、“来镇”二堰，高下之田，受灌溉者数十万亩。元平章政事赛典赤增修之。

上文源自景泰年间陈文撰《新建南坝闸记》，是可信的。以后诸书所载略同，此不一一。创修金汁河是南诏重要的水利工程，他们所面临的汉营湾，到唐代已发生了很大的变化。上坝村海拔1912米，罗丈村海拔1897米，破重峡而出的盘龙江，在这不长的一段，高差下降15米，进入汉营湾，水阔波缓，流势顿减，淤泥积填越来越突出，大概到唐代已渐沼泽化，部分涸出成陆。陈文的《新建南坝闸记》，强调灌溉效益，这是一般人评价水利工程的着眼点，但内地来的官员，无法理解金汁河环绕五里多高地的用意。南诏开发昆明坝子，把兴修水利特别是开挖金汁河和创建拓东城紧密结合，金汁河的设计多功能并举，是发挥水利综合效益的典范。上游兼有引水灌溉、防洪、排涝的作用，河床高于西侧农田，可自流灌溉 3 万余亩。中游金马寺至东站一段，成为垫高渠底的渡槽，引水转到五里多；渠身又兼大道，方便行人进出拓东城，结束了水环孤岛的历史，免除船筏更张和坡坎劳顿；东出绕行一段后即与滇东、滇南的大道会合，又便于守卫控扼，成为进出拓东城的门户，后称“绕道金棱”，名实相符。下游的五里多高地海拔 1901 米，明显高于周围。其北东风东路南侧省体育馆大门一带海拔 1894 米，其西的环城南路与北京路交会处海拔 1893 米，东风广场则仅为 1891 米，其南的长村、高家村海拔皆 1890 米。金汁河下游绕五里多高地，环城以濠，便于防卫；又方便城中生活用水，实为绝妙的创造。拓东城的建城模式，阳苴咩城、太和城、邓川城等已有先例，考察滇西的南诏古城，更便于了解拓东城。据陈文《新建南坝闸记》，“尝筑土石为二堰于河之要处，障其流以灌田，凡数十万亩”。“佑文”、“来镇”二堰皆较简单的障流分水的设施，联系字意，可能来镇堰在今松华坝，佑文堰在今金马寺附近渡槽处。通过分水，正逐步沼泽化的汉营湾水位明显下降，被大规模垦为农田，从北到南，盘龙江的江身逐步显现。南诏时，滇池东北部岸线往南移到螺蛳湾、佴家湾、南天台、石虎关一线。今拓东路在清代分段各有名称，西段有云津夜市，称云津街；中段有三元宫，称三元街；再东有桂林桥，后建状元楼；再东称地藏寺（今市博物馆）；由岔街至东站称迎恩铺。民国年间将一些街巷名合并，出现了以路做通名的街道，称拓东路。该路西段为湖滩，东段为拓东城，释意应为通到拓东城的大道。《蛮书》卷 2 载：“昆池在拓东城西，南北百余里，东西四十五里。水源从金马山东北来，拓东城北十数余里官路有桥渡此，水阔二丈余，清深迅急，至碧鸡山下。”虽然汉营湾大部成陆，但拓东城西仍是一片汪洋，滇池北岸的陆路交通线在拓东城北十多里，约当今马村附近建成了盘龙江上的第一座桥，官道须从金马山下往北绕道过桥。

作为行政中心和军事基地，拓东城必须与就近的经济中心结合，方能站稳脚跟，获得发展。此时，盘龙江对岸早已存在爨部的螺山水城。作为传统居民区和工商集聚区，与新建城功能互补配套，长期实行一城双核制度。南诏时期，今昆明古城以东的大片荒滩被逐步开发成富庶的农业区，成为拓东城就近给养的依赖，时称“昆川”，与“晋平川”、“渠滥川”同列。拓东城的建成和滇池东北部的开发，使滇池区域的重心完成了从南向北的转移。

后来，随着善阐城的建成，一城双核的职能有了明显的分工。拓东城主要为拓东节度使的衙署，专门对付西爨、东爨及安南的军事及防务，突出了军事和地方行政的职能，驻有重兵镇守。《元史 · 地理志》说：“凤伽异增筑城曰拓东，六世孙券丰祐改曰善阐。”查《资治通鉴》卷249唐宣宗大中十二年（858年）六月，仍有拓东节度使、拓东押牙等记载；卷250唐懿宗咸通七年（866年）则载：“南诏酋龙遣善阐节度使杨缉助安南节度使段酋迁守交趾。”第一次出现善阐节度使。宣宗大中十二年为劝丰祐天启十九年，公元858年，懿宗咸通元年已为世隆建极元年，公元860年，与《元史 · 地理志》所说吻合。拓东城改名善阐城当在天启二十年（宣宗大中十三年，859年），但作为一城双核的另一半，此善阐指善阐东城。

大理时的盘龙江和金汁河继续发挥效益，被培植成风景胜地，成为大理国王巡幸东京时的首选。诸葛元声《滇史》载：

> 段氏十世素兴，以宋仁宗庆历元年辛巳岁立，改元圣明。癸未，改元天明。素兴幼冲嗣位，性喜狎游，听任群

小。广营宫殿于东京。凡春登堤上多种黄花，名为绕道金棱；云津堤上多种白花，名萦城银棱。素兴每春月必游东京，挟美幸，载酒肴，自玉案、三泉溯为九曲流觞。男女列坐畅饮，斗草簪花，以花盘髻上为饰。（原注：即今素馨花也。因素兴爱尚此花，滇人至今名素馨。）时有一种花、草，遇歌则开，遇舞则动，素兴令美人唱者对此花，舞者对此草。

按，大理时期的情况，今本诸书多浓缩为段素兴的作为。考段素兴行迹，《滇载记》载："素兴以宋庆历元年立，改元二：圣明、天明。以无道，国人废之，而立思廉。""四库全书"本《南诏野史》载："天明皇帝，名素兴。宋庆历元年即位，改元圣明。甲申二年薨。在位四年，无道，国人废之，子思廉立。"《滇考》认为："素真立十五年，死，有子先亡，传于孙素兴。素兴年幼，好佚游，广营宫室，于东京筑春登、云津二堤。"在位仅 4 年（1041～1044 年）的小孩，不可能有多大作为。景泰《云南图经志书》的叙述是公允、客观的，盘龙江、金汁河的水利工程是"蒙、段氏时"长期所为，经过南诏、大理多次增修、加固、培补，大理时更突出了"绕道金棱"、"银汁银棱"的景观效果。上引黄花即迎春花，早春即开；白花今仍称素馨花，亦春天开放，香气扑鼻，性皆耐旱，易培植。昆明附近的农家院落及河堤常种为绿篱，形成规模，甚为壮观。棱（lèng）为田间土陇，但这却是与众不同的土陇，一条绕道外出似铺金的大道，一条绕在城边像镶银的大道。高堤上的黄花或白花映到河里，或谢落的花朵随水飘流，河水闪耀着金光或银光，雅称为金汁河和银汁河，形象生动，富贵典雅，充满诗情画意。

元代，拓东城址地势高爽，又当要冲，成为驻兵安营置帐的首选，时称斡尔朵，蒙古语意即宫帐，成为云南行省的军事中心。《建大德桥碑记》载："是津也，梁王经行之所，可不防虞?"元代，斡尔朵有梁王的斋宫，梁王经常住此，盘龙江成为要津。《南诏野史》又载：段功"久住梁府"，"梁王邀功游东寺，至通济桥，马逸，遂杀之"。通济桥为中庆城东隅穿城江上桥，在今金碧路与书林街交会处，从斡尔朵过大德桥后必经通济桥，段功所住亦当在斡尔朵。盘龙江名始见于元代，因江流蟠绕曲折如龙而得名。又作"蟠龙江"，"蟠龙"谓蛰伏的龙，与升天的龙相对。在今市博物馆附近的拓东路地下，曾出土一座元代至正年由"滇池大师"张□撰文、石匠潘提控僧镌刻的《张氏尊胜宝幢记》石幢，有"托东：蟠龙东浒，金马西隅"等文字①。"托东"应即"拓东"，全句意为：拓东城在蟠龙江东面的水边，金马山西边的角落。元代，人们还能指认南诏拓东城的位置，揆其地望，正在今五里多高地。元代，江面逐渐收缩，在江上建了两座石拱桥，盘龙江对两岸的限隔终被打破。据孙大亨《建大德桥碑记》，大德元年（1297 年）建的大德桥为三孔石拱桥，桥上建屋九间，两侧设栏，桥广二丈七尺，袤十丈还多，"屹乎若蜃楼之跨海，灿乎若蝃蝀之截渊，轮焉奂焉"。这是一座廊桥，修建在今得胜桥处，从此，盘龙江上新增一景，美轮美奂。据邓麟《至正桥记》，至正桥建成于元代后期的至正十二年（1352 年），也是三孔石拱桥，江中两桥墩作石鱼状，桥上建屋十四间，为保证行人安全，两侧栏板加密。至正桥在今小花园东侧溥润桥处，也是一座廊桥，而且技术上比大德桥又有改进。元代还在斡尔朵西北建了真庆观和万庆寺。真庆观今存。万庆寺白塔是一座穿心塔，从它下面通过的就是盘龙江东岸最早出现的大道，今白塔虽毁，白塔路名犹存。两座大桥的修建，形成联结中庆城盘龙江两岸的交通

① 胡绍锦：《拓东城址考》，载《昆明社科》2005 年第 2 期。

环线，大体沿今拓东路、白塔路、人民东路，成为后世昆明东郊主要路网的雏形。

明代一改元代中庆城的双核制度，防止主城城防空虚，难以应急，将军事首脑机关及重兵集中到云南府城内，从此，五里多高地被弃之不用。清代亦沿明制，但历史不可能被抹去。康熙年间王思训有《斡耳朵怀古》诗云：

古城一片夕阳红，禾黍油油旧别宫。
萧鼓冷沉孤岛月，珮囊香剩野棠风。
诗传铁立悲宗女，冢旁金棱吊上公。
目断当年歌舞地，闲花野草乱春丛。

王思训是清初著名学者。通史、通诗，官渡人，昆明、嵩明、呈贡周边皆其考察的杖履所及，常以诗证史，其《斡耳朵怀古》为传世佳作之一。原诗有注，“斡耳朵”下自注：“斡耳朵，元梁王离宫也，地在滇城东五里。旧志失考，臆说不经，诗以正之。”“萧鼓”原注：“明师平滇，元梁王鼓吹出西门赴昆池岛中自溺死。”“珮囊”原注：“元亲王妃主住第三，第斡耳朵。”“铁立”原注：“梁王杀大理段功，其妻阿襤，梁王女也，作诗见志，愁愤死。诗有‘西山铁立风潇洒’句。”“冢旁金棱”原注：“元平章赡思丁，有功德在滇，死葬金汁河，即斡耳朵地。”今日五里多高地，南天台、地藏寺、赛典赤墓犹存。南天台，一说为南诏建给舜化贞的小城，一说南诏、大理有五天台，中天台在今积善巷的吉善庵，民国初年毁于火；东天台在东庄，已不存；南天台今址犹存。《南诏野史》倪辂本“南诏古迹”载：“城东，宣武王筑小城与子舜化，即古城。”胡蔚本亦载：“古城，云南府省城东，南诏蒙隆舜筑与其子舜化贞者。”20 世纪 70 年代笔者考察时南天台是佴家湾小学。古屋一院，坐北朝南，教室的墙上嵌着不少石碑；戏台依旧，戏台前的广场成了球场。往南，居高临下，王宝海、巫家坝尽在眼底，是瞰水赏景的佳胜处。地藏寺为大理时建筑，地藏寺经幢仍在原址，为全国重点文物保护单位，今建为昆明市博物馆。有趣的是，它们位于拓东城内的南北两端，“皇天后土”，天在南，地在北，《礼记·月令》有“其神后土”，土地神亦往往置于城北。南诏、大理规制亦受中华传统礼制影响。咸阳王墓今存，在民航路北段，与《元史·赛典赤赡思丁传》所载“葬鄯阐北门”一致，只不过这是鄯阐东城即后来的斡耳朵城的北门。道光《昆明县志》载：“吴井桥，以井得名，或云建于吴氏，明黔国公沐氏重修。”明代“重修”，则可能建于元代。吴井桥因井得名，则井之凿亦不晚。揆其地望，当为斡尔朵西门。据王绅《滇南恸哭记》，明时虽已不用斡耳朵城，但至洪武二十九年（1396年），还能找到“兀儿朵东门外”。“兀儿朵”即“斡耳朵”、“斡尔朵”的同音异写。后来，斡耳朵被讹为五里多，沿用至今，揆其地望，距城亦大致五华里多。

元代，赛典赤主持的治理滇池工程抓两头两尾，力度甚大。一边抓来水控制，改前代分水的堤堰为可以抬高水位、调蓄水量的松花坝；另一边又抓出口海口河治理，通过疏浚，降低滇池水位，涸出大片土地。《元史·地理志》载：昆明县“其地有昆明池，五百余里，夏潦必冒城郭。张立道为大理等处劝农使，求源泉所出，泄其水，得地万余顷，皆为良田云”。通过治理，使滇池长期淤积的大片浅海涸出，但旱潦不常，湖水涨缩不时，新滩出没不定，再加上蒙古官员经营方式所限，有的垦为良田，也有的故老相传，被指认为蒙古军队放牧的草滩。明代实行军屯，大片涸出的土地正好派上用场，通过兴修水利，出现了河网密布的水乡景象，滇池岸线才较清晰稳定。昆明郊区至今大量称“营”、“卫”、“所”的地名，都是元、明时期成陆被垦殖的土地。据陈文《新建南坝闸记》，南坝“距城五里许”，景泰五年（1454年）“甃石为闸而扃以木，视水之小大而时其闭纵”，闸之西有庙，东有亭。南坝闸在昆明南郊，位置未变，但景观已不同往昔。又据万历《云南通志》“云南府堤闸”载，南坝闸建于元代，明景泰时改为石闸，“弘治、正德间，又置西坝、四到闸”。南坝，今名同，海拔 1889 米。西坝，又名摆渡村，是昆明城西的水上交通要道，海拔 1888 米。四到闸即今四道坝，在太家河和金家河的分流处，海拔 1888 米。则元代盘龙江已延伸到城南五里多的南坝一带，明中叶的滇池湖岸线已达西坝及四道坝一带。明代，由于滇池湖岸线往南推进，这一带已成为盘龙江下游的富庶农业区。再往南的大片农田和村落，不带有军屯地名的色彩，询其迁来的时间，往往为清代甚至民国年间，这是清代以来成陆并开发的农业区。从昆郊南部大量的地名分析，大部为明以后成陆，清代至今涸出的土地更多，滇池湖岸线推移的速度更快。盘龙江下游总体上从北往南流，但又往西偏斜。历史上，各河段的形态不同。从出峡到昆明古城东侧一段盘曲弯环，水流舒缓。在双龙桥分出玉带河，在南坝分流向西，在四道坝又分为两支，通过草海出外海，也加速了草海的沉积。清代，盘龙江末梢迁摆不定，太家河、金家河、大河嘴等都是它的残迹。据《官渡区地名志》，闸塘、大河嘴皆为地片，闸塘“因在盘龙江旧河道上，可截流蓄水得名”，大河嘴“系盘龙江旧河道入滇池的水口得名，盘龙江今已改道从洪家小村入滇池”。此后盘龙江干流已不再汇入草海。今日盘龙江长达 120 公里，主源在嵩明县西南部梁王山西麓白沙坡，称牧羊河，与冷水河汇合后入松华坝水库，流域面积 1328 平方公里。从松华坝到洪家村长 26.5 公里，为下游，在洪家小村入滇池，入湖处海拔 1886.3 米。盘龙江塑造了自己，昆明坝子古代农业社会的繁荣也离不开盘龙江的哺育。

元代以来盘龙江不再称银汁河，明清的银汁河系指另一条小河。明代引黑龙潭水会白龙潭水，灌溉盘龙江西岸农田，怀念前人富有诗意的命名，因名银汁河。清代，银汁河经蒜村、岗头村、马村，汇入莲花池，再洩入盘龙江，长二十余里。20世纪笔者常到这一带考察，宽仅如沟，但仍有灌溉之利，近人称西干渠。明清以来，滇池湖岸线虽早已推移，五里多小岛的形象仍依稀可辨。北麓有董家湾，高堆村则是水边高地形成的聚落，南麓有佴家湾和王宝海，这些渟水的各类遗迹有幸保存至今。

但是，盘龙江的水患也长期存在，临城一段特别突出。元代，“蜿蜒滂湃，南入于滇池。夏秋霖雨，泛滥涨溢，波及阛阓，民甚病之”。这种状况，历明清未改。孙髯翁“幼时读书江上”，“极耳目之勤搜”，记其见闻甚详。乾隆四年（1739年）、乾隆六年（1741年）“江水大泛”，“东西南三城竟成汪洋，二十四铺皆为大海，三市街撑船往来，城门口俱用大木枋闸之”。钱南园的家在大东门外太和街，即今茶花公园处，曾有“清御史钱南园先生故里”碑标识。钱宅是一处累遭水淹的小院，小村仅数家而已。“阖门住傍野塘隈”，“涨落遗墟有旧痕，葺庐仍面数家村”。乾隆十三年（1748年），“大水坏庐舍，寄吾母他所，洋及弟潮，寄之慧光寺，水退僦居他屋”。乾隆四十年（1775年）又发大水，“岂闻去年水，飘荡家无棲。辛苦留性命，还归理故蹊。虽无完庐室，幸庇旧锄犁”。著名人物孙髯翁、钱南园等皆关心盘龙江的治理，孙髯翁的《盘龙江水利图说》有幸保存下来，钱南园的《六河说》惜已不存，存世者仅长诗《六河歌》。如果说元明清各代治理滇池的方针是积极进取，与水争地；对盘龙江临城江段的方针则是消极避让，任江滩自然出露，留出大片的蓄洪、滞洪区。在明城小东门外今北京路上，有明代所建穿心鼓楼，1953年拓宽街道时被撤除，其十字相交的洞门，向西有路通敷泽桥入城。穿心鼓楼向南的太和街，即今日的北京路中段，就是元明清时期盘龙江临城江段保持的最大洪水控制区，犹如现在规定的“红线”。清代及民国初年的昆明地图，在盘龙江与太和街间，江滩依旧，有若干零星水塘散列，借用钱南园的诗可称为“野塘”。20世纪70年代笔者踏勘，还有江岸小区对岸的水塘（现为龟龙湖公园）、穿心鼓楼与大鼓楼间的茭瓜塘、豆腐厂附近的水塘、震庄宾馆围入的水塘、塘子巷一带的水塘（塘子巷因此得名）、新火车站附近的南窑塘等，这些都是长期存在的盘龙江的残迹。盘龙江西岸，依靠坚固的城墙屏堵，洪水不测，只有迅速报警。在大东门外盘龙江堤上，原井宿祠内有铜犴（àn 岸）一尊，据道光《云南通志·祠祀志》，昔人铸铜牛以镇水怪，其形独角，咸丰七年（1857年）毁。同治三年（1864年）重铸，状如水牛俯卧，独角，高1.3米，长2.3米，昂头注视着盘龙江，似在监视江水的变化。铜犴色金黄，俗称金牛，这条街也因此称金牛街。背有圆孔如镜大，腹中空，腹下原有井通盘龙江。涨大水时，井中水翻腾激荡，引起牛腹共鸣发出吼声。过去童谣云：“金牛吼三声，水淹大东门。”上覆六角亭，名安澜亭。既为祈神镇水，又为水患报警，既有精神的慰藉，又有科学的行动，实为昆明人的创举。惜20世纪50年代初，移犴塞井，从此不复吼叫。今铜牛在南太桥头，为市级文物保护单位。巡津街原为盘龙江西岸河堤，俗称大河埂，南段堤外陆地较低，水患时易遭不测，清代设有巡视汛情的岗哨，该堤故名巡津堤，后在堤上形成街道，因名巡津街。这是盘龙江险段人工报警的例子。

宝象河与谷昌城、官渡城

昆明市的官渡区和呈贡区，位于滇池东侧，为低山丘陵，起伏和缓，山间散布着若干谷地，也有岩溶发育的石灰岩洞穴，适于古人类居住。在古代湿热的气候条件下，山上森林茂密，灌木丛生，绿草如茵，动物繁多，适于狩猎和采集。西部濒临滇池漫长的湖岸，易于捕鱼、捞螺，利用滇池丰富的水产资源。山上多龙潭和天然水塘，东白沙河、宝象河、马料河、洛龙河、捞鱼河、梁王河过去皆水量丰沛，蜿蜒流淌，往西汇入滇池，便于取水、用水，农业开发条件优越。这是一片天造地设的宝地，适于人类生息繁衍的乐土。

龙潭山古人类遗址的发现，揭开了昆明历史的新篇章。龙潭山位于呈贡区大渔乡邓家庄东南，距月角塘甚近，形如平缓的馒头状孤山，东西长 0. 3 公里，南北长 0. 4 公里，海拔 1941 米，因山麓有泉水，故名龙潭山，距今滇池湖岸约 4 公里。山麓的月角泉清凉可口，出水量为 0. 03 立方米/秒，可灌农田 200 余亩。传说该泉水在附近屡屡改变出水孔的位置，故俗称三现水。该山岩溶发育，洞穴甚多。由于长期的自然风化及人工采石，多数洞穴的顶棚或洞口被破坏，堆积物暴露，成为采石场。1973 年在此发现“龙骨”，引起考古工作者的关注。1975 年在二号洞发现一批旧石器及烧骨，1976 年找到人类顶骨化石，1977 年在一号洞出土了人的两颗牙齿化石，震动学术界。1978 年昆明市文管会与云南省博物馆共同发掘过一次。1982 年和

1983 年中国科学院古脊椎动物与古人类研究所两次对二号洞进行清理发掘，市文管会又对三号洞组织试掘。经过 8 次调查发掘，发现了丰富的文化遗物。

龙潭山遗址位于龙潭山南侧，由 3 个洞穴遗址组成，它们高出当地地面约 4 米，堆积物均为红色砂质黏土夹灰岩碎块或砾石，通常称为“红色堆积”。其中一号洞文化堆积厚 5 米，发现人类牙齿化石 2 枚，为晚更新世中年个体，还有鬣狗、牛、鹿等动物化石。石器加工原始，大部分无第二步加工痕迹。二号洞文化堆积厚约 3 米，发现人的完整颅骨化石一具，体骨化石多件，出土工具有穿孔砾石、骨器、角器，还有牛、鹿、蚌等动物化石，有火塘，炭屑丰富，经^{14}C 测定距今 30500 ± 800 年。三号洞文化堆积厚 7. 5 米，出土大量人骨化石及部分打制石器、灰烬等，共存的哺乳动物化石较多，经^{14}C 测定距今为 18600 ± 300 年。龙潭山 3 个洞穴遗址出土了较多的古人类化石标本，有头骨 1 件、顶骨 2 件、额骨 1 件、下颌骨 2 件、上颌骨 1 件、椎骨 18 件、肩胛骨 3 件、髋骨 5 件、肱骨 4 件、股骨 13 件、牙齿 40 颗及若干肋骨等共百余件，其形态特征与现代人十分接近，属晚期智人。文化遗物十分丰富。石器达 3000 多件，全部选用河湖滩上的卵石打制而成，有石核、石锤、石片、石砍砸器、石刮削器等器型。遗址上层发现穿孔石器，表明已学会钻孔技术。有一件直径 10. 5 厘米的砾石，自两面琢孔，孔略错位。骨器有骨匕、骨锥、骨铲。角器可能属挖掘器。烧骨、烧石和炭屑是当时人类已能使用火的痕迹。遗址中出土了大量动物化石，有最晚鬣狗、中国犀、巨貘、野猪、轴鹿、斑鹿、鹿、麂、牛、豺、貉、熊、豹、狐、豪猪、黑鼠、鼢鼠、田鼠、竹鼠、野兔、蝙蝠和水生的螺、蚌等 20 多种动物，属于南方型的热带湖滨森林动物群，反映了当时古人类生活的湿热临水、森林茂密的湖滨环境。[1] 龙潭山遗址反映了1.8万至3万年前滇池流域的生态环境和古人类的生活情状，具有重要的科学价值，被学术界命名为“昆明人”（Late Homo sapiens Kunminsis）。昆明人是生活在滇池流域最早的一批原始先民，他们处于旧石器时代晚期，穴居洞穴，已懂得用火，使用粗制、简单的石器和骨角器，以狩猎和采集为主，过着共同劳动、共同享受的原始社会生活。1987年，龙潭山遗址被云南省人民政府公布为第三批省级重点文物保护单位。

龙潭山遗址并非孤例，在宝象河沿岸还有野猫洞、大板桥等旧石器时代遗址。野猫洞遗址位于小石坝村西南侧，高出当地宝象河水面20多米。洞口面北偏西，主洞口宽1.5米，进深3米，洞穴依裂隙向南北伸延15米。1971年进行发掘。堆积物厚2.5米，上部为钙板层，下部为红色褐土层。在下层中出土用燧石、水晶、玛瑙制作的砍斫器10件，哺乳类化石中国犀、最晚鬣狗、亚洲象、野猪、虎、西藏黑熊、豪猪、猕猴、麂、鹿、水牛、羊等。该遗址为更新世晚期。大板桥遗址在大板桥镇鸡街子南坡，海拔1963米，为一洞顶塌陷、填满堆积物的洞穴，1989年发掘。文化层自上而下分为5层，其中发现晚期智人臼齿1枚、头骨碎块4片、打制石器135件、磨制骨锥1件。石器原料均取自附近河滩中砾石，主要采用砸击法打片及修理，石器有石锤、石砧、刮削器、尖状器，以小型为特色。共存的动物有豹、豹猫、小爪水獭、赤狐、豪猪、鹿、小麂、牛、猪、竹鼠、飞鼠、黑鼠、绒鼠、翠鸟、环颈雉、山鹧鸪、螺等。文

---

① 对龙潭山古遗址的研究，先后有胡绍锦《云南省呈贡县发现旧石器》，载《古脊椎动物与古人类》第15卷第3期（1977年）；张兴永、胡绍锦、郑良《云南昆明晚更新世人类牙齿化石》，载《古脊椎动物与古人类》第16卷第4期（1978年）；邱中郎等《昆明呈贡龙潭山第二地点人化石和旧石器》，载《人类学学报》第4卷第3期（1985年）。

化层中烧骨、灰烬、炭屑及烧过的树籽丰富。用^{14}C测定，第3层下部有2个数据，分别为距今8175±235年和8215±235年，第四层上部距今10530±280年。

滇池流域青铜文化的典型之一天子庙古墓群，在呈贡龙街乡小古城村东北200米处天子庙旧址内，面积约5000平方米。1975年昆明市文物管理委员会在此发掘墓葬9座，1979年至1980年发掘44座，1992年又清理23座，共有墓葬76座。共出土能复原的青铜器393件、陶器71件及大量玉器、玛瑙、绿松石珠等。绝大多数墓葬规模较小，有腰坑及二层台，无葬具，随葬品以陶器为主，有尊、鼎、罐及纺轮等，数量不多。其中有大型木椁墓一座，圹口长6.3米，宽4米，深4米，既有棺又有椁，用巨木叠组的外椁保存完好。除墓主人，还见杀殉骨殖。随葬品摆放有规律，主要为青铜器，兵器有铜戈、矛、剑、钺、戚、啄、斧、镞、盔甲，生产工具有铜犁、锄、镰、凿及卷经轴、工字形器，其他还有铜鼓、扣饰及漆器。椁盖和底板铺满绿松石、玉、玛瑙等做成珠、管编缀的饰物。大墓中铜器的精品有五牛盖提筩3件，其中2件内盛海贝。状如筒，口部稍大于底部，对称置两耳，可结绳以提，盖面太阳纹，上立牛5头，器身有线刻几何纹晕带，有羽人竞渡、鹈鹕、牛等图像；巫师纹鼎1件，侈口、鼓腹、平底，三足高22厘米，为鼎身高的2倍，足上各浮雕一位巫师立像，头冠插满羽毛，一手持杖，一手持短物，身着短裙；侈口铜釜为高领、折腹、小平底，如倒置的铜鼓；还有双钺形铜戈。青铜器采用失蜡法铸造，并运用鎏金、镂空等技术，做工精良①。经^{14}C测定，第41号大墓

① 云南省博物馆文物工作队：《云南呈贡天子庙古墓群的清理》，载《考古学集刊》1983年11月第3集；昆明市文管会：《呈贡天子庙滇墓》，载《考古学报》1985年第4期。

距今 2290 ± 70 年（桴木）、2280 ± 120 年（柲木），整个墓群约当战国中、晚期。这是滇池青铜文化早期出现的奇葩，在后来石寨山出土的大量青铜器中已难找到。在天子庙东侧有黄土山墓群，面积约 1 万平方米，1976 年清理墓葬 9 座。其中 8 座为西汉竖穴土坑墓，出土青铜鏊、削、扣饰、五铢钱、铜銎铁矛、铜柄铁剑，还有陶罐、豆以及漆镯、石坠等共 54 件。1 座东汉砖室墓，出土有铜镯等铜饰品、马骑铜饰、铁环首刀以及陶制罐、碗、灶等共 22 件。

羊甫头墓地以其特殊的价值著称于世。该墓地位于官渡区小板桥东南的大羊甫头村，处宝象河南侧，滇池坝子边缘第一级缓丘台地，海拔 1926 米。彝语称“龙伯”，意即龙山，被认为是风水宝地。墓地面积 4 万多平方米，1998 ~ 2001 年曾进行了 3 个阶段的发掘，发掘面积 15000 平方米。共清理各个时期的墓葬 846 座，其中大中型墓 33 座，小型墓 777 座，如无推土机破坏，将达近千座墓。该墓地也是墓葬分布最密集的一处，以滇文化墓葬和汉式墓葬为主，也有少量明清墓葬。滇文化墓葬青铜器中武器、工具类占绝大多数，兵器有剑、戈、矛、斧、啄、钺、戚、镞、盔甲，生产工具有削、锄、爪镰、锸、锤、凿、锛及纺织工具，但没有石寨山、李家山的大量精美礼仪性器物，也没有太多仿生类器物。出土的大量陶器为过去发掘的滇文化墓葬少见，以釜、罐类最多，还有少量盒、尊、瓮、钵、鼎、豆及器盖，多为生活用具。在第 113 号墓出土的漆木器独具特色，多为兵器、生产工具的漆木柲，其上装有铜质金属头。木柲多髹黑漆为底，用红漆描纹，也有部分用咖啡色或棕红色漆装饰，有的还嵌有锡片或缠以藤条、麻线，纹样复杂。还有一批祖形漆木器。有的陶器也在盖及器身髹以红、黑或褐漆，再饰以各种纹饰或图案。铁器有铜柄铁剑、环首刀、铁斧、爪镰。还有网坠、砺石、玉镯、耳环，各种形状的玛瑙饰品。大批小型墓随葬品甚少，大体分为两类，男性以铜兵器、工具、陶器及爪镰组合，女性以陶器、纺轮、爪镰组合，这是当时广泛进行农业生产的反映。滇文化墓葬上起战国，主要反映西汉时期的情况，也包括东汉初期。汉式墓葬随葬器物较少，主要为青铜器及陶器，也有少量铁器、金器及玉石器，漆木器仅见漆皮。其中青铜器主要有提梁壶、盘、盆、案、勺、釜、耳杯、镜、带勾、环、五铢钱、摇钱树及猪、狗、牛、马等动物模型。铜马高约 1 米，作举腿前行状。亦有“朱提堂狼造”器物。铜镜有“长宜子孙”四字。耳杯为船形，杯底还有鱼形图案。第 268 号墓有一长方形铜案，四足，长 64 厘米，宽 41. 6 厘米，高 11. 5 厘米，案内有菱形纹围成的方框，框内铸有飞鸟形图案，内置 9 个耳杯、2 个盘，并有一枝摇钱树折落案中。陶器罐类较多，还有甑、壶、碗、盆等。反映社会生活最精彩的是陶制模型器，有两圆形灶眼并带圆筒形烟道的灶，灶门或方或圆；有两层正方形阁楼，门窗、斗栱及四面坡的瓦顶俱备；水井模型的外壁还饰有模印的鱼和草；仓房在多个墓中都有发现，祈福稻谷丰收“粮满仓”；水田模型作盆状，有水塘、挡墙、渠门及田地，水塘中有鱼、荷花、荷叶，还有牛、鱼及人俑等。[①] 汉式墓葬反映东汉时期当地农业发展、农村兴旺的景象，比之于西汉的农村面貌，生产、生活都发生了新的变化，当时滇池流域几乎与内地一致了。羊甫头汉墓具有极高的科学价值和历史价值，2000 年被评为全国十大考古发现之一。

位于马料河北岸的麻莪村也值得重视。麻莪为彝语，意即

---

① 详云南省文物考古研究所、昆明市博物馆、官渡区博物馆：《昆明羊甫头墓地发掘简报》，载《云南文物》2000 年第 2 期；《云南昆明羊甫头墓地发掘简报》，载《文物》2001 年第 4 期；《昆明羊甫头墓地》，科学出版社 2005 年版。杨帆：《昆明羊甫头墓地：滇汉文化的融合》，载《中国文化遗产》2008 年第 6 期。

驻兵的村庄，海拔1899米。麻莪村东北200米的尖角地遗址，为一块500平方米的坡地，在表面耕土层下的灰烬层中的圆形土坑内，出土青铜器和铁器共70件。青铜器包括带有模泥的犁、锄及弩机机件、镞、斧、剑鞘、扣饰等，铁器有纯铁矛、铜柄铁矛、铜背铁爪镰。土坑内还残存着铜渣和毛料铸件，坑周围土壤下层有炭屑、灰烬遗迹，应为冶铸遗址。麻莪村东北100米的偏坡地，1980年清理一座东汉双室券顶墓，墓分前后室，两室间有甬道，铺地砖印菱形几何纹，随葬品集中于后室，主要是陶制模型器，包括人俑、马头、罐、房屋、水田模型、饲槽等，另有1件银指约。陶俑5件，较大立俑似代表墓主人，高鼻深目，仪表庄重，其余为坐俑。水田模型为圆盘形，口径42厘米，高6厘米，中间筑坝一道，一半为陂池，内有鸭、船、荷花等，另一半为水田，被分为数格。

在小王家营村东有高约20米的红土小丘，名小松山。1973年、1976年在其西坡共清理西汉时期墓葬5座，均为长方形竖穴土坑墓。随葬品30余件，多为生活用具和装饰品，未发现兵器。1号墓较大，随葬品有青铜提梁壶、五铢钱和少量玉饰，陶器有釜、罐、碗。其中一件带链提梁铜壶提柄两端铸成龙头形，龙口衔链，圈足外侧刻有隶书“二千石大徐氏”6字，弥足珍贵。另外4座墓较小，随葬品少，仅见铜饰牌、玉耳环、陶釜、陶壶、陶纺轮。① 1975年在小松山北坡清理一座东汉封土单室砖墓，出土陶制水田模型1件和五铢钱30多枚。水田模型为长方形，长32厘米，宽20厘米，一端为宽敞的陂池，另一端分为大小不等的12块水田，池与田间有沟相通。

在洛龙河南侧不远，石碑村东的大荒地，1974年发掘西片

---

① 云南省博物馆文物工作队：《呈贡小松山竖穴土坑墓的清理》，载《云南文物》1984年总第15期。

坡地约1200平方米，清理墓葬117座；1979年发掘东片台地140平方米，清理墓葬65座。均为小型长方形竖穴土坑墓，分布密集，排列成行，规格一律，无棺椁。随葬品少而简单，少则一两件，最多的也仅20多件。共出土器物739件。青铜器有戈、矛、剑、斧、镞、钺、臂甲和犁、爪镰、凿、扣饰等；铁器中纯铁器有环首铁刀、矛、爪镰、钎、锥、环，铜铁合制器有铜柄铁剑、铜銎铁矛、铜銎铁斧；陶器有罐、壶，纺轮较多；还有少量玉器、玛瑙扣。不但生产工具的比重大，而且生产工具使用过的痕迹明显。墓中还出土了大量五铢钱。石碑村墓地是滇池地区目前发现最具规模的平民墓地，金属货币和铁器的出现突出，代表着西汉末期滇文化的解体形态。① 距石碑村不远，在七步场村东北，1977年发掘东汉砖室墓1座。封土堆直径7.5米，高4米，墓道和墓室用砖石砌筑，壁面砖印几何纹、五铢钱纹。随葬品共65件，皆为“汉式器物”，包括铜耳杯、铜灯盏、铜鸡、铺首；陶器较多，有罐、碗、瓮、仓、俑和水田模型；还有一件摇钱树石座。陶水田模型呈盆状，口径51厘米，底径35厘米，高11.5厘米，内有陶桥、路、水田、鸭子、螺蛳、青蛙、龟、荷叶、莲蓬等。②

晋代的信息也很重要。在洛羊镇大冲村东的周罗锅山，1979年清理封土石室墓，墓顶覆以雕刻莲花盖石。云溪乡小羊甫村北约1.5公里处，1989年发掘一座覆斗形石室封土墓，封土堆周长8米，高4.2米，墓室平面呈正方形，墓底铺饰菱形

---

① 云南省博物馆文物工作队：《云南呈贡龙街石碑村古墓群发掘简报》，载《文物资料丛刊》第3集（1980年）。昆明市文物管理委员会：《昆明呈贡石碑村古墓群第二次清理简报》，载《考古》1984年第3期。胡绍锦：《石碑村滇墓》，载《史与志》2005年第4期。

② 云南省博物馆文物工作队：《云南呈贡七步场东汉墓》，载《考古》1982年第1期。

几何纹及钱纹砖，墓室左侧壁绘 3 个人像，皆为丫髻、宽袖、长裙、尖靴的典型东晋妇女形象。墓顶中央覆一块浮雕 16 瓣莲花的正方形封顶石，有高近 1 米的墓门一道。在金马乡云山村的祭天山，1984 年发掘一座覆斗形石室封土墓，夯筑的封土堆直径为 11 ~ 12. 6 米，高 2. 2 米，墓底平面呈凸字形，长 2. 9 米，宽 2. 8 米，高 2. 7 米。墓底平铺饰有“大泉十一”纹砖，四壁垒砌长方形青石块，墓顶中央覆盖 12 瓣莲花浮雕带彩绘盖顶石，墓道长 1. 2 米，宽 0. 8 米，高 1 米，墓门两道，门外有三重巨石封门，还有一条排水沟自墓室、墓道下穿出。墓中出土铁棺钉、铁镞、金片、银指约、银圈、铜泡及饰片玛瑙器、玻璃器、琥珀蛙形镇墓兽和陶片共 45 件。

大量考古发掘成果，展示了当地生动的历史画面，让我们对今呈贡、官渡两区的历史有了基本的认识。第一，文明源头早。滇池流域有迹可循的历史篇章当从 3 万年前的“昆明人”开始，同为旧石器时代的还有野猫洞遗址和大板桥遗址。这片地方是滇池文明的摇篮。第二，延续时间长。从旧石器时代的洞穴遗址到新石器时代的贝丘遗址（贝丘遗址另文讨论，此处从略），从滇文化墓葬到汉式墓葬，再到两晋的封土石室墓，遗址和古墓葬的系列完整。具体到单片墓地，使用的时间也往往延续数百年，跨几个朝代。第三，规模大，数量多，墓葬的层次和身份等级悬殊。羊甫头、天子庙、石碑村等皆墓地范围宽，墓穴数量多，并且多为平民墓葬。在这些墓群中也有高规格的大墓，如羊甫头的第 19 号墓、第 113 号墓，天子庙的第 41 号墓，显然墓主的财富和身份地位与一般平民不同。小松山墓地铜提梁壶上的“二千石大徐氏”字样，反映墓主可能是姓徐的太守。第四，环境条件优越，适于人居和发展生产。古遗址和古墓葬多分布在当时滇池临水的第一级缓丘或台地，宝象河沿岸，马料河、洛龙河、捞鱼河、梁王河下游，特别是古代河湖交汇的地方，这也是当时人口较多、聚落较密、开发较好的区域。第五，形象生动，形态典型。从龙潭山遗址出土的有关信息，我们可以获知昆明人穴居狩猎用火的生活图景。天子庙第41号木郭墓的随葬器物，尽显滇国青铜文化的辉煌。麻莪村尖角地青铜冶铸遗址，羊甫头、七步场、小松山、麻莪村偏坡地皆发现水田模型，揭示出滇池地区经济发展的先进水平，羊甫头墓葬集中反映的则是两汉滇池流域农业生产和农村生活的图景。这些虽不是出自史家的记录，却是可贵的信史。

聚落与墓葬的关系密不可分。墓葬大量的信息，可以反映各个历史时期聚落的状况，包括密度、规模、层级、性质，测知聚落的大体位置。汉晋时期，这一片聚落多，人口密集，生产先进，经济发达，聚落的发展比较稳定，而且已经形成较大的聚落或城镇。丰富的历史内涵向我们提出这片宝地的辖属问题。它位处滇国的中心区，但却只能算滇国都城的外郭。它靠益州郡治滇池县甚近，但却不属滇池县。《汉书·地理志》有谷昌县。《华阳国志·南中志》说："谷昌县，汉武帝将军郭昌讨夷平之，因名郭昌以威夷。孝章时改为谷昌也。"据《汉书·武帝本纪》，汉武帝两次平滇及昆明都以郭昌为主将。"元封二年（前109年）又遣将军郭昌、中郎将卫广发巴蜀兵平西南夷未服者，以为益州郡。""六年（前105年）益州昆明反，赦京师亡命令从军，遣拔胡将军郭昌将以击之。"以郭昌之名为县名是可能的。不过，改为谷昌的时间应比东汉孝章帝早，因为记前汉制度的《汉书·地理志》已作谷昌了。王先谦《汉书补注》认为"章盖宣之误"，可能系汉宣帝时改名。但《汉书·卫青霍去病列传》载："郭昌，云中人，以校尉从大将军。元封四年，以太中大夫为拔胡将军，屯朔方。还击昆明，无功，夺印。"所说可能就是元封六年这一次。《史记·大宛列传》说："其后遣使，昆明复为冠，竟莫能得通。"这次没有成功，汉王朝会用一个被夺印的将军的名字来做县名吗？值得怀疑。《蛮书》卷6说，拓东“城之东十余里有谷昌村，汉谷昌王故地也”。谷昌县故治应在今昆明市区东十余里，昆明坝子东缘。今阿拉乡的高桥村正当昆明东十余里，距羊甫头墓地甚近，距天子庙、小松山墓地及麻莪村冶铸遗址都不远，西北临宝象河，四周松柏苍翠，竹林茂密，村旁还有彩虹般的古桥安流桥，村因名高桥。高桥村正处宝象河谷口与滇池古湖岸线交会的地方，是古滇国及汉晋益州郡治对外控扼的咽喉，山水交会，战略地位重要。其东有大板桥古驿道，其南的义路村也是古驿道必经。据《官渡区地名志》，义路村地处平坝与丘陵交接处，又名小山头，彝语称“路路义”，因有至呈贡的驿道通过，俗称过路村，后雅化为义路。高桥村往东沿宝象河谷经大板桥出境，为通内地的传统交通线；往南沿古湖岸经大小羊甫头、义路村到呈贡、晋宁，也是古滇国及汉晋益州郡治对外交通的门户。据钱凤娟老师在当地撒梅人中调查，高桥村原名卡付鲁，意即“城堡似的村庄”，反映高桥村过去的地位。道光《昆明县志》卷15《古迹志》认为《蛮书》所载“王当为县字之误”。其实，“谷昌王”之说十分可贵。这里在滇国时期为谷昌部，其酋长称谷昌王；元封二年（前109年）汉武帝以其部置谷昌县，为益州郡治滇池县的外郭，地位重要。《宋书·州郡志》“晋宁郡”载：“谷昌长，汉旧县，属益州郡，《晋太康地志》属建宁。”《南齐书·州郡志》晋宁郡也有谷昌县。历三国、两晋直至南朝未废。唐代设昆州，其遗址所在的聚落仍称谷昌村。谷昌之名延续了1000多年，谷昌县也存在了600多年。

另一座与宝象河关系紧密的古城是官渡。官渡原是滇池中的螺蛳堆，海拔1891米。集镇改造前，村舍的土墙上多掺和着大量的螺壳，成为一道别样的风景。岛上原有螺峰山、云台山、许家山、庄家山、翠屏山等5座山，人们在法定寺所在的小山上曾发现磨光的石器，那里也是一座新石器时代的贝丘遗址。古人类在岛上长期以捕鱼为生，把捞起的螺蛳敲掉尾部便于吸食，经年累月，堆积了如山的螺壳，因此当地又称螺峰村。道光《昆明县志》卷15《古迹志》载官渡穿心塔："其处有山，周一里许，皆螺壳积成。居民平地掘井，深二丈余，亦皆螺壳，无积土。"《官渡区地名志》载："螺壳层广约1万平方米，厚约3~8米，经考古鉴定为新石器时代文化遗址之一，曾发掘到新石器及陶片若干件。"

官渡也是文物荟萃的古镇，保存至今的有土主庙、法定寺、观音寺，元代的妙湛寺东塔，明代的金刚塔，清代的文明阁、关圣殿、赐书堂等，有"六寺、七阁、八庙"之称。《中国文物地图集·云南分册》谓，官渡土主庙"相传始建于南诏时期"，法定寺"志载寺始建于大理国时期"，是可信的。征诸史籍，可互相印证。《寰宇通志》卷111《云南府古迹》载："官渡废县古碑，在官渡废县市中，相传蒙氏摩诃嵯与三十七部会盟时所立。"其后不久编的《明一统志》卷87《云南府古迹》亦载："废官渡县，在府城东南三十里，元置县，寻省入昆明。市中有古碑，相传蒙摩诃嵯与三十七部会盟时立。"以后正德《云南志》等皆有相同记录。"摩诃嵯"又作"摩诃罗嵯"。冯承钧《元代白话碑绪言》说："梵名古翻中有摩诃罗嵯（Maharaja），此云大王，印度及南海诸王之尊号也。汉文译音皆无定字，两年来检寻史籍，得其异译三十有三。"张道宗《记古滇说集》载，"大理摩诃罗嵯段兴智建元天定"，"摩诃罗嵯"指大理国王。此官渡古碑的"蒙氏摩诃嵯"明白指南诏王。早年《新纂云南通志》认为："即在段兴智以前，亦未必甚远，谓为蒙氏时者，相传失实耳。"其实，作为梵语大王的尊号，南诏、大理皆有行用。大理洱海金梭岛，有南诏的避暑宫舍利水城；作为东都的滇池中的官渡岛，南诏王在此与东方三十七部酋长会盟，也兼有避暑与处理政事的作用。

对官渡历史最有价值的资料当推《创建妙湛寺碑记》。该寺于至元二十七年（1290 年）兴工，元贞元年（1295 年）建成，泰定三年（1326 年）迁址重建，第二年落成。碑文写于元统三年（1335 年）正月二十三日，从创建到立碑，所概括的时段近半个世纪，涵盖的内容丰富具体，透露了很多大理和元代的信息。碑的全文见于《新纂云南通志》卷 94《金石考》。据碑文载："滇城之巽隅二十里，有郭曰蜗洞。"古时官渡俗称蜗洞，区别了海螺和田螺，生动准确。《本草纲目》说："蜗螺一名螺蛳，处处湖溪有之，大如指头而壳厚于田螺。"笔者采集有官渡的蜗螺，大而白，确有别于小小的田螺。碑文记载了官渡的环境和历史：

> 西北瞰碧鸡、金马，烟波秀瀧，云水杳霭。东南瞩琅藏宝江，环注诸滇，林壑岈洼，田畴丰穰。宅民尤笃于浮图氏，乐乎渔樵艺植，茂林修竹之趣。乡士大夫游赏，缆船于渡头，吟啸自若，陶陶而忘反，命之曰官渡，故有《停舟之赋》，乃古拓东演习高侯之苗裔生世攸乂之所也。

这是一处风景优美、俨若隔世的小岛，达官贵人乘船来此游赏，乐而忘返，因此雅称"官渡"，是大理国高氏子孙长期统治的地方。方国瑜先生释该碑说："按高生世为大理段氏分封于善阐府高升祥之曾孙，继任演习之职，生当南宋前期。"据《高氏源流总派图》，高升祥袭善阐侯，子祥明，祥明长子明生，则生世为明生子，守官渡。据《元史·地理志》，宪宗五年（1255 年）"分善阐为万户府四"，其中有嵩明万户、阳城堡万户、巨桥万户，另一万户缺载。据景泰《云南图经志书》卷 8 所收支渭兴《悯忠寺记》，该寺住持"庆堂讳慧喜，乃官渡万夫长赵天祥之伯仲昆弟，年弱冠，薙染于本空和尚"。则蒙元之际另一万户的驻地在官渡。元代官渡发生了两大变化，一是第一次设县，一是与宝象河结合。《元史·地理志》载昆明县说：“倚郭，唐置。元宪宗四年（1254 年）分其地立二千户。至元十二年（1275 年），改善州，领县。二十一年（1284 年）州革，县如故。其地有昆明池，五百余里，夏潦必冒城郭。张立道为大理等处劝农使，求泉源所出，洩其水，得地万余顷，皆为良田云。”设县的情况，《寰宇通志》卷 111《云南府建置沿革》有载：“元置昆明、官渡二县，寻并官渡入昆明。”万历《云南通志》卷 2《云南府沿革》载：昆明县“元初置二千户所，改置善州，领昆明、官渡二县，后州废县存，寻又并官渡入焉”。官渡置县无疑。《嘉庆重修一统志》卷 476《云南府古迹》载：“官渡废县，在昆明县东南，元置，寻省入昆明县。《府志》：今府南二十里有官渡里。”妙湛寺的修建历时 30 余年，该寺原建在“郭外江北浒”的临水沼泽，地基松软，“阅三纪有余载，将湮汩于氾滥，拟移建城中艮陬塽垲之地”，泰定三年（1326 年）迁入城内高爽向阳的地方重建，元代的官渡县已经有了土城。据碑文所载，妙湛寺“开山第一代住持方山正禅师”，原“受业于法定寺住持觉海圆师”，证明法定寺在创建妙湛寺前早已存在。元初经过赛典赤、张立道的治理，滇池水位下降。元代的宝江已向前接近官渡，“环注诸滇”，环岛东南注入滇池。当时的官渡，正如《创建妙湛寺碑记》描述，西北仍烟波万顷，云水杳霭，是浩渺的滇池；东南已成陆，“林壑岈洼，田畴丰穰”，遍布滩涂和田园。当地群众传说，观音寺后墙一带是古代滇池渡口的所在。《重修螺峰山观音寺碑记》也说：“官渡滨海，螺鬟拥而为山。在昔昆池有祟，观音大士命黑奴收服之，因而建寺于上，迄今远矣。”“然兹寺建于宋初，毁于元末，修于明兴。正、嘉之中叶，不废涂茨；天、崇之衰季，亦增丹垩。”过去滇池风浪甚大，人们建观音寺于码头边，求观音“慈航普度”，祈福航行安全。今观音寺位于古官渡街西缘，其方位和地势与记载吻合。

谷昌城和官渡城都依宝象河而生，宝象河是昆明的另一条母亲河。宝象河发源于今官渡区东南部老爷山西麓阿底村附近，有小寨河和小河边二源，汇合后称热水河，于热水河村转西北，流为宝象河水库，进入河谷到大板桥，再转西南流，经干海子、小石坝、小板桥、官渡古镇，在宝丰村以南入滇池，全长约48公里，径流面积344.3平方公里。该河原名宝江，民间传说沿途多石坎迭水，形成很多珠子似的水泡，如河中藏宝，因名。《创建妙湛寺碑记》说，“琅藏宝江，环注诸滇”，琅即琅玕，为珠玉，正合此意。明代地志皆作宝象河，可能是宝江的演化，但含义变了，其所据是上游河边阿地村宝象庵内一尊酷似观音菩萨的天然钟乳石。对宝象河及其名称，钱凤娟老师做过调查，可资参考。[①]

谷昌城和官渡城的辉煌，也改变、塑造着宝象河。《官渡区地名志》载：“干海子，地片，位于昆明东郊，阿拉办事处辖境西部，阿拉村西侧。系古代山间小湖泊，后干涸得名。明、清至今为兵营。”中游的一个小湖已经消失。秦汉时期，滇池湖岸线直抵东郊山麓，接宝象河口，高桥村处河口南侧。由于人为和自然因素，宝象河夹带的泥沙在河口沉积、扩展，河床也缓慢地向前延伸，元朝初年与水中原来的小岛官渡衔接。经过1000多年，湖岸线往前推进了约4公里。明成化元年（1465年）的《妙湛寺增建佛殿记》载：“滇池之东约三百余步有刹曰妙湛。”此时的官渡古镇已在滇池湖岸以东300余步。元代以来的700年，宝象河以更快的速度从官渡古镇延伸到宝丰村南的严家村以外，又往前延长了7公里多，并在两岸形成广袤的农田。经过长期开发，宝象河的水利设施全面配套，蓄引提灌

---

① 钱凤娟：《识记撷梅》，云南大学出版社2013年版。

皆备。上游，搬迁大普连、小普连两村，1958 年建成宝象河水库，库容 2070 万立方米。中游，在大板桥附近两边开红泥沟、白泥沟，又在小石坝、大石坝附近开东、西鸳鸯沟，这一带形成了撒梅人经营的壮观的“楼梯田”。下游，在宝象河两岸的大片平原沃野，分出六甲河、五甲河、宝象分洪河等，适时灌溉排涝。干流及支流下段均建有抽水站，旱季抽滇池水回流灌溉小板桥以下农田。宝象河的负荷越来越重，今日宝象河如涓涓细流，流淌在昆明原野，河床仅似大沟。

今官渡、呈贡交界的马料河下游一片，处滇池边低矮的缓丘直抵湖涘，山水错落，适于人居，居民累有更替，山河形势变化错综复杂，各时代的遗迹交错分布。在官渡区子君村北，1958 年曾发现青铜时代墓葬，面积约 6700 平方米，先后出土无字格剑、吊人矛、贮贝器等铜器约 200 件，1983 年又采集到椭圆形銎铜斧。在塔密苴村的路旁，1956 年发现《汉延光碑》，有“延光四年造邑昆尔封诏轩墓，葬荐胙与相，壬子江阜，吉牛五头□西少牢”等语，字虽漫漶，仍多可辨识。时在东汉延光四年，即公元 125 年，“昆尔”疑即“昆弥”，“造邑”即建造邑聚，“江阜”即滇池边的高地，其他，王海涛有解释，可参考。[①] 在该村双堆地还发现大量东汉砖石墓，发掘其中两座，有大量菱形砖，五铢钱一枚，储粮罐一个。在呈贡区境，彩龙村贝丘遗址与今湖岸同。马料河南岸还有小松山汉墓，北岸有麻莪村遗址、偏坡地东汉墓。汉代的湖岸线大概沿羊甫头、广卫村、子君村、小塔密苴、大塔密苴、麻莪村、小古城一线。南诏、大理时期为彝族先民居住。子君村即“自杞”，居住彝族的一支，原名大耳村，海拔 1891 米。塔密苴为彝语，意即有稻田的黑彝村。矣六村即矣苴堡六甲，“矣苴”为彝语，意即

---

① 王海涛：《昆明文物古迹》，云南人民出版社 1989 年版。

水村，海拔 1888. 5 米。五腊村即彝语“乌拉卡”，彝族人名，照西村即彝语“西机卡”，为彝族女性人名，皆海拔 1891 米。则此时五腊、照西、矣六皆已成陆。宏仁、金牌、白塔三村海拔皆 1890 米，还建过白塔和龙王庙，大概元代成陆。明代这一片也是军屯的集中地。左卫营（后讹为自卫村）海拔 1891 米，广卫村海拔 1895 米。傅家营、大罗家营、小罗家营皆 1888 米，“处滇池之滨”。其后出现的聚落如渔溪村（今作渔村），村边即鱼塘，村民以渔业为主，海拔 1887 米。回龙村，捕鱼业居原官渡区首位，海拔 1888 米。关锁村，四面都有小桥，海拔 1888 米。云龙村，初建寺时，从滇池边得漂木做梁，得名木落村，海拔 1888 米。高庙村有著名的兴国寺，笔者曾参观过，清代建筑风格突出，海拔 1887 米。王官村据说因清代王姓官吏住此得名，海拔 1888 米。这些应该都是清代成陆并出现的聚落，多临小溪，从事渔业，水乡景色突出。

呈贡处滇池东岸的低丘，有大片森林和水域，既适于狩猎，也适于捕鱼。原上多龙潭，众多小河弯环曲折，便于灌溉，进入农业社会，平整的土地和丰富的水源更有利于农业发展。东汉墓中多次出现的水田模型，为其他县所少见，证明当时的农业技术处于先进水平。自汉代以来，这里是滇池周围人口密集、垦殖指数最高的地区。《元史 · 地理志》载：“呈贡，西临滇泽之滨，在路之南、州之北，其间相去六十里，有故城曰呈贡，世为些莫强宗部蛮所居。元宪宗六年，立呈贡千户。至元十二年，割诏营、切龙、呈贡、雌甸、塔罗、和罗忽六城及乌纳山立呈贡县。”雌甸即今七甸，彝语意为羊多的坝子；乌纳山又作屼峋山，皆在今县东北境。万历《云南通志 · 云南府山川》载：“乌纳山，在旧杨林县西南十里，有石若马头，土人以乌纳名之。山周百余里，西距呈贡，东接宜良，水草宜牧。”可乐村原名他拉误，彝语意为树木多的大村庄，“他拉误”的急读即塔罗。切龙疑即今彩龙。呈贡又作晟贡，彝语意为盛产水稻的海湾。大理时期呈贡湾的岸线大体沿今彩龙、斗南以南，大梅子村、古城、石碑村稍西，可乐村以北。所谓“故城”，至少反映宋大理时的情况，开发已遍及海边及原上不同资源优势的地方。

明代，原上遍布称营的地名，军屯推动了又一轮开发的热潮，扩大了开发的范围，加大了开发的力度。呈贡今存的军屯地名有 20 多个，包括左卫、中卫、广南卫、大营、小营，左卫、中卫、广南卫等皆在此设有屯田，有的重名，以大小区分，如大王家营、小王家营。张溪营原为张旗营，又分大张溪营、小张溪营。郎家营以外，则有郎家营小村。今观音寺原名仁厚营。回回营为回族聚居的军屯点。马金铺原作马军铺，今马郎原名盛马营，为牧管军马的村子，又分马郎大村、马郎小村，都是屯驻骑兵的地方。还有上庄、中庄、下庄，为滇池区域难得一见的沐氏勋庄，在下庄逢牛、羊两天赶街，曾名兴隆街。然而，大渔乡境老埂以下的低地却不见军屯地名存在。其实，明代大规模进行军屯阶段，这片地方还未成陆。考有关地名，新村、杜家村（原名独家村）、大河边、王家庄、李家边（以上海拔 1888 ~ 1890 米），据说是滇池水退后从大理等地迁来，清代中期形成聚落。大渔村，原处滇池岸边，名打鱼村，海拔 1899 米。小海晏，曾名小马房，海拔 1898 米，处滇池边的老埂上，古时当通往滇南的要道，马帮常在此歇宿，有小晏泉“渔浦寒泉”名胜。大海晏，海拔 1888 米，村舍傍水，以捕鱼为主，为石板路，有石龙寺。大渔湾为滇池东岸不大的湖湾，湖岸线北起乌龙浦，沿山及老埂经今太平关、大渔村、小海晏而至大海晏。笔者多次来这一带考察，站在老埂上眺望，感慨万千。长期开发带来的泥沙，使官渡、呈贡间濒临滇池的古代水乡景色消失，呈贡湾、大渔湾也因此成陆。由于过度开发，至今呈贡境内的马料河、洛龙河、捞鱼河、梁王河等多变成季节河，广袤的农田主要靠抽水站提滇池水灌溉。作为意愿地名，过去人们祈求河水清些、泥沙少些、风浪小些，追求“河清海晏”多么重要啊！

归化县历史钩沉

滇池东岸，元代曾设过归化县，明代因之。《元史·地理志》载："归化，下，在（晋宁）州东北，呈贡县南，西滨滇泽。地名大吴龙，昔吴氏所居，后为些莫徒蛮所有，世隶善阐。宪宗六年，分隶呈贡千户。至元十二年，割大吴龙、安江、安淜立归化县。"《明一统志》卷 86 载："归化县，在（晋宁）州北二十里安江城。昔有吴氏居之，因名大吴笼。后为些莫徒蛮永偈所据。元初隶呈贡千户所，至元中分置归化县。本朝因之，编户二里。"这一片于蒙古宪宗六年（1256 年）隶呈贡千户，至元十二年（1275 年）置归化县，北近呈贡，南近晋宁，西滨滇池，东倚梁王山。

元、明归化县城在今呈贡县南部的化城。"化城"即归化县城的简称。村中至今还有古建筑魁星阁。那一片位置适中，开发也早，应即古代的大吴笼。《元混一方舆胜览》载："归化县，蛮名大吴笼。""笼"又作"龙"，彝语城的意思，大理时大吴龙聚落的位置在今化城以南 200 米的化古城。归化县城的位置，天启《滇志》载，云南府"南四十里为呈贡"，"六十里为归化"，"九十里其州为晋宁州"。《肇域志》亦载，归化县在"府南六十里，州北三十里"。则归化县城在云南府城南六十里，呈贡县城南二十里，晋宁州北三十里。万历《云南通志》载，"归化县，在州东北二十五里许"，更加准确具体。

归化县建城的情况，万历《云南通志》卷 5 有记载：

归化县，筑土为墙，周围仅一里，知县张斯昺、杨廷楠建。嘉靖庚申，知县夏可渔重修。郡人杨德全《记略》：设险守国著于《易》，实墉实崇咏于《诗》，甚矣，城池之足捍外卫内也。归化肇自至元，本朝因之。县有土城，城有敌楼，其来旧矣，但历年久，倾圮殆尽。嘉靖丙辰春，公自弋阳擢宰兹邑，方入境，见其寥廓无垣屏，因询之民，白以故。公曰：此吾有官者责矣。越五年庚申，请之当道，允之。乃自措置，不烦公帑，列等起夫，计户筑堵，迄辛酉冬而厥功告成。城下砌石，上覆瓦，约四百余堵，四面竖以敌楼，下设重门，俨然改观矣。向之寥廓者，今其不完固耶！

归化县早已有土城，并经多次重修，嘉靖三十九年（1560年）的一次被记录下来。这次修建，国家没有拨款，而是按户等派夫，各户分担一段。城下砌石，其上板筑土垣，顶上覆瓦，几与房屋和院场周围的障壁无异。城甚小，仅400余堵，但仍每方一门，共设4门，上有敌楼，下设重门，便于堵绝守卫。观其形，可称得上是一座袖珍小城；究其实，甚至不被列为城。所以万历《云南通志》说它“筑土为墙”，《肇域志》更说，归化县“无城。筑土为墙，周围仅一里”。此次兴工历时近两年，县官夏可渔以筑城设险为自己的责任；当地老百姓各家投工投劳，终于众志成城。

据诸书所载，归化县包有的另一部分称为安江。安江在今晋宁县北隅，名称沿用未变。明代的安江，处淤泥河口，为滇池东岸重要航运码头，从昆明到晋宁的客船在此登陆。《徐霞客游记·滇游日记四》记载：

于是挂帆向东南行，二十里至安江村，梳栉于饭肆。仍南四里，过一小桥，即西村四通桥分注之水，为归化、晋宁分界处。又南四里，入晋宁州北门。

这段记载不但明确了安江属于归化县，而且记录了当时以安江南四里淤泥河上的小桥为界。大理及其以前的安江城则在其东不远的古城，那里有新石器时代的贝丘遗址。但应说明的是，《寰宇通志》、《明一统志》等谓归化县“在晋宁州北二十里安江城”的说法有误，这是把安江和大吴龙两部分混淆了。其实，安江距晋宁州城不足十里。《读史方舆纪要》沿袭这一错误，也说归化县“本名安江城，有吴氏居此，因号大吴笼”。

归化县还有另外一部分滨海区称为安淜。虽不见有关安淜的记载，但淜字透露了这一带的民族情况和与水的关系。《明一统志》卷87《姚安军民府》“七淜”条载：“土人称陂堰为淜，凡七，皆前代所筑，潴水以灌田，民甚赖之。”“淜”是古代少数民族地区水利工程的专称，应在捞鱼河、梁王河下游，今大渔、大河、太平关、月角一带。景泰《云南图经志书》卷1记归化县公廨又有：“所属河泊所，去县西十里。”正德《云南志》所载与此条同，但“西”误为“四”，不从。河泊所为征收渔税的地方，归化县的河泊所在县西十里，今大海晏附近。安淜一片约当今呈贡县大渔乡，是归化县的鱼米之乡。

归化县土地平敞，位置适中，明代对归化县的开发十分突出，且主要集中在化城坝子。据正德《云南志》，在归化县地方设的军屯点有4处：县东的中所屯，属左卫；县西的左所屯，属中卫；马军铺屯在县西，属广南卫；县南的塘头屯，属中卫。左卫、中卫、左所、大营、小营等军屯点的地名行用到今天。塘头屯应在今林塘。还有赐给沐氏的勋庄称上庄，又名庄子。铺舍中归化县总铺设在县前。今马金铺原作马军铺，处昆明—澂江与昆明—晋宁的大道交会处，屯军和专供马军的铺舍都集中在这里。还有黄土坡哨，“在归化县西十里，□□□之巅，弘治四年建”，由云南中卫官军驻守。此黄土坡哨与呈贡县东北部的黄土坡哨名称相同，但方位各异。正德《云南志》此后原注缺笔，仅作“羊”、“尼”，查《呈贡县地名志》，应即“㹁泥山”，为呈贡东北部黄土坡哨所据，此处“㹁泥山之巅”五字系错简。据景泰《云南图经志书》，归化县城郊有风云雷雨山川坛、社稷坛、厉坛并城隍庙。据万历《云南通志》，在归化城内及塘头有屯仓。归化县社学，在县治右，嘉靖十四年(1535年)，知县丘温重建养正堂3间。“归化县儒士”朱瑀为成化辛卯（1471年）科举人。《读史方舆纪要》卷114《归化县》又载：“交七浦，县东北二十里，广二百余亩，志云滇池之下流也。”“金鲤潭，在治南六里之白马勒村。旧为平原，恒苦亢旱，隆庆六年七月，田中忽水涌成深潭，有金鲤游泳其中，遂为一方灌溉之利。”所载皆水利设施。化城坝子地势较高，用水困难，“旧为平原，恒苦亢旱”，这种状况至今未变。因此，筑坝、打井成为历代水利的重点。交七浦最早见于《寰宇通志》卷111，明初已经存在。金鲤潭所在的白马勒村，今作白马路村，白马勒仍是彝语地名，白马路却被当成汉语解释了。景泰《云南图经志书》卷1载：“遍照寺，在归化县南白邑村。”此白邑村疑即今化城南4公里的白云村。传说清初该村曾带头捐资在梁王山腰兴建白云寺，因以寺名白云为村名。《读史方舆纪要》卷114《归化县》载：“罗藏山，在县东十里。山高耸，将雨则有白云卷舒其间。”梁王山确与白云有联系，但白邑村名应比此更早。景泰《云南图经志书》又载：“晋宁州领二县：呈贡，旧曰伽宗部，又曰白永；归化，蛮名大渠笼。今皆因元所更之名。”查该书诸种版本皆如此，但不能无讹。“大渠笼”为“大吴笼”之讹，“白永”亦与呈贡无涉。“白永”疑为错简，此段应正为：“晋宁州领二县：呈贡，旧曰伽宗部；归化，蛮云大吴笼，又曰白永。今皆因元所更之名。”“白永”、“白云”皆“白邑”的同音异写。白邑村也是大理时期的少数民族聚落名，在今白云村。

归化在元明时期只算小县，人口仅编户一里或二里，郡县分等为下县。归化县的范围，大体包有今呈贡县马金铺和大渔两乡全部，还有今晋宁县北部的安江、古城、大围、富有、广济、白沙等一片。该县存在了近 400 年，清康熙七年（1668 年）将其所属全部并入呈贡县。20 世纪中叶，原归化县的范围发生了变化。1956 年，将呈贡县第三区的化城、马金铺、海晏、中卫、白云、大营、横冲、安江、富有等 9 乡划归晋宁。1962 年基本恢复呈贡原来的范围，但安江、富有两乡仍归晋宁县辖。

岁月又流逝了 3 个多世纪，但元明时期归化县经济开发和文化积累的脉动，至今还能体察。宋元时期从大理传入的特产宝珠梨，主产区集中在马金铺乡一带。呈贡县第二大农贸集市在化城，与龙街齐名。呈贡县第二所中学也距马金铺不远。化城、海晏、安江等地仍荟萃众多文物，保留着浓郁的古镇风貌。当地人称“一阁七庙古归化”，在化城，穿心阁仍耸峙于街心的十字通道，周边还有文庙、武庙（1954 年洪灾时毁）、城隍庙、土主庙、天王庙、大佛寺、水云寺等，多是古代一个县所必备的，还有古色古香的民居、商铺、青石古街、古井等。400 年的基础，300 年的递进，这些亮点的形成不是偶然的。

晋宁湾与汉晋时期的益州郡治和宁州治

滇池东南岸为明清以来的晋宁州、晋宁县，即原晋宁县1958年与昆阳县合并前的范围，亦即今晋宁区的晋城镇和新街、上蒜、六街、化乐等乡。

益州郡的设置，是云南历史上划时代的大事。中国自秦汉建立了中央集权的统一多民族国家，在全国设置了郡—县两级的地方行政机构，由中央直接管郡，郡下辖县。汉武帝在秦始皇经营西南夷的基础上，组织各方力量，重开西南夷，获得显著成效。元封二年（前109年）设益州郡，辖24县。该郡东边包有今曲靖，北达金沙江，南达李仙江，西至怒江，辖境宽广，约当今云南省的大部。这是云南设置郡县之始。两汉一级政区益州郡的治所在滇池县，时间长达323年。《水经·江水注》引《地理风俗记》解释："州之疆壤益广，故称益云。"《晋书·地理志》"益州"又说："《春秋元命苞》云，'参伐流为益州，益之为言阨也'，言其所在之地险阨也。亦曰疆壤益大，故以名焉。"益州郡的设置早于益州刺史部3年，对地名含义的解释系先因郡而得。益州郡地在梁州旧境之外，故取增益之义。后来成立的益州刺史部，亦袭用益州郡的含义，名为益州。汉代另设有十三刺史部，派刺史分部巡察郡国吏治，没有固定的治所，岁末还京师奏事，那是监察机构，不算一级行政区。

两晋在郡上设州，地方行政制度实行州—郡—县三级制。晋武帝时，全国设19州，直接由中央领导，宁州即为其中之一。泰始七年（271 年）所设的宁州，辖建宁、兴古、云南、永昌 4 个郡共 49 县，其辖境与今日云南省的范围相近。太康五年（284 年）改置为南夷校尉。太安二年（303 年）复置宁州，并增统牂柯、越嶲、朱提 3 个郡。后来从建宁郡中分出益州郡，以后又改益州郡为晋宁郡，咸康八年（342 年）“以越嶲还属益州”。东晋末年，宁州共领 16 郡，辖 82 县，范围比今云南省大，还包有今贵州大部及境外部分地区。两晋时期宁州的辖境虽有伸缩，所辖郡县也有析分变化，但作为一级政区的宁州的治所仍在滇池县，时间近 150 年，详笔者主编《云南通史》第二卷第八章《两晋和成汉对云南的统治》。

两汉和两晋的滇池地区，不但是我国西南边疆的行政中心所在，也是当时云南经济最发达的首善之区和经济都会。地域辽阔，土肥水饱，物产富饶，开发条件优越。农业、渔业、畜牧业、多种矿业皆具规模，各种财富汇聚于此。内地来的官吏和大量移民五方杂处，经济繁荣，生活奢豪。《汉书 · 地理志》载：“益州郡，武帝元封二年开。莽曰就新。属益州。户八万一千九百四十六，口五十八万四百六十三。县二十四。”对其首县又载：“滇池（县），大泽在西，滇池泽在西北。有黑水祠”。《续汉书 · 郡国志》载：滇池县“出铁。有池泽。北有黑水祠。”《后汉书 · 西南夷列传》载：“有池，周回二百余里，水源深广，而末更浅狭，有似倒流，故谓之滇池。河土平敞，多出鹦鹉、孔雀，有盐池田渔之饶，金银畜产之富。人俗豪忲，居官者皆富及累世。”《华阳国志 · 南中志》载：“晋宁郡，本益州也。”“治滇池上，号曰益州。”“司马相如、韩说初开，得牛马羊属三十万。汉乃募徙死罪及奸豪实之。郡土大平敞，有原田，多长松，皋有鹦鹉、孔雀，盐池田渔之饶，金银畜产之富。俗奢豪，难抚御，惟文齐、王阜、景毅、李颙及南郡董和为之防检，后遂为善。”

作为州、郡附郭的滇池县，历两汉、三国、两晋到南朝，皆有记录。曾仕梁为中郎的邱迟的《与陈伯之书》夸赞梁的盛事说，“夜郎、滇池，解辫请职”。至隋置昆州前，滇池县存在了近700年。滇池县的位置，后世也有记载。《后汉书·光武纪》建武十九年七月李贤注：“益州郡故城，在今昆州晋宁县。”《蛮书》卷6载：“晋宁州，汉滇池故地也，在拓东城南八十里晋平川，幅员数百里。”万历《云南通志》也说：“晋宁州，汉滇池县地。晋隆安初置晋宁州。滇池县本益州郡治，后益州改为建宁，移治味县，复自建宁分立益州郡，治滇池县，益州又改称晋宁。”《读史方舆纪要》卷114载：晋宁州“汉益州郡滇池县地”。滇池县处滇池东岸，县名亦因湖得名。从唐代到近代，都说古滇池县在晋宁州境，即1958年晋宁与昆阳两县合并前的晋宁县，其地望向无疑义。

明清晋宁州境的古城，方志多有记载。景泰《云南图经志书》载：“古土城，距州治一里。其城周围十里，隋时刺史梁毗所建，形如飞鱼出海，有七门十二衢。元时官府、城市俱存。今城颇废，内惟阳城堡在焉。”“州治，在阳城堡内。”“州学，旧在州治之北阳城堡，洪武十六年开设。”“法轮寺，在阳城堡，宋时建。”这不仅是至今能看到的最早的记载，明初沿用阳城堡旧城，多未更张，所记情况至为难得。《寰宇通志》卷111载：“古土城，在晋宁州西北，隋刺史梁毗筑，有九门十二衢。元有城市，今城圮坏，内惟存阳城堡。”万历《云南通志》载：“晋宁州城，外城周围七里，隋刺史梁毗筑。内城名阳城堡，蒙氏筑，岁久颓圮。成化二十三年，知州熊弘建土城为四门，然亦颓败，盗每乘入，民患之。弘治己未，知州喻敬复即旧城筑土墙，墙下密植棘茨，立八门：东曰向阳，东之左曰熙春，右曰迎晖，西曰广义，西之左曰永丰，右曰阅稼，南曰南薰，北曰拱辰。又于城内衢巷建楼树门，严其扃钥。”《肇域志》“晋宁州”载：“古土城，在州西北。隋刺史梁毗筑，有九门十二衢。今所存惟阳城堡。废晋宁县址，建自唐武德间，后蒙氏废为阳城堡。今尚有居民焉。”《读史方舆纪要》卷114载：“晋宁废县，《志》云，州有内城，蒙氏所筑，即阳城堡也。有外城，周七里，九门十二衢，隋刺史梁毗所筑，在今州城西北，俗呼为古土城。明朝成化、弘治中，皆因故址筑土墙，万历四年始筑砖城，周三里。”综合以上记录可以获知，隋唐至今的晋城位置未变，但范围逐步缩小。隋唐时期，晋宁城甚大，分内城和外城，外城为隋代所建，周十里，有九门十二衢，后讹为“七里”，或为“七门”，因形近而误。内城称阳城堡，为南诏时所筑，大理时曾在阳城堡内建法轮寺，元初置阳城堡万户。明初外城已废，即袭用内城阳城堡的城垣及设备，设立州的行政机构。后来，阳城堡亦“岁久颓圮”，成化、弘治年间“皆因故址”多次重建土城，弘治十二年（1499）仍有八门。万历四年（1576年）始筑砖城，但范围收缩。据《徐霞客游记·滇游日记四》，“晋宁四门，昔皆倾圮。唐玄鹤莅任，即修城建楼，极其壮丽”。万历、崇祯年间，晋宁州城仅三里，四门。明代砖城的基础和规模，大体沿袭到近代。今晋城镇北门街、东方庙街、南正街、下西街就是通向四道城门的大街。明清的晋宁州城仅是一座精巧的小城，还不及隋唐时期外城的三分之一，只保留了内城阳城堡的核心部分，阳城堡时期的南北两端皆被弃置在城外，因而有关信息得以流传下来。西城外今百花村西原有小山，处唐城西城遗址，据传建城时工匠驻宿山上，因名鲁班山，明清时百花满山，才称百花山。西北郊的塘子口，因有水塘得名，村中的娘娘庙内有晋代女英雄李秀的甲胄像及有关碑记。观音寺村中还有元代阳城堡万户府的遗址。

古晋城的位置得天独厚，东倚高峻的盘龙寺后山，西临宽阔的滇池，地势险要。水中散列着石寨山、梁王山、左卫山、海宝山、龙潭山、金砂山、天女城山、河泊所等众多岛屿，近处沼泽错落，丘陵起伏，森林茂密，宜农、宜牧、宜渔，自然禀赋优越。处柴河与滇池的汇合口，其东有盘龙寺后山箐水供给，地势从东往西略有倾斜，便于城市用水引流和排涝。古晋城融合了山海之胜，建成了周达十里、形制独特的大城。“形如飞鱼出海，有九门十二衢”，城中的大街达 12 条，其规模和气势，足可称南中第一城。

但是，隋代建城之说不准确。隋代曾派黄荣领始、益二州石匠开石门路，开皇四年（584 年）派韦冲（又作韦世冲）、王长述“开置南中”，设南宁州总管府，并置恭州、协州、昆州。隋的南宁州总管府设在今曲靖，与昆明无涉。后有刘哙之、杨武通讨西爨。由于昆州刺史爨翫反，开皇十七年（597 年）隋派史万岁南征，“行千余里，破其三十余部”，但史万岁受赂纵贼，第二年爨翫复反，“更劳师旅，方始平定”。隋在南中多次用兵，未见建城的记载。梁毗是一位著名的清官，《隋书·梁毗传》载：

> 出为西宁州刺史，改封邯郸县侯。在州十一年。先是蛮夷酋长皆服金冠，以金多者为豪隽，由此递相陵夺，每寻干戈，边境略无宁岁，毗患之。后因诸酋长相率以金遗毗，于是置金坐侧，对之恸哭而谓之曰：“此物饥不可食，寒不可衣，汝等以此相灭，不可胜数，今将此来，欲杀我邪?”一无所纳，悉以还之。于是蛮夷感悟，遂不相攻击。高祖闻而善之，征为散骑常侍大理卿。

西宁州在今四川凉山彝族自治州，隋设西宁州的时间是开皇六年（586 年）至开皇十八年（598 年），梁毗任西宁州刺史共 11 年，几乎与此相始终，不可能远到昆州建城。但明清人对汉晋时期的情况已不甚了了，混淆了南宁州和西宁州，把建城的大好事附会为他们所尊崇的清官梁毗所为，隋城之说不可信。

其实，此城应该就是汉晋时期的滇池县城，长期成为两汉的益州郡治和两晋的宁州治，是云南省在汉晋时期的最高行政中心。只有这座周十里、九门十二衢的大城，才能承载“有盐池田渔之饶，金银畜产之富，人俗豪忲，居官者皆富及累世”的熙来攘往的人流和丰富的社会财富，该城是当时南中最富有、最光鲜、最壮丽的大城。

在今晋城附近还有另一座古城称天女城。《寰宇通志》卷111载：“天女城，在晋宁州西。昔南蛮校尉李毅镇南中，毅殁，其女秀绰有父风，众推领镇时筑此城，因名。”征诸史籍，多有记载。《华阳国志·南中志》载：

光熙元年春三月，毅薨，子钊任洛，还赴到牂柯，路塞，停住交州。文武以毅女秀明达有父才，遂奉领州事。秀初适汉嘉太守广汉王载，载将家避地在南，故共推之。又以载领南夷、龙骧参军。秀奖励战讨。食粮已尽，人但樵草炙鼠为命。秀伺夷怠缓，辄出军掩破。首尾三年。

李秀守城前后，宁州的形势十分险恶。“宁州频岁饥疫，死者以十万计。”连年饥荒，疫疠流行，群众大量死亡，或成为流民逃荒到交州、永昌等地。地方分裂势力趁机起事，聚众攻没郡县。太安元年（302年），建宁大姓李叡、毛诜逐太守许俊（一作杜俊），朱提大姓李猛逐太守雍约，众各数万。后来都被李毅“讨破”，杀了毛诜和李猛。李叡投奔“宁州附塞部落”的五苓夷帅于陵丞。《华阳国志·南中志》系此事于太安二年（303年）载：

于陵丞诣毅，请恕叡罪。毅许之。叡至，群下以为诜、叡破乱州土，必杀之。毅不得已，许诺。及叡死，于陵丞及诜、猛遑耶怒，扇动谋反，奉建宁太守巴西马恢为刺史，烧郡伪发。毅方疾作，力出军。初以救恢，及闻其情，乃杀恢。夷愈强盛，破坏郡县，没吏民。会毅疾甚，军连不利。晋民或入交州，或入永昌，牂柯半亦为夷所困虏。夷因攻围州城。毅但疾力固孤城，疾笃不能战讨。时李特、李雄作乱益州，而所在有事，救援莫至。毅上书陈谢："不能式遏寇虐，疾与事遇，使虏游魂。兵谷既单，器械穷尽，而求救无望，坐待殄毙。若必不垂矜忧，乞请大使，及臣尚存，加臣重罪，若臣已死，陈尸为戮。"积四年，光熙元年春三月，毅薨。

各种矛盾交织发展，李毅拖着病体，应付复杂的局面。起初，"毅方疾作，力出军"，还能打到建宁。后来，"会毅疾甚，军连不利"。最后竟"疾笃不能战讨"，只能"力固孤城"。他上朝廷的奏疏既悲壮又无奈。经过长期的消耗，"兵谷既单，器械穷尽"，而又"疾与事遇"，"求救无望"。在这样的情况下坚持了 4 年，光熙元年（306 年）春天，死在他固守的宁州城内。

李毅在宁州危急之时，其子李钊在洛阳"为尚书外兵郎，自表赴难。至牂柯，夷断道，不得进，经年。以宁州城中无谷，父疾病，未知吉凶，不食谷，惟茹草，迄至奔丧"。李钊赴难的故事见《华阳国志·后贤志·李毅传》，亦十分感人。后绕道交州，得交州刺史吾彦遣其子咨将兵相救，至永嘉二年（308 年）始达宁州。在李毅死后的关键时刻，其女李秀勇敢地承担起了守城的重任。《资治通鉴》"光熙元年"载：

毅卒。毅女秀，明达有父风，众推秀领宁州事。秀奖励战士，婴城固守。城中粮尽，炙鼠拔草而食之。伺夷稍怠，辄出兵掩击，破之。

李秀守城时的条件，比李毅时更恶劣，大家只能"樵草炙鼠为命"。她不但是一位有胆识的女英雄，也是一位"有才智"、懂得战术的军事家。平时"婴城固守"，"伺夷稍怠，辄出兵掩击，破之"。在极其艰难的情况下，以逸待劳，积累战功，增强士气。李秀指挥军民固守宁州，“首尾三年”，成为云南古代史上妇女主战的特例。

宁州危急的形势也让大家着急，又出现了毛孟诣京的故事。《晋书·王逊传》载：

> 惠帝末，西南夷叛，宁州刺史李毅卒，城中百余人，奉毅女固守经年。永嘉四年治中毛孟诣京师求刺史，不见省。孟固陈曰：“君亡亲丧，幽闭穷城，万里诉哀，不垂愍救，既惭包胥无哭秦之感，又愧梁妻无崩城之验，存不若亡，乞赐臣死。”朝廷怜之，乃以逊为南夷校尉、宁州刺史，使于郡便之镇。逊与孟俱行，道遇寇贼，逾年乃至。

此事《资治通鉴》系此事于永嘉元年（307 年）载：

> 治中毛孟诣京师，求刺史，屡上奏，不见省。孟曰：“君亡亲丧，幽闭穷城，万里诉哀，精诚无感，生不如死”，欲自刎。朝廷怜之，以魏兴太守王逊为宁州刺史。

毛孟万里赴京，以死相求，终于感动朝廷，永嘉元年（307）决定派王逊为宁州刺史，与毛孟一同动身。据《华阳国志·南中志》，朝廷以“王逊为南夷校尉、宁州刺史，代毅。自永嘉元年受除，四年乃至”，路途险阻，路上又折腾了 4 年，方到任。宁州的形势，至此才有了转机，逐渐安定下来。《资治通鉴》系此事于永嘉四年（310 年）所载，对王逊的功绩做了中肯的评价：

> 是岁，宁州刺史王逊到官，表李钊为朱提太守。时宁州外逼于成，内有夷寇，城邑丘墟。逊恶衣菜食，招集离散，劳来不倦。数年之间，州境复安。诛豪右不奉法者十余家；以五苓夷昔为乱首，击灭之，内外震服。

这段时间，作为十六国之一的成汉，以成都为中心，频频往南扩大势力。太宁元年（323 年），成汉李雄遣李骧、任回南进，在今四川西昌市北发生温水之战，继而渡泸水，堂狼之战被晋军打得大败。《晋书·王逊传》载：

> 骧等又渡泸水寇宁州，逊使将军姚崇、爨琛距之，战于堂狼，大破骧等。崇追至泸水，透水死者千余人，崇以道远不敢渡水。逊以崇不穷追也，怒囚群帅，执崇鞭之，怒甚，发上冲冠，冠为之裂，夜中卒。

堂狼之战发生于太宁元年（323 年）五月。《晋书·李雄载记》、《水经·若水注》皆有记载，“姚崇”应为“姚岳”。堂狼在今巧家县境，这一带山高水险，气候恶劣，又遇连绵大雨。姚岳拒守堂狼，大破成汉军队，透水死者千余人。通过堂狼之战相对稳定了形势，以后一段时期，成汉未再南下。主将姚岳战功卓著，但王逊求胜心切，还感不足，用鞭子抽打他。盛怒之下的王逊，突发脑溢血猝死。

两晋、十六国时期，内地战乱频仍，地方割据政权纷纷出现。宁州虽远在祖国西南边疆，但始终没有打出过割据自立的旗号。云南军民历尽艰辛，维护中原王朝在云南的统治，表现了对国家突出的向心力和认同感，宁州守城可为典型。在 20 多年的时间里，出现了李毅、李秀、毛孟、王逊、姚岳等一批闪光的名字，他们前仆后继，舍生忘死，终于保完宁州城，他们的行动，反映了宁州各族维护国家统一的意志。为了加强对宁州城的守卫，太安二年（303 年）分建宁以西七县以环绕滇池的滇池、建伶、连然、谷昌、益宁等县为主“别立为益州郡”，东晋初年元帝时（317～322 年），又改益州郡为晋宁郡，取晋代安宁之意。战乱中出现的“晋宁”一名，寓意深远，一直成为人们追求的意愿，行用了 1600 多年。南朝仍为晋宁郡，唐代设晋宁县，南诏时为晋宁州，民国年间改州为县，至今仍称晋宁县。历代对维护安宁和统一的先贤也一直崇敬和纪念。《元混一方舆胜览》载：“名宦李毅，晋武以毅为南蛮校尉，卒，夷叛无救。毅女秀明达有父风，众推秀领宁州事，固守。粮尽，掘鼠食，伺夷怠击之，卒能保完。今有庙在晋宁州，贴金盖万两云。”“姚岳，晋永嘉中，李成作乱，攻宁州，蛮夷校尉王逊遣岳拒之，大破贼，追至泸水，不获而还。逊怒鞭岳，冠裂而卒。时人冤之，为立庙。”徐霞客在晋宁考察后说：“晋时，晋宁之地曰宁州，南蛮校尉李毅持节镇此，讨平叛酋五十八部。惠帝时，李雄乱，毅死之。女秀有父风，众推领州事，竟破贼保境，比卒，群酋为之立庙。是时宁州所辖之境虽广，而驻节之地实在于此。至唐武德中，以其为晋时宁州统会之地，置晋宁县。此州名之所由始也。”明代全国地理总志《寰宇通志》和《明一统志》皆将李毅、王逊、姚岳列入名宦，清代的全国地理总志《嘉庆重修一统志》名宦有毛孟，烈女有李秀。据《明一统志》，“姚岳庙，在晋宁州西十五里，临滇池”。“忠烈庙，在晋宁州古土城内，祀晋宁州刺史李毅之女李秀”，“唐开元初赐庙额”。景泰《云南图经志书》引《旧志》说：“唐武德元年，刺史爨弘达以事闻，加封镇靖明惠夫人。开元初，赐额曰忠烈之庙。元至顺间，参政牛光祖立石纪其功，至今血食焉。”清光绪《续云南通志稿》卷64对晋宁州忠烈庙的沿革做了详细说明：忠烈庙在阳城堡，晋刺史李毅女名秀以守城有功，唐开元初赐庙额建坊，元至顺二年重修，清代又多次重修，还收有元贾贲记，所载传闻甚多。至今，当地人还能指出天女城、李秀庙等遗址。天女城山在晋城西五里，与阳城堡隔柴河相望，当年交战的地方现名“疆场”，山南麓有聚落名天城门。徐霞客考察天女城载：“上有天城门遗址，古石两叠，如雕刻亭檐状。昔李毅之女秀，代父领镇时，筑城于此，故名。”孙太初《鸭池梦痕》亦载：“晋宁县天女城山路旁有一阙，仅存顶部，文字图像俱已磨灭。觇其形制，疑为汉、晋时物。此山旧有古城遗址，相传为晋南夷校尉李毅之女李秀所筑。山顶有庙，奉祀李秀。此阙或与李氏有关。”天女城的存在是可信的。

有关晋城附近汉晋时期古城的考证，受到近代学者的重视。1922 年，由晋宁县知事袁丕镛主持，袁嘉谷题、陈荣昌书“汉益州郡滇池县治故址”碑在晋城竖立。1939 年，当地学者方树梅又邀请一批学者进行了考察。《新纂云南通志·金石考》载：

晋宁滇池县城古砖：晋宁县城南三里土阜，相传为古滇池县城故址，已久废为墓地。民国二十八年七月，吴县顾颉刚，南阳徐炳昶，晋宁方树梅、树功，丽江方国瑜访古至此，发现古砖，侧有纹，与黄河流域汉墓中出土者正相同。又有绳纹瓦片，古朴异常，亦知为汉晋时物。而晋宁城南附郭民舍墙基多杂此砖，即掘自古城址者。

近读新出版的《臞仙年录》（见方树梅《笔记二种》，余嘉华点校，云南人民出版社 2010 年版），于民国二十八年（1939 年）六月初五日亦记此事云：

约顾颉刚、南阳徐旭生（炳昶）、丽江同宗方国瑜游盘龙诸胜，访天女城。滇池县遗址发现汉砖，旭生以纹同西安汉砖定之，旭生有《晋宁访古记》。颉刚为题龙池校书图四绝，又题纪青弟耕馀吟二绝。盘桓三日返省。

按，两处所记应即一事，时间有阴阳历之分。此次考察的主人方树梅家住晋宁方家营，熟悉当地情况，被邀的顾颉刚、徐旭生、方国瑜皆学术大家。历三日，涉足盘龙寺、天女城诸处，考察的重点是汉晋滇池县遗址。通过大量汉砖的发现，证明汉城遗址的存在，也说明该城南部达明清晋宁城南三里的土阜，城周十里之说可信。

2008 年，中美联合考古队对云南滇池盆地东南部进行的田野调查也传来喜讯，他们的调查报告载《考古》2012 年第 1 期，有如下记录：

此次调查找到了可能是汉代益州郡郡治的城址的部分轮廓。在实地踏查时，在今晋城镇的东部边缘地区发现了城墙残迹，在晋城镇西部（老城区）的士林庙（坐标为48R0271388E、2734128N）墙基剖面上发现了一块汉代菱形纹残砖。根据以前的考古调查可知，在士林庙附近曾清理过一座汉墓，可能这一区域就是汉代益州郡郡治的西部边界。另外，通过分析1975年的卫星地图，我们在晋城镇东北角（UTM坐标为48R0272320E、2734234N）发现部分汉代建筑遗物布纹瓦，说明晋城镇可能确是汉代益州郡郡治所在地。同时，在晋城东部的下菜园发现数座被毁坏的梁堆墓，这里极可能是益州郡郡治的东城外。

经过近70年后的又一次考察，仍获菱形纹汉砖、汉代建筑物的布纹瓦和城墙残迹，找到了汉代益州郡郡治城址的部分轮廓。结合文献分析，汉城位置可信。

作为滇国中心区所处的晋宁湾，汉武帝开西南夷时还完整地存在着。其外缘有长腰山、海宝山、梁王山、石寨山、左卫山诸山守望，其内有古城、团山、黄土坡等人类长期居住的高地，湾底的陆岸正是益州郡治滇池县城。其西有高岗天女城山，便于战守控扼，西晋时李秀驻守天女城一年多，终于保住宁州城。晋宁湾是滇池边条件最优越的湖湾，真可谓天造地设。《后汉书·西南夷列传》载，西汉末益州太守文齐，“造起陂池，开通灌溉，垦田二千余顷”。这是滇池地区水利建设最早的记录，也是晋宁湾逐步成陆最早的信号。从南北朝到唐，湖湾逐渐成陆，变成平原沃野，称晋平川。《蛮书》卷6载：“晋宁州，汉滇池故地也，在拓东城南八十里晋平川，幅员数百里。西爨王墓，累累相望。”此后的变迁还有迹可觅。安江是宋大理时滇池水位下降后安江部迁此形成的聚落，海拔1889米。新街是元末明初滇池水位下降后新建，因名“新街”，海拔1890米。左卫山上曾出土南北朝时期的梁堆墓，明初设左卫驻兵，因名，海拔1915米。明代实行军屯，至今保留了大量称“营”

的地名，被确认的如方家营、朵家营、袁家营、陈家营、吕家营、宋家营、大周营（原名周家营）、东大营、西大营等，在今晋宁坝子的南部和中部密集。明代，滇池湖岸线在石龙（左卫）、福安、新街、安江、海宝山一线。明代的晋宁坝子是富饶农业区，一派水乡景象。对于明代晋宁坝子的描述，以当地人唐尧官的《游海宝山记》信息量最大。唐尧官为嘉靖四十年（1561 年）辛酉科解元，该文写于万历二十六年（戊戌，1598 年）二月二十五日。出晋宁海金门，过草村、塘头、古城至海宝山。草村在晋宁古城北，为通省、通京驿道所经，原名迎恩村。塘头在今广济村，村东有水塘，因名。此水塘后扩建为富有塘。沿途“麦秀菜花，平畴黄绿，间错如绣”。春季滇池的风特大，“时大风扬沙，冲孔掠帽，肩舆不能进，过桥入古庙避之，少选风息始行”。“出庙折而西，海风益暴起，不可避。”明代海宝山正处滇池湖岸线，是欣赏滇池的好地方。从山上“俯视晋宁、归化诸村墟，星列棋布数十里，映带目前”。另一边，则“下瞰海水啮石，作汩汩声”。“挂帆而过者，不知其几”。至夜“出寺门，渔灯隐隐数十起波际”。明代的安江村水运繁忙，既为商港，又为渔港。“山西麓为安江村，沿海人家半在水中，帆樯鳞集，鱼鲑满市。其流直达草村，郡水程过省，必经安江。醝估自海口来者，于兹登陆；铜估自路南来者，于兹登舟，亦海滨之一镇也。”该文还记载了古城村的大量螺壳堆积：“又四里至古城，城址不可迹，而人家墙垣皆甃螺为之。”成为有关晋宁贝丘遗址的最早记录。唐尧官的《晋宁州风土记》又载：“平原莽罠，田畴相接，说者谓风景大类江南，即苍洱非俪也。大堡、大坝、龙江三水合于西城外二里许，逶迤入海，若匹练然。因桥其上，曰四通。倚柱望之，蜃气隐见，黄云万顷。”“郡去馀城仅百里，商贾陆行者少，暮挂帆而朝达云津，可省负担之劳。”清代以来，其北被称为“老荒滩”的沼泽逐渐成陆，大大扩展了新的农业区，其扩展的速度和面积皆远超前代。新街正处适中处，清初新建街场，每逢四、九赶集，规模仅次于晋城，成了以农业为主的晋宁坝子的集散中心。

在晋宁湾西缘有两个石岛，长期处于滇池中，向为人们关注。石寨山原名鲸鱼山，因发现滇王墓葬而著称于世。汉武帝为了攻打阻挡身毒道的昆明族，在长安城边修了昆明池。《汉书·武帝本纪》载："元狩三年秋，发谪吏穿昆明池。"注引臣瓒说："汉使求身毒国，而为昆明所闭，今欲伐之，故作昆明池象之，以习水战。"一般认为昆明池就是仿当时昆明族聚居的楪榆泽（今洱海）修建，但《史记·平准书》司马贞《索隐》注："按《黄图》：'武帝穿昆明池，周四十里，以习水战。'荀悦云：'昆明子居滇河中，故习水战以伐之也。'"荀悦(148～209年)，为东汉末年的史学家，以《汉纪》著称。所说仿"滇河"建昆明池不无道理。扬雄《羽猎赋序》亦云，汉武帝"穿昆明池，象滇河"。汉武帝数次派使臣都被昆明族挡回，很难获知洱海的情况，但滇国数次接待汉使，当然滇池的情况汉王朝是掌握的。杜甫《秋兴》诗云："昆明池水汉时功，武帝旌旗在眼中。织女机丝虚夜月，石鲸鳞甲动秋风。"正是说的汉习楼船征西南夷事。笔者1977年在西安碑林意外发现汉长安城昆明湖边的石鲸鱼，正与杜甫诗互相印证，大喜过望。《三辅黄圈》卷四《池沼》载："池中有豫章台及石鲸，刻石为鲸鱼，长三丈，每至雷雨，常鸣吼，鬣尾皆动。"陈直曰："鲸鱼刻石今尚存，原在长安县开瑞庄，现移陕西省碑林博物馆。"①《晋宁县地名志》载："石寨山，原名鲸鱼山，位于晋宁县城（按即昆阳镇）东北12公里的上蒜区石寨乡境内，海拔1919米，因遍山皆石，滇王曾在此驻军得名。"孙太初先生

---

① 何清谷：《三辅黄图校释》，中华书局2005年版。

《滇王金印出人间》对该山做了详细描绘：

> 石寨山位于滇池东岸，距离晋宁县城约 5 公里，距海边仅半公里。这是一座石灰岩构造的小山，高 30 米，南北长 500 米，东西最宽处 200 米。山形宛似一条巨鲸，亘卧在浩荡的碧波之中。登山眺望，滇池帆影，西山翠霭，尽收眼底。相传汉武帝欲征昆明，在长安凿池习水战，刻石作鲸鱼，即是象征此山。故此山在方志中又名鲸鱼山；这也就是杜甫《秋兴》诗和孙髯翁《长联》中典故的由来。①

石寨山即鲸鱼山无疑，汉武帝凿昆明池，“刻石作鲸鱼，即是象征此山”。直到近代仍称鲸鱼山，见方树梅《臞仙年录》。可惜原在海中的石鲸，现距滇池湖岸已不止半公里。梁王山原名卧纳山，又名光长山，是一处避暑胜地。元末梁王巴匝剌·瓦尔密曾在此设行宫。1982 年文物普查时在其遗址出土龙凤瓦当及柱础，山上还有洞口高约 2.5 米的山洞。洪武十四年（1381 年）梁王被明军追击，率众及全家在此投滇池身亡，后人因此称梁王山。明代，两山仍在水中。《明一统志》卷 86 载，滇池“中有大小卧纳二山”。《读史方舆纪要》卷 113 载，滇池“中有大小卧纳二岛”，卷 114《晋宁州》又载：“忽纳寨，在州西，明初瓦尔密闻曲靖破，走入晋宁州忽纳寨，赴滇池死，即此寨也。”“卧纳”即“忽纳”，大小卧纳二山应即今石寨山和梁王山。今两山已与陆岸连接，在石寨山东北麓，有聚落名石寨村，海拔 1889 米。梁王山东麓有下梁王、上梁王两村，海拔亦 1889 米。

在原晋宁湾的西南，有天女城山与金砂山等水中高岗，其外还有龙潭山和河泊所，成为晋宁湾西南的屏障。据《晋宁县

---

① 孙太初：《鸭池梦痕》，云南人民出版社 1992 年版。

地名志》，开发的痕迹可辨。其北的梅曲村，海拔仅1888米。上西河（村），曾在村中寺内发现晋代残碑，海拔1890米。其南为龙潭山，海拔2004米。龙潭山东北有下石美，龙潭山西麓有柳树墩。下石美原名蛤蟆村，明代滇池水位下降后在今刘家桥附近筑坝拦水，坝体夹有草煤，初名石煤坝，该村位于坝下，后雅化为下石美，海拔1890米；柳树墩原是一片沼泽，光绪七年（1881年）渔民来此定居，始在屋旁种下柳树，海拔1888米。金砂山原有金山寺，至元四年（1338年）普祥撰《创建金砂山宝严寺记》载：晋宁“州之西五里许有邑曰初诺，田畴丰穰，宅民素朴，尤笃于浮图氏。有山曰金砂，跨空矗云，林麓钟秀，滇滔浩渺，烟火杳霭，陟于椒，名山大刹，一目可得”。初诺疑即金砂村，缘山作条状南北向延伸，海拔1890米。当时附近已经“田畴丰穰，宅民素朴”，一派田园风光。金砂山海拔1978米，“林麓钟秀”，视野开阔。山西端的金砂村后有金砂渡，明代是水路到昆阳的起点。据《晋宁州志》卷4载，“金沙渡在城西七里村后，今淤废”，清代滩涂淤浅，渡口往前推移到其西的小江渡，海拔1888米。而更西的海拔亦仅1888米的小岛河泊所，直到更晚才与陆地连成一片。这是咫尺之遥细微变化的例子。从晋宁湾到晋平川，是渔业捕捞到农耕的转变，当以农业为主时，水运和水利的优势仍被保留。据《晋宁县地名志》，小海乡“早年有约7万平方米的沼泽地，清代开垦成田后，雨季经常积水”，与滇池相较，称为小海。这是在核心区保留的沼泽。据《晋宁州志》，柴河古时两岸森林茂密，河水清澈，得名钗河，后音变为柴河。明清时，从柴河进入滇池的航道仍畅通，人们从晋宁州城边用船把农副产品运到昆明城售卖，水上交通十分方便。

古晋宁湾是滇池中最具特色的湖湾，它具备良好的生产、生活环境，又具备优越的防御条件。其外层诸山串成岛链，便于防卫固守。其内诸岛星列，水产富饶，风浪变小，便于从事捕捞，战时可穿插接应。陆上柴河、大河河谷丘陵起伏、沟涧众多，群山环抱，地势多样，便于狩猎、畜牧，也适于农业开发。南有关索岭限隔，自成函盖。湾内诸岛有多处贝丘遗址，开发甚早，不容置疑。前些年，在石寨山滇王及其家族臣仆的墓地出土“滇王之印”金印及大量与滇王身份相称的珍贵文物，震惊世人。[①] 1999～2000 年在金砂山发掘青铜时代墓葬 12 座，2015 年又在金砂山顶发掘墓葬 31 座。[②] 可以相信，晋宁湾是滇文化发祥的宝地，古滇国的核心区，春秋、战国时期延续 500 多年的滇国都城就在晋宁湾一带的湖山之间。

---

① 详朱惠荣主编：《云南通史》第 2 卷，中国社会科学出版社 2011 年版。

② 蒋志龙、杨成洪：《云南晋宁金砂山墓地发掘新获成果》，载《中国文物报》2015 年 12 月 4 日第 8 版。《春城晚报》2015 年 7 月 18 日第 8 版报道：《滇王及家族臣仆墓地考古有新发现》。

昆阳海边的古城

滇池西南岸原为昆阳州、昆阳县，1958 年昆阳、晋宁两县合并，用晋宁县名，县治设昆阳镇。这里讨论的范围为昆阳县，即今晋宁区的昆阳镇、古城镇、宝峰镇、中和乡、二街乡、双河乡、夕阳乡。1961 年，原昆阳平定乡划入西山区，即今海口一片。

滇池狭长，其西南部昆阳州境的水域又称昆阳海。昆阳海沿岸低丘错落，水网密布，适于农、牧、渔业和水产养殖等多种经营，是古人类最早生息的地方，也是古城荟萃之地。汉代的建伶县就设于此。《汉书·地理志》、《续汉书·郡国志》皆有建伶县，为汉武帝元封二年（前 109 年）所建益州郡的二十四县之一，也是与滇池、谷昌分辖滇池区域的三县之一。据《宋书·州郡志》、《南齐书·州郡志》，晋宁太守领连然、滇池、谷昌、秦臧、双柏等县，南朝刘宋、萧齐时建伶一度为郡治。其区域中心的地位可以想见。自汉以后，益州郡几经分合，建伶与滇池、连然始终同属一郡。《三国志·李恢传》说，李恢“建宁俞元人也，任郡督邮，姑父爨习为建伶令，有违犯事，恢坐习免官，太守董和以习方土大姓，寝而不许”。爨习为官建伶令，为当地“方土大姓”，又与俞元李恢联姻，建伶亦应与俞元相近。汪仕铎认为建伶应在昆明西南，张若骕《滇云纪略》卷上认为在“今昆阳州地”，与记载相合。验以今地望，从两汉到南北朝的建伶故城，在今晋宁县古城镇的汉营附近，海拔1918米。古城坝子三面环山，东临滇池，在中谊村鸡冠山山腰台地曾发现南北朝时期南中大姓的梁堆墓，在汉营村（因位于古河西县城西面，称西汉营）西曾出土过古代兵器。古城坝子原来比较窄，为南北狭长的晋宁到安宁的水陆交通走廊，又是安宁的盐和昆阳宝峰的铁交换运输的孔道，沟通滇东与滇西的水陆交通。河泊所为水路运输的集散地，海拔1888米。恢厂原名灰厂，是古代宝峰的粗铁运到此冶炼后外运的码头，近代曾出土大量矿渣炉灰，其三圣宫中有记载滇池水位情况的石碑，揭示了当时滇池湖岸线曾至此。这一带原为滇池西南隅的月牙形湖湾，可称古城湾。

隋、唐制度改变，实行州县制，政区设治有所调整。《旧唐书·地理志》载：

> 昆州，下，汉益州郡地。武德初，招慰置。领县四，与州同置。益宁；晋宁，有滇池，周三百里；安宁，秦臧，汉县。领户一千二百六十七。在京师西南五千三百七十里。北接巂州。
>
> 钩州，下，武德七年，置南龙州。贞观十一年，改为钩州也。领县二，与州同置。望水、唐封。领户一千。在京师西南五千六百五十里。北接昆州。

《新唐书·地理志》亦载：

> 昆州，本隋置，隋乱废。武德元年开南中，复置。土贡：牛黄。县四：益宁、晋宁、安宁、秦臧。有滇池，在晋宁。其秦臧，则故臧汉地也。
>
> 钩州，本南龙州，武德七年置，贞观十一年更名。东北接昆州。县二：望水、唐封。

隋唐皆设有昆州，辖滇池周围各县。唐代析为两州，昆州治所迁益宁，另增辖滇池以外的秦臧（今禄丰），钩州治所在滇池边的望水，增辖滇池以外的唐封（今易门）。在晋宁地位明显下降的时段，旁边钩州的崛起，替代了晋宁的地位。当时农业和矿业开发的重点在东大河上游狭长的宝峰坝子。宝峰一带，向以产铁著称，至今有关遗址俯拾即是。有矿洞山，因前人曾在此打洞采矿得名，产赤铁矿，现残存矿洞遗址 14 个，大部分为明槽，一般深 2 ~ 3 米，宽 3 ~ 5 米，长 10 ~ 20 米。有村名挖矿坡，村后山坡遗留有矿槽、炼铁废址等。上铁所（今宝峰营）村南曾发现古代炼铁炉的一个剖面，高 163 厘米，宽 154 厘米，炉下方有深约 2 米厚的矿渣堆积层。下铁所（今宝峰村）村后山脚土崖上曾发现 4 处断面呈半圆形的冶铁遗址及铁渣、木炭、生铁遗物。其南的关上，原来也有炼铁炉遗址，古名铁炉关，1950 年后改称关上。盐和铁，在古代为生产、生活的至要，昆州皆有蕴藏。唐代为削弱爨氏地方势力，将昆州一分为二，安宁产盐，望水产铁，利益均沾。直到明代，昆阳州设有冶铁所，这种优势未改。《读史方舆纪要》卷 114《昆阳州》载："望水废县，在州西南。"可从。望水县治在今晋宁县宝峰镇大古城，海拔 1938 米。宝峰坝子地势较高，故又称上方古城。唐代昆阳坝子还是一片水域，因此这里所设的县称为"望水"。

大理至元的情况，《寰宇通志》卷 111《昆阳州沿革》载："大理段氏以高氏治其地，曰巨桥城。"《明一统志》卷 86 亦载："昆阳州，在府城南一百五十里，地在滇池南。""宋时大理以高氏治之，名巨桥城。"《元史 · 地理志》记载较详："昆阳州，下。在滇池南，僰、儢杂夷所居，有城曰巨桥，今为州治。阁罗凤叛唐，令曲嶍蛮居之。段氏兴，隶善阐。元宪宗并罗畐等十二城，立巨桥万户。至元十二年，改昆阳州。领二县：三泊、易门。"大理时有巨桥城，隶善阐府，为多种民族杂居。蒙古宪宗时置巨桥万户，至元十二年（1275 年）改昆阳州。但"有城曰巨桥，今为州治"，从大理的巨桥城到元代的昆阳州治，位置未变。巨桥城的位置，在今晋宁县中和乡的堡孜，村中有城隍庙、飞来寺，海拔 1887 米，明初曾在此驻军屯田，称堡孜屯。分析有关地名，对以今地望，新石器时代以来昆阳境内的一片水域直到明初大规模开垦屯田时仍存。大体东到龙泉山、宝塔山、象头山、象山下的今坝子边缘，西到昆阳古城边及回龙、瓦窑、乌龙附近。昆阳老城区发现东汉砖室墓，昆阳西北角的汉营新村发现有封土的汉代砖室墓。瓦窑村北的台地曾出土南北朝时期的砖石梁堆墓。湖岸线依地势随东部山脚线及西干渠蜿蜒，呈倒三角形。其南部的挖煤坝，原称挖煤箐，为湖底沉积的大量黑色草煤，过去曾有人在此挖煤，因名。其北部的海埂，渠西里村旁的小团山、黄牛墩，还有墩子、大河村等水中高地，将这片水域围成一个天然湖湾，可称之为昆阳湾。从北往南断续出露的储英、小墩沟、堡孜、后村，将湖湾分为东西两半。巨桥万户所在的堡孜约当昆阳湾的适中处，昆阳湾口和湾中的链状高地恰可视为一座长桥。好一个富有想象力命名的巨桥城！

元代曾设河西县，《元史·地理志》缺载。《明一统志》卷86《云南府古迹》载：“废河西县，在昆阳州河西乡，元至元中置县，寻省入州。”万历《云南通志》卷 2《云南府古迹》载：“废河西县，在昆阳州河西乡。元至元中置县，寻省入州。”天启《滇志》卷 3《云南府古迹》亦载：“废河西县址，在昆阳州河西乡，元至正间置。”《读史方舆纪要》卷 114 亦谓：“废河西县，《志》云在州之河西乡，元至元中置，寻省入州。”明代诸地志皆有追记，元代曾设河西县之说可信。诸书皆作“至元”，唯天启《滇志》因用字相近的年号而讹为“至正”，不从。至元年间曾设过河西县，属昆阳州。河西县之所在，曾长期称为河西乡，这里在昆阳州北端，滇池西岸，因名“河西”。治所在今古城镇的下方古城，与位于宝峰的上方古城对应而得名，海拔 1890 米，有古城河从城边经过，城中有土主庙、观音寺等古建筑。此古城河原从西往东流，经今大河街、大河尾入海。元代，下方古城亦濒海，仍有古城湾。过去雨季常有马鱼抢水上滩，因名马鱼滩，今已成聚落，分马鱼滩上村、马鱼滩下村。

明代的昆阳州，设于月山东麓和代村，滨水。景泰《云南图经志书》载昆阳州说："州治，在滇池之南和代村，内有吏目厅，洪武十六年建置。"《读史方舆纪要》卷 114 载："明朝正德四年始筑州城，周三里，沿海附山，又筑堤以广城基云。"东城墙是填海而成，城的东门名"水波"，仍滨临滇池。《滇略 · 杂略》记嘉靖二十七年（1548 年）昆阳州遭水灾，"是年，滇池水溢，荡析州中民居百余所，男妇溺死者不可胜计"。但明代的昆阳湾滩涂增加，洲渚错列，逐渐沼泽化。历史上找不到原有的命名，却被附会上新名。景泰《云南图经志书》记其建置沿革说："古之渠滥川，蛮云巨峤，唐为河东州，元改为昆阳州。"把昆阳坝子误为渠滥川，"巨桥"误为"巨峤"。巧的是元明时期三泊县（治今安宁市县街）属昆阳州，其辖境今鸣矣河乡小石庄村有"大周故河东州刺史"王仁求墓及碑，后人把作为唐朝命官的王仁求误认为在当地袭职的土官，于是把位于今大理市凤仪坝子的河东州和渠滥川搬到昆明坝子。在昆阳湾中，出现一条小河，也被命名为渠滥川，即《明一统志》卷 86 所说："渠滥川，在昆阳州东南五里，东北流入滇池。"此渠滥川在乌龙村以南进入坝子，向东北流入滇池，"乌龙"系彝语录音，为古代少数民族的部名，此水即称乌龙江。有聚落在渠滥川出口两侧，得名渠东里、渠西里。渠滥川及近年整修的东大河、中河等，都是昔日昆阳湾的残迹。据徐霞客《滇游日记四》，明末滇池湖岸线东到赤峒里（即渠东里），西抵昆阳州城，昆阳湾"中开平坞为田，一小水贯其中，亦自南而北入滇池，即志所称渠滥川也”，昆阳湾的东半部已被开发为富庶农业区。《嘉庆重修一统志》卷476《云南府古迹》已指出：“《明统志》州即古河东州，或曰唐时南龙州置于此，皆未见所据。”樊绰《蛮书》卷5载：“渠敛赵，本河东州也。”隋唐时期有渠滥川，在今大理市凤仪坝子，唐代设河东州，又称渠敛赵，元代以来设赵州，与滇池无涉。

明清时的昆阳州城，《嘉庆重修一统志》卷476有载：“昆阳州城，周二里，门五，明正德四年始筑土城，崇祯七年迁筑砖城于长松山，寻还旧治。本朝乾隆二十六年易以砖。”明清易代之际，长期作为昆阳州的治所，俗称旧城，崇祯七年（1634年）迁筑砖城于长松山，距旧城一里半，建砖城。新城于南明永历年间被孙可望拆除，虽然只存在了10多年，但徐霞客有幸目睹了新旧城的状况并做了对比，十分可贵。《滇游日记四》记载崇祯十一年（1638年）考察的情况：

> 随西界之麓北出一里半，是为昆阳新城。又北一里半，为昆阳旧城，于是当滇池西南转折处矣。旧城有街衢阛堵而无城郭，新城有楼橹雉堞而无民庐，乃三四年前，旧治经寇，故卜筑新邑，而市舍犹仍旧贯也。旧治街自南而北，西倚山坡，东瞰湖涘。至巳日西昃，亟饭于市。

新城今仍称大新城，而旧城长期成为昆阳州治、昆阳县治、晋宁县、晋宁区治所一直至今。

2000多年间，滇池西南岸原昆阳县境内的治所先后迁建了6处，是滇池边诸州县中治所迁徙最频繁的一片。

昆州、益宁考

隋唐王朝对于昆州的经营，史书多有记载。《隋书·史万岁传》载："南宁夷爨翫来降，拜昆州刺史。"《新唐书·南蛮传》也载：

> 隋开皇初，遣使朝贡，命韦世冲以兵戍之，置恭州、协州、昆州。未几叛，史万岁击之，至西洱河、滇池而还。震、翫惧而入朝，文帝诛之，诸子没为奴。高祖即位，以其子弘达为昆州刺史，奉父丧归。

杨坚建隋，即着力于对西南边疆的经营。开皇四年（584年），派韦世冲为南宁州总管，又遣王长述以兵继进，在今曲靖建立了南宁州总管府，下辖恭州、协州及昆州。恭州、协州在今滇东北，昆州在今滇中。当时滇东为爨震的势力；爨翫的势力在滇中，则被任命为昆州刺史，《资治通鉴》卷178胡三省注，"就其地置昆州"。

后来爨翫反，开皇十七年（597年）隋派史万岁南征，"至西洱河、滇池而还"。爨翫以珠宝贿赂史万岁，致史下狱，爨翫终被诛，诸子没为奴。武德元年（618年）李渊建唐，仍置昆州，放回爨弘达为昆州刺史。唐代的昆州仍是西爨的聚居区。开元二十四年（736年）《敕安南首领爨仁哲等书》所敕对象就有"将军昆州刺史爨嗣绍"。后来的昆州刺史又有爨日进，见《南诏德化碑》。

昆州的地望，《旧唐书·地理志》载：

> 昆州，下。汉益州郡地。武德初招慰置。领县四，与州同置。
>
> 益宁、晋宁：有滇池，周三百里。
>
> 安宁
>
> 秦臧：汉县。
>
> 领户一千二百六十七。在京师西南五千三百七十里。北接巂州。

《新唐书·地理志》也载：

> 昆州，本隋置，隋乱废。武德元年（618 年）开南中复置。土贡牛黄。县四：益宁、晋宁、安宁、秦臧。

据以上记载，隋唐时期昆州的辖境，包有滇池地区、螳螂川流域的安宁及绿汁江上游的秦臧。州的治所仍在滇池边，但已不在晋宁，而设在益宁。昆州的定位，樊绰《蛮书》有所涉及。该书卷二载：“拓东城北十数余里官路有桥渡此。水阔二丈余，清深迅急。至碧鸡山下为昆州，因水为名也。”又载：“昆池在拓东城西，南北百余里，东西四十五里。”“滇池水亦名东昆池。”渡桥处约在今上马村附近，盘龙江在那里被夹束，仅阔二丈余。马村以南，盘龙江盘折弯曲，江面开阔，江滩漫衍，不适于建桥。“官路”过桥后，取北教场、黄土坡、黑林铺到马街，再过车家壁，翻越碧鸡关到安宁。这种走法正反映了隋唐时期滇池湖岸线的状况。马村至黄土坡走的是滇池北岸三面临水的螺山半岛的底线，最为捷直。黄土坡、小屯、海源寺、黑林铺、夏家窑、石咀、车家壁一线，长期都是滇池水域的岸线，人们只能沿湖岸绕行。沿途隔山限湖，既是交通必经的大道，又是便于据守的军事要地，可称为昆州走廊。它与“安宁雄镇”互相呼应，成为控扼滇东、滇西间的要冲。昆州既接近碧鸡山，又位于拓东城西；但滇池在昆州的东边，以昆州为坐标，滇池又称为“东昆池”，马街当为昆州无疑。清人不察湖与城的关系，《嘉庆重修一统志 · 云南府古迹》谓“废昆州在昆明县西”，西到哪里呢？结论模糊。道光《昆明县志 · 古迹志》谓，“废昆州，按《云南通志》，在县西关内”，则把拓东城与昆州叠置在一起了。

其实，滇池西岸北段自古早有开发。在黑林铺今 14 中学操场和王家堆都发现新石器时代贝丘遗址。1975 年在大团山发掘 6 座排列较为规整的长方形竖穴土坑墓，随葬器物仅 12 件，包括青铜戈、矛、剑、斧、甲片、壶等，有蜥蜴铜扣饰 1 件，在回填土中，曾找到新石器时代陶盘。大团山墓群的时代被认为是战国至西汉或春秋至战国早期。[①] 在昭宗益禄村有被称为梁堆的大封土堆，曾发现墓前带有凤阙刻石的大型砖石墓。墓道甚长，墓室长 5 米，阔 1. 8 米。墓前有两块高 2 米、宽 1 米的巨石，雕刻精美，内容、风格一如汉画像石。是中间断开、左右带子阙的双阙，上覆单檐庑殿顶，翼角起翘，檐下有栱。阙下为方孔圜钱联币 90 枚，币下有菱形纹排列。左右两阙图案对称，但右边一块天上飞的是凤，左边一块天上飞的是凰，长尾。该墓石料 1962 年被乡人用于修建水库，左阙已失，右阙 1987 年由西山区文化馆收藏。[②] 这些足以说明，昆州走廊在作为州级治所前，早已有颇具规模的聚落存在。

为什么隋王朝选择益宁作为昆州的附郭县？其实，在隋设昆州以前，益宁已一枝独秀，名闻南中。《隋书 · 梁睿传》载：“南宁州，汉世牂牁之地，近代已来，分置兴古、云南、建宁、朱提四郡，户口殷众，金宝富饶，二河有骏马、明珠，益宁出盐井、犀角。”这是北周末年梁睿派人到南宁州调查后上疏条

---

① 云南文物工作队：《昆明大团山发现滇文化墓》，载《云南文物》1982 年 12 月。《昆明市志 · 文物志》，人民出版社 1999 年版。

② 王海涛：《昆明文物古迹》，云南人民出版社 1989 年版。

陈的情况，可信度高。当时益宁与二河并列，都以物产富饶著称，它们分别成为滇池地区与洱海地区的代称。盐井当指安宁产盐，从汉到唐长盛不衰，犀角应产于热不可耐的绿汁江河谷，属秦臧，益宁所指称的范围也与唐代昆州所辖各县相同。益宁作为一个地理区域的名称已悄然通行于世。

益宁的存在还可以从南朝萧齐时期的史料中找到印证。《南齐书·州郡志》载宁州有平乐郡，领益宁、安宁二县。又载："益宁郡，永明五年，刺史董仲舒启置，领二县，无民户。"所领二县为武阳和绵水。另有安宁郡，为"隆昌元年置"，亦"无民户"。南齐时，郡县析分甚多，置废频繁，宁州亦然。对此，《南齐书·州郡志》杂抄当时档册，多有反映。南齐沿袭前代的晋宁郡，原辖从建宁郡西部析出的七县，再加上益宁县。以后，连然县改称安宁县，与相近的益宁县合置平乐郡。永明五年（487 年）益宁单独设郡，隆昌元年（494 年）安宁亦单独设郡，至此在滇池西北岸出现两个郡，平乐郡不复存在。隆昌元年又在原七县最西部的秦臧、双柏二县地析置西益郡，至此，晋宁郡仅辖滇池南岸的建伶，东岸的滇池和谷昌，还有抚仙湖边的俞元，原晋宁郡被析为四郡了。益宁、安宁、西益等郡都是当地民族聚居区，内地去的移民甚少。当时的形势，正如《南齐书·州郡志》"宁州概述"所说："道远土瘠，蛮夷众多，齐民甚少，诸爨氏强族，恃远擅命，故数有土反之虞。"所谓"无民户"并不是没有人，而是还没有著籍向国家交纳赋税的当时称为"齐民"的编户。

益宁在南朝刘宋时期已有记录。大明二年（458 年）立的《爨龙颜碑》为全国重点保护文物，不但书法技艺精湛，史料价值亦不容忽视。该碑碑阴题名共 48 人，多注明官职和籍贯，其中的"西曹益宁杨琼子"，为有关益宁最早的记载。验诸史籍，该碑所有题名的籍贯皆为当时设郡的名称，如建宁、晋宁、牂牁、朱提、南广等，偶有宁州以外的则加“郡”字，如武昌郡、雁门郡，宁州辖郡想为当地人熟知，一律省略“郡”字。按此体例，益宁亦曾一度为郡。但此后即被省废，所以“大较以大明八年（464 年）为正”的《宋书·州郡志》不见记载。

益宁最早出现于何时？有人认为南齐的平乐郡即相沿于东晋时的平乐郡。《华阳国志·南中志》载：“平乐郡，元帝建武元年，刺史割建宁新定、兴迁二县，新立平乐、三沮二县，合四县为郡。后太守建宁董霸叛降李雄，郡县遂省。宁州北属雄，复为郡，以朱提李壮为太守。”按以上所载背景，东晋的平乐郡系从建宁郡东北隅析出，其北近蜀，当在今云南、贵州间，与滇中相悬甚远。成汉仍在该处设平乐郡，但从成汉被灭到南齐相隔 100 多年，中间无沿革记录，仅郡名重出，县名皆不相同，益宁与东晋平乐郡很难扯到一起。

东晋时期虽未见有关益宁的记录，益宁命名的由来和含义仍值得探讨。从三国至南北朝，封建政府在西南边疆的政区设治中，常用祈福的内容命名地名，出现了一批意愿地名。据《宋书·州郡志》载，宁州有晋乐、晋昌等县为“江左立”，晋绥县为“晋成帝立”，皆标明“晋”字，而刘宋则有宋昌郡，标明“宋”字。这类意愿地名中，与今昆明有关者为建宁、益宁、晋宁、安宁等“四宁”。在这一历史阶段，地方割据势力发展，战乱频仍，生产凋敝，民生涂炭，稳定和安宁既是封建国家的追求，也是西南边疆各族人民的意愿，以反映“安宁”为主题的意愿地名成为时代的强音，一次次烙进昆明历史的血脉，并为后世所钟爱，晋宁、安宁一直行用到今天。蜀汉建兴三年（225 年）诸葛亮平定南中，改益州郡为建宁郡，取“建兴年间获得安宁”之意。以后的情况，《晋书·地理志》载，太安二年（303 年）“又分建宁以西七县别立为益州郡。永嘉二年（308 年）改益州郡曰晋宁郡”。但《宋书·瑞符志》载：

"建兴二年（314 年）三月，木连理二生益州双柏。"改益州郡为晋宁郡的时间，应该在王逊主政后期，即东晋元帝时。益宁正好位于"建宁以西七县"新立的益州郡地域范围内，它凸显"益州郡获得安宁"的含义，被命名的时间也应在益州郡存在的时段，益宁县大约产生于东晋初年。以后，益州郡改称晋宁郡，则选取"晋朝安宁"的含义。到南齐时设安宁郡，更突出了祈福安宁这个主题。四个带有"宁"字的地名，反映的时段和地域概念都在逐步扩展，最后终至取消一切限制词，选用泛指的"安宁"作为政区地名的专名，寓意"普天之下，永远安宁"。

要之，益宁作为政区地名可能最早出现于东晋，为益州郡的一个县。刘宋时曾升为益宁郡，旋废。南齐时成为平乐郡的附郭县，后又单独置益宁郡。隋开皇初废郡，实行州县制，设昆州。隋唐两代皆有益宁，为昆州附郭县，其地位代替了汉晋时期的滇池县而成为整个滇池地区的行政中心。益宁在今昆明西郊的马街。南诏时仍称昆州，但已不见有关益宁的记载。

徐霞客记载的滇池

杰出地理学家、旅行家徐霞客在考察众多云南高原湖泊中，对滇池下的功夫最大。他环绕滇池一周，又乘船或步行湖堤在湖中穿插。为了追踪滇池主要水源盘龙江，他绕道邵甸、松花坝。为了沿流考察滇池出水河道螳螂川，他从海口到安宁，再到富民。徐霞客用精细、准确的妙笔，为后世留下了一幅明末滇池生动的画卷，湖岸明晰，湖水清澈，航运繁忙，景色优美。

距昆明城最近的水域是草海。《滇游日记四》对草海做了详细的记载：

有村当堤之冲，曰夏家窑。过此，遂遵堤行湖中。堤南北皆水洼，堤界其间，与西子苏堤无异。盖其洼即草海之余，南连于滇池，北抵于黄土坡，西濒赤鼻山之麓，东抵会城，其中支条错绕，或断或续，或出或没，其濒北者，志又谓之西湖，其实即草海也。昔大道迂回北坡，从黄土坡入会城，傅元献为侍御时，填洼支条，连为大堤，东自沐府鱼塘，西接夏家窑，横贯湖中，较北坡之迂，省其半焉。东行堤上一里半，复有冈有桥，有栖舍介水中央。半里，复遵堤上东行湖中，遥顾四围山色，掩映重波间，青蒲偃水，高柳潆堤，天然绝胜；但堤有柳而无花，桥有一二而无二六，不免令人转忆西陵耳。又东二里，湖堤既尽，乃随港堤东北二里，为沐府鱼池。又一里半，抵小西门。

据此可知，当时草海北部的范围，西起夏家窑，东到沐府鱼池，北抵黄土坡。夏家窑又作夏窑，在马街东1公里，有南北向的老埂，村民即利用此埂建窑烧砖瓦，前些年还看得见老埂和砖瓦窑。揆之方位和里距，沐府鱼池约在今李家堆、赵家堆一片。北部草海的西半，是“青蒲偃水”的浅水湖，东半则已形成诸多河港，都是可贵的天然湿地。长期以来，从滇西陆行到昆明的商旅，都必须从碧鸡关、赤家鼻（即今车家壁）经石鼻山麓（今石咀），再绕黑林铺、黄土坡。明代后期新修的湖堤，是对草海的一次重大改造。从夏家窑到土堆，长四里。从土堆到沐府鱼池“随港堤”行，即取鱼翅河（又称上河）河堤又走二里。由于道路捷直，行者日多，逐渐变成通往滇西的交通要道。清代，鱼翅河沿岸的土堆、江家桥、下栗村、上栗村、红庙村、六合村等村落毗连，与交通发展有密切关系。直到近代，滇西的马帮还常从这里经过，土堆一带的老人记忆犹新。这次改造也为昆郊增添了新的景点，“遥顾四围山色，掩映重波间”，“高柳潆堤，天然绝胜”，“与西子苏堤无异”，受到徐霞客连声赞美。后来，徐霞客离昆赴筇竹寺，沿途所记亦详：

> 余乃从正西傍山坡南行，即前所行湖堤之北涯也。五里，其坡西尽，村聚骈集，是为黄土坡；坡西则大坞自北而南，以达滇海者也。西行坞塍中二里，有溪自西北注而南，石梁横其上，是即海源寺侧穴涌而出之水，遂为省西之第一流云。又西一里半，有小山自西山横突而出，反自南环北；路从其北嘴上一里半，西达山下。

至今沿昆师路、昆一中、麻园火车站、昆医附二院、艺术学院还有一条老埂穿过，应即当时草海的湖岸线，菱角塘、麻园小河等都是草海水域的残迹。徐霞客出大西门的外隘门，“从正西傍山坡南行，即前所行湖堤之北涯也”，走了五里，到黄土坡，才达滇池的北尽处。以后，从黄土坡往西，过桥，桥下即流入滇池的澄清河（清代称海源河）；再往西，过大团山北麓；再往西到黑林铺，皆已为田塍，不复再见滇池水景。

《滇游日记一》的《游太华山记》载：

> 出省城，西南二里下舟，两岸平畴夹水。十里田尽，萑苇满泽，舟行深绿间，不复知为滇池巨流，是为草海，草间舟道甚狭，遥望西山绕臂东出，削崖排空，则罗汉寺也。又西十五里抵高峣，乃舍舟登陆。

徐霞客记录的是草海中部，从弥勒寺到高峣一线。乘船的地方大概在弥勒寺，当地原名摆渡村。明清一般笼统说西山距昆明三十里，徐霞客实走的里距与此接近。徐霞客的小船应取河港，“十里田尽”，先在已经成陆的农田夹岸中走了十里。以后进入草海，“草间舟道甚窄”，“萑苇满泽，舟行深绿间，不复知为滇池巨流”。这样又航行了十五里。这一片沼泽化严重，水中布满浅水植物，航道甚窄，体会不到水天空阔的景象。

《滇游日记四》又有一段徐霞客在滇池航行的生动记录：

> 下午，由羊市直南六里，抵南坝，下渡舟，既暮乃行。是晚西南斗风，舟行三十里，至海夹口泊。三鼓乃发棹，昧爽抵湖南涯北圩口，乃观音山之东南濒海处。其涯有温泉焉，舟人有登浴者，余畏风寒，不及沐也。于是挂帆向东南行，二十里至安江村，梳栉于饭肆。

徐霞客的记载出现了“海夹口”，“舟行三十里”，里距也与昆明到西山的水程相当，透露出明末海埂及滇池南北两片水域的状况，其北称草海，其南俗称水海或外海。海夹口正是草海和外海间必经的通道，滇池水上交通的咽喉。草海南部水面宽阔，并且受海埂阻隔，波澜不兴，水势平稳，适于泊船和航行，又称积波池。显然，明末适于大型客船航行的滇池深水区已离昆明城太远，只有从南坝下船，利用盘龙江较为宽深的航道进入草海南部，再通过海夹口到外海。夜晚航行与滇池常年的西南风有关，既可避开白天的大风，夜晚还便于旅人休息。当时滇池的客船已有中途停靠的习惯，便于人们沿途上下。这些惯例延续了几百年。抗日战争时期，国立艺专迁驻晋宁安江村，他们到昆明也是走水路，要坐一夜的船。和徐霞客一样，也是晚上行船。①

徐霞客在晋宁州长住20天，对晋宁的山形、水系有详细、准确的记录，见《滇游日记四》。

明代晋宁州是一南北狭长的坝子，“其坞即南自河涧铺直北而出者，至此乃大开洋，北极于滇池焉”。两边的群山控制了其坝子的范围：

> 西界山东突濒坞者，为牧羊山；北突而最高者，为望鹤山，其北走之余脉为天城；又西为金沙，则散而濒海者也。东界山西突而屏城南者，为玉案山；北峙而最高者，为盘龙山；其环北之正脊，为罗藏山，则结顶而中峙者也。州治倚东界之麓。

坝子中有两条河：

> 大堡、河涧合流于西界之麓，北出四通桥，分为两流：一直北下滇海，一东绕州北入归化界，由安江村入滇海。

河涧铺之水即大坝河，今称大河。大甫之水即大甫河，今称柴河。“晋宁之水，惟四通桥为大。其内有二溪，俱会于牧羊山下石壁村。”石壁村约当今牧羊村。四通桥即今河湾。《晋宁县地名志》载，村南柴河上原有亭式四通桥一座，因名。柴河先是南北走向，到村后转为东西走向，村在湾内，故名河湾。当时两河在石壁村交汇，因此，石壁村至四通桥一段水大。过四通桥后，一直北下滇池，即今柴河，一东绕州北由安江入滇池，今称淤泥河。两条河先汇合，又分流，如“X”形展布，

---

① 姚钟华：《安江村寻踪小记》，载《云南文史》2008年第2期。

灌溉晋宁坝子的肥沃农田。

晋宁坝子的开发年代久远，两河带来的泥沙沉积也很突出，再加上滇池水位下降，明末晋宁州境的滇池湖岸线往北、往西已收缩了很多。徐霞客乘船到安江上岸，行八里入晋宁州城（今晋宁县晋城），而今安江北距滇池已不下四里。在四通桥以西一片，天女城“西北濒湖者，其山长绕，为黄洞山”；西南为金沙山，“金沙之西，则滇海南漱而入，直逼大山”；再南为石将军所在的将军山，“天城、将军则北临滇海耳”。据此可知，当时天城门、黄洞山、金沙山、将军山皆在其不同的方位濒临滇池。犹值得注意者有河泊所和牛恋石。“黄洞山之西，有洲西横海中，居庐环集其上，是为河泊所，乃海子中之蜗居也；今已无河泊官，而海子中渡船犹泊焉。其处正西与昆阳对，截湖西渡，止二十里，陆从将军山绕湖之南，其路倍之。”河泊所是海中沙洲，又是渡船停靠的水上码头，到昆阳十分方便。如今名称未变，但已与陆地连成一片，其西南更出现了小咀头、大咀头、陶家滩、大沟尖等村聚。牛恋石的景观也很特殊：“海水中石突丛丛，是为牛恋石。涯上村与乡，俱以牛恋名。谓昔有众牛饮于海子，恋而不去，遂成石云。”今仍称牛恋乡，但由于滇池水位下降，牛恋石所在的水面有的已成陆，“众牛饮于海子”的图景已不甚清晰。

徐霞客在昆阳州沿湖考察，他的记录也有助于我们判断明末滇池的湖岸线。其一是赤峒里。“有村在北崖之下，滇池之水环其前，是曰赤峒里，亦池滨聚落之大者。”赤峒里今作渠东里，与渠西里相对，原来中隔渠滥川，北滨滇池，明代已发展成两个设“里”的大聚落。其二是昆阳旧城。“旧治街自南而北，西倚山坡，东瞰湖涘”，“于是当滇池西南转折处矣”。明代昆阳州治长期在今晋宁县治昆阳镇，崇祯七年（1634 年）迁筑新城，在今大新城村，徐霞客考察时两城同时存在。当时昆阳州治旧城在月山东麓，“东瞰湖涘”的说法与其他记载吻合，滇池的浪一直拍打到月山东麓。其三是古城湾。“其山自西界横突而出，东悬滇海中。路逾其坳中北下，其北滇海复嵌坞西入。其突出之峰，远眺若中浮水面，而其西实连缀于西界者也。乃西转涉一坞，共四里，又北向循滇池西崖山麓行。五里，又有小峰傍麓东突，南北皆湖山环抱之，数十家倚峰而居，是为旧寨村。”按，此湖湾在今马鞍山与旧寨之间，东西四里，南北五里，即古城湾，清代始逐渐成陆。

滇池的出水口仍称螳螂川，但海口一段变化甚大。《滇游日记四》载：

> 中有洲浮其吭间，东向滇海，极吞吐之势；峙其上者，为龙王堂。时渡舟在村北岸，呼之莫应。余攀南崖水窟，与水石相为容与，忘其身之所如也。久之，北崖村人以舟至，遂渡登龙王堂。堂当川流之中，东临海面，时有赛神者浮舟而至，而中无庙祝；后有重楼，则阮祥吾所构也。庙中碑颇多，皆化、治以后，抚按相度水利、开浚海口免于泛滥，以成濒海诸良田者，故巡方者以此为首务云。出庙渡北岸，居庐颇集。

河中洲即中滩，龙王堂在中滩上，浮舟赛神等民俗活动频繁，但宗教气氛较淡。这里正是滇池咽喉，集中了明中叶成化、弘治以来治理滇池的大量碑刻。当时龙王堂为一小岛，须渡船才能登。《滇游日记四》载：“南岸山亦突而临川，水反舍北而逼南。南岸崩嵌盘沓，而北崖则开绕而受民舍焉，是为海门村，与南崖相隔一水。”滇池出水口开阔，主泓道南逼。《滇游日记四》又载：“从堤上西行，川形渐狭，川流渐迅。七里，有村庐倚堤，北下临川，堤间有亭有碑，即所谓柴厂也；按旧碑谓之汉厂，莫土官盐肆在焉。至此川迅石多，渐不容舟，川渐随山西北转矣。”但滇池航运的终点不在海口而在海口以西十里的柴厂。《滇游日记四》载：“茶埠有舟，随流十里，往柴厂载盐渡滇池。”这十里螳螂川中，“凫舫、贾帆、鱼罾、渡艇，出没波纹间，棹影跃浮岚，橹声摇半壁”，一派繁忙景象。徐霞客描述的河山大势至今未变。北岸地势开阔，交通便利，“居庐颇集”，仍称海门村。河中洲后来形成聚落，称中滩街，青石板铺就的主街向东西延伸，两旁是栉比鳞次的木结构建筑的商铺。龙王堂早已不存，珍贵的治水碑也不知去向。由于多次挖深中滩南部主泓道，中滩北部形成宽而浅的河漫滩，又称小中滩，细流且常干涸，周围环水的岛的形态已渐模糊。近代以来，南河安了机械提升的水闸，有闸桥可通人行；北河、中河建了多孔石桥，从南到北不烦再渡船，但海口河上的航运也从此断绝。

崇祯十一年（1638 年）十月徐霞客考察滇池的记录，有幸完整保存在《徐霞客游记 · 滇游日记四》里。这些系统记录 300 多年前滇池状况的珍贵文献，犹如历史的坐标，用以和其前其后有关滇池的资料进行比较，滇池沧桑变迁的图景就会逐渐清晰起来。

滇池余韵：草海

有关草海的形成，史书没有明确记载，但仍有迹可寻。杨升庵在滇多年，并长住高峣海庄，他对那一带十分熟悉，多有吟诵。他的《滇海竹枝词》说：“罗汉孤峰祇树林，梁王辇道海中心。海埂青青堪牧马，海眼只今无处寻。”诗中揭示了滇池中两处独特的地貌。一为海中平直的长堤，正对罗汉山梁王避暑宫，青青芳草正可牧马。张文勋先生在《滇云诗词》一书中首及于此，指出：“辇道，梁王当时在滇池中修建的通向罗汉峰的车道。”揆之地望，此指海埂无疑。一为海中最深的地方，俗称“海眼”，近年用现代科学技术测量，在滇池外海南半确实找到，深达 11.2 米，证明诗中所说不诬。海埂的出现，大约在元明之际。

海埂是滇池中隆出水面的带状土埂。东起海埂村，西至新庙（此龙王庙晚于对岸山邑村龙王庙，因称新庙），原距滇池西岸 1 公里，长约 3 公里，宽 60 ~ 130 米，海拔 1887 米。海埂的形成，既由于从北往南注入滇池的盘龙江夹带的泥沙堆积，又由于滇池上常年劲吹的西南风顶托。当然，在今海埂处形成堆积，也与当地底座特殊的地质条件有关。根据地质学家研究，由坚硬的石灰岩和白云岩组成的昆明蛇山余脉，从北往南延伸为圆通山，再南直至海埂附近，南半被埋于土层下 0 ~ 500 米处。这种堆砌，长时间在水下进行，元明时期治理滇池，多次凿海口降低水位，使之有可能出露水面。当它一旦成陆，这种堆积就会加速，并逐步扩大和巩固。海埂的出现，不但界分了两片水域，也加速了其北水域的沉积，影响着草海的淤浅，其北的草海（又称内海）和其南的水海（又称外海）生态景观愈加悬殊。草海蒲草长青，水藻繁茂，水禽众多，又称青草湖、茭草潭。水海水深，水面宽阔，苍茫浩渺，适于乘风挂帆。海埂挡住了外海的狂涛，草海有的是微浪轻摇，又称积波池。草海水浅，汀港错杂，适于篙撑桨划，小舟穿梭其间，增加无限情趣。草海距城最近，成了达官贵人游赏的首选。

明代，最早记录云南府城郊水上名胜的是《寰宇通志》。该书卷111载云南府山川说："西湖，在府城之西，方围五里，蒲藻长青，土人多泛舟游赏。"《明一统志》基本照录。以后诸地志几不绝书。

正德《云南志》卷2载：

西湖，在府治西，周四里，蒲藻长青，人多泛舟游赏。即滇池上流，俗呼为草海子。中有黔国莲池。

万历《云南通志》卷2载：

西湖，在府治西，周四里，即滇池上流，蒲藻长青，人多泛舟，俗呼为草海子。中有黔国莲池，匾曰"水云乡"。

澄清河，在滇池茭草潭内，土人呼为等清河。七八月间，潢水泛涨，此水独清。

天启《滇志》卷2载：

西湖，在滇池上流，又名积波池。周五里许，荇藻长青，兰桡画舸所之。多产衣钵莲，花千叶，蕊分五色。外丰葭菼，内阜川禽，俗曰青草湖。近城可一里。有亭榭曰鱼池，实莲池也，颜其亭曰"君子"。

西二十里曰澄清河，在青草湖内。七八月间，潢潦泛涨，斯水独清。

《肇域志·云南府》载：

> 西湖，在滇池上流，又名积波池。周五里许。荇藻长青。产衣钵莲，花千叶，蕊分五色。外丰葭菼，内阜川禽，俗曰青草湖。近城可一里。

《读史方舆纪要》卷114载：

> 西湖，在府城西，即滇池上游也。亦名积波池，俗曰草海子，又曰青草湖。周五里，蒲藻常青，为游赏之胜。

以上资料，或抄录旧籍，或综合他书，其中所涉及的问题尚须说明：其一，草海不等于西湖。草海南起海埂，北至黄土坡、黑林铺，西抵车家壁、夏家窑，东达潘家湾。西湖周围仅四里至五里多，为草海北部近城部分，在云南府城西部，因名。其二，西湖的核心是明代云南最大的统治者沐氏的别墅，称水云乡，又称西园，俗称沐府鱼池、黔国莲池，也即通常所说沐府别业。其三，所叙物产及生态状况，系指草海，并非专指西湖，当然西湖也包括在内。如“池中产衣钵莲，花千叶，蕊分三色，而鱼虾、凫鸟、菱芡、菰蒲之利，为西南之最”一条，诸书皆系于滇池下。

沐府鱼池是一座官家拥有的大型水上园林，明初即已形成。据《徐霞客游记》所载，沐府鱼池距小西门仅一里半，在今人民西路北侧，李家堆、赵家堆一带高地，想即当年沐府鱼池的残迹。沐府鱼池以养鱼、种莲、赏花取胜。景泰《云南图经志书·云南府特产》载：“嘉莲，双花共干，景泰五年夏产于滇之水云乡。”明末高应雷《花朝歌序》载：“城西郭外为黔国西花园，名卉缤纷，穷宇内之奇丽。”《嘉庆重修一统志》卷476《云南府古迹》载：“水云乡，在西湖，明黔国公别业，一名西园。有楼名簇锦，山茶树四面簇之，故名。又有鱼池。前人题咏最多。”其主体建筑称簇锦楼，亭曰君子亭，鱼池边数十座亭台，朱窗临水，错落有致，可以乘船从城边直达。沐府鱼池的胜景，明人何景明《游鱼池》（原注：在沐黔国别业中）诗可供欣赏：

小岸城边上轻舸，一溪宛转向鱼池。
水藤濛濛荷叶暗，棹入中流总不知。

池边三十五亭台，个个朱窗向水开。
亭下扁舟荡双桨，打鱼送酒几回来。

半竿斜日疏蒲明，两岸人语凫不惊。
菱叶拂衣香袖举，秋风吹浪绿舟轻。

三阵两阵打落雨，一点两点明水萤。
笙歌留客不知夜，登舟回舟直到城。①

何景明字仲默，河南信阳人，弘治年间以进士提学陕西，作为客人，游沐氏别业的诗作至为珍贵。明代，沐府鱼池也是禁苑。杨升庵作为贵客有幸游赏，但留下的《水云归棹诗》说："船随鱼浪去，人趁虎墟归。水叶晴萦棹，云珠冷溅衣。家家松火待，香雾满柴扉。"仅写其踏浪而归的过程而隐去别业的形势面貌。作为布衣的徐霞客，更不得踏入此禁苑了。

明代，草海北部西湖周围，棋局似的布列着若干军屯点。从城边开始，有小西门屯、小西门外鱼池旁屯、大西门外屯、黄土坡屯、小屯。草海西北的团山前所、团山中所、团山后所，皆在今大团山麓。梁家营即今梁家河，在草海中。洪家营在黄土坡附近。其北还有普吉村哨、黄土坡哨、黑林铺、高桥铺（即今高峣）等哨、铺。这些军力布列，几乎围卫西湖禁苑的四周，同时也形成对云南府城西北部水陆的多重拱卫。

遗憾的是，随着朝代的更迭，水云乡已无迹可寻，明代的

---

① 云南大学图书馆藏方树梅稿本：《历代滇游诗抄》。

昆明西湖仅是一个历史符号。

草海中部最大的变化是明代后期傅堤的出现。草海虽美，但横亘在会城西郊，自古陆上交通都需绕道黄土坡、黑林铺，再经岷山麓、马街、车家壁，到碧鸡关；若从高峣换船起坎，水陆转运亦多不便。该堤“填洼支条，连为大堤”，横贯草海。西起马街稍东的夏家窑，东行堤上一里半，过澄清河（清代称海源河）桥，又东二里半，到土堆。至此，“湖堤既尽，乃随港堤（今鱼翅河堤，该河又称上河）东北二里，为沐府鱼池，又一里半，抵小西门”。所过捷直的路线，较之迂回黄土坡的弓形道路，“省其半焉”。傅堤不但具有改善交通的功能，也被培植成草海中的又一天然胜景。“堤南北皆水洼，堤界其间，与西子苏堤无异。”“遥顾四围山色，掩映重波间，青蒲偃水，高柳潆堤，天然绝胜。”可以想见，匆匆赶路的旅人，临近会城遇此胜景，会为之心胸豁然，步履轻盈，顿消疲累。该堤的修筑是傅宗龙为家乡做的一件好事，可称傅堤。傅宗龙，昆明人，字仲纶，又字元宪，万历三十八年（1610 年）进士，仕终陕西三边总督，《明史》有传。崇祯十四年（1641 年）卒，有衣冠冢在眠山东面傅家凹山坳间，1991 年云南轮胎翻修厂建炼油厂，墓被毁。

草海南部在明万历年间已经沼泽化，王士性《泛舟昆明池历太华诸峰记》可以为证。

> 下高峣，轻洲浅渚，蒲苇飒沓长过人，又称草海。海长二十余里，草中津港以千数，往来系罜罷而渔。……然北庵虽高，仅见草海，白蘋红蓼，楚楚有致；若南庵，面东南水海，风帆雪浪，日月出没其中，故大观也。下山，邑令棹芦舟以迓，稍具舲艇，欲放中流，以五两尚颠，复穿荻浦，披鱼梁，鸣榔击汰而归。……时水浅舟胶，不及过近华村。

王士性（1547～1598 年），字恒叔，号元白道人，浙江临海人，性好游，明代著名地理学家。万历十九年（1591 年）任云南按察副使到滇，其所记当时水海、草海的景观已大不相同，所记草海沼泽化的状况，细致生动。“轻洲浅渚，蒲苇飒沓长过人。”迷津汊港上千，只能用小鱼网捕鱼。从高处看，“白蘋红蓼，楚楚有致”。有些水域“水浅舟胶”，行船困难。该文记返城途中，有“近华村”地名，应即有关“近华浦”的最早记载。该村近太华山（西山），因名近华村，当西山与会城的水路上，与现今大观楼的位置吻合。明代的近华村，仅为草海中的一处停舟烟舍，其形态和性质与其他称“堆”的地名相同。王士性《泛舟昆明池历太华诸峰记》一文在云南流传的版本，后为天启《滇志》所收录，“近华村”作“杏花村”，一个地理专名讹作泛指的卖酒处。本文系据上海古籍出版社 1993 年出版周振鹤点校整理本《王士性地理书三种》，为王士性家乡收藏的本子，较为可信。

据舒藻《创建重建大观楼碑记》：“近华浦何为而名也，以浦近太华山而名焉。浦中突起一岛，芳草平铺，垂杨四绕，俨然踏青拾翠之场。前明有楚僧卓锡此，结茅讲经，四方行脚僧、听经者往来不绝，因创一刹曰观音寺。”观音寺创自明末。道光年间，寺僧净乐又建五间三层华严阁。据赵鹤清《彩云崖观音大士石厂记》，“咸丰丁巳，楼与寺俱毁于兵燹，同治丙寅，提督马公如龙建复大观楼，而观音寺阙如，于是观音寺之名湮矣”，则作为宗教场所的观音寺亦存在了 200 年。作为公众游赏的胜地，则始自康熙三十五年（1696 年）云南巡抚王继文创建大观楼，至今也有 300 多年。当然，名胜还因其文化含量厚重而著称。乾隆年间，寒士孙髯翁撰写了 180 字的《大观楼长联》，被誉为“古今第一长联”，从此大观楼名扬海内。从近华村到观音寺到大观楼，作为草海中的水上聚落，它的变化轨迹十分特殊。清代通称近华浦，是对近华村名的雅化。

近华浦一带的湖岸线与白马庙有关，兹录《重修白马庙常住碑记》如下：

> 余滇人稔知滇事，其在邦域中者，尤知之详矣。此白马神庙，在昆海之滨，为华浦巨津，罗岩彼岸也。昔彩云见南中，汉武遣王褒入滇，封金马碧鸡……白马与焉，盖神之。昆季二十有四人，各有神奇显，皆南王阿育子也。……以世子身而现将军像，雄踞海滨。每岁暮春世之日，昆明士女祈福于斯者如云集焉。……庙貌之倾圮者，无不有感而重新之。自平吴逆三十年来，圣天子简命得人，百废俱兴……制昆范君、王君暨阖省文武宰官，罔不捐俸葵修，置田俱祀，……祈余曰：桓桓将军，镇海之滨，蛟潜龙伏，海波不兴，藩封景帝，职掌雨晴协应，稼穑丰登，……庙食百世，永奠昆明。时大清康熙五十年岁在辛卯十二月初六日　昆明后学陈　撰文并书。

按，白马庙在大观河北岸，篆塘与大观楼之间的适中处，各相距 2 公里，为一聚落，20 世纪 80 年代调查，有 172 户 677 人，现为解放军 43 医院，在高墙夹缝中乡人仍恢复白马庙小庙一座。碑文有漫漶，下端难辨识，但其意仍较清楚。据说另有一碑，今已不知下落。滇池地区向以产名马著称，据《后汉书·西南夷列传》，元和中，王阜为益州太守，“有神马四匹出滇池河中”，被视为祥瑞。《华阳国志·南中志》载：“长老传言，池中有神马，或交焉，即生骏驹，俗称之曰滇池驹，日行五百里。”昆明人把数千年以来对滇池和马的特殊感情熔铸为一种文化符号，在池边建白马庙，不亦宜乎！正如戴絧孙《昆明县志》说：“雄川阁之上流北岸曰白马庙，滇国长老传言池中有神马，庙之所祀当即此。”明清时期，白马被演化为镇海之神，他能使滇池“蛟潜龙伏，海波不兴”，还管“雨晴协应，稼穑丰登”。白马庙的位置当然选择在“雄踞海滨”，滨水之地，既处于“昆海之滨”的滇池岸边，又是“华浦巨津、罗岩彼岸”之所从，通往近华浦和西山罗汉岩的水上交通要道。据此可知，康熙年间，白马庙正位于草海东岸的湖岸线上，当时的草海，已无王士性、徐霞客难于穿梭的感觉，从蒲草纠结中清理出一条航道，到近华浦者必须从白马庙乘船，远者还可到龙门村游西山，亦可从此出达水海。近华浦与白马庙隔水遥相呼应，一在水中，一在陆上，白马庙也成为人们祈福游憩的好地方。暮春三月，正是踏青赏景的日子，“昆明士女祈福于斯者如云集焉”。乾隆年间的状况，孙髯翁《大观楼长联》透露出一些信息：“四围香稻，万顷晴沙，九夏芙蓉，三春杨柳。”近华浦周围已开发为农业区和人工培植的园林。“蟹屿螺洲”、“蘋天苇地”，则又是湿地的景物。“半江渔火”为运粮河（今大观河）的景色。“几杵疏钟”则是观音寺的钟声。当时的近华浦已处于新开发的农业区与草海湿地交错布列地带。道光二十九年（1849 年）中元节，林则徐有《泛舟近华浦，饮于大观楼下即事》诗云：

笋舆穿彻郭东西，载上轻舠息马蹄。
雨后浓园花四壁，水边香绽稻千畦。
阑干百尺横波立，楼阁三重压树低。
合乞文星留墨妙，长言休让昔人题。

（末句原注：大观楼有百八十言长对，故云。）[①] 道光年间的近华浦又是另一景色，栏杆长百尺，楼阁高三重，浓园花四壁，还有孙髯翁的 180 字长联，人工园林的建设颇具规模。“水边香绽稻千畦”，水边农业区的开发也颇具规模。

---

① 见李文辉《林则徐游昆诗解读》，载《昆明日报》2005 年 7 月 30 日。林则徐诗原件藏故宫博物院。

海埂犹如一条海上长堤，具有独特的景观，清代以来，它也发挥着各种功能。其西为滇池主航道，系进出会城水上交通的咽喉，历来风帆如织，即徐霞客所称的“海夹口”。其北为一片浅水，由于有海埂障壁，风平浪静，芦苇丛生，适于养鱼，俗称“养鱼潭”。伫立岛上，南眺碧水连天，狂浪袭人，大有“海”的感受；西览碧鸡山，苍崖万丈，云横绝顶，是一处赏景和休息的好地方，又名“望云岛”。岛上绿草青青，海风频吹，水饱草肥，也是牧马的好地方，又称“马场”。民国年间种了一批桉树，如今迎着风涛，皆苍劲喜人。但由于距城较远，游人须乘舟方可到达。1958 年往北筑土堤与太家河尾的渔户村相连，1964 年以后，在土堤上建公路（今海埂路前身），后开通了公交，从此游人纷至。

草海原是滇池北部一片不小的水域，南起海埂，西抵高峣、车家壁、石咀、马街、眠山，北达黑林铺、黄土坡，东北至麻园、昆一中、昆师路，以上湖盆的老埂至今还清晰可辨。昆一中校园的老埂边，有一水塘称“茭瓜塘”或“柳塘”，也是草海的残迹。仅东南段为平缓的沙岸，界限模糊。草海狭长，北部约二十里，南部约三十里，北窄南宽。长期以来通过降低水位治理滇池的方针，使本来就沼泽化的草海更加淤浅，首当其害。但草海也有其自身存在的条件。其北为海源寺所出的澄清河，水质甚好，北部水清浅，沉积非常缓慢；其南为盘龙江夹带的泥沙堆砌，填淤突出。清代，盘龙江江尾东移，草海受的干扰减轻。这就是自明代以来草海湿地长期保存的原因。有一幅民国年间实测的 1/2. 5 万的《昆明市县界域图》（以下简称《图》），反映从黄土坡到大观楼的状况，湖水退去，湖盆出露，对于认识草海的形象至为难得（附《昆明市县界域图》局部）。20 世纪 70 年代，笔者踏勘徐霞客在昆明的旅游路线，走的几乎与徐霞客相同。夏家窑在马街稍东的老埂上，有烧砖瓦的窑，

《图》上误为“下窑村”。从此往东，有堤跨水上，当年宽阔的湖面，现今变成了小河，应即明代的澄清河、清代的海源河。过石桥两座，其中一座略有缺坏。湖堤基址尚存，有马车路宽，比两边的田埂稍高，当年铺路的大石板零星可见。再往东到土堆。“土堆”《图》上作“土墩”。村边有一较大的石砌水塘，昔日可以停船。住户皆一颗印建筑，门前有条石砌的高坎，“土堆”确如其名。从土堆村沿鱼翅河堤往东北行，即徐霞客所说的“港堤”，途经江家桥、下栗村、上栗村、红庙村、六合村等村落毗连。《图》上有六合村、红庙、梨家窝，梨家窝为今下栗村或上栗村。港堤上此数村皆不见于《徐霞客游记》，当为清代出现的聚落。江家桥《图》上未注，疑建村更晚。清代以来，滇西的马帮多从这里经过，商旅繁忙，土堆一带的老人记忆犹新。不意400年前的记录、民国年间的图景于今再现。草海南部的状况，据《新纂云南通志》所收的《昆明县全图》所示，直至清末，大片湖沼还未成陆，仍是一片汪洋。

其实，保留草海这片湿地是我们的先辈有意为之的自觉行动。明清以来似乎忘记了对草海的大刀阔斧的垦殖正是先人们的远见卓识。1925年修建从大观街西安马路口经三分寺、黄土坡、黑林铺、普坪村到碧鸡关的公路，基本沿草海北部湖岸绕行。以后改建为滇缅公路，起点称西站，在今西站立交桥处，仍沿湖岸绕行。抗日战争时期迁昆的云南电缆厂等一批企业，也多安排在马街一带倚山而建。因此，草海湿地得以一直保留到20世纪50年代，北起滇缅公路南侧，南达海埂，仍然是滇池中最大的湿地。草海是昆明的后院，为昆明减少后患。它起到了调节水位、蓄洪、泄洪的作用，避免发大水时昆明城沿湖周围的大片农田被淹。这“萑苇满泽”、“青蒲偃水”、一望无际的沼泽，也是昆明城边天然的净水设备。它的主要水源海源寺龙潭水质甚佳，“七八月间，潢潦泛涨，斯水独清”，被美名为“澄清河”，终年置换城市洩入草海的污水。至今建有海源寺水厂，为人们所珍爱。草海也是昆明的后花园，供昆明人踏春赏景，增添欢乐，昔日的西湖、傅堤、近华浦、海埂都深藏在其中。其实，汀港交错，河道纵横、蒲柳丛密，风光绝胜，草海就是一座气象万千的大花园，长期成为昆明人游赏的胜地。

今日草海，面积已缩小到约 10 平方公里，仅是明代草海的象征，但愿我们不会和它说再见。

滇池的小女儿：翠湖

昆明集山水之胜，环境条件十分优越。但是，千百年来，昆明山水的沧桑变化也十分突出，翠湖是其中的代表。

其实，最早并没有翠湖，茫茫的滇池水域直逼昆明城下，历汉、唐、宋、元，延续千年。《元史·兀良合台传》记蒙古军队进攻押赤城时昆明的形势说："城际滇池，三面皆水，既险且坚。"当时"三面皆水"，东面即盘龙江，南面和西面虽然都临滇池，景观却不一样。南面是沙岸，地势低洼，正如《元史·张立道传》所说，滇池"夏潦暴至，必冒城廓"。西北面则是蜿蜒起伏的低山怀抱一泓碧水，独向西敞开，与滇池相连，犹如一块玉玦，可以称为滇池的翠湖湾。当时这一段滇池湖岸线，大体沿今东风西路至小西门，转翠湖南路、翠湖东路、翠湖北路外侧的山脚线，经仓园巷、染布巷、昆师路至昆一中校园，再转往北，沿麻园火车站老埂，直到黄土坡。

昆明作为云南省会和西南边疆的战略要地，明洪武十五年(1382 年) 修建砖城，把五华山、圆通山及其延伸部分都包入城内，在染布巷与小西门之间填建城墙，把翠湖湾变成了人工泻湖，也包入城内，从而强化了其军事堡垒的功能，也大大改善了昆明城内的环境质量。这段滇池湖岸线收缩后，在西城墙外新形成了一个岸边驻军屯田的小湖湾，称潘家湾。今禄丰等地的潘姓后人称他们的祖先就是这里屯军的统领。

明初的翠湖水域辽阔，成为屯兵驻守、加强城防的军事重地。云南右卫、云南后卫、云南前卫各有西海子屯一个，驻扎在接近大西门附近，云南中卫、云南前卫各有南海子屯一个，驻扎在接近小西门附近，利用翠湖的水源和湖边荒闲的土地，坚持屯田并守卫云南府城。沐英更选择了翠湖西北岸大片土肥水饱草茂的地方，仿汉代名将周亚夫，练兵习武，牧马备战，湖边遍植柳树。沐英的别业称为柳营，“柳营洗马”被传为佳话，当时的翠湖也被称为洗马河，成为昆明城内的禁地。明中期的情况，《寰宇通志》卷111载：“荷花池，在府学后，一名九龙池。”《明一统志》、正德《云南志》所载同。翠湖以产荷著称，形成了新的风景特点，虽已出现沼泽化，但仍出水很多，因名九龙池。明代后期的情况，天启《滇志》记载较详：

> 府城内有九龙池，清迥秀澈。菜圃居其半，故又曰菜海。其平者为稻田，下者为莲池，又半之。沿五华之右，贯城西南陬，入顺城桥，汇盘龙江，达滇池。世镇有别业在其上，曰柳营。

《读史方舆纪要》卷114亦载：

> 九龙池，在城内，中多废圃，亦曰菜海。其平者为稻田，下者为莲池。沿五华山之右，贯城西南，流入顺城桥，汇于（盘）龙江，达滇池。

经过200多年的岁月，翠湖悄悄积累着它的变化，湖边的沐氏别业柳营一直存在，但到明末，九龙池已非禁地，大片水域渐渐成陆，被私家占为菜圃，有的种菜，有的种稻，浅水区仍为莲池，“菜圃居其半”，人们称其为菜海。此时的滇池湖岸线已远离西城墙，九龙池水沿五华山西麓出城，入顺城桥，汇入盘龙江，达滇池，成为护城河的重要水源之一。

清初，吴三桂开藩云南，大兴土木，把翠湖划为禁地，翠湖遭其荼毒。康熙《云南府志》载，康熙四年“吴三桂作新府。三桂驻滇，居伪蜀王刘文秀府，以其狭小，填菜海子之半建新府，备极壮丽”。吴三桂占有原柳营作为平西王府，还嫌太小，康熙四年（1665年）又“填菜海子之半”做新府，后来称洪化府，翠湖的水陆比例发生逆转，湖面缩小过半。新填成陆的部分东达今翠湖西路，西抵城墙（今东风西路），北起仓园巷、染布巷，与原柳营接，南达翠湖南路。为了运输财物，兼作防卫的城濠，在其南墙和东墙外修了一条小河，被后人指为洗马河。

经过吴三桂填湖的折腾，昆明人教训深刻，普遍增强了对这一片难得的城中水域的热爱和保护意识，自此开始了翠湖的园林培育期。由于翠湖周围的开发和人口聚集，清代以来，翠湖的淤浅和水域收缩有增无已，疏浚清淤势在必行。治理翠湖首先是一项水利工程，但对它的治理和环境美化应该同步。人们巧妙地把清淤工程和培育园林结合起来，将大量淤泥堆叠为岛，砌筑为堤，用以进行园林美化，随着水利工程的不断进行，翠湖也被装点得越来越美，成为昆明城中大家热爱的湖山胜景。康熙三十一年（1692年）云南巡抚王继文在湖中央建湖心亭，在湖北岸建来爽楼，湖心的小岛大概筑于此时，“南北绵亘三百余丈”的“海心大路”大概也筑于这段时间，从湖南岸可以步行到湖心亭，这是翠湖园林建设的最早设施。清代中叶，加大了对翠湖培修的力度。嘉庆元年（1796年）有马孺人捐资修一院奉观音大士，继之，工部右侍郎蒋予蒲、迤南道刘钰、云中朱元亮等乡人官绅士庶并省外关心者纷纷捐资，热心乡人倪士元、倪琇辛勤操办，“填砌西面地基二丈许”，又“将周围草塘置买挑填坚阔，遂成基焉”，扩大了湖心岛。至嘉庆二十一年（1816年），在岛上建成了一组楼阁殿宇“咸皆巍峨壮丽”、金漆辉煌的莲花禅寺。道光十四年（1834年）知府董国华又在寺西侧编竹木围栏建放生池。道光十五年（1835年），云贵总督阮元改竹栏为堤，从寺南绕出寺北，西轩改造成舟屋三楹，完成了放生池的建设，亦将其园林化建为观鱼楼。阮元又在原海心大路的基础上，建成贯通翠湖南北的长堤，称为阮堤。堤北段建听莺桥，中段建采莲桥，南段建燕子桥，从此翠湖出现了南北两门。光绪十年（1884 年），云贵总督岑毓英重修莲花禅院。光绪三十年（1904 年）前后，建成水月轩。清代对翠湖小规模的疏浚和风景园林的培修还有一些，此不一一，但值得注意的是，翠湖的淤浅和水体收缩并未得到控制。从宣统年间测绘的《清末昆明街道图》明显地看出，当时翠湖水域不及湖盆之半，湖边大片低地皆成稻田和菜圃。民国年间大规模疏挖翠湖的是唐继尧。1919 年唐继尧主持建成东西向的长堤，称为唐堤，堤东段架卫东桥，堤西段架定西桥，又在东堤路侧建会中亭。东西堤头建两座石牌坊“双节坊”，不但为了旌表，也相应控制湖岸线，从此翠湖有了四道门。后来填筑了金鱼岛。20 世纪 30 年代的“整理翠湖公园工程计划”，又一次疏浚翠湖，“以浚淘为主”，清除了湖中的许多淤泥；拆除了一批拥挤杂乱的建筑，将莲花禅院改建为今日所见的湖心亭建筑群，保留了院内大戏台的格局，新建了南北两座三层八角琉璃亭。新中国建立后，1952 年、1955 年、1962 年都动员群众义务疏挖翠湖淤泥。经多次填土、植树，建成西南岛并开放，建九曲桥连接西南湖岸，形成今天翠湖的第五道门。又修建了石砌围栏，固定了湖岸。经过 300 多年的疏挖整治，翠湖公园占地 22. 1 公顷，其中洲岛散列，星罗棋布，水面仅占 15 公顷左右。

翠湖遭遇的最大灾难是水源干涸。1976 年 5 月，人们惊觉九龙池已不再出水，翠湖渐趋干涸。同时出现翠湖周围地面下陷、路面及建筑物开裂等现象。起初，人们期待着雨季补水，但雨季的到来仍无济于事，补进的水又渗漏了。经过调查终于明白，由于城市过度抽取地下水，地下水位下降，发生地面沉降，引起地基下陷、建筑物等开裂，危及整个城市安全。据

1997 年出版的《昆明市水利志》，1982 年对昆明市区地下水资源调查，市区和近郊有深层地下水井 176 口，加上 6 个泉水口，日均产水量 10.3 万立方米。在北教场以南、昆明站以北、董家湾以西、43 医院以东 22 平方公里的城区面积内，有采取地下水的钻孔和人防疏排水工程 55 处，地下水开采量每日 41000 立方米，每年 1500 万立方米。1970 年以后开采地下水的单位增多，沿长虫山、莲花池一带地下水源减少，翠湖周围水源面积 6 平方公里内，有采排地下水工程 33 处，采水量每日 33600 立方米。由于补给翠湖地下水的水源少，过量开采严重，翠湖地下水位下降，致使翠湖干涸，第一自来水厂被迫关闭。地下水位下降，远不是翠湖湖盆的范围，敲响了昆明环境恶化的警钟。地下水位下降之大，已不是短时间内地面补水所能解决的，只得动员大家到湖底踩踏，放风筝，做游戏，加上工程措施，把湖底封闭如锅底不漏水，再灌水进去。1982 年，昆明市公布了《昆明市地下水管理办法》，有关部门陆续封闭周围机井。1986 年，建油管桥抽水站，铺设了 2000 米长的管道，抽盘龙江水回灌翠湖。但盘龙江水水质越来越差，翠湖水又因不流动而富营养化。1997 年改为抽取污水处理厂处理的中水输入翠湖，日供水约 10000 立方米，并两次抽干湖水，置换好水。最近，第四污水处理厂回灌翠湖的中水每日为 15000 立方米，水质已超过一级 A 标。翠湖经历了 30 多个春秋的水源干涸期，作为人工调控湖水的阶段，在政府的努力下，水量和水质都已逐渐满足需求。

千年翠湖，历经滇池湖湾期、人工泻湖期、水陆逆转期、园林培育期、水源干涸期。翠湖的沧桑变迁，给了我们无尽的启示。

历史上翠湖的性质也在变化。从人文方面探讨，经过不同时期的充实和各部分的渗透交融，至今翠湖已凝聚成一座文化湖。

翠湖所处的环境十分特殊。它的西岸军事功能突出，长期成为军事禁区。最早是沐英的柳营，终明之世，一直为沐氏别业。在柳营附近，还驻有大量卫所屯军守卫。清初，大片水域被改造成吴三桂的新府，后称洪化府。吴三桂反清失败，这一片被改称承华圃，改建为练兵的演武场，与北教场、南教场并列，俗称西教场。清末，在此建讲武堂，训练新军，以后改为讲武学校。新中国建立初期，这里设为昆明步兵学校。翠湖北岸是文化教育的圣地。明弘治十二年（1499 年）迁建云南贡院于今云南大学校址，倚山临海，修长的石阶称龙门道，翠湖俨然成为它前面宏阔的泮池，甚至还有人乘船到贡院赶考。每届考生多时达 5000 多人，大批精英在此被选拔出来，有一段时间贵州考生也来此应试。贡院是云南举子向往的地方，也是云南民众瞩目的地方，翠湖北岸因此出现了一批与之有关的文化地名。青云街原称贡院街，为从城内到贡院的要道，途中的一座桥称龙门桥。后来改称青云街，寓意“一登龙门，直上青云”。贡院附近的先生坡，因巷底东侧有龙神祠，每逢秋闱，先期腾空给誊录的书手集中下榻，“住宿祠中，扃门不准外出”，开考后再进入贡院誊录所。科举考试考生所写的原卷称墨卷，需经专门誊录试卷的书手转抄为朱卷。这些誊录的先生有 600～800 人，有教私塾的教书先生、代人写信写字的写字先生、看风水的阴阳先生、打卜算卦的算命先生等，皆通称“先生”。文林街是考试前后各府、州、县来赶考的士子寓居聚集的地方，取文人如林之意。当年“秋闱”前后，这条街上的盛况可以想见。大西门外有文昌宫（在今文林小学及部队招待所处），又有纵横交错的龙翔街和凤翥街。文昌宫与贡院互相呼应，“龙翔”、“凤翥”也是贡院大门“腾蛟”、“起凤”牌坊的延伸，寓意士子通过考试功成名就。翠湖南岸散列着寺庙、会馆、祠堂等，比屋连甍，坡巷错杂，市井气息较浓。武成路北侧，分布着土主庙、城隍庙、武庙，还有尽忠寺、洱源会馆、石屏会馆等，湖边有接待朝廷来滇要员的国宾馆“皇华馆”，后来又出现了法国领事馆（今翠湖宾馆处）、法国医院（今市妇幼保健院）、天主教的“三一圣堂”。民国年间，城隍庙改为劝业场，尽忠寺改为黄公祠，在皇华馆设赵公祠。

安全的防卫体系、恬静的自然山水、浓郁的文化氛围，把翠湖一步步推上极致。南明时期，先后出现了福王、鲁王、唐王、桂王，又以桂王永历政权持续的时间最长。永历元年(1647年)，张献忠大西军的余部孙可望、李定国、刘文秀、艾能奇四将军进入昆明，孙可望在五华山建秦王宫，“黄屋双阙”，李定国以原布政司（今正义路东侧，威远街北侧）为晋王府，刘文秀以原柳营为南府，后称蜀王府，艾能奇以贡院为定北府，环翠湖安排为行政中心。“四将军”执行联明抗清的政策，控制我国半壁河山，迎永历帝朱由榔来昆明，称为“滇都”。皇宫先在贡院，后迁五华山，翠湖俨然成为大内旁边规模宏阔的太液池。永历十六年（康熙元年，1662年）吴三桂杀害永历帝于篦子坡头的金蝉寺内，群众愤而称此处为逼死坡。此后，在台湾的郑成功一直奉永历正朔，据连横《台湾通史》，“十七年春正月，滇城讣至，经犹奉朔称永历”，历郑经、郑克塽，直到“永历三十七年归清”。

柳营洗马、贡院盛况、明宫残忆、洪化府烟雨、讲武堂风云，深刻影响着昆明城的发展，也影响着中国的历史，翠湖因此为国人所瞩目。清代以来，翠湖加快了园林培育的步伐，也赚足了人气。大量名人、文化人都以走近翠湖为追求；吟咏翠湖的诗文不断涌现；翠湖周围的纪念建筑和名人故居越来越多——翠湖终于凝聚为昆明文化圈的核心。近年揭幕的云南陆军讲武堂的历史陈列开了一个好头，让观众获知在讲武堂学习和主持工作的李根源、朱德、叶剑英等一批名人，还有李范奭等韩国人、越南人。假如我们按同样的思路统计出在皇华馆驻过的钦差大臣和逐届乡试的正副考官，又有林则徐、李澄中、王先谦等一批名人。从云南贡院走出并高中进士者更多，据《明清进士题名碑录》，明清云南籍的进士共950人，据党乐群《云南古代举士》统计，元明清三代文进士977人。还有一批名人在翠湖边买地建屋长住，如李於阳、陈荣昌、袁嘉谷、李坤、陈古逸、陈一得、周钟岳、卢汉、陆崇仁、胡若愚、金汉鼎等。陈荣昌1910年的著作称“翠湖西畔寓庐”，1925年的著作仍署“翠湖旧庐”。袁嘉谷的澍园建于1920年，直到1937年终老都住此。当然，与翠湖有特殊关系的名人不一定寓居翠湖。聂耳喜欢到翠湖唱歌、练琴，并谱出名曲《翠湖春晓》。越南人民的伟大领袖胡志明在昆明做地下工作时，经常在翠湖会中亭与仁人志士约见。翠湖边的纪念建筑密集。杨文襄公祠祀明代乡贤杨一清，原在翠湖北岸，今已不存。钱南园祠祀清代乡贤钱沣，原在青莲街北侧的小巷，该巷也因此得名学士巷，位于今翠湖宾馆北侧、卢汉故居东畔。纪念民国英烈黄毓英的黄公祠现为毓英小学，今有一亭，两旁因名黄公东街、黄公西街。纪念民国英烈赵又新的赵公祠后为五华区教育局，门楼尚存。“明永历帝殉国处”在华山西路，有纪念碑园。“李公朴先生殉难处”碑在大兴坡北侧。闻一多先生殉难处在西仓坡头，有纪念亭。至今保存完好的云南陆军讲武堂、云南贡院、昆明自来水博物馆，北门书屋、石屏会馆及袁嘉谷故居、周钟岳故居、卢汉故居、王九龄故居、陆崇仁故居、熊庆来—李广田故居等一批名人故居，分别被列为国家级、省级、市级文物保护单位。

清末以来，翠湖周边的文化教育设施得到加强。光绪十七年（1891年）在翠湖北岸报恩寺旧址建经正书院，昆明出现了又一座培养人才的重地，与五华书院齐名。宣统元年（1909

年）在经正书院原址和丰富藏书的基础上建立图书馆。以后又附设博物陈列所，宣统三年（1911 年）分开建馆，成为云南省图书馆和云南省博物馆的前身。1922 年在原贡院建东陆大学，后改云南大学。云南大学的工学院、医学院和农学院的农学系、林学系，后来独立建校，成为今天昆明理工大学、昆明医学院、云南农学院、西南林学院的前身。云南近代重要的文化、教育机构都是从翠湖核心区孕育孵化成长起来的。民国年间的重要科学实验也在翠湖边进行。著名气象和天文学家陈一得长期坚持在钱局街自己的家中进行观测，以后扩大迁建为太华山气象站。1934 年云南大学在校内进行了康熙年间天文点的复测，其成果与康熙时的数值一致，且较前精密，至今留下省级重点保护文物“云南第一天文点”。

随着历史的积淀，翠湖文化圈的范围逐渐扩大。近代，超越城墙在大西门外出现了昆华中学（今昆明一中）及昆华师范（原胜因寺，后来的师专）、昆华工校（原文昌宫，今文林小学）、昆华农校（今十四冶办公楼）。抗日战争时期，北京大学、清华大学、南开大学迁昆，建立西南联合大学，在北城墙打开一个跑警报的缺口，昔日的荨麻巷发展为文化巷，文化巷、钱局街及文林街、龙翔街、凤翥街一带成为联大师生活动最频繁的地方，一批国内一流的文人、学者、教授也散居在这一带，翠湖文化圈累被称道。新中国建立后，新建了省图书馆、省农展馆（后改名省科技馆）、省文联、翠湖宾馆、省政协大楼（后改为省民主党派大楼）等一批文化设施及标志性建筑，翠湖核心区又获加强。西北郊新增了昆明工学院、云南民族学院、云南教育学院、昆明冶金专科学校等，出现了一二一大街、学府路、文昌路等，翠湖文化圈的范围至此而极。

从自然方面探讨，翠湖应该是一座生态湖。

首先，翠湖命名的变化值得注意。云南人对湖俗称海子，

“海子”也成了昆明人对翠湖长期使用的专名。早在湖湾被围入城内，形成泻湖之初，驻扎在湖边的军屯点，就因海子得名，称西海子屯、南海子屯，见正德《云南志》。直到民国年间，翠湖西北岸仍称北海子边，南岸仍称南海子边，见民国初年绘制的《昆明市图》。明初围湖入城时，湖面宽阔，沐英的柳营临湖，“洗马河”成为翠湖的别称。吴三桂修新府，在湖中挖的河，后人称洗马河，其实该河与沐英已无涉。这条水道应该就是清人诗文中的锁烟溪。翠湖也长期被称为九龙池，见诸明清地志。“九”喻其多，“九龙”喻出水之多，并非就是9个泉眼。翠湖周边有龙神祠、大玉龙寺、小玉龙寺、海潮庵、水晶宫等，皆被认为是神龙的窟宅，玉龙堆、海潮巷、水晶宫等地名一直沿用到今天。直到昆明自来水厂建成后，“九龙池”才被限定专指自来水厂用的翠湖东北部的取水池。翠湖也称为荷花池，见于明代的志书，后来翠湖种莲的特色仍继续保留，但“荷花池”的喊法逐渐淡出，大概是为避免与北门外莲花池混淆的缘故。明清之际，翠湖通称菜海或菜海子，以“菜圃居其半”而得名，从天启《滇志》到康熙《云南府志》皆有记载。《嘉庆重修一统志》仍袭用天启《滇志》的说法，大概从明天启到清嘉庆年间翠湖的特点基本如此，但“清迴秀澈”的描述已被删除，水质恐已不如前。戴絅孙《九龙池铭并序》谓：九龙池“一名翠海，音之转翠讹菜”。王崧《道光云南志钞》也说：“有池曰九龙，一名翠海，俗讹为菜海。”其实，菜海之名较翠海早得多，老百姓的俗称最真实具体，看得见摸得着，但雅化的地名往往让文化人心醉，因而，“翠海”之名多出现在诸家诗文中；“翠海”又与“菜海”谐音，当地一般群众也容易接受。到晚清，翠湖处于新的标准名称的遴选期，多种名称杂陈，既有传统称谓九龙池和菜海，又出现了新名翠湖，通名亦与内地相同，启用“湖”字。陈荣昌的诗题为《九龙池八景》，文中称“菜海”，又多次提到“翠湖”。赵藩、袁嘉谷等多人的诗文中都出现了翠湖的称谓。民国年间渐趋统一称为翠湖，见《清史稿·地理志》、《新纂云南通志》。具象拟物的“菜海”，经过300多年的历史选择，终于提炼出“翠”的大美境界，“翠湖”的命名对于春城昆明是当之无愧的。

翠湖以水著称，不但蓄水，而且从地下涌出大量泉水。在明代，翠湖还是滇池的主要水源之一。天启《滇志》卷19载明人方良曙《重浚海口记》分析滇池形势说：

> 盖金马、碧鸡东西两山夹护，商山北来而环卫于前，中列一大都会，其下并受邵甸、牧羊山诸泉及乌黑龙潭、菜海、海源、洛洛河诸水，汇为巨浸，延袤三百余里，军民田庐环列其旁，而泄于其南稍西一小河，又折而北，不见其去，故又名滇海云。

把翠湖的水与黑龙潭、海源河、洛龙河诸水并列，视为滇池的重要水源，反映了明代翠湖充沛的水源补充滇池的历史事实，值得重视。此后，翠湖一直保持涌泉旺盛的势头，大量向外供水。罗养儒《纪我所知集》的“翠湖之旧观”篇，记翠湖出水情况甚详。及至晚清翠湖仍水源遍布，泉眼多，水量大，还有温泉，但随着人为的填塞折腾，水量的减缩也很突出。据民国年间的《续修昆明县志》记载，九龙池“水由通城河流入玉带河”。20世纪50年代，笔者亲见讲武堂边的洗马河已如小沟，但翠湖的大量清水仍通过该河汩汩外流。当时，翠湖西门附近、唐堤南侧尚有一井，水质很好，俗称小龙潭，其上建有一座井亭，既保护水井，又点缀风景。翠湖丰富而优质的水源还成为昆明自来水的绝佳选择，推动了昆明的城市现代化。1915年开始筹办昆明自来水厂，1918年正式送水。选择翠湖东北部涌泉集中的一片“湖中之泉”，建成面积为3776平方米的水池，并在池边建成泵房，形成九龙池和竹林岛。又在其相近的高地五华山腰、今华山西路东侧建自来水厂，包括滤池、水塔、泵房等。九龙池平均出水量为 3000 立方米/日，最大出水量达 6000 ~ 8000 立方米/日，1918 年建成送水时，日供水量为 1034 立方米，至 1949 年底，日供水能力为 1100 立方米，供水面积 5. 31 平方公里。直到 1957 年，翠湖都是昆明自来水供应的唯一水源，翠湖水源的潜力于此可见。

在汉语词语里，山和水可谓一对孪生姐妹，作为风景名胜，山和水相得益彰。徐霞客赏尽名山胜景，他对风景的评价可资借鉴。他描述邓川西湖的景致说：“汀港相间，曲折成趣，深处则旷然展镜，夹处则窅然罨画，翛翛有江南风景；而外有四山环绕，觉西子湖又反出其下也。”邓川西湖富于变化，山水相映成趣，四面的山胜过杭州西湖。翠湖既傍五华山，又傍圆通山。明人说处“五华山之右”。陈荣昌《翠湖赋》说：“陟岭枕其后，华山抱其前。”《清史稿 · 地理志》也说：昆明“城内：五华山、螺山。山有潮音洞，山侧有翠湖”。五华、圆通两山及其余脉，环绕翠湖三面，南为磨盘山，北为青山，再远处还能遥望陟山。远山近水，互为借景，引入画图。清人有诗云：“烟迷海气连城白，日落山光入座阴。”民国年间来昆的联大师生记载：“城西有翠湖，大可数百亩，中间有半岛，四周树木茂盛。傍晚阳光倾斜，清风徐来，远望圆通山上的方亭，正如北海望景山。”20 世纪 50 年代，笔者初到云大时，从翠湖举首就能看到会泽院。明代，“螺峰拥翠”就被列入“滇阳六景”，后来又有“五华鹰绕”、“ 翠湖春晓”，翠湖及其周边的山水名胜在昆明八景中已占三景，贡院坡有百年古树一林，俗称青山，亦堪为一景。其间还有圆通寺、水晶宫、大梅园巷、小梅园巷等散列在崖畔林间。以翠湖为中心的湖光山色，风景连续，内容丰富，层次多样，已具备翠湖风景名胜区的规模。从翠湖上五华山，取登华街最平缓便捷，街即因此得名。今华山西路最适于观赏五华山，过去称为瞻华街。丁字坡是连接翠湖与圆通山最近的通道。登山览胜，下湖摇橹，情趣无穷，风光无限。

历史上，翠湖被人们比喻为杭州西湖不是没有道理的。翠湖造园多借鉴西湖，具体而微。翠湖与西湖都三面环山；湖心岛和观鱼楼，还有纵横交会的阮堤和唐堤，类似西湖的孤山、白堤、苏堤；西湖十景中的曲院风荷、柳浪闻莺、花港观鱼、平湖秋月等景致在翠湖都能找到。前些年，园林部门对公园做了调整，挖断唐堤西段，绕道海心亭，在九龙池西端建桥与北门连接，又修建九曲桥，培植棕榈岛，不但大大改善了各景点间的通达条件，也使翠湖在依稀窥见西湖神韵的背后，突出了自己的个性。今日翠湖，犹如一朵盛开的高原之花，花瓣花蕊，宛然在目。翠湖最大的生态亮点是每年都上演的人鸥深情。从1985年冬开始，至今30多年，西伯利亚等地的红嘴鸥每年都光临这个城市中心的水域，从11月到次年3月，从不爽约。从最初的上千只，后来增加到上万只，数量越来越多。昆明人一往情深，热爱海鸥，保护海鸥，出现了喂鸥老人吴庆恒、“鸥王”顾兵等数不尽的感人的人和事。政府发通告保护海鸥，组织护鸥巡逻，出资生产鸥粮，让其他城市引颈、感叹。科学家和环保志愿者不失时机地研究、追踪、统计海鸥，积累了资料，创造了特色，对红嘴鸥的研究独树一帜。红嘴鸥让翠湖独领风骚，红嘴鸥给昆明鼓足了信心，翠湖应该是一座生态湖。

遗憾的是，历经千年沧桑巨变，翠湖的山水消耗殆尽，翠湖的发展已经到了它的临界点。今天的翠湖，九龙池水已绝，只能靠人工灌水维持，犹如病人必须天天输血。圆通山、五华山、云大簇拥的青山绿树被重重高楼隔断，山水相依的自然景色亦不再识。翠湖的园林建设也折腾太多，风景园林资源遭到过度开发。设施重叠，水面越来越小。堤、岛、洲、渚全部用水泥和五面石进行人工渠化处理，再也看不到土石堆叠高低错落的姿色。为让人们在林下穿梭踩踏，翠湖内外的陆地全部铺筑石板，用悬在空中的森林覆盖率代替树木、花卉、草地组合的立体植物生态系统。作为文化翠湖，也面临着异化和过度商业化的危险，它已远远超过了环境容量的承受能力，天天都像节日游园。

翠湖是滇池边人们有意为之保留下来享用的一片水域，是昆明古城边滇池沧桑变迁的历史见证，是镶嵌在明清城中的绿宝石，是十分难得的自然遗产。翠湖及翠湖文化圈积淀了昆明这座国家级历史文化名城的精华，文物荟萃，古迹密集，历史故事丰富，传统风貌浓郁，也是历史文化遗产。翠湖具有双遗产的身份，是独具特色的风景园林胜地。我们要珍爱翠湖。

下篇　昆明山水文化举隅

昆明古城的中轴线

昆明古城有中轴线吗？我们的考察让人有些意外。

昆明古城后倚五华山，前临滇池，正适合坐北朝南建城的原则，城市布列和主要建筑皆取南北坐向。南诏劝丰祐天启年间所建的东寺塔和西寺塔有幸留存至今，成为我们首选的重要地标。两座塔处善阐城南隅滇池湖涘、东寺街的南端，在街两侧东西对峙，东寺街作为善阐城的主街一直向北延伸，北对五华山。南诏时所修的玉带河其实分东玉带河和西玉带河。西玉带河即今人们熟知的玉带河；东玉带河的河身亦作南北向曲折状，与西玉带河在东寺街两侧对称布列，构成了古城南半经过人工规划建设的水城形象，在实测的《清末昆明街道图》和《昆明市图》上还能体察得到。今金马、碧鸡坊一带历史上称为中堆，正是古城的适中处，因此得名。近年曾发掘出大量南诏时期的文物，应该是善阐城中轴线上的一处重要节点。改造天然的土堆为高台，在其上建楼阁，也是善阐城中的靓丽景观。东寺街实为南诏、大理善阐城的中轴线。

元代中庆城的标志性建筑之一是文庙，包括礼仪祭祀的孔庙和培养学生的儒学两部分，规模宏大。包括今文庙横街、文庙东巷、文庙西巷、华山南路之间的地块，其前正对文庙直街，亦即今日昆明文庙之所在，部分建筑和全部基址仍存。文庙直街所对的棂星门，是文庙的主轴，当然不可能对其东的庙学，这就是文庙直街所对偏西的原因。元代在五华山上创建悯忠寺，明代改称五华寺。元代又在城中心闹市区有上下两院清真寺，其间为宽阔的清真寺广场。揆之地望，今文庙直街、文明街、南通街、东寺街正可连为一条南北向的中轴线。元代中庆城的中轴线刚好与南诏、大理善阐城的中轴线重合。元代用悯忠寺、文庙、清真寺广场加强了这条中轴线的北段；将文庙置于城市中轴线上，彰显了他们的智慧和文化观。从文庙到东、西寺塔的通衢成了元代中庆城中最壮观的中心大道。

明初建云南府城，作为城市中轴线的主街是南门大街和三市街。其间的崇正门是一个重要节点，门楼高大壮丽，下有月城，前为城濠，还有凤凰桥，整座建筑体量甚大。穿南城门而过，在其南段建了金马坊、碧鸡坊、忠爱坊，俗称“品”字三坊，金碧辉煌。在南门大街上，后来又建了三牌坊、四牌坊，中轴线的效果亦得以加强。但较之前朝，原来的通衢大道被城墙隔为两段：清真寺广场被城墙占用，上下两院被分为两座清真寺；新建的南门大街位置东移，长度也缩短了，变化的原因颇费解索。其实，有关此事的始作俑者为费良弼。费良弼其人，正德《云南志》卷20《流寓》载：“费良弼，吴兴人，学行俱优，精于天文。洪武初，以苏州府知府谪戍云南。后召为五经博士，有诗文留滇。”该书外志文章收有《昭灵观记》，原注作者“费良弼，吴兴人，顺德府知府”，大概还担任过顺德府（在今河北邢台）知府。万历《云南通志》卷10《官师志》云南府流寓所载同。天启《滇志》卷13《官师志》云南府流寓记载较详：

> 费良弼，吴兴人，洪武初，以苏州太守谪戍。每旦擐甲执殳登陴，风雨罔懈。西平侯礼遇之，为建庖室于城铺之侧，（原注：今此铺独大，而室尚存。）以幼军一人执爨。忽数日，坚卧不起，西平遣人候其疾，弼曰：“疾痛则无，官车已宴驾矣。”后十余日，哀诏果至，其精天象

类如此。初，崇正门在西南，直下羊市街，弼言其不利，因改辟于东，如今制。寻召为五经博士。（原注：此不经见，出于故老相传。）

直到清道光年间，戴絅孙编《昆明县志》，在《黎献志·寓贤》中立有费良弼传：

费良弼，湖州人，知苏州府，以事戍昆明，至则擐甲执殳，日登陴，风雨罔懈。西平侯沐春礼遇之，为建庖室城铺侧，以幼军一人执爨。忽数日坚卧不起，沐遣人候其疾，良弼曰："疾痛则无，宫车已宴驾矣。"已而，太祖崩，盖夙精天象也。初崇正门（原注：今丽正门。）在西南，直下羊市街，良弼言其不利，因改辟于偏东。寻复召入为博士。

诸书所载虽不尽一致，但费良弼其人是可信的。改门之说虽系故老相传，但上引各事亦证其不诬。准确地说，不是将明代新建的城门移位，而是改变南诏以来的城市中心大街；不是改门的朝向，而是整条中轴线往东移。明代云南府城中轴线的东移，当与五华山的对景有关，从五华山上建筑的分布可窥其端倪。清初徐炯《使滇日记》载：五华山"山在城之中，不甚高，而众山咸在目中。西有愍忠寺，屡毁于兵。范公构方圆二亭，灿然可观，为庆贺月吉之所，范公颜其亭曰拜云"。"愍忠寺"即悯忠寺，在五华山顶偏西，是文庙—东寺街大道的对景，从今东寺街极目北望，远处正对蛇山的头；拜云亭偏东，是五华山的最高处，从今正义路北望，不偏不倚，正对五华山绝顶。原来，主要发生在对龙脉认识的分歧。为了屏风聚气，明代的南北大街仅从马市口到金碧路，金马、碧鸡坊间成了一面大照壁。但历史遗迹无法抹掉，作为对景的东西寺塔像龙尾巴摆向西边，极不协调。

以后，历清代以至民国，都着意加强这条中轴线。清代，在五华山顶建拜云亭，成为官员举行仪式给皇帝祝寿的地方。在“品字三坊”以北，丽正门内，今威远街、光华街口，建“天开云瑞、地靖坤维”牌坊，俗称“三牌坊”。在长春路与正义路口，过去也曾有一牌坊，但时间较短，俗称“四牌坊”。民国年间，在五华山顶建开武亭，后来又先后建发射无线电和电视的高大铁塔，成为正义路上最显眼的对景。最有趣的是清末东寺塔戏剧性的变化。道光十三年（1833 年）地震，东寺塔倾倒，光绪九年（1883 年）重建。《云南府志》载：“清道光十三年地震，塔圮，历年议修未果。光绪九年，总督岑毓英率士民移建于三皇宫前，阅四年而工竣。”诸书所载皆未提及重建时选址的奥秘。书林街原仅为后新街口以北一条小街，新中国建立后不久，填掩臭水河，建成了平直修长的大道，北抵金碧路，南达玉带河上的玉带桥。从此，书林街与东寺街对称布列，东寺塔竟与西寺塔对峙两侧，一在东寺街西，一在书林街东，前人留下的规划的伏笔，至此完成。明初以来草创的云南府城中轴线，终于由一条变成一组，以一山（五华山）、一园（近日公园）、一路（正义路）、两塔（东寺塔、西寺塔）、三街（三市街、东寺街、书林街）、三坊（金马坊、碧鸡坊、忠爱坊）的格局，浓墨重彩地呈现在世人面前。这是昆明历史文化名城历经千年的守卫和创造，宜宝爱之。

附记：前些年，在东西寺塔步行街南廊中段重建了一座“近日楼”，坐南朝北，刚与昆明古城的方位反向，本为加强昆明古城中轴线，但这一赝品却帮了倒忙，干扰了对昆明古城的认识，亦宜鉴戒。

金马碧鸡考

一

金马碧鸡的故事，是一个发生在西南地区，惊动了汉朝皇帝的古老传说。它延续了 2000 多年，历久不衰。

《汉书 · 王褒传》说：

> 方士言益州有金马碧鸡之宝，可祭祀致也。宣帝使褒往祀焉。褒于道病死，上闵惜之。

此事亦载《汉书 · 郊祀志》。王褒的《碧鸡颂》见于《后汉书》李贤注：

> 持节使王褒谨拜南崖，敬移金精神马、缥碧之鸡。处南之荒，深溪回谷，非土之乡。归来归来，汉德无疆，兼乎唐虞，泽配三皇。

大概这不是《碧鸡颂》的全文。《水经 · 淹水注》朱谋㙔笺所录可以互相补充：

> 持节使者敬移金精神马，缥缥碧鸡。归来归来，汉德无疆。黄龙见兮白虎仁，归来归来，可以为伦。归兮翔兮，何事南荒也。

金马碧鸡在哪里？《汉书 · 地理志》系于越嶲郡青蛉县下，谓“禺同山，有金马碧鸡”。《续汉书 · 郡国志》亦载：“青蛉，有禺同山，俗谓有金马碧鸡。”汉代青蛉县在今大姚、永仁县境，但对禺同山位置的说法稍有不同。《读史方舆纪要》卷 116《大姚县》：“《汉志》青蛉县禺同山有金马碧鸡，或以为即方山也。”方山在今永仁县东北部。袁嘉谷《滇绎》卷1谓禺同山为大姚县西三十里的龙山。今大姚县则指县东10公里的紫丘山为禺同山，大姚县治现名金碧镇，亦因金马碧鸡的传说而得名。

金马碧鸡是什么？《后汉书·西南夷传》说：“青蛉县禺同山，有碧鸡金马，光景时时出现。”《华阳国志·南中志》“青蛉县”说：“山有碧鸡金马，光彩倏忽，民多见之。有山神。”《水经·淹水注》说：青蛉“县有禺同山，其山神有金马碧鸡，光景倏忽，民多见之”。《太平寰宇记》卷79《姚州》说：“《九州记》云蜻蛉县有禹穴。蜻蛉即云南郡废邑，有禹穴，穴内有金马碧鸡，其光倏耳，人皆见之。汉王褒入蜀祀之。”“禺同山，山有金马碧鸡之祠。”汉晋以来记载不少，但都比较含糊，加之王褒在路上病死，更无法探其究竟。后来，左思的《蜀都赋》有“金马骋光而绝影，碧鸡倏忽而耀仪”的名句，突出瑞符呈祥的美好形象，更增加了这一传说的文化色彩。千百年来，对金马碧鸡的解释众说纷纭。最早进行解释的是《汉书·郊祀志》颜师古注引如淳说：“金形似马，碧形似鸡。”近人任乃强、刘琳皆认为系矿产，“禺同山产金、碧，形状较奇特，方士遂诡称为神”[①]。汪宁生认为系该山出现反光的自然现象，古人不能解释，目为金银之化身，幻想其为马为鸡[②]。大姚一带的群众认为，该县紫丘山的景色随气候发生变化，似金马如碧鸡，因而被神化[③]。云南自古以来以其优美迷人的风光、多姿多彩的景色、丰富独特的物产令内地人们惊讶和膜拜，古

① 参见上海古籍出版社1987年出版的《华阳国志校补图注》及巴蜀书社1984年出版的《华阳国志校注》。

② 详见云南民族出版社1989年出版的《中国西南民族的历史与文化》。

③ 朱惠荣主编：《中华人民共和国地名词典·云南省》，商务印书馆1994年版。

人的科学知识有限，很多在当时无法认识的事物便被神化。金马碧鸡究系何物，永远是一个谜，它将作为一个美好的神话，寓意云南的富饶和神奇，留驻在各族人民的心田。

二

唐代，随着南诏势力向东发展，金马碧鸡的传说也东移到滇池地区，由一山变为二山。《蛮书·山川江源》载：

> 金马山在拓东城螺山南二十余里，高百余丈，与碧鸡山东南西北相对。土俗传云，昔有金马，往往出见。山上亦有神祠。从汉界入蛮路出此山之下。
>
> 碧鸡山在昆池西岸上，与拓东城隔水相对。从东来者冈头数十里已见此山。山势特秀，池水清澹。水中有碧鸡山，石山有洞庭树，年月久远，空有余本。

金马山今名同，在昆明东郊。碧鸡山即今西山，在昆明西郊滇池边上。两山一左一右，拱卫着拓东城，又控扼着通往滇东、滇西的交通要道，东有金马关，西有碧鸡关。元代王升咏道："碧鸡峭拔而岌峨，金马逶迤而玲珑。"清代孙髯翁咏道："东骧神骏，西翥灵仪。"地方志对昆明的形势累有概括，谓"左环金马，右拥碧鸡，列昆海以为池，枕螺峰而带郭"。拓东城环境条件优越，与金马、碧鸡两山有很大关系。

然而，神话所指却发生了变化，金马、碧鸡都换成了动物。正德《云南志》卷2《云南府山川》载：

> 碧鸡山在府治西南三十里。东瞰滇泽，苍崖万丈，绿水千寻，月映澄波，云横绝顶，云南一佳景也。相传昔有碧凤翔翥此山，后讹为碧鸡云。汉宣帝时方士言益州有金马碧鸡之神，可祭祀而致。遣王褒往祀，至蜀惮其路远，望而祭之。颜师古谓金形如马，碧形如鸡。上多佛寺。

> 金马山在府治东二十五里，西对碧鸡山，中隔滇池。山不甚高，而绵亘西南数十里。麓有归化佛寺，下有金马关。相传昔有金马隐见其上，故以名山。

无法证明传说中的凤凰曾飞临此山，但孔雀却可能栖息过西山。据《后汉书·西南夷传》等，汉晋时期滇池地区“多出鹦鹉、孔雀”。到唐代，孔雀在滇池地区已变成珍稀动物，仅西山偶有所见，因被视为祥瑞，附会为王褒祭祀的碧鸡了。滇池地区向以产名马著称，有关神马的记载屡见不鲜。《华阳国志·南中志》载：滇池县“长老传言，池中有神马，或交焉，即生骏驹，俗称之曰滇池驹，日行五百里”。《宋书·瑞符志》载：晋孝武帝太元十四年（389 年）六月二十八日，“神马二匹一白一黑，忽出于（滇池）河中，去岸百步。县民董聪见之”。金马山因马得名也不奇怪。

值得注意的是，金马碧鸡却与另一个传说连在了一起。对这一传说的记载，以天启《滇志》较完整，今录于下：

> 周宣王时，西竺有国曰摩揭提，王曰阿育，生三子，长福邦，次弘德，季至德。王有神骥一，其色如金，三子皆欲之。王意欲与季子而患其争，乃以辔私授至德，纵骥东驰，命三子曰：捕获者主之。三子各部众追至滇池上。长子意马渴，饮滇池上而邀之，不获。仲子意马必至甸中，伺而邀之，亦不获。至德追至东山松林中，以辔邀之，马见辔而就，遂获之。王思滇远，恐不获归，遣舅氏神明统兵以援。将归，哀牢夷阻道，不返，既没，福邦为碧鸡山神，弘德为岩头山神，至德为金马山神。蒙氏封福邦为碧鸡景帝，弘德为上甸景帝，至德为金马景帝。

南诏时，在金马山、碧鸡山及陡山都建有神祠，主要祀阿育王三太子。《纪古滇说集》载：“（南诏威成王）九年，追封阿育王三子一舅，皆谥以帝号，而神主各山，以庙祀之。长子福邦为碧鸡山主，庙山之下，谥曰仗义山河清邦景帝，次为灵伏雠夷滇河圣帝，三为金马名山至德景帝，庙于金马山麓。谥舅氏神明乃曰大圣外神明天子，庙亦碧鸡山主庙之左。”“保和八年（831 年），昭成王幸善阐东京，树碑于金马，以纪方物。”天启《滇志》卷 16 也说：“金马神庙，在府城东金马山麓。碧鸡神庙，在府城西碧鸡山麓。祀阿育王长子福邦逐马至此，蒙氏僭号时建，今仍之。”“天子庙，在府城北山之麓，祀阿育王次子弘德。”惜南诏建筑及“金马碑”今已不存。昆明东郊金马寺今有十三层密檐方塔，在金马办事处机关大院内，该寺殿屋被围在金马寺小学内，墙上有碑，叙述阿育王三太子追马的故事。

这一神话产生于南诏扩张势力、佛教东传的背景下，不足奇怪，但却与传统的金马碧鸡说发生了矛盾，其内容就易为人们怀疑。顾祖禹重申王褒求鸡马之说谓：“汉宣帝神爵元年（前 61 年）方士言益州金马碧鸡之神可祀而致，乃遣谏议大夫王褒求之，即此。”① 戴絅孙则明确表示：“金马碧鸡之说，古老传闻之，旧矣。阿育王事，余久不信之，以前《志》录，姑存其故也。”② 张道宗《纪古滇说集》融合两个神话为一，企图调和矛盾。兹录于下：

> 宣王时，西天竺亦有国曰摩耶提，乃王也，是净梵王摩耶之后裔也。摩耶提名阿育，生三子，长曰福邦其名也，次曰弘德，季曰至德。三子俱健勇，因父阿育有神骥一匹，身高八尺，红鬃赤尾，毛有金色，三子共争之。王莫能决，乃曰：三子皆一也，与一则偏一，而不爱于二也。乃命左右曰：将我神骥纵驰而去，有能追获者主之。乃一纵直奔

---

① 见《读史方舆纪要》卷 114“金马山”条。

② 见道光《昆明县志》卷 17《杂志》。

东向而去，三子各领部众相与追逐。其季子至德先至滇之东山，而获其神骥，就名其东山以为金马山。长子福邦续至滇池之西山，闻季子已获其马，停憩于西山之麓，忽有碧凤呈祥，后误目山曰碧鸡。次子弘德后到滇之北野，各主之不回。王忧思滇类众，恐未获归，乃遣舅氏神明，统兵以应援。将归，不期哀牢夷君主阻兵塞道，而不复返矣。

神爵元年春三月，汉宣帝遣谏议大夫王褒求滇金马碧鸡之神。神乃阿育之仲季子也，因收金马，见碧鸡腾翔，各以山主之，及兄福邦、舅神明俱为神矣。王褒由川之来，路道险远，弗果，在蜀而望滇祭之。

三

元代以来，对金马碧鸡的纪念性建筑越来越多。《元混一方舆胜览》载："碧鸡山、金马山：俗传昔有金马、碧鸡隐现于山，汉宣令王褒祭金马、碧鸡，故二山皆有祠。"但元统治者更重视金马山的战略地位，修建了金马关城。《读史方舆纪要》卷114载："金马关，在府东七里金马山下，旧有关城，元筑，今废。"明代，金马山巅有泉水，山上有长亭，山麓有金马山神祠。祠左还有三贤祠，为万历年间巡抚陈用宾建，祀汉谏议大夫王褒、明佥事刘寅、翰林修撰杨慎。碧鸡山神祠在西山麓高峣村南。嘉靖二十五年（1546年）杨慎请友人用隶书刻王褒《移金马碧鸡颂》于西山三清阁下千步崖石壁。民国年间袁丕佑又在其旁增刻《碧鸡颂考》。王褒文还被镌于归化寺殿壁。城内亦有王子渊祠，祀王褒。金马碧鸡神祠的位置曾有变化。《寰宇通志》卷111载："碧鸡山神庙，在碧鸡山。""金马山神庙，在金马山。今土人移其庙于城中。"《明一统志》卷86亦载："碧鸡神庙，在碧鸡山东。""金马神庙，在金马山西，今移庙城中。”一千多年来，神祠累有毁建迁徙，但直至清末，始终未废。

在有关金马碧鸡的诸多纪念建筑中，最成功的要算金马碧鸡坊。明清时期在古城中轴线上巧设若干牌坊，其中金马碧鸡坊处于最显要的地位。明代，云南府城的南沿虽从玉带河向北退移到今近日公园，但三市街、金碧路一带仍是最热闹的商业街区。云南府城对外交通状况，受地理环境制约，大体沿袭南诏以来的形势。滇西来的大道，过碧鸡关后，分为水路和陆路。水路从高峣航运到南坝起坎，经东寺街、金碧路、三市街入城。东边的交通皆取陆路，滇东通京大道经金马关，滇南来的干道经石虎关，会合后过云津桥，经金碧路、三市街，从南门入城。金马碧鸡坊正处在水陆通道会合的繁华街衢的转折处，既是云南府城交通的门户，又是府城中轴线的前端；既加强了中轴线，又往两边疏解人流，起着承上启下的作用。两坊始建的时间，一般认为在明宣德年间（1426～1435 年）。景泰《云南图经志书》已有记载：“今城南三市街有碧鸡、金马二坊，盖表其为一方之胜也。今成都亦有碧鸡、金马二坊，盖本诸此也。”自此以后，多少重要的历史事件都发生在这条大道上。明末农民起义军孙可望、李定国等“四将军”率部从这里入城，人们沿街设香案迎接。南明永历皇帝也是过金马山，从这条路进城的，沿途“百姓遮塞道路，左右观者如堵”。1950 年 2 月 20 日，中国人民解放军也是从这条大道进驻昆明的，至今还留下部队通过金马碧鸡坊下的珍贵镜头。金马碧鸡坊已被人们视为昆明的象征。

金马、碧鸡两座名山是古城的重要对景，再建两座象征性的纪念建筑与之远近呼应，犹如一对守护古城的天神，真是独具匠心。牌坊的名称、方位都与两座山对应，然而旌表性质的牌坊在形象上如何与金马碧鸡沟通，成了难题。终于在“金碧交辉”上得到突破，把“相思面对三十里”的金马、碧鸡变为比肩而立，甚至交辉互拥的一对。罗养儒《纪我所知集》卷15有一则“昆华八景中之金碧交辉”记载此事说：“八景中又以金碧交辉一景为最难得见。现出此景，须秋分节在酉年之中秋日，届临酉时，日西落而月东升，日月对正而两光相射，日射碧鸡之坊影到地，向东而进，月射金马之坊影到地，向西而进，渐凑渐近，两影相接，故曰金碧交辉。但日月躔度，须经六十年而始有此一日。闻前辈人言，在道光年间，值秋分节在中秋日，是年太岁在酉，届期，天气又晴朗，昆邑人士，无不知有金碧交辉之景出现，于是有不少的人伫足于三市街口，盼望坊影之相交，到酉正初刻二分，果见两个坊影现于地面。金马坊影则较碧鸡坊影为淡，然不模糊，初则相距在二丈有余，然不及二分钟之久，两影即各向前进而接合，但一经结合，两影便渐次消灭。前辈人是作为如是云云。迨至光绪之丁酉年，秋分节又在中秋日，届时，城中人士多往是处伫观奇景，讵意两坊影在地面相趋，趋近至约距尺许处，便光影消灭，可云未成交也。穷究其理者，决云岑之修此两坊，或高度未符原式也，其说近是。”

把“金碧交辉”想象为太阳、月亮光影通过金马、碧鸡两牌坊交映，这是金马碧鸡传说的又一次发展。按理论说，只要太阳—碧鸡坊—金马坊—月亮处于一条直线上，更具体说，当落山前的太阳与刚出山的月亮离地平线的高度相同，两座牌坊的高度和它们间的距离科学合理，两边的光影相交是可能的。而牌坊的位置、高度和两坊间的距离是可以测算和控制的。由于地球、月亮运行位置的变化，要实现这种交辉并非易事。越难得见，引起人们的追求越加强烈，心向往之，长久悬念，也增加了人们追求美好事物的心理效应。但是，由于阳光与月光强弱相差太大，从视觉效果说要看到太阳、月亮光影交辉很困难。有一次笔者在海埂开会，正逢阴历十五，天朗气清，傍晚选择一片开阔地，等待日落时的奇景。虽圆月当空，但直到太阳落山也形不成月亮的影子。当然，假若中秋的傍晚，人们站在金马、碧鸡两座牌坊的正中，欣赏高悬在两边互相映照的圆月和太阳，壮丽、庄严的感情会在心中油然生起。这应该也算“金碧交辉”吧！

欣悉昆明市将在原址按原来的式样及尺寸恢复金马碧鸡牌坊，特为文祝贺，并考其颠末，以飨读者。

（该文是据1997年在金马碧鸡坊街区规划评审会上的发言整理而成，原载《云南城市规划》1997年第2期；《学术探索》1999年第3期。）

吴三桂在昆明的遗迹

吴三桂是中国历史上少有的人物。他生活在明清之际的社会大动荡时期，他的活动贯穿于这个时期的各阶段。明崇祯十七年（清顺治元年，1644 年），吴三桂引清兵入山海关，把李自成领导的农民起义军赶出北京城，以后带兵转战陕西、四川等西部各省，追击农民起义军。清顺治十六年（南明永历十三年，1659 年）正月，吴三桂率军进入昆明。顺治十七年（1660 年），清廷命吴三桂为总管，镇守云南，文武官员俱听奏除。康熙元年（1662 年）四月吴三桂杀永历帝于昆明。同年十一月，清政府加封吴三桂为平西亲王，给他以越来越大的行政、财政、军事权力。他开炉铸钱，搜刮矿税，把明代的沐氏勋庄收为己有，处心积虑地扩充军备和经济实力。从康熙二年（1663 年）被诏兼综贵州事，他的控制范围不但扩大到贵州，还内联外引，搜罗叛将，组织旧部，扩大影响。康熙十二年（1673 年）十一月二十一日，吴三桂在昆明举事叛清，随即发兵东出，自称周王。“兵锋甚锐，是以四方响应。”时镇福建的靖南王耿精忠、镇广东的平南王尚可喜之子尚之信亦反，孙延龄又反于广西，王辅臣反于陕西，一时占有云南、贵州、湖南、广西、广东、福建、四川等省，势力及于江西、浙江、陕西、甘肃、湖北的一部，史称“三藩之乱”。康熙十七年（1678 年）三月，吴三桂在衡州称帝，建元昭武，同年八月十七日暴死于衡阳。十一月，其孙吴世璠在昆明继位，明年改元洪化。康熙二十年（1681 年）十月二十九日，清军攻入昆明城，吴世璠自杀，三藩乱平。

吴三桂统治云南期间，占尽地利，大兴土木，把昆明的湖山胜景据为己有，囊括了五华山、商山、翠湖、莲花池两山两湖，建成宫城、新府及安阜园，以翠湖为中心，跨城内外，形成庞大的山水园林宫苑体系。

五华山是昆明城内的主山，处昆明城内核心区，居高临下，可以控扼整个昆明城；又是著名的风景胜地，可以欣赏山光水色，栉比的街巷和灯火，天上人间皆聚眼前。明清之际，五华山受到特殊的重视。张献忠余部孙可望、李定国、刘文秀、艾能奇等四将军于永历元年（顺治四年，1647 年）进入昆明，孙可望的府第设在五华山上，他还大兴土木，建"黄屋双阙"，称为秦王宫。后来，永历帝朱由榔被农民军李定国等迎到昆明，史称"滇都"。道光《昆明县志》载："明永明王故宫，在五华山上。我朝顺治十六年己亥，大师入滇，王出走。吴三桂追购得之，缢于县之篦子坡。三桂遂用功封平西王，乃即故宫址为王邸，增饰宏丽。"永历帝又利用孙可望修建的秦王宫作为南明滇都的皇宫。吴三桂据有昆明后，占用原永历帝的皇宫并加以扩建。师范《滇系 · 典故》第四册《逆藩吴三桂传》载："嗣孙世璠僭号云南，改元洪化，以五华山为宫城。昔为永历在滇，筑宫于五华，三桂益广其址，缭以重垣，俯以杰阁，极土木之盛。"五华山建为城中之城，时谓为"宫城"。《滇系》所收《逆藩吴三桂传》还载，清兵围昆明期间，"吴势益窘"，"悉移诸将家口屯五华山宫城，凡伪僚府署亦移宫城，左右分门守御，以示必死"。宫城的规模和坚固可以想见。清末的地图上还有一段城墙，沿节孝巷、螺峰街南侧蜿蜒，称"皇城角"，应即永历皇城的宫墙，也即吴三桂宫城的残迹。五华山边的华国寺也与吴三桂有关。叶衍兰《秦淮八艳图咏》载：

“三桂为筑兰若于五华山居之，名华国寺。”舒位《缾水斋诗集·题圆圆小像》长洲宋翔凤云：“今云南府城五华山，有延陵故王宫址，周山麓皆其宫室。西有华国寺，寺中有楼，相传为圆圆妆阁。一日，寺僧启败簏，出美人像示余，称邢夫人小影。盖圆圆本姓陈，而当时府中则称邢也。”吴大勋《滇南闻见录》上卷亦载：“五华山麓有武弁署，相传为匪巢之一区，中有一楼，为逆属圆圆梳妆之所。楼下有井，井栏刻五爪龙纹，此僭逆时物也。武弁已裁，其署今为神庙矣。”所说亦即华国寺。今寺已不存。有华国巷，原作华国寺巷，因寺名巷，在五华山南麓，华山南路北廊，长160米，作5段转折上坡。

后来五华山的情况，陈鼎《滇游记》载：“会城内有三山，五华其一也。上有武侯祠。明末，永历帅孙可望建宫殿登极于上，今则成瓦砾矣。”吴三桂被平后，僭制的建筑当然不允许存在，山上的建筑发生了较大的变化。徐炯来云南传诏视察，他关心的首先是吴三桂僭越遗迹的处置情况。他在昆明最先考察的是五华山、安阜园和洪化府，驻昆2个多月，上了6次五华山，五华山也是他到得最多的地方。他所看到的与过去的记载大不一样。《使滇日记》载：“山在城之中，不甚高，而众山咸在目中。西有愍忠寺，屡毁于兵。范公构方圆二亭，灿然可观，为庆贺月吉之所，范公颜其亭曰拜云。瞰望昆明，净练四绕，山色微茫，亦胜地也。”此时云南省文武官员朝贺行礼之所已由圆通寺移到五华山，适皇帝、皇太后等生日，在拜云亭前叩头朝贺。山上有五华寺，“绕寺皆松柏，参差映带，殊可游赏”。当然，五华山还是登高赏景的胜地。不但白天登高酌酒，“薄暮，复携酒上五华山，尽一更而散”。到乾隆年间，《滇南新语》载：“滇之省会，……五华耸其中，吴逆三桂架以宫阙，万家烟火一片，昆明群山如拱揖，诚胜景也。”张泓虽联系历史，但吴三桂的遗迹早已不存。

安阜园，俗称野园。个别资料作“安福园”，想为谐音录记，绝大多数仍作“安阜园”。孙旭《平吴录》载：“命黍子督造安福园于王府之左。松柏高五六丈者，移种皆活。历三年，园成，与吴复庵等弹琴赋诗，徜徉其间。又使赵虾采买吴伶之年十五者共四十人为一队。申衙故有戏具，犹以为未足，另造各色哆啰及金甲嵌胡珠，银甲嵌珊瑚，又玉带、金带、银带、珈南带、犀甲带、沉香带，俱嵌珠宝，凡为箱三十，约费数万金，送入安福园。又以象牙抽丝为凉笠，孔雀毛为伞盖，其穷奢极欲类此。”王思训《野园歌并序》又载：“三桂别筑野园滇城北，以处陈圆圆。穷极土木，毁人庐墓无算，以拓其地。缙绅家有名花奇石，必穿屋破壁致之，虽数百里外，不恤也。”诗文中原注：“园与城内菜海子相望。”园内有澄怀、坐啸“两台对峙，高百余丈，飞桥相接，凌空往来”。综合文献中有关记载，安阜园在昆明城北，集山水之胜，周围还有乱冢和旷野，揆之地望，应该包有莲花池、商山及其周围一片。为浙江人吕黍子督造，三年而成。《庭闻录》又载：“又为园于西郊，名安阜园。园内书屋一所，名万卷楼，古今书籍无一不备。刻开疆疏草，自侈平蛮功绩，期垂永久。”安阜园是以文化演艺为特色的吴氏别业。此处与他书相较，疑“西”字有误，应正为“北”。

平吴三桂 6 年后，徐炯来云南视察，安阜园已成“废园”。《使滇日记》载：“安阜园亦三桂别业，栋宇辉煌，两厢对列，绝无园林之致，今已半毁。宅后筑土为山，树皆松柏，似北邙累累之冢。”几天后，徐氏又选择安阜园为重九登高的地方，这次想必以登山赏水为主，整整徜徉了半天。康熙三十五年（1696 年）恢复商山寺，《重修商山寺碑》由时任总督的王继文撰，足见商山的变化不同寻常。乾隆年间孙髯翁的《安阜园》诗，有“桃花有鬼来招魂”句，既喻指陈圆圆，又联系著名的

“商山桃林”，反映了安阜园与商山的关系。戴絅孙在道光年间成稿的《昆明县志》卷17记载：

吴三桂既死，相传其美人陈圆圆久入道。迨云南平，陈之死已数年矣。安阜园，在城北近商山寺，父老云有圆圆墓焉，其旁即梳妆台遗址。嘉庆间，客有寓商山寺扶乩者，圆圆降坛与之唱和，今所传“商山鸾吟”是也。永明故宫既为吴邸，柳营一带，皆其珍馆崇台，兵燹后荡焉无存矣。余同岁生李君于阳构即园九龙池畔，道光壬午、癸未间，与客扶乩园内，降坛者多为伪吴宫人，亦有唱和诗传于世。

清代这一片成了商山寺和莲花池，仅余松柏一林，还有荒冢和衰草，“商山樵唱”大概与此有关吧。陈圆圆梳妆台的碑在莲花池边，“文革”前笔者还亲眼看见。20世纪50年代在商山上建了云南民族学院，21世纪初又新建成莲花池公园。

吴三桂府第长期称为平西王府或新府，后来通称洪化府。有关洪化府的情况，刘健《庭闻录》所载甚详。该书卷4载康熙四年（1665年）事：“是年作新府。三桂居刘文秀故宅，以其狭小，是年填菜海子之半作新府。菜海子者，三桂缢永历既死，复焚其尸，扬灰之处也。”卷6又载：“平西府制拟于帝居，千门万户，极土木之盛。”“大理石屏二，沐氏旧物也。一高六尺，山水木石浑然天成，似元人名笔。一差小，木颠一莺，水涘一虎，上下顾盼，神气如生。”亲见此物的刘崑在《南中杂说》中也说：“榆石，点苍山所出也。凿顽石，深入里余，竭民力而取之，以逼真入画者为佳，然佳者卒不概见也。康熙十二年，予尝入逆藩便坐，见一石屏，高六尺，宽四尺余，山水木石与元人名笔无异，或曰此黔宁旧物也。”康熙《云南府志》亦载：康熙四年“吴三桂作新府。三桂驻滇，居伪蜀王刘文秀府，以其狭小，填菜海子之半建新府，备极壮丽”。洪化府在翠湖西畔，云南府城内的西北部，包括两部分，范围甚大。一部分是原沐英的别业柳营，南起今仓园巷、染布巷，北达西仓坡脚和石牌坊巷，西抵城墙，东南两面临湖。南明永历元年（顺治四年，1647 年）“四将军”入滇，刘文秀即住原柳营处，称南府，后称蜀王府。吴三桂入滇，占有原柳营作为平西王府。明代名噪一时的沐英柳营，吴三桂还嫌太小。康熙四年（1665 年）又大兴土木，“填菜海子之半”，新府的大部分是填海成陆扩展的。新府周二里多，整个地块作长方形，东滨翠湖，景色极佳；西倚城墙，便于守卫。揆之今地，其范围东起今翠湖西路，西至东风西路，南达翠湖南路。新府内“千门万户”，规模宏大，殿阁考究，“极土木之盛”，而且僭越制度，“拟于帝居”；园苑有曲池、鱼沼，还有高大的假山，宜于游宴；收藏有精美大理石屏等稀世珍宝。新府坐北朝南，大门正对今洪化桥。大门前原来有座石桥称洪化桥，洪化府大门前的甬道至今仍称洪化桥。今大西门附近的金鸡巷，接近洪化府后苑，每天可听到府内的雄鸡啼鸣，因名。

吴三桂叛乱初平，《使滇日记》留下了目击者对洪化府最早的记录。该书九月初五日载：“吴三桂旧居，周二里有奇。堂阁峩焕，制度侈越，遗扁尚存东室，吴世璠自刎处也。尝奉敕变价而无售者，因改其正屋为县学，而公事会议亦就焉，然土人犹称弘化府，余语当事名称不正，范公乃命改称会府。”按，此处“洪”作“弘”，当为抄刻致误。该书九月十三日又载：“复游会府，饮于层石之颠。月出洗盏更酌，逸兴遄飞矣。”中央特使的记录，证明其他资料的说法不诬。作为特使的徐炯提出改名，总督范承勋乃命改称会府，但仍似临时应付，后来改为承华圃。袁嘉谷《滇绎》卷 4 载：“翠湖，湖在城内西北隅。旧甚大，吴三桂填平其半，殆即讲武校地，旧名洪化府。相传三桂填湖，即以为世璠府第。官吏恶其名而讳之，改承华圃，今又由圃而校也。”自平定吴三桂后，清政府回避“洪化府”之名，针对分裂、独立等恶行，反其意强调承继大中华，承华圃之名可取。随着时间推移，洪化府逐渐湮没在荒烟蔓草中。陈鼎《滇游记》载：“吴三桂邸在城西北隅，今惟余池沼，园亭之址在焉。”张泓《滇南新语》也说：“（五华）山下即菜海子，有大池可百亩，赤旱不竭。土人于中种千叶莲，有堤如西子湖头，两岸柳皆合抱。迤逦至御龙寺，寺祀龙神，花木扶疏，回廊叠石，昔吴逆园圃也。去寺西北半里许，有逆家庙，俗称洪化府，今改为别驾署，丹垣犹在，余蔓草矣。”御龙寺，他书或作“玉龙寺”，应在玉龙堆附近。在清代，“别驾”为通判的别称，与府同知分掌督捕、粮运、水利事务。安排一个别驾署，等于派一名小官看守这片土地。这些都是北半原柳营一带的变化。南半更大的范围从雍正年间起即建为演武场，俗称西教场。《新纂云南通志》卷44载：“演武场，一在城内菜海子西（雍正《志》）。今名承华圃。清道光十年，总督阮元重修，堂旧匾曰‘景武堂’。东南荷池中有淬剑亭，翠湖水绕圃而行，花柳最盛（《昆明县志》）。按，承华圃之演武场，清季于此改建陆军小学堂，入民国，改为讲武学校及中央分校。”罗养儒《纪我所知集》亦载：“城内之洪化府，在吴藩平后，其间当然有不少的堂殿房屋。传云至康熙末年，其一切亭台楼阁与夫一切群杂房屋方拆毁竟尽，仅留存着一层正殿。至雍正初年，乃将正殿前之一片空旷地处而辟作一较武场，将其正殿改作演武厅，总督则就此课武员。”“同治八年省垣乱事平息后，举行科岁两考之武场及庚午乡试武闱，遂不在南教场较武，而改在洪化府内较武。此而马王庙前，则辟出马道一条及平治一条箭道，总督则改在此处按月而课武员，名此为西箭道。”综合以上所载，大体可以获知承华圃演武场景观及功能的变化情况。清代中后期的承华圃，道光《昆明县志》载：

“永明故宫既为吴邸，柳营一带，皆其珍馆崇台，兵燹后荡焉无存矣。”“宝云钱局，在宝成门内。”该书所附地图明确反映了当时这一片的情况，钱局街以东，从北向南，顺序为府仓、宝云钱局、演武场，钱局街也因宝云钱局所在而得名。钱局街以西今白云巷以南为监狱，钱局街以西的北段已成民居。《清末昆明街道图》白云巷以北为翎灵寺，该寺应即俗称的白衣庵，巷因名白衣庵巷，后谐音急读作白云巷。

这种格局一直延续到近代，原洪化府主体部分仍长期用作军事方面。光绪二十五年（1899 年）在此建云南武备学堂，共 6 年办了 2 届。光绪三十二年（1906 年）改为陆军小学堂，先后招收学生 4 期。宣统元年（1909 年）在此处成立云南陆军讲武堂，成为云南省培养新军的军事学校，共办了 3 期。1912 年改名云南陆军讲武学校，从第 4 期办到第 19 期。1930 年至 1933 年改为教导团，办了 3 期。1935 年成立中央陆军军官学校第五分校，1944 年并入成都军官学校。在此地还筹办过云南航空学校、高射炮军士队等，军事训练方面的机构几乎都与承华圃有关。新中国建立初期，这里成为中国人民解放军昆明步兵学校。此时，石拱的洪化桥仍存，大门内弧形的玉带河和金水桥还能看到，昔日洪化府大门内外的形象依稀可辨。以后，步校迁北教场，其南部才新建农展馆（后改名科技馆）和图书馆。其北的宝云钱局地块清末又析为二，西为造币厂，东为兵工厂。兵工厂称云南机器局，生产枪械和子弹。后来改称铁工厂，20 世纪 50 年代后停办，土地为省物资局利用。

为了备战反清，千方百计储运粮草，也为了供给宫苑奢靡所需，吴三桂投入巨大工程修运粮河。舒藻《创建重建大观楼碑记》载：

> 迨至国朝，以吴三桂为平西王镇滇，乃由近华浦东向会城开挖一河，计长十里有奇，曰运粮河。复于会城小西

门外里许，开一塘曰篆塘。塘之前建盖仓厫。粮船由滇海进运河，直抵篆塘，粮米入仓，甚为便捷也。由是，迤西州县，沿海一带，官商客旅，楫楫而来，帆帆而去，荟萃于篆塘，称巨津焉。

夏光南先生也说：“篆塘码头，原在小西门边。该河旧已有之，但既狭且浅，吴三桂挖深挖宽，以便运粮。”“吴三桂挖菜海子之半，当时从五华山麓可乘船直抵其所作新府。新府大门开于洪化桥，桥之下洗马河，贯通菜海，注入小西门外。”吴三桂开运粮河无疑。此运粮河即今大观河的前身，但应该说明：其一，明清之际，滇池湖岸线达白马庙，吴三桂开挖的起点在白马庙；其二，昆明最早的篆塘在小西门外不远处，吴三桂在此建了粮仓，俗称小西仓，后来也因此称仓储里，即今大观商业城一带；其三，吴三桂在填菜海之半的同时，又利用原来的通城河，引流翠湖水，在新府的南面和东面疏挖出一条与翠湖水域隔离的运粮河，粮船可过顺城桥、西城水门、洪化桥，再折往北达大西仓。运粮河终点的码头仍在今西仓坡脚，可谓一河供两仓。河道绕流新府南墙和东墙外，又起到墙壕的作用，兼做新府的防卫设施。后人把该河附会为洗马河，其实沐英时代是在湖边洗马，还未出现渠化的洗马河。

吴三桂也修建过昆明周边的风景名胜，如圆通寺、金殿、近华浦。康熙八年（1669 年）嘉平月胡国柱撰、张纯熙书的《重修圆通寺记》，叙述了吴三桂重修圆通寺的情况，原碑已不存，云南省图书馆有拓片。吴三桂大规模扩建圆通寺，将山门向南移出百步至圆通街街面，建圆通胜境牌坊，“木之大，工之精、石之玲珑，皆尽人力”，又在放生池中间建八角重檐的弥勒殿，详见赵榴主编《昆明园林志》。吴三桂修圆通寺不仅是为了做檀越，还妄想成佛成仙。据王海涛《昆明文物古迹》调查落实，修建过程中串入不少“吴周遗物”，“主持修寺的胡国柱（吴三桂的女婿）还把吴三桂、马宝（吴三桂的大将）和自己也塑成像，供在大殿后壁”。这当然是清廷所不容许的。据徐炯《使滇日记》，圆通寺“旧为朝贺行礼之所”，逢大典官员来此聚会，更急待处理。康熙二十四年（1685）总督蔡毓荣又重修圆通寺，重点放在处理吴三桂旧迹。袁嘉谷《滇绎》载：“圆通寺胡国柱碑凡平西、国柱等字胥凿坏，盖康、乾后朝威所慑。”金殿的铜殿最初系明万历年间陈用宾建，但崇祯十年（1637 年）被移到鸡足山。吴三桂统治云南，又重铸了这里的铜殿。铜殿正梁上至今仍有“大清康熙十年岁次辛亥大吕月十有六日之吉平西亲王吴三桂敬筑”字样。康熙十年为公元 1671 年，大吕月即十月，吴三桂重铸金殿的事可信。刘健《庭闻录》载，吴三桂“又造亭海中，名近华浦”。此文据上海书店影印本，诸本皆同。一般讲大观楼的开发多未及此。刘健所言，当得自其父即吴三桂时在昆为官的刘崑。吴三桂既开运粮河（今大观河），近华浦应该在他关注的范围，吴三桂是官方在近华浦构建亭阁的第一人。

吴三桂在昆明镇压了张献忠农民起义军余部“四将军”的活动，结束了南明永历政权“滇都”的历史，又以昆明为基地出兵反清，终至败亡。吴三桂倒行逆施，遭到昆明人世代唾骂。有关吴三桂的政治笑话极具戏剧性，篦子坡改名、杨娥卖酒、赵良栋首攻得胜桥等皆生动感人，流传不衰，今录出以飨读者。

《昆明市五华区地名志》“逼死坡”条载：

> 吴三桂几十万大军“兵不血刃”进入昆明。顺治十八年，吴率十万大军直抵中缅边境。缅酋慑于武威，设计杀了沐天波等 40 多人，于康熙元年二月缚送永历帝及其子等人给吴军。吴拥永历帝一行于三月返昆，囚禁在坡头金蝉寺，四月缢死于寺内。此后，昆明父老便将篦子坡改称逼死坡。清政府地方官吏认为此名有损龙颜，于道光年间改

名升平坡，并立“升平坡”短碑于坡头，宣扬其所谓“升平盛世”之威德。但民间仍习惯呼为逼死坡。民国元年，云南都督蔡锷以三迤士庶之名义在坡头竖立“明永历帝殉国处”碑，以示对明永历帝之追忆和对民族败类吴三桂之唾弃。

吴三桂主动请缨赴缅，终于顺治十八年（1661 年）“出边进讨，直抵缅甸”，十二月擒永历皇帝，康熙元年（1662 年）三月十三日，从缅境押永历还昆明，四月二十五日在篦子坡头金蝉寺缢死永历皇帝。从此昆明父老便称篦子坡为逼死坡。清政府曾明令改名升平坡，但老百姓一直喊为逼死坡。“明永历帝殉国处”碑至今仍在坡头。

王思训《当垆曲并序》载：

杨娥者，杨鹅头小妹也。杨，世为黔府武艺教习。娥，艺习迈诸兄。年十六，适张氏，张亦黔府武卫。沐国公西走，两家以族随。会吴三桂执永明王，张道死。娥随兄归，恨三桂入骨。永明遇害，娥遂日以杀吴为念，而苦其难近。娥固美艳，计惟色行刺。爰卖酒城西市，饰肆六，断瓮牖下，云“便犬出入”。时，吴藩多纨袴子弟，见少妇靓妆当垆，日饮群恶谑。娥窥其尤桀骜者，提投狗窦，沸汤浇之。群惊起来捉，娥早跃出立街中。群聚围，娥复跃出立围外，奋其技勇，当之无不披靡。群复哗击，娥先金约臂，铁锢履端，逼近横掉之，各破身首负痛去。明日，聚恶少来报，娥卓立不动，从亦惮其能，不敢动。乡人就饮，娥正色拒之，人悟不忍犯。吴稍稍得闻，纳有日矣，娥忽中寒病而死。

杨娥家破人亡，其遭遇是当时千万人家的代表。杨娥兼有智和勇，欲报仇，“以杀吴为念”，其烈女形象被传为佳话。《当垆曲并序》谓，“卖酒城西市”，“西门驿路通西山”。道光

《昆明县志》亦载："杨娥酒肆，故址在城西市。"钱海岳《南明史》卷115《杨娥传》又载："上崩，张悲愤卒，娥从鹅头归滇京，卖酒三桂府前。"杨娥的酒肆约位于今武成路与洪化桥交会处，接近小西门一边。

袁枚《勇略将军赵襄忠公传》载：

> 与兵二千攻得胜桥。公望见桥头炮台甚密，白昼攻所伤必多，乃伏马于南坝两岸，分步兵为三队，营壕墙外，墙上架交枪子母炮，自披马绵，持大刀督阵。夜二鼓攻桥，贼尽出死战，其帅郭壮图亲搏战，三进壕墙，而伏兵三起应之，列炬如星，枪炮雨下，贼败走。公夺桥追至三市街，再败之，天犹未明也。……予尝闻诸滇父老云，三市街之捷，世璠君臣胆落，人皆思变。

康熙二十年（1681年）清兵分数路围城数月，八月二十二日，勇略将军云贵总督赵良栋攻得胜桥大捷，直达三市街，从此，大家把云津桥改称得胜桥，一直喊到今天。赵良栋奋勇克敌取得胜桥的事迹，不但获得康熙皇帝嘉奖，若干年后又获得乾隆皇帝表彰。

吴"周"、"洪化"，乃历史的一抹烟云。分裂割据，朝三暮四，穷兵黩武，鱼肉百姓，是逆历史的潮流而动。吴三桂的败亡是必然的。

（原载《云南文史》2011年第2期）

西山名称种种

西山可能是昆明附近名称最多的山。

唐宋时期，西山称碧鸡山。樊绰《蛮书·山川江源》载：

碧鸡山在昆池西岸上，与拓东城隔水相对。从东来者冈头数十里已见此山。山势特秀，池水清澹。水中有碧鸡山，石山有洞庭树，年月久远，空有余本。

金马山和碧鸡山，可算拓东城的双星，当时名气很大。既是东西两方的屏障，而山形秀美，又是东西两方的对景。它们扼守滇东和滇西的交通孔道，战略地位重要。有关金马、碧鸡的传说增加了它们的神秘色彩，更成为人们敬畏的对象。而碧鸡山与金马山不同，处滇池边，兼有山水之胜，南诏时已成为令人神往的风景胜地，遗下年月久远的古树名木。碧鸡山兼顾水陆要冲，既有陆路通道碧鸡关，又有水上关津高峣渡。

大理时的碧鸡山又增加了一个新名：华亭山。元人述律杰《启建华亭山大圆觉禅寺碑文》是一篇有关西山早期的难得的资料。华亭山“乃高氏世子游憩之所”，从高智升时在碧鸡山“竖楼台”，渡船登高玩赏，到青侯高光在该山宴游“殆无虚日”。至威楚世子高贤、高政兄弟，在繁花似锦的春日，“仰睇碧空，天朗日明，霄云霭霭，状如华盖，飘飘萦结，移晷不散”，“类华严之境界”，“由是而名之曰华亭，以志于山，而形胜甲诸他境”。高氏经营碧鸡山“历世既久”，终因祥瑞得名华亭山。该文还描述了大理国时期该山的环境状况：“佳木森翳”，“繁花似锦”，山中有泉，猿啼鹤舞。西山上的建筑大约始于大理国时期，可惜至今已无迹可寻。

元代西山仍通称碧鸡山。《元混一方舆胜览》载：“碧鸡山，山在城西，峰峦秀拔，为诸山长。俯瞰滇池，一碧万顷。”“滇池，又名昆明池，在碧鸡山下，广三百余里。”郑衍《碧鸡山》诗云：“中庆西南来，有山势雄奕。屏开障大荒，壁立数千尺。晴峦叠奇峰，幽壑藏怪石。清风响松涛，老树森矛戟。俯瞰滇池水，仰矗云霄碧。山灵得异境，庙貌存古迹。”元代的碧鸡山，壁立千尺，奇峰叠翠，松涛滚滚，古树森森，古庙犹存，元人诗文题咏甚多。碧鸡山又简称“鸡山”。把匝剌瓦尔密《书怀》诗有“触目伤心无限事，鸡山还似旧时春”句。元代，碧鸡山俗称“西山”。同恕《送文璋甫云南幕长》诗有“西山晴雪郁嶙峋”句。阿禧《挽段功》诗有“西山铁立霜潇洒”句。元代有华亭山名，见上揭至正四年（1344 年）的《启建华亭山大圆觉禅寺碑》。太华山的得名，赵世延《太华山佛严寺无照玄鉴禅师行业记》谓：“时大德丙午春，命平章也先不花同御史陈师廉等卜斯地以建梵刹，一载而成，赐寺额曰佛严，山曰太华，延师为开山第一祖。”方国瑜先生认为此碑多舛误。但另有泰定二年（1325 年）立的《太华山佛严寺常住田地碑记》，也证明元代已称太华山。

明代，该山仍总称碧鸡山。景泰《云南图经志书》载：“碧鸡山，在郡城西，周围十数里，峰峦碧色，石壁如削，下瞰滇池，为诸山之最。其北为关，曰碧鸡关。”但明人的游赏诗文多以太华山泛指西山，张佳胤、王士性、徐霞客皆有《游太华山记》。这与明代的太华寺有关。在明代，太华寺几乎成为黔国公沐氏的家庙，有展示沐氏世像的影堂，有“寓目万顷碧波”的一碧万顷楼，有昆明最大最好的山茶花树，集中了松、杉、柏、桂、椿、银杏等古树名木，还有接待条件较好的客舍，游西山者多憩宿于此。戴絅孙《游太华山记》谓：“寺之左曰华亭山，其右曰罗汉壁，皆奇丽峻拔，而太华特胜，故以其名概之，又谓之西山云。”明代碧鸡山简称鸡峰，景泰《云南图经志书》“云南府寺观”载胡粹中诗，有“鸡峰千仞翠崚嶒”句。明代，碧鸡山亦称西山，如雷跃龙《西山诗》等。明代，西山还称海西山。天顺六年（1462 年）立的《敕赐华亭山大圆觉禅寺圣旨碑》有“云南府昆明县海西山华亭寺僧相晟呈称”等语。此山在府城西南，又在滇海之西，称“海西山”状物准确。

有关罗汉山的记录最早见于明代，但得名的缘由罕见。王士性于万历十九年（1591 年）三月上旬游太华山，有《泛舟昆明池历太华诸峰记》。他第一天出城三十余里到高峣，租小船游滇池，晚宿太华寺。第二天“质明，缘碕岸碛历而南，远见山顶，室庐嵌空，一如罨画，舆者云罗汉寺也，以有石像比丘而名。稍近之，一村落居河之麋，渔者织宿楚以家，傍置官署焉。寺尚在数千步绝壁上，仰视之如欲堕者”。抬轿子的人说，“以有石像比丘而名”，当地人经年累月的观察，应该可信。前几年，钱凤娟老师在山脚发现，罗汉山的轮廓似大佛，面部清晰可辨，观察的位置也与王士性大体一致（详《滇池纪事》，云南人民出版社 2004 年版）。罗汉山天造地设，名实相符，信不诬矣！罗汉山又称罗汉崖、罗汉壁，更形象地反映了它特殊的地形地貌。罗汉寺当因罗汉山得名，分北庵和南庵，“南疏朗，北幽峭”。北庵从东往西登攀，即今三清阁建筑群。南庵偏东，较低，从北往南作带状延伸。袁嘉谷《游西山记》载：“南庵今悉圮”，“游人咸趋北庵”，清末南庵已经不存。

随着西山上庙宇及其他设施的增多，对西山地名的命名也越来越多，越来越细。天启年间刘文征编《滇志》，有感于“会城山川亦广矣，而前志所入不过十之二三”，“今不忍令其泯泯无传，特增益而备书，佐乐游者指点”。该书所录的碧鸡山细分如下：

——碧鸡山，在郡城之西，滇池之外。

——由碧鸡而西南曰太华山。在西山中，如笏如冠玉，左环右拥，苍秀而端严。

——由太华而下曰太平山。可望滇海。

——太华之左为华亭山。远望微觉攲斜而迥然独秀，登临乃知之。

——卓立海岸者曰罗汉山。山分南北庵，其南峭壁千仞，时见白云依危石而飞；其北夷险相埒，每一游目，第绿海一方耳。

——碧鸡关下曰高峣山，昔杨庄介公侨寓处。

清代的地志资料，一般都列了以上各山，《嘉庆重修一统志》更详于罗汉山。该书“云南府山川”载：

——碧鸡山，在昆明县西南三十里，峰峦秀拔为诸山最，东瞰滇池。《华阳国志》：碧鸡光景，人多见之。

——高峣山，在昆明县西南碧鸡山右，下有明杨慎别业。《府志》：高峣山与碧鸡相望，以山形似秦峣关，故名。

——太华山，在昆明县西南，环拥苍秀。其麓为太平山，其左为华亭山，皆称名胜。

——罗汉山，在太华山之右，卓立海岸。其南峭壁千仞，常绕白云。其北迤逦幽奥。相传为梁王避暑宫。山有金蝉关碑，明杨慎书王褒移金马、碧鸡神文于其上。

要搞清这些山颇不容易。道光《昆明县志》除分别列出以上各山外，加了一段概述说：“滇水绕碧鸡山东、南、西三面。碧鸡山之东北为高峣山，东南又为华亭山，又南为太华山。其麓为太平山，又东南为罗汉山。”并引道光《云南通志》说：“太华、华亭、太平，实皆碧鸡山随地异名，惟太华居中最高，得一山之胜。”诸山的关系和位置才算明晰。

地名并不是越多越好，应以够用为原则，避免一地多名，引起混乱。地名的雅化不是搞文字游戏，不能脱离历史和地理环境。地名的俗化不是庸俗、粗俗或低级趣味。它们都必须方便群众，容易识别，容易记忆。西山各峰皆“随地异名”，各有专称，析分极细；寺名与山名又不同，地名成倍增加；加上山形错杂，难于识认，作为风景名胜区，给游人带来极大的不便。通过历史的淘汰，到近代，西山的命名从雅化趋于俗化，碧鸡山名逐渐淡出；从繁杂又回到简单，寺名与山名合一，突出了标志性建筑的指认效果，树立了地名命名更名成功的经验。“西山”这一俗称从元代见于记载，至今已行用了近 700 年，用字最少，笔画简单，方位明确，获得大众的喜爱，逐渐变为正名。今日的西山，根据庙宇位置即可确指：华亭寺所在称华亭山，太华寺所在称太华山，三清阁即罗汉寺所在称罗汉山，其前的小山有高峣山与太平山，高峣村后升庵祠所在的山即高峣山，太华寺东南的小山称太平山，原有太平寺，20 世纪 50 年代尚存。西山长期处于积累文化含量、对外扩大影响的阶段，地名的雅化至关重要。这是碧鸡山、华亭山等名称行用的背景。进入大众游赏阶段，随着大量游客频繁光顾，大家“三月三，耍西山”，对早已熟悉的风光和文化，更需要简明的名称互通信息，方便交流，因此俗称地名获得推广，终于登上大雅之堂。

人们也希望自己钟爱的地方有一个雅号。清代已出现咏《睡佛山》和《美人峰》的诗文。近代以来，人们用新的审美情趣观察西山，发现它酷似仰卧在滇池边的美人，西山又被称为睡美人山。文人、学者喜欢从远处登高欣赏水中睡美人的轮廓，犹如一框秀美的画幅，引起几多故事和无限遐想……

（原载《史与志》2008 年第 3 期）

《游太华山记》赏析

杰出的旅行家、地理学家徐霞客深深地影响着中国旅游的发展。他被公布为40位中华文化名人之一；他的铜像被安放在中华世纪坛；他的著作《徐霞客游记》开篇日5月19日被确定为中国旅游日。

在《徐霞客游记》中，《滇游日记》的开篇是《游太华山记》。该山唐代以来即称碧鸡山，徐霞客文中亦偶将碧鸡、太华互用。元代以来俗称西山，徐霞客文也多次提到西山。西山主峰海拔2511米，元代以来因以峰名为整个山名而称太华山，袁嘉谷《游西山记》说："兹山最高，与西岳同名，崭然独新。"它又与我国五岳中西岳的太华山（今陕西华山）同名。在明代，以太华山命名的太华寺更具有特殊的地位。世镇云南的沐英的后代在太华寺捐建思召堂、碧莲室、一碧万顷阁，并藏有历代黔宁王画像，亦称"黔国影堂"、"黔宁祠"，俨若沐氏家庙。

徐霞客于崇祯十一年（1638年）中历五月十日从贵州盘县经滇南胜境关进入云南富源。但是，由于《滇游日记一》散佚，仅剩《游太华山记》、《滇中花木记》、《游颜洞记》、《随笔二则》、《盘江考》等数篇。早期各种抄本的《徐霞客游记》，就把《游太华山记》置于《滇游日记》的开篇。按游程说，《游太华山记》不是《滇游》的首篇，但历史的阴阳巧合，《游太华山记》作为《滇游》开篇是再恰当不过。《游太华山记》

的写作时间亦缺载，但徐霞客是在沾益、曲靖、陆凉等滇东考察后，才到昆明，以后他又到滇南考察，七月十五中元节在石屏度过。徐霞客初次到昆明的处境，正如他在《滇游日记四》中所说：“比至滇，余囊已罄，道路不前，初不知有唐大来可告语也。忽一日遇张石夫谓余曰：‘此间名士唐大来，不可不一晤。’余游高峣时，闻其在傅元献别墅，往觅之，不值。”徐霞客到高峣傅园，仍未见到唐大来，游西山时他还未筹到赴滇南的路费。以后又经辗转，才找到唐大来。“大来虽贫，能不负眉公厚意，因友及友。余之穷而获济，出于望外如此。”从《游太华山记》也透露，此时牡丹已结子，他一天的行程，又渡船又登山，只有夏至前后白天的时光最长，“长至”好办事，才有如此大的容量。大概徐霞客考察西山的时间是中历的六月。

明清时期一般人游西山多从城里乘船到高峣或山邑村登山。徐霞客也是一样。他从在昆明的寓所顺城街往南，经南通街到摆渡村（今弥勒寺）乘小船，横过草海，到高峣登陆，拜谒他仰慕的太史祠（今升庵祠）并在此吃饭。从杨家村后上山，沿途参观华亭寺、太华寺和罗汉寺建筑群，取道“凡八折，下二里”的千步崖下到滇池边，沿湖岸往南考察金线泉。再从原路返北庵最高处抱一宫，“从危崖历隙上，壁虽峭，石缝多棱，悬跃无不如意”，攀悬崖绝壁上到小石林。“凌其上，为碧鸡绝顶”，登上西山绝顶。以后再次往南，“已临金线泉之上”，“于耸崖间观黑龙池而下”。徐霞客一天当中两上两下西山，在山间纵横穿插，加上他后来的环滇池旅行，北过碧鸡关，南尽海口山，他的足迹已远远超出一般游客玩赏的风景名胜区的西山范围，他考察了作为自然地理实体的西山的整个山体。

对于西山，徐霞客带给人们全新的视野。他的记录准确而生动，举凡高下、里距、方斜都交代得很清楚。《游太华山记》说：

> 高峣者，西山中逊处也。南北山皆环而东出，中独西逊，水亦西逼之，有数百家依山临水，为迤西大道。北上有傅园，园西上五里，为碧鸡关，即大道达安宁州者。由高峣南上，为杨太史祠，祠南至华亭、太华，尽于罗汉，即碧鸡山南突为重崖者。盖碧鸡山自西北亘东南，进耳诸峰由西南亘东北，两山相接，即西山中逊处，故大道从之，上置关，高峣实当水埠焉。

这段话准确地描述了西山北段与碧鸡关、高峣一带的山水形势及水陆交通状况。这一片是昆明城西的军事要隘和交通枢纽，对于人们认识昆明，十分重要，徐霞客的叙述跃然纸上。

西山北部的开发主要在山腰，华亭寺、太华寺、太平寺等是游人熟悉的地方，略人所详，不多作笔。盘山公路修通后，徐霞客所走的林间小道至今仍为登山者所首选。《游太华山记》重点交代地貌特点。该文说：

> 遂出（太华寺）南侧门，稍南下，循坞西入。又东转一里半，南逾岭。岭自西峰最高处东垂下，有大道直上，为登顶道。截之东南下，复南转，遇石峰嶙峋南拥。转从其北，东向坠土坑下，共一里，又西行石丛中。

这一段交代的正是今太华寺、聂耳墓、三清阁之间土山和石山交替的部分，地势较平缓，地理景观的变化突出。今简易公路由此登顶，山顶有云南最早的一得测候所（今太华山气象站）和气象学家陈一得墓。

对于西山最精彩的罗汉寺建筑群，徐霞客进行了浓墨重彩的描绘，他用远景、近景、全景、特写等镜头追踪，给读者以深入了解和美的享受。还在草海中的船上，最显眼的就是罗汉寺，“遥望西山绕臂东出，削崖排空，则罗汉寺也”。进入山中遥望，“见南崖上下，如蜂房燕窝，累累欲堕者，皆罗汉寺南北庵也”。罗汉寺正殿约在今高峣—三清阁盘山公路（俗称上马路）尽头，正对千步崖处。罗汉寺南北庵以罗汉正殿为核心展布。北庵过朝天桥，经玉皇阁，最上为抱一宫。“攀崖蹑峻，愈上愈奇”，“皆东向临海，嵌悬崖间”，缘山崖从下往上展布。南庵从罗汉寺往南过勺冷泉，“其上崖更崇列，中止潆坪一缕若腰带，下悉陨阪崩崖，直插海底，坪间梵宇仙宫，次第连缀”，从北往南作线状展布，最南为真武宫，真武宫之上有梁王避暑台，真武宫南下有猗兰阁。

还有两片一般人不熟悉的景区，也被《游太华山记》揭示出来。

其一是金线泉。从龙门村（又称山邑村）往南八里，过了挂榜山（今俗称大倒山），与滇池水涯相通处，“泉自西山透腹出，外分三门，大仅如盎，中崆峒，悉巨石欹侧，不可入”，“海中细鱼溯流入洞，是名金线鱼”。徐霞客深入泉北半里的大石洞，“窈窕莫极，惧火炬不给”，共里余乃出。可惜近代修高峣—海口公路（俗称下马路）以来，金线泉和西山麓的诸多大石洞已填湮难觅。

其二是小石林。西山顶“石萼鳞鳞，若出水青莲，平散竟地”，莽莽苍苍，又是一番奇景，俗称小石林。徐霞客“行峰顶”，“践侧锷”，登绝顶，最终寻获黑龙池。黑龙池今称小黑龙洞，有一小水潭，终年不盈不涸，旁边有小庙称小黑龙庙。

徐霞客考察的内容十分广泛。登山辨山，自不待言。游西山钻洞，未曾听说。上山找水，更属难得。徐霞客还记录了西山上的水。《游太华山记》记载了华亭寺与太华寺间的两股悬流：“腋中悬流两派坠石窟，幽峭险仄，不行此径不见也。”在高峣与华亭寺间还有一股悬流，霞客从杨家村上山，不可能看到。在罗汉寺南庵道上有“泉一方渟崖麓，乃朝天桥迸缝而下者，曰勺冷泉”。此勺冷泉非今三清阁的孝牛泉，大概孝牛泉的凿渟在晚些年代，孝牛泉出现后，此处称为大牛井，以别于后来的小牛井。霞客登山顶寻黑龙池，走了不少路，终于在“已临金线泉之上”的耸崖间找到。徐霞客此行还观察了金线鱼的形态和生活环境：“鱼大不逾四寸，中腴脂，首尾金一缕如线，为滇池珍味。”滇池中土著鱼种金线鱼今已近绝迹，徐霞客的记录十分可贵。徐霞客还记录了西山特有的植物冲天柏、山茶、野牡丹。在罗汉寺北庵高处，“楼前高柏一株，浮空漾翠”。此种柏树常生于石丛中，树干挺直高耸，树形优美如笔，昆郊团结乡较多，称冲天柏。太华寺有茶花，“殿前夹墀皆山茶，南一株尤巨异”。在《滇中花木记》中也说：“山茶花大逾碗，攒合成球，有分心、卷边、软枝者为第一。省城推重者，城外太华寺。”至今太华寺仍以养花著称，山茶亦多名品。徐霞客在攀登小石林的危崖上发现野生牡丹：“素习者唯牡丹，枝叶离披，布满石隙，为此地绝遘，乃结子垂垂，外绿中红，又余地所未见。土人以高远莫知采鉴，第曰山间野药，不辨何物也。”山崖上点缀着各种珍奇的野花，“壁纹琼葩瑶茎，千容万变，皆目所未收”，成了一道绝妙的风景。西山的野生牡丹被近人的调查所证实。著名林学家吴中伦于 1934 年 7 月 18 日在西山考察，在从太华寺至三清阁间，“中途岩山嶙峋，攀登于岩砾之间，采得野生牡丹、黄杨科各一种”标本，发现的位置与徐霞客所见相同，见中国林业出版社 2006 年出版的吴中伦《云南考察记》。据西山风景名胜区管委会的朋友告知，至今西山顶上的石缝中还有野生芍药生长，徐霞客所发现的可能是与牡丹相似的名花芍药。综合以上说明，徐霞客第一个发现西山绝顶有野生牡丹，那些石缝中还有野生芍药，昆明也是牡丹的原产地。

作为旅行家的徐霞客，他的精到记录也具有导游的作用。他记载：“抱一宫南削崖上，杙木栈，穿石穴，栈悬崖树，穴透崖隙。”那“穴石小楼”的地方，就是明代嘉靖年间所开的凤凰岩，俗称旧石室。清代的有识之士就是从那里继续往南，在绝壁上凿出数百米曲折蜿蜒的隧道和慈云洞、云华洞、达天阁等石室，总称龙门石刻。他记载山邑村：“有村氓数十家，俱网罟为业。村南即龙王堂，前临水海。”山邑村又名龙门村，村南的龙王堂通常称为龙王庙，是中历每年“三月三耍西山”传统庙会的起点。他记载的太平寺，万历《云南通志》已有记载，直到“文革”前在太平山顶还有红墙小院。西山的风景离不开滇池，山光水色相得益彰。徐霞客登西山，沿途寻觅着欣赏滇池美景的绝佳处。在华亭寺，虽“草海临其前”，但排不上号。到太华寺一碧万顷阁“东向瞰海”，霞客感叹道：“然此处所望犹止及草海，若漾漾浩荡观，当更在罗汉寺南也！”至罗汉寺北庵，“诸殿俱不巨，而点云缀石，互为披映，至此始扩然全收水海之胜”，霞客选高处“并楼而坐，如倚危樯上，不复知有崖石下藉也”，找到了浮海、飞仙的感觉。

西山是国家级滇池风景名胜区的核心景区，自古享有盛誉。唐代以来，吟诵西山的诗文不绝于世，但多数作品对于读者来说都是似曾相识。而徐霞客的《游太华山记》，资料翔实，摹写准确，内容丰富，信息量大，既是优美生动的文学名篇，具有欣赏价值，又是真实严谨的科学名篇，具有资料价值。徐霞客不远万里，馈赠给我们17世纪西山的写真留影，其价值绝非他书可比。《游太华山记》扩大了人们认识西山的眼界，充实了人们对西山的了解，开创了对西山认识、开发的新阶段。人们“走徐霞客的路”，踵其后游览西山，认识西山，研究西山。认真钻研《游太华山记》，发现今天的西山与明代的西山有同有异，北部景观基本未变，南部却不尽相同。石玉顺先生发现罗汉寺北庵建筑群就是今天的三清阁一片，根据《游太华山记》的记载，在其下方更南发现了建筑遗址和构件，落实了已不存在的罗汉寺南庵建筑群的位置。钱凤娟老师把调查范围扩大到山邑村及西山周边，在山顶找到了黑龙池，从而证实徐霞客有关罗汉寺北庵、南庵及整个西山内容的可靠性。《游太华山记》也提供了今人建设开发西山的重要依据。1982 年，昆明市人大常委会邀请笔者参加对全市各公园调研，审查各公园的总体规划。笔者提出从龙门附近开隧道把游人引上山顶，开发小石林、美女峰一片，扩大游览范围；龙门游路变成单行线，又可疏解拥堵。该方案后来被采纳实施，1984 年打通龙门至小石林的登山隧道，开辟了小石林游览区。西山虽美，但远在祖国西南边疆，过去少有人知，徐霞客的《游太华山记》大大提升了昆明西山在全国的知名度。1987 年，省市接受笔者建议，在徐霞客游憩的升庵祠创建昆明徐霞客纪念馆，成为全国在徐霞客家乡以外唯一的徐霞客纪念馆。20 多年来，该馆展陈内容和形式经过 3 次更新提升，已初具规模，屡获好评。1994 年，中国徐霞客研究会和云南省举行丰富多彩的徐霞客旅游文化活动暨学术讨论会，省里接受笔者的建议，将高峣小学改名徐霞客小学，成为全国第一所以徐霞客命名的学校。建校 20 年，该校成为与徐霞客纪念馆配套的发扬徐霞客精神、培养一代新人的爱国主义教育基地。徐霞客无愧西山千古文章第一人。

随着我国旅游事业的发展，每年的“5 · 19”中国旅游日，人们就想到徐霞客；甚至一抬步跨上旅途，就会忆起徐霞客。人们流连七彩云南的大美山河，首先就会想到徐霞客《滇游日记》的开篇《游太华山记》。徐霞客介绍旅游经验说，“惟指示之功，胜于追逐”。让我们带着徐霞客留给后世的导游宝典上路，壮美的太华山就在眼前。

（原载《徐霞客研究》第 29 辑，地质出版社 2014 年 12 月版。）

西山的新发现

昆明坝子四山环绕，千姿百态。我曾设问：“昆明人最熟悉的是哪座山?”朋友们争抢着回答：“当然是西山了!”我又问：“为什么大家对西山印象深刻?”有人答：“西山睡美人的身姿形象逼真，线条优美，几十里外就可以看见，百看不厌。”有人说：“西山正在滇池边，中国的山够多了，但平湖边的高山屈指可数，难得啊!”也有人说：“西山森林茂密，假若是光秃秃的童山，谁会光顾它呢?”又有人说：“西山上的文物古迹、风景名胜太多了，游一天只能勾个轮廓，细细搜寻，总得十次八次。”

我终于明白：名山的知名度是以它独具的优越条件决定的，只要有特点，就可以在州内县内崭露头角。它的特点越多，辐射范围越大，知名度就越高。“登东山而小鲁，登泰山而小天下。”东山还是小有名气的，但泰山比东山更高大，泰山的名气比东山就大多了。当然，人们对于名山特点的认识也是有一个过程的。千百年来，传统的五岳都局限于内地，这是华夏文明的中心地区，对这些名山早有认识。但随着对边疆开发的深入，人们逐步放开了视野，更惊叹于多姿多彩的大千世界，名山何止五岳？最近评选全国十大名山，珠穆朗玛峰和长白山都榜上有名，它们成为中国各族人民膜拜的精神化身，在地球上被尊为“神山”、“圣山”也当之无愧。静下心来再想想，我们祖国960万平方公里广袤大地上的名山胜景，正如佛经上说的恒河沙无量数，它们都各有千秋，争奇斗胜，选五个十个，不太少了？还应该有佛教名山、道教名山、文化名山、高原名山、海上名山等等。

名山有其自身的优势，但还必须有人们的悉心呵护。“山不在高，有仙则名；水不在深，有龙则灵”，名山的人文价值是决定性的因素。然而，人文内涵的积累是旷日持久、世代相承的，人们对于名山的认知也是历史文化长期积淀的结果，绝非短期疯狂的炒作可能奏效。昆明西山也不例外。这些年，有关西山的广告或旅游目的地的介绍很少，但西山仍然游人如织，长盛不衰。西山的风景已著名了1000多年。樊绰《蛮书》上说：“碧鸡山在昆池西岸上，与拓东城隔水相对，从东来者冈头数十里已见此山。山势特秀，池水清澹。水中有碧鸡山，石山有洞庭树，年月久远，空有余本。”这是南诏时期的西山，在当时人们的眼里，它不仅秀美，而且古老。王昇《滇池赋》说：“探华亭之幽静，登太华之层峰，觅滇南之胜概，指八景之陈踪。”这是元代人登西山赏景的佳作。正德《云南志》说：“碧鸡山在府治西南三十里。东瞰滇泽，苍崖万丈，绿水千寻，月映澄波，云横绝顶，云南一佳景也。”这是明中叶的西山，一幅绝妙的水墨画。徐霞客《游太华山记》说：“南崖上下，如蜂房燕窝，累累欲堕者，皆罗汉寺南北庵也。”这是明末罗汉崖的真实写照，三清阁建筑群让见多识广的徐霞客赞为绝活。那文凤《赠吴道人二首》说：“万钻千椎显巨才，悬岩陡处劈仙台。何须佛洞天生就，直赛龙门禹凿开。”这是清代西山开凿的石室，直到今天龙门仍令人叹为观止。西山集山水之胜，千百年来，在自然造化中又融进了昆明人的挚爱、培护、智慧和汗水，愈加锦上添花，秀美绝伦，它不仅是云南一绝，也是中国一绝，堪称世界一绝。

西山的文化底蕴实在太丰厚。从生员游赏试笔的佳作，到著名学者的专题研究，有关西山的文字不断涌现。名家不但登临西山，也用如椽巨笔记录西山、题咏西山，仅高峣就有高峣十二景，还有著名的《高峣志》。近日有幸读到《滇池纪事》一书，又一次受到震动：对西山的认识远未穷尽，对西山的研究课题还很丰富，西山是一座文化的富矿，正等待大家探掘。

作者在一次偶然的机会，发现了西山的点睛之笔，为罗汉山由来的解析创造了条件。她们在此基础上，积数年之功，踏青揽翠，攀岩蹑蹬，在西山上穷搜细找；又深入到西山脚下的山邑村，与农家渔户一起生活，促膝谈心，叙今追古。她们是开掘资料的矿工，她们不做二传手，这就给研究奠定了坚实的基础。西山是文人墨客的西山，西山也是旅行家的西山，但西山还是世世代代生活于此的村民的西山。通过村民认识西山，充实了人间膜拜西山的朴实感情；通过村民了解西山，填实了文人墨客不可能长期驻足的漫长岁月，这样对西山的研究，来得全面，来得深刻。作者以山邑村作为研究基地，但调研的范围没有局限于一村一地，为了解释西山，举凡晋宁、昆阳、呈贡、官渡、嵩明，滇池周围都编织了她们的屐痕，都是她们的调查范围。这是一份不俗的研究报告，对西山的形、神、山水改易、陵谷变迁、祠庙兴替，不但做了翔实的记录，也探讨了变化的原因，不少内容为一般人见所未见，闻所未闻。这又是一份行文通俗的读物，用浅近流畅的语言娓娓道来，甚至带有小说话本的风格，一反学术论著的严肃面孔，让人读来亲切，引人入胜。更难得的是，作者充溢着对滇池的无比忧虑，对昆明今后发展的关心，指点江山，出谋划策。放下书稿，我立即产生了一个新的念头：要再去看看神往的西山和熟悉的滇池，去看看世代守护在这山水之间的纯朴善良的山邑村民，去仔细端详那世所罕见的大佛。

（本文为《滇池纪事》一书序，云南人民出版社 2004 年版。）

云南大学校址三题

云南大学是我国比较古老的重点大学之一，她已度过一轮花甲。但在漫长的历史上，60 年只是短暂的一瞬，这片土地已经历了 600 年以上的沧桑变迁。云南大学建立以前这片土地的变化，想必是大家关心的问题，也是本文探究的课题。

一 翠湖湾

云南大学在昆明市区北隅，前临翠湖，左倚圆通山，位于圆通山往西伸延的贡院坡上。缓坡从东向西倾斜，南面陡峻，北面平缓。现被公路分割为五部分，除校本部，还有北院、东院、东二院、西院，占地面积 625 亩。最高处为怀周楼，海拔 1911 米；学校大门处海拔 1891 米，大门对面云大幼儿园（今王九龄故居）最低，海拔 1890 米，仅高出滇池平均水位 4 米。

但是，元代以前这一带的自然环境却不是这样。那时翠湖与滇池连在一起，成为巨大的滇池水域的一部分，有人把它叫作“翠湖湾”。翠湖湾的面积比现在的翠湖大得多，湖岸线比今翠湖北路、青云街、翠湖南路一圈略大。翠湖边现在有条海潮巷，因巷内原有海潮庵，那里曾是滇池潮水所及的地方。还有一条海源巷，也因翠湖的水供给滇池而得名。昆明坝子有不少称“堆”的地名，都是水中或水边的土堆，后来多发展为人们居住的高地。云大大门西侧过去称玉龙堆，正是滇池水面曾达这一带的证明，滇池的大浪曾长期拍打到今云大大门口。翠湖湾的出口当时也比较宽，北边大体沿今昆师路、染布巷、仓园巷，南边包有整个蒲草田，直达武成路西口。近年修建省图书馆、军区招待所、公安厅劳改局大楼等，挖深下去仍是乌黑的湖泥，都是过去水下的遗物。云大西院修宿舍大楼时，推土机曾推出叠压在城墙下面的火葬罐，说明宋元以来，直至明初修建城墙以前，云南大学校址还是城外人迹罕至的坟山。

洪武十五年（1382 年）修云南府城，扩大城区范围，将城墙从五华山往北移到圆通山，沿今圆通山到云南大学山脊的北缘经过。从此，今云南大学校址的主要部分被包入云南府城内，结束了长期荒烟蔓草的岁月。当时北城门称保顺门，俗称北门，在今北门街的北端、云南省杂剧团门口，居高临下，便于扼守。今怀周楼、物理三馆、西院一二三幢，就是建筑在当年的城墙上。现在云大东小门和三十中学之间，仍可见到高耸的城墙遗迹，与圆通公园内正对大门的瞭望亭墙基，同为昆明市明清城墙仅存的标本。怀周楼旁厕所的围墙，是用拆城墙的大砖砌的，部分砖上印有文字。一种为文两行，上书“大明崇祯壬午岁云南府知府刘监造”；另一种为文一行，仅能辨识“大明”、“岁云”数字。壬午为崇祯十五年，公元 1642 年，大概是明代最后一次修城的时间。万历《云南通志》载：“环城有河，可通舟楫。”从花木公司苗圃到云大校园煤气柜宽直整齐的洼地，就是当年护城河的遗址。经过多次填塞，现最低处海拔 1898 米。护城河再往东，沿城墙脚直抵女生宿舍。《续修昆明县志》载：“郡厉坛，《云南通志》在城北拱辰门外。明洪武二年令郡县立厉坛，每岁清明日、孟秋望日、孟冬朔日祭无祀鬼神。在府州曰郡厉，在县曰邑厉（原按，昆明仅有一坛）。咸丰七年庙毁。同治十二年总督刘岳昭、巡抚岑毓英重修。”昆明厉坛应在今云南大学范围内，具体位置难以确指。明初城内北隅已有民居。

1930 年在云大大门稍西挖出碑石一块，记载明初称佛护里，为至今得知的云大一带最早的地名。现有刻石一方嵌在翠湖北路 50 号发现碑石的地方，篆书大字“古佛护里”四字，还有一段附记：“据净园新出土洪武僧塔残石载，城西北五百年前名佛护里，立石表之。民国庚午冬。里人陈古逸立。”明代实行里甲制度，为县以下的基层行政单位。以一百一十户为一里，推丁多粮多的十户轮流充当里长，其余百户分为十甲，每甲十户。万历《云南通志》载：“昆明县附郭，编里二十六。”佛护里当为二十六里之一。

元代以来，多次疏通海口，滇池水位逐渐下降，到明初才有可能把翠湖包进城内。明代的西城墙从今师院附中西侧达小西门，大体沿今东风西路。从此，城墙把翠湖湾和滇池分开，翠湖成为泻湖；滇池岸退到城外，才出现潘家湾这个湖湾。城内的水域称为九龙池，相传有九个泉眼出水，水量充盈。城外的湖湾因在府城西，故称西湖。明代，这一带是贵族官僚独占的禁苑。沐英牧马的柳营在九龙池西，约当今农展馆以北。城外的西湖有沐府鱼池，为沐家独占的水上别墅，称为西园，又称水云乡。《续修昆明县志》追叙当时形势说：九龙池“旧名柳营，为沐氏别业。水由通城河流入玉带河。按沐西平好马，饮秣洗刷，亲往视之，洗马河即在沐氏西园东侧畦步间”。九龙池仍很宽阔，碧水直抵贡院坡脚，与西湖水域相距仅“畦步间”。浅水区广种荷花，又称荷花池。

明清之际，翠湖淤缩十分突出，湖面缩小了很多，康熙《云南府志》载，吴三桂“填菜海子之半建新府，极其壮丽”。今省农展馆、省图书馆一片因此全部成陆，建为吴三桂的洪化府。明末九龙池的面貌，《读史方舆纪要》有过描述：“九龙池在城内，中多废圃，亦曰菜海。其平者为稻田，下者为莲池。沿五华之右，贯城西南流，入顺城桥，汇于盘龙江，达滇池”。

清中叶的《嘉庆重修一统志》所记略同，但“中多废圃”变成“其地蔬圃居半”。昔日大片水域，变成了很多稻田、菜地，田塍曲折，稻浪摇曳，谷堆连云，因此俗称菜海子。承华浦、蒲草田等地名，都反映那一带当时和水的关系。但是，这时期的翠湖与滇池仍有水道连接。湖水旺盛，清流如练，从洗马河（今翠湖西路）、通城河（今省图书馆前至东风西路）过洪化桥，经小西门外入护城河，再汇入草海。人们可从水路乘船直达贡院坡脚。昆明人故老相传，至今还提及过去乘船到贡院赶考的情景。

清代，北城墙虽屡经修整，但位置没有移动。保顺门改称拱辰门，城楼称望京楼。九龙池仍称菜海子，又被雅化为翠海或翠湖。湖周围寺庵林立，金莲庵、小玉龙寺、大生庵、地藏寺、玉龙寺、报恩寺、广慧庵、西竺庵、尽忠寺等，掩映在绿树丛中。雍正六年（1728 年），在湖北岸今云南大学前面建了龙神祠。翠湖湖心的变化更大。康熙三十一年（1692 年），总督范承勋、巡抚王继文在湖中心出露的小岛上修建了碧漪亭，俗称海心亭。嘉庆元年（1796 年），挑填周围草塘，扩建为莲花寺。后来又改建为湖心亭。在烟柳荷丛中，陆续新建楼亭桥榭，翠湖被打扮成贡院前面规模宏大的泮海，湖中心多层尖顶的建筑，象征泮海中秀美的文笔，它为贡院增色祈福，并成为人们游览的胜地。

经过六七百年沧海桑田的变迁，滇池终于“生下”瘦小的翠湖。现今翠湖公园面积为 21. 8 公顷，其中陆地 6. 8 公顷。湖心亭、竹林岛、金鱼岛、水月轩、西南岛、海心亭及其他小岛，由两条长堤连接起来，犹如一串葡萄放在碧玉盘中。可惜这个盘子太小，水面仅占 15 公顷。直到 20 世纪 50 年代，翠湖水还从今省图书馆门口源源不断流进滇池；以后，翠湖水位下降，与滇池水的联系完全断绝，成为两个独立的湖泊。草海也缩小了许多，云南大学离滇池已经很远了，距最近的湖岸大观楼也有5公里以上，在会泽院阳台上极目远眺，滇池犹如一抹烟云。

二 贡 院

今云南大学这片土地登上历史舞台，还是在这里建立贡院以后的事。

明初制定了一套周详的科举考试制度，但云南的考生要到遥远的应天府（今江苏南京）参加乡试。永乐九年（1411年）命云南举行乡试，虽有“永乐中，巡抚王文题建贡院”的事情，但仍“然犹未有贡院，每假郡学或公馆以行其事”。宣德四年（1429年），贵州考生赴云南就试，考生日增，增加了中式名额，建贡院的事日加紧迫。最早的贡院在云南府城东部布政司之东，具体位置难以确指。景泰《云南图经志书》录《新建云南贡院记》说：“景泰四年（1453年）春，今巡抚云南参赞军务都宪钱塘郑公始议立贡院。”“其成也，为屋若干区，中为至公之堂。其曰受卷，曰弥封，曰誊录，曰对读，凡四所，附以厨库而翼于堂之两庑。堂之后有校文之房，明窗净几，品列为三，相去堂仅二步许。”“而总以正门，题之曰‘贡院’。是秋乡试，得士五十有五人。”所述为贡院旧址的状况，房舍拥挤，范围狭小，当然不能适应云南文化的发展。

后来选中了今云南大学校址。这片地方在九龙池正北，背负城墙，形势高豁，松篁交翠，确是难得的钟灵毓秀之区。弘治十二年（1499年）建成新贡院，第二年，将督理银场道、督粮盐法道、分守安普道、分守临元道、分守金沧道、分守洱海道等机构皆安置在贡院旧址，“改旧贡院为之”。《昆明县志》、《续修昆明县志》皆未注意到贡院搬迁的问题，后人引以为据，多未得其实。

明代新建贡院的规模，万历《云南通志·建设志》有较详记载：“贡院，在保顺门内，布政司西北。旧在布政司之东，弘治十二年巡抚右副都御史李士实、陈金相继迁于今地。中为至公堂。堂后为监临、提调、监试、考试四房，列以弥封、誊录、对读、供给四所。前为明远楼，楼之东西为文场，四隅为瞭高楼。益前为仪门、大门，门外为旗台，为二坊，左曰‘腾蛟’，右曰‘起凤’。屏垣颇为严固，气势极其宏壮云”。后来虽经嘉靖时巡抚顾应祥增修，万历时巡按刘世曾重修，但都保持了这个建筑布局。至公堂为贡院中心的大堂，即今至公堂处。堂后四房为一排，在今怀周楼前平台。明远楼为贡院前楼，在今会泽院处。东西文场是两片考场，位置约当今东宿舍和向泽馆。仪门在今会泽院前。据《南诏野史》载，“腾蛟”、“起凤”两牌坊刚建不久，坊额被大风吹去十余里。重建的两坊，在山麓今云大校门两侧的公路边，成为贡院的东西两道栅门。今校门处是一个大照壁。后来，东边的内额题“为国求贤”四字，西边的题“明经取士”四字。坡上还有弘治时进士金冕、方矩立的“科甲英才”牌坊，明末毁。

明末清初战争频仍，贡院“叠罹兵燹，荡为丘墟”，建筑几被毁尽，仅剩百年古树一林。康熙三年（1664 年）吴三桂镇守云南，总督卞三元、巡抚袁懋功主持重修贡院，康熙四十七年（1708 年）布政使刘荫枢又主持增拓号舍，重建经过和规模详当时碑刻。康熙三年刻《重建贡院碑记》久埋地下，1981 年修路时在至公堂屋外西墙下掘出，被挖掘者坍为两段。康熙四十七年《重修贡院碑记》，1957 年前后被弃置于云大总务处门口右侧路上，后不知下落，碑文见张传《有关云南贡院的两块碑记》（载《思想战线》1981 年第 6 期）。

清初贡院仅在明代基础上重建，不但位置未变，各建筑的名称也相沿未改，但范围稍有扩大，周围二里许，略呈方形。

新买得“闹西地”，往西展宽了十丈。在山麓今浴室附近凿井建房，设供给所。拾级登龙门，“比屋连甍，新营别构”，“古木轮囷，苍然秀出”。这样的景色，今天还体察得到。“自至公堂抵龙门，南北止十六丈”，“门以外余地尺五”。龙门有三道，在今会泽院阳台前。往后明远楼、至公堂、衡鉴堂在一条中轴线上。明远楼高两层，“岿然特耸”，“绮窗洞开，吞山纳海”，是登高览胜的好地方。至公堂幸被保存下来，现在我们看到的仍是清代的雕梁画栋，应该列为云南大学的重点文物加以保护。至公堂左右对峙的两列建筑为外帘，设受卷、弥封、誊录、对读诸署，主要面对生员，管理考务。以衡鉴堂为中心的贡院北部为内帘。衡鉴堂是评阅试卷的重地。该建筑在建图书馆时被拆，但图书馆（即今怀周楼）前平台的梅树下有石柱础可寻。其东为监临、提调诸署，疑即冰玉堂。其西的抡才堂，在今泽清堂处，“廊庑厨舍垣而成院”，为两名主考官的生活区。今映秋院一带是房考官的生活区，为南北对向的两排房屋，再“东西佐以廊庑”，十房考官每人占一房。周围为官仆、厨夫、巡捕居处的数十座小屋。还有文明楼位置不详。考场分列东西两边，每列有若干间，各列排列整齐，形如很多东西向的长巷。用《千字文》编号，巷口设号栅便于关锁。东文场还包括至公堂东北洼地增建的900间，在今三十中学范围内。西文场又在西北隅新增号舍775间，与原来的号舍相连，从南坎上直抵北城墙，今钟楼前的花圃全部盖满。“每号以八尺为度，舍得五尺，衢路三尺，高其檐，宽其壁。”屋内原来都是泥地，每逢风雨，考生几乎是站在泥水里。后改用“蚌壳铺地，使无涓泥”。道光元年（1821年）又改建号舍，“均甃以砖”。这样的小屋称为号舍或号棚，康熙初年有2800多间，康熙四十七年（1708年）增至4865间。嘉庆六年（1801年）巡抚初彭龄又主持增建了一部分西号舍，西边达今总务处和工会以西的土墙。

墙外原称围墙巷，即因贡院围墙得名，民国年间才改称民强巷。

每科乡试皆八月初九日开始，连考三场，每场三天。应试者于初八即点名鱼贯而入，每人一间，鸣炮封锁龙门及号栅，交卷时方开，平常敲锣报时。以乾隆三十六年（1771 年）为例，云南贡院的考试情景，孙髯翁的《辛卯观诸生入闱》诗做过生动的描绘："昆明仲秋选场开，珥笔观光鱼贯来。""唱名胥吏嫌难字，趁空余丁劫横财。墙角□坊添棘刺，看军搜拣带腰牌。""监临秉笔悬冰镜，提调巡风靠古槐。""春蚕食叶声方杂，斜照穿帘影又催。""十棒锣催心似火，三条烛尽□□灰。"5000 多人应试，仅点名就从清晨进行到下午，誊录试卷的工作人员有 600 人。生活用水要下到翠湖边一担担地挑上石级。运水的挑夫达 300 人。后来在衡鉴堂边、明远楼左右凿井，用水的困难才稍得解决。清代云南乡试的盛况，于此可见。在清代，贡院还用作云南府考试童生的考场，按习惯，武定府也归云南府考。因为贡院名气大，今云南大学校址明清以来通称贡院坡，贡院门口的大街称贡院街，登贡院坡的修长的石级称龙门道。贡院街上原有座石桥，为从城内到贡院的要道，称为龙门桥。在封建社会，"一登龙门则身价十倍"，可以直上青云，贡院街后来即改名青云街。贡院右边直至大西门，是各州县赴省应考生员云集的地方，大有"文人如林"的气氛，故称文林街。翠湖西岸的先生坡，则因有馆舍供誊录、考务的先生下榻而得名。翠湖东岸还有皇华馆（后来作为赵公祠，在今又新中学处）专供考官在考试前后寓居。

贡院是我国古代科举制度各省举行乡试的考场。云南贡院长期成为云南文化教育的中心。通过贡院选拔的大批人，源源不断地输送到中央参加最高一级的会试。在长达 400 多年内，云南省各方面的著名人物，大多数是从这里选送出去的。一般三年一试。头年乡试，以省为单位，各府州县生员齐集于此应试，考中者称举人。次年举人赴京师应考，称会试，考中者即为进士。乡试在八月举行，称秋闱；会试在二月举行，称春闱。中式名额由朝廷规定。全国分南卷、北卷、中卷三类考区，云南被划为中卷。在三类录取总人数中，南卷占55%，北卷占35%，中卷仅占10%，比例最少。但录取名额逐渐增加，反映了云南边疆文化的发展。明代，从永乐九年（1411年）“诏云南布政司开科，取中式举人洪诚等二十人”，至正统五年（1440年），每次选贡仅20名，为全国最少的省。景泰时增至30名。宣德二年（1427年）诏云南、贵州合乡试，嘉靖十四年（1535年）“诏云贵各自开科，定云南解额四十人”，贵州考生整整有100年到云南参加乡试。万历元年（1573年）云南增至45名。天启元年（1621年）“恩例加解额一名”。到崇祯十五年（1642年），云南一省选贡的人数达到55名。明代云南选贡的数字，《礼部志稿》记载较详。清代解额比明代稍多。清初取27名，康熙三十五年（1696年）增为42名，后又增至50名，“与中省相等”。光绪元年（1875年）又加10名。至清末，取正榜64名，副榜10名。据《昆明历史资料汇辑》统计，清代云南全省文科举人6144人，取为进士者672人，武科举人4211人，取为进士者140人。据《明清进士题名碑录》统计，云南籍进士共950名，其中明代255名，清代695名。

随着封建制度的衰落，云南贡院也逐渐萧条。咸丰年间一度为兵练驻扎，房屋“拆毁不堪”。同治二年（1863年）灯宵之变，马荣率万余人突入省城，北门城楼及贡院也被占。同治九年（1870年）虽由军需局筹款重修，但也没有维持多久。清末取消科举制度，提倡办新学。光绪二十九年（1903年）在贡院举行了云南省的最后一次乡试。光绪三十一年（1905年）宣布了废止科举的谕令，我国的科举考试至此结束。光绪三十二年（1906年）就贡院内添设体操专修科，由各地选派生员学习，培养中小学体操教员，超过2期（第一期5个月，第二期1年），于光绪三十三年（1907年）裁撤。光绪三十四年（1908年），提学使叶尔恺竟拆贡院号舍砖瓦至五华山建两级师范学堂，因此，保存至今的号舍仅东宿舍一幢。光绪三十三年将蚕桑学堂、森林学堂合并为中等农业学堂，并附设农业教员讲习所，皆分农、林、蚕3科，每科60人，各有学生180人，暂定预科1年，本科2年，有正教员8人，助教员1～2人。宣统元年（1909年）署提学司郭灿对贡院进行改修，将中等农业学堂从承华浦东隅迁到原贡院处，云南贡院的历史至此结束。

三 滇 都

明清之际，全国形势变化很大，云南也不例外。贡院“势若踞虎”，环境幽谧，建筑宏敞。它的政治地位逐渐突出，成为西南抗清斗争的中心，为全国所瞩目。

自清兵入山海关，在云南，残明势力黔国公沐天波尚存，但土司的争战愈演愈烈。隆武元年（顺治二年，乙酉，1645年）十二月二日，安南长官司土官沙定洲带五千兵赶走沐天波，盘踞省城一年多。贡院也被沙定洲占据，成为幽囚重要人物的禁地。《南疆逸史》载：王锡衮“以尚书家居（禄丰），隆武加大学士，命之督师，调滇兵入卫。锡衮出家财招募义勇，行有日矣，沙定洲乱，锡衮西走，为追兵所执，馆之贡院”。早年从贡院被考选入京的王锡衮，官至吏部左侍郎和尚书，出兵复明抗清未果，恰被囚禁到贡院。他经常“兀坐风节亭”，对着熟悉的翠海华山，发抒自己“安能死魑魅”的高风亮节的志向。他决不与沙定洲合作，“诉上帝祈死”，被害于贡院，死前曾作《风节亭恭记》以明志。风节亭原址已不可寻。东陆大学时期曾重建于会泽院东的花圃内，惜后来倾圮，石基近年被撤去。

随着清军南下，张献忠领导的大西农民军在四川失败。其部下孙可望、李定国、刘文秀、艾能奇等“四将军”率队伍入贵州，又经交水（今沾益）、曲靖、陆凉（今陆良）、宜良，于永历元年（顺治四年，丁亥，1647 年）四月二十四日抵昆明。《滇南纪略》载：“流贼哨骑至省城三市街，见城门不闭，各民人户外设香案迎接，飞报四贼。城中老幼拥吴（兆元）抚军出城降，贼入城令安抚。”农民军“秋毫不犯”，昆明群众热情欢迎农民军入城。

“四将军”在云南，孙可望称平东王，李定国称安西王，刘文秀称抚南王，艾能奇称定北王，实行孙可望为主的四人共同领导。农民军的行政中心主要安排在翠湖周围。孙可望的府第在五华山。李定国以原布政司署作西府，后称晋王府，在今正义路东侧、威远街以北一片。刘文秀住翠湖西侧原柳营处，称南府，后称蜀王府，在今农业展览馆以北。贡院成为艾能奇的定北府，即今云南大学校址。康熙《云南府志》“贡院”条谓：“明末流寇入滇，据为伪王府，多所拆毁。”《续修昆明县志》也谓：“明末流寇据为伪王府，多所拆毁。”贡院既作为王府，当然不可能“多所拆毁”，而且还加盖黄瓦，增厚墙基；正因为成了农民军的重地，后来才被清军大加拆毁。艾能奇又叫艾云枝，据《滇南纪略》，于永历元年九月征东川土司禄万钟，途中遇伏，中箭牺牲。群众对农民军领袖怀有深厚的感情，“能奇之丧，可望发兵送，民间老幼尽往吊焉”。一说于永历二年二月病死。后永历帝入滇，封艾能奇的儿子艾承业为镇国将军管延安王事。

李定国执行“联明抗清”的政策。永历十年（顺治十三年，丙申，1656 年）从贵州安龙府（今安龙）迎永历皇帝朱由榔入滇，途经新城所（今兴仁）、安南卫（今晴隆）境、普安州（今盘县），西抵曲靖，沐天波到马龙驿（今马龙）迎接，三月抵云南府。从此，昆明成为南明最后一个政治中心，时称滇都。

永历的皇宫位置，一般记载比较笼统。《明史·桂端王常瀛传》谓："定国至，遂奉由榔由安南卫走云南，居可望署中。"《清史稿·李定国传》亦谓"入居可望廨"。《昆明县志》谓："明永明王故宫，在五华山上。"其实，永历帝在昆明的宫殿更换过两处。《滇南纪略》载："将贡院腾出作行宫，制仪仗，选校尉，安顿迎帝来省，诏告中外。""至滇城，百姓阻塞道路，左右观者如堵。有年老数十人见帝至，大恸曰：'不图今日复见大明天子！'帝亦含泪点首而过，至行宫安息。"《滇云历年传》卷10载：李定国奉永历帝入滇，"过金马山，百姓遮道相迎。既入城，以贡院为行宫，群臣朝谒。八月移驻孙可望所建王府"。《南明野史》卷下也载："三月，定国及文秀、文选等各率所部至曲靖，扈从銮舆入滇，以定北府为行宫，暂驻跸焉。改云南为滇都，赐定国晋王册宝，封文秀蜀王。……八月……十一日移跸秦王宫，即云南府城五华山地也。山有五华寺，为滇南诸刹之冠。于是初莅朝堂，二王侍立，文武肃然。朝贺出，皆喜相谓曰：'今日乃见真圣主也。'是日，帝为二王割襟，订二姓之盟，二王谢恩感悦。"今云南大学校址曾经是南明永历政权滇都的皇宫。

当时昆明的四大王府，按条件说，孙可望的王府经过专门营构，"黄屋双阙"，最为豪华，称秦王宫。《续修昆明县志》载："顺治九年壬辰三月，孙可望由黔回云南，大营宫室于省城五华山，创建宫殿，制侔大内，毁昆阳、呈贡二城以筑之。"但为什么选贡院作行宫呢？这反映出永历朝君臣和农民军都还希望孙可望和李定国和好团结，共图大业，不能贸然占用秦王宫，为争取孙可望留一条后路。刚好艾能奇早死，定北府正可腾出作皇宫。永历至滇初期，仍致力于争取孙可望。据《永历实录·李定国传》：“上欲息兵合谋下黔楚，以命定国，定国听命。诏刘文秀和解之，文秀刺血书告可望，可望复书狂嫚。”据《安龙逸史》：八月，李定国送可望宫人等归黔，遣可望旧部总兵王麟护送，并亲到郊外饯行。第二年正月，孙可望遣程万里赴滇都，请遣还其旧部。不但允许，还派夫马送。又据《南疆逸史》：“使文选还慰可望，可望夺文选兵，然以妻子在滇，未敢公为逆也，复遣文选入朝与定国议和。明年五月，上使张虎送可望妻子赴贵州。张虎，可望私人也，定国欲远之，故遣之去。临行，上召见，劳之曰：‘秦晋和好，借卿之力，还当爵卿以公。’因拔金簪赐之曰：‘以是为信。’虎至黔，即劝可望内犯，且曰：‘上命以金簪刺国主’。可望既无内顾忧，又闻虎言，方于宣等复赞之，遂发兵反。”以上多次争取跨在两年，且都在永历十一年（顺治十四年，丁酉，1657 年）八月前。孙可望一意孤行，于这年八月初一出兵攻滇。永历帝削孙可望秦王称号，李定国出师与孙可望战于三岔（今名同，在曲靖市区西北），孙李关系彻底破裂；孙可望的家属及宫人已送走，秦王宫正闲置。在这种背景下，方决定把五华山孙可望府第改为永历帝皇宫。《滇云历年传》和《南明野史》所载的三月和八月应分系于前后两年，永历十年（1656 年）三月驻进贡院行宫，永历十一年八月移驻五华山。

以贡院作皇宫期间，形势相对稳定，正是永历朝君臣比较小心谨慎、力图再举的岁月。《延平王户官杨英从征实录》载李定国与郑成功书，有“以四月如滇”（按即“入滇”），“上每召见”，“宸居巩定，撻伐亟申”等语。李定国经常出入贡院皇宫，李定国、刘文秀写信与郑成功联系也在这时。永历移驻五华山以后，《求野录》载：“自可望败走，朝廷论功行赏，设官设吏，率皆宴饮恬愉，争功修怨，绝不以国事为念。”但形势却迅速逆转。十一月，孙可望走长沙降清，被清封为义王，尽泄滇黔虚实。永历十二年（顺治十五年，戊戌，1658 年）六月，刘文秀痈发于肺，病死，李定国势愈孤。十一月，清兵分三路西进。永历十二年十二月十五日，永历帝被迫离昆明西走，从者数十万人，“既至碧鸡关，兵民呼哭，声振山谷”。李定国殿后，于十八日黄昏“率兵千人严队西走”，结束了大西农民军余部在昆明威武雄壮的一幕。

大西军余部以昆明为中心的十二年，在民族矛盾突出的历史时期，高举反清义旗，以云南、贵州为基地，北达川北保宁（今阆中），东到湖南常德、岳州（今岳阳），江西吉安，南抵广东新会、肇庆，控制半壁河山。军事力量所及，还在各地设官置守。由于农民军采取一系列政治、经济措施，一时间，“滇南天下饶乐土也”，“威名大震中外”。在农民军的扶持下，永历成为南明诸政权中坚持时间最长的一个。陈寅恪先生为《明季滇黔佛教考》作序说：“明末永历之世，滇黔实当日之畿辅，而神州正朔之所在也。”在这重要的历史篇章中，人们首先会想到昆明，也有今云南大学这片土地的地位。

（该文为云南大学校庆 60 周年学术报告会论文，有铅印单行本，后载《思想战线》1984 年第 1 期。）

风节亭与王锡衮

中国古代的科举考试，延续时间长久，对后世影响深远。有关科举考试制度及操作方法等的资料甚夥，研究成果不少，但对贡院的育人环境却语焉不详。其实，为了服务于培养和选拔人才的目的，贡院十分重视育人环境的营造，做了很多独具匠心的安排。

今云南大学校址即明清云南贡院，作为科举考试的禁地，在龙门道上，设了头龙门和二龙门两道重关，如天门当道，既便于控扼，又增加了威严肃穆的气氛。每一重门分三道门，平时只开两旁的边门给一般人出入，正中一道门是考中的举人才有资格踩踏的，中央派来的主考官也从这道门通过，真所谓“一登龙门则身价百倍”。头龙门在今水杉树的平台，二龙门又称仪门，在今设喷泉的平台。头龙门外两边的一对红砂石雕刻的独角兽，虽历经沧桑，其基座及一兽尚存，2003 年又据原件重雕了一对。这是传说中的异兽，称獬豸（xiè zhì），俗名神羊。《异物志》说：“东北荒中有兽，名獬豸，一角，性忠，见人斗则触不直者，闻人论则咋不正者。”《述异记》也说：“或谓神羊，能触佞，咋不正者，性知人有罪。皋陶治狱，其罪疑者，令羊触之。”此兽能辨曲直，从不放过奸伪，因名任法兽。中国古代法官戴的帽子称为獬豸冠，御史的补服亦绣上獬豸，以示正直。一对獬豸雄踞在贡院大门两侧，标志着考试过程中执法的严肃公正，对舞弊者的心理压力可想而知。

风节亭是云南贡院优化育人环境取得突出成效的又一实例。南明隆武二年（1646 年）王锡衮的《风节亭恭记》说："臣锡衮兀坐院署风节亭中，将近四月，一筹莫展，万千苦恼，日日逼来，而念头常定，谨盥手焚香，昭告于皇天后土之前。"风节亭始建的时间不详，但明末已经存在，王锡衮《风节亭恭记》并诗可以为证。风节亭的修建，说明古代培养和选拔人才时，十分注重道德品质、思想情操的培养。明清时期从云南贡院选拔出去的一批高风亮节、刚正不阿的滇籍著名人物，以后担当了朝廷的重任，他们当受过这种环境的教育熏陶。王锡衮为其中的典型人物，他的事迹，证明在这方面的育人工作取得了实效。以后，王锡衮的名字即和风节亭联系在一起。

王锡衮，云南右卫人，世居禄丰县城北的大北厂。字龙藻，号昆华，一号仲山，又号念昔，别号素斋。他为万历四十三年（1615 年）乙卯科举人，是从云南贡院被选拔出去的一位佼佼者。他熟悉修长的龙门道、高耸的明远楼、庄严的至公堂，但他最崇拜的是风节亭，想即以高风亮节的滇南举子自许。天启二年（1622 年）考中进士。曾任礼部左侍郎掌部事，官至吏部尚书。他为人刚正，曾上疏请罢东厂，建议把龙虎山真人张应京赶出京师，希望皇帝勿听道士妖言。在忠良累遭贬斥的岁月，他为袁崇焕鸣冤，主张重用陈子壮、文安之、黄道周等正直的大臣。他维护国家的统一，主张镇压土官普名声的叛乱，"疏恳酌发向饷以终剿事"，同时他又"乞稍假宽政"，对老百姓采取宽松政策。他同情老百姓的疾苦，看到"岁频旱蝗"，辽饷、剿饷、练饷三饷叠派，上疏"请量除加征，严核虻饷，俾农民乐生"。在家乡，他常济贫助困，补路修桥。禄丰县城北郊的飞凤桥（今名丰裕桥），就是他倡修的，他为另一座桥写的《启明桥碑记》一直保存到现在。《明史》为他立了传，表彰他刚正慜民的事迹。在仕途顺利时，他一直以高风亮节的精神自励，是非分明，刚正不阿，关心民瘼，政绩突出。诸葛亮五月渡泸，“不攻力而攻心”，平定南中，千百年来为云南各族所歌颂。他为腾冲的武侯祠作碑记，强调“传世者德也，巧合者数也，以武侯至德，固宜庙食千秋”。段高选几乎和王锡衮同时代，也是云南贡院选拔的经过风节亭熏陶而死节的典型，万历四十七年（1619 年）进士，为重庆巴县令。天启时永宁宣抚司土官奢崇明叛，杀明官，据重庆，并攻陷附近州县，段高选“阖家死奢酋之难”。王锡衮为剑川的段高选祠作碑记，标榜段高选“授命临危”、“阖门靖义”的精神“以风励后人”。这些都是王锡衮早年高风亮节情操的自白。师范说：“沙逆之变，公亦授命遂志，是为不愧其言矣。”赵藩也说：“公昔撰吾邑段恭节公祠堂碑，惜其才，悲其遇，嘉其处死之有道”，“斯言也公为恭节言之，已不啻自为言之”。

崇祯十六年（1643 年），王锡衮因母亲逝世回乡守制。第二年李自成攻陷北京，明亡，清兵旋即进入山海关。南方相继出现了明残余势力建立的福王、唐王、鲁王、桂王诸政权，史称南明。王锡衮的家乡虽远在万里之外，但巨变的旋涡仍把他卷了进来。隆武二年（1646 年）夏初，他应在福州的唐王诏，出家财，募义勇，勤王抗清。诏书内容，何太和《明大学士王文毅公事实纪略》记载最详。然而，这时云南的形势也很复杂，安南长官司（治今蒙自市老寨）副长官沙定洲已带兵赶走了黔国公沐天波，盘踞昆明。王锡衮先被困于禄丰，后“趋诏至省城”，从八月起又被幽禁于贡院。唐王政权崩溃，桂王在广东即位，给他下诏，仍“命不得达”，消息被沙定洲封锁。他的处境和被害经过，郭之建《风节亭恭记记后》说得比较详细：“先生乃于隆武二年受号召恢剿之命，晋衔东阁大学士。……然而沙酋逆叛，滇事已非，先生初困于禄丰，继困于会城。堂堂不怕死之臣，已落贼手，虽有一腔热血，岂能推置贼子腹中？呜呼！此《风节亭恭记》所为作也。丁亥之忧，逆党沙定洲率遣其党，刃先生于院署。不知者惜先生不早避其锋，又孰知先生之志，断然自矢，成仁取义，出于素定也哉！”据《明史·王锡衮传》，沙定洲想利用他的地位和声望为自己说好话，“诡草锡衮疏上永明王，言定洲忠勇，请代黔国公镇云南”。刚直的王锡衮决不与沙定洲合作，经常兀坐风节亭，对着熟悉的翠海、华山，忧愤不已，赋诗言志。他用血泪写的风节亭遗诗有三首留存至今，其一云：

兀坐风节亭，万古日月至，
焚香告皇天，堕我烈皇泪。
新君飞海甸，畀臣恢剿事，
臣衮血性存，封疆惭大吏。
闺中弱息流，饶有须眉志，
臣衮复何言，安能死魑魅。

他于十二月十日写《风节亭恭记》，叙述当时的艰难处境，表达自己为国捐躯的决心。他说：“遭逅多艰，为贼臣伙计困厄会城，进退维谷，日与诸魅鬼作邻。甚至煌煌颛敕，为中贵臣万里恭捧而来者，亦抗阻不容出接。悖逆如此，是尚知有朝廷也哉？封疆重吏不惟不能匡正，反而摇尾听之，滇事真不可言矣。”在这种情况下，他“兀坐院署风节亭中，将近四月”，“而念头常定”，下定决心，“臣衮血性具存，义愤常结，惟有捐躯如赴，俟时而行”。永历元年（1647年）四月十九日，在沙定洲撤出昆明前，遇害于贡院，实现了他“指天誓日惟报国”的志向。康熙《云南府志》载：“锡衮驻贡院，定洲以兵围之。”“丁亥四月，流寇至滇，土酋战败，定洲惧，于十九日杀王锡衮于贡院。”其临危就义的情节，《南疆逸史》有生动的记录：“定洲馆之贡院，礼待之，欲与共灭沐氏。锡衮怒骂不从。定洲以其人望也，不敢杀，羁留之。粤中立国，召入辅政，命不得达。及孙可望兵至，定洲败，将归山洞，遣其将杜其非劫锡衮同行。锡衮复骂曰：我，国之大臣，岂从贼往耶？遂遇害。”在遇到危难时，他视死如归，慷慨就义，用自己的言行和生命谱写了一曲风节正气的颂歌。

王锡衮死后，被永历朝谥为文毅，史称忠节公。清代，禄丰县昭忠祠祀有王文毅公牌位，文庙明伦堂立了记述他事迹的碑文。清末民初，李根源到禄丰做过两次考察，搜集王锡衮的文物和资料。在李根源的倡议下，1912 年禄丰县建立了王文毅公专祠。王锡衮的墓至今仍在禄丰县城东十五里的公鸡山上。王锡衮的著作散见于各书，最初被李根源辑入《滇南五名臣遗集》，后被方树梅编为《王昆华遗集》。近年，他的第 10 代孙王武科又进一步搜集整理，编为《王文毅公集》，1993 年由云南大学出版社出版。1976 年在嵩明发现王锡衮为刘文征撰的墓志铭，见《史与志》1996 年第 1 期，惜该书未及收入。有关王锡衮晚年事迹的情节，诸书有矛盾，想多得之传闻。锡衮被害时，其嗣子王咨翼在侧，亦受重伤，后扶柩归葬禄丰。王咨翼是难得的当事人，对锡衮事知之甚详，于康熙十一年（1672 年）病故。最早记录王锡衮被害始末的是隐居昆明、自号玉案山樵的郭之建。据《滇云耆旧传》，郭“当明末，不乐进仕，居樱树园，习稼圃”，对人“教以孝弟勤俭，人皆信而化之”。王锡衮的忠节感人的事迹和郭之建的高洁情操发生了共鸣，他在王锡衮死后 20 多年，于王咨翼处得见《风节亭恭记》及遗诗，第一次把它们公布出来，所撰《风节亭恭记记后》及《王少宰游仙梦记》，有关资料亦当得自王咨翼处，情节可信。

有关风节亭的状况，记载甚稀。据毛鸿书在 20 世纪 20 年代写的《重建风节亭》文谓：“亭以风节名，彰儒臣之大节也。”“斯人斯亭，光耀相映近三百年。遗迹残缺，乙丑暮春重新斯亭于会泽院旁，复其旧。”则清代此亭一直存在。1925 年，东陆大学重建单檐八角亭于会泽院东侧，想即依明清古亭的残缺遗迹而“复其旧”。新亭门额为袁嘉谷手书“风节亭”3字，后檐顶有“正气可歌”4字。柱上的楹联，至今尚有半联为人们传诵，文曰：“看西山残月，北仓暮霭，依稀午夜祷天时。”袁嘉谷当时为东陆大学教授，常在课堂上讲述王锡衮的事迹和风节亭的来历，学生纷纷赋诗抒怀，经评选后收入《东陆诗选》第3集及其他书中。这是近代以风节亭故事教育后人的一例。可惜1944年7月初该亭又复倾圮，到70年代亭基亦被铲平。近年，人们纷纷要求恢复风节亭以教后人。1995年春，在云南大学党委书记、校友总会会长吴家仁同志的具体关怀下，由云南大学校友总会、楚雄州校友分会及禄丰县政府共同出资，东移10余米再建风节亭，4月20日校庆纪念日落成。笔者受命撰文《再建风节亭记》于亭侧以志其胜。

（原载《思想战线》2003年增刊）

周恩来总理视察云南大学纪实

1955 年 4 月，昆明正是春暖花开的季节，国务院总理兼外交部部长周恩来率领中国政府代表团，准备由昆明经缅甸仰光赴雅加达，参加在印度尼西亚万隆召开的亚非会议。这是周总理在中华人民共和国成立后第一次莅临昆明，这时他最先惦念着的就是边疆教育和科技的发展，优先排在他日程上，优先考虑的就是视察云南大学和中科院北京植物分类学研究所昆明工作站（即今中科院昆明植物研究所）。周总理于 4 月 8 日抵达昆明，在昆只停留了短暂的五天半，却用一整天来会见云大的教授并视察了校园。

4 月 10 日星期日上午 8 点，周总理在他下榻的震庄宾馆约见云南大学教授张若名和杨堃夫妇，陪同的有陈毅副总理、云南省委统战部部长陈方、中共云南大学总支书记方仲伯。张若名和杨堃早年留学法国，1948 年来到云南大学，张若名为中文系教授，杨堃为历史系教授。周总理的接见，如老友重逢，谈得亲切而轻松。周总理非常关心他们的生活，询问了云南大学的情况，还用了很多时间向杨堃仔细了解西南边疆的民族情况，从民族历史、民族调查、民族地域分布到民族的语言、族属、经济生活、宗教信仰、心理素质以及民族识别的标准、民族特征等等，尤其是边境地区的民族划分，询问得更为详细。他们还深入讨论了民族学的理论问题，从摩尔根的《古代社会》，到恩格斯的《家庭、私有制和国家的起源》等。周总理的博学多才，使杨堃非常敬佩，如同遇上了知音，恨不得一下子把几年的话都说出来。陈毅副总理首先向张若名问起北平中法大学的情况，表现出对母校的感情。以后又和张若名兴致极浓地谈论法国文学，最后谈到苏联文学。周总理还关心他们的学习和政治进步，得知他们正在努力争取加入共产党，十分高兴。总理提醒他们，要反复阅读马列主义和毛主席的著作，在实践中锻炼自己；希望他们在教好学生的同时，也不断改造自己提高自己。最后，周总理请他们共进午餐。当他们与总理握手告别时，已是下午 1 点多钟。

下午近 2 点，云大校园还沉浸在午休的宁静中。一行五六辆轿车驶进云南大学校门。身穿藏青呢制中山装的周总理走下汽车，健步踏上“九五之尊”的石级，登上了会泽院前的平台。陪同的陈毅副总理穿着一身白色的西装。周总理看了看说：“这是法式建筑。”以后上到会泽院二楼。正在办公室加班的副教务长刘绍文闻声出来，看到是周总理，拿起电话，准备通知学校领导，却被总理拦住了。总理说：“让大家休息吧！我们是来游玩的，不必惊动别人。”在会泽院，学校负责人简要介绍了云大的创建历史，并提到新中国成立前最后一位校长是熊庆来。总理说：“熊庆来培养了华罗庚。这些具有真才实学的人，我们要尊重他们。”

50 年代，云南大学没有专用的图书馆建筑，把至公堂用作大阅览室。总理在至公堂一边看一边对学校负责人说：“你们向省委汇报，要求建盖一座像样的图书馆。这是云南边疆唯一的一所综合大学，应该有个好的图书馆，能够代表新中国发展的气魄，体现出我们伟大祖国的边疆文化。云南少数民族这样多，可以研究的东西很多，要为边疆的研究工作提供条件。经费不够，报到中央，我们解决。”

总理走到映秋院东南角当时工会办公室附近，说：“这个建筑很别致，现在做什么用?”学校负责人介绍，这是工会的会议室和俱乐部。总理问：“大学工会做些什么工作?”学校负责人说：“主要搞生产会议，就是抓几个典型课，组织教师讨论，交流教学经验。”总理笑了笑说：“生产要抓，生活福利也要抓。”学校负责人说：“工会有个干部，经常代教师买电影票。”总理听后郑重地说：“买电影票，这很好嘛。如果各自去买，要浪费很多人的时间，集中去买，就为很多人节约了时间，这同生产不是没有关系的。工会要联系群众，关心群众生活，多为群众服务。”

在映秋院旁，碰到刚欲外出的历史系女生丁宝珠，刘绍文同志喊住丁宝珠，向总理介绍说：“这是我们学生中的团委委员。”又对丁宝珠说：“总理很关心你们，要看看你们是怎样生活、学习的，想到宿舍看看。”总理和蔼地微笑着握了握丁宝珠的手，并挥手示意要丁宝珠在前面带路。总理经过回廊，从东北门进入当时作为女生宿舍的映秋院一号宿舍。宿舍里四张双台床，只有一张方桌。总理一看，似乎大吃一惊地说：“外表不错嘛，为什么里面这样阴暗、拥挤?”学校负责人将映秋院名称的来历简要做了介绍。丁宝珠也赶快解释说：“今年一年级女同学多，就多住了一些。解放前映秋院女同学住不满，有一半房子做办公室。解放后女同学增加，映秋院全做了女生宿舍还不够。现在，学校正为女同学盖房子，以后可能宽松一些。”总理听后点点头，语重心长地说：“这很好嘛。女孩子上大学，解放前确实不容易！党中央、毛主席很关心女同志，正在为更多的女同志创造上大学的条件。今后女同学还要多，男女生各一半。我们要专给你们盖宿舍，盖得比映秋院更大更好。”总理又对在桌旁学习没有午休的同学说：“毛主席教导我们要‘身体好，学习好，工作好’，要劳逸结合。”

一群女同学跟随周总理出了映秋院，朝城墙缺口处（现在有大梧桐树的那片花园）走去。这时，周总理来云大的喜讯已迅速传开，看书的、打球的、洗衣的、散步的从四面八方奔来，越聚越多。周总理用亲切的目光扫视了站在他周围的大学生们，点头赞许地说：“朴素，朴素，你们真朴素！我去过内地很多所大学，数你们最朴素。”总理关心地问大家每月伙食费多少，身体如何，每周有多少学习时间。他指着一个站在身边的男同学问：“你是哪里人啊?”那个男同学回答：“我是四川人。”说来也巧，周总理接连问了几个同学，回答都是“四川人”。周总理有些惊讶地说：“哦，这么多四川人!”这时，一个小个子男同学说：“报告总理，有人说云南大学是四川大学分校，因为云大学生中有70%以上是四川人。”周总理听后说：“不，不，你们学校不是四川大学分校。云南大学是我国西南边疆有悠久历史的一所综合大学，以后要发展成为接受东南亚各国留学生的重要基地。因为云南属亚热带，东南亚学生能适应这里的气候和生活环境。”接着他指着当时尚未竣工的物理、化学、生物三个馆说：“这座楼是建国后国家拨款给你们修的第一幢楼，以后国家还要继续拨款给你们修建图书馆、实验室，添置教学设备等。云南大学是很有发展前途的。”周总理微笑着，高声地说：“同学们，同志们！今天我是路经云大来看看大家的。毛主席很关心边疆青年，云大是边疆大学，希望大家按毛主席的教导做到‘三好’。以后我还有机会和大家见面的。”听了总理的话，大家才依依不舍地闪开一条道簇拥总理往前走。

总理到了大课堂（今庆来堂的前身）前的平台上，往南看正在建设中的物理、化学、生物三馆，问这一建筑是谁设计的。学校负责人说：“是学校自己设计的。”并补充说：“当时还受了批评。门厅前几根大圆柱和天桥上的花走廊，是有些浪费，当时正提出节约运动，所以就成为典型了。”总理说：“浪费是随时都要注意的，我们的建筑，必须是第一讲实用，第二才是美观。这三幢房子，用天桥连成一个整体，去来可以节省时间，设计不错，有点装饰，问题不大。但当时批评是对的，我们在某一个时候，特别强调某一个问题，这时这个问题就会很突出，这要正确对待，经常敲敲警钟，使头脑清醒些，也有好处。”

对着西边的学生食堂（在今德龙楼处），总理询问了学生伙食和助学金的分配情况，并关心地问：“有没有回族食堂?”学校负责人说：“有。”总理说：“炊事员是回族吗?”学校负责人说：“过去有汉族，现在都换成回族了。”总理说：“各个民族都有他们各自不同的风俗习惯，尊重他们的风俗习惯，就是尊重他们这个民族。我们不要把这些事看成生活细节而疏忽，应该知道这是属于政策性的问题。”

视察过程中，周总理对云大的许多工作做了具体指示。总理强调研究少数民族历史的重要性说：“中国是一个多民族的国家，少数民族在人数上比汉族少，但他们大都是处在边疆地区，对巩固祖国的版图、守卫祖国的边防，在历代都起着极为重要的作用。我们研究中国史，就必须研究中国少数民族史。过去国民党反动派压迫他们，今天我们不仅要帮助他们发展生产，还要帮助他们提高文化。”“云南少数民族很多，云南大学是一所边疆大学。历史系要根据云南的特点，加强少数民族历史的研究，特别要研究少数民族对我们伟大祖国的贡献。也许有人说没有材料，只要到少数民族地区去调查研究，就会有大量的第一手材料。”总理还说：“不只历史系，其他系也要根据云南的特点，设置不同的专业，不要一般化。”“云南植物繁多，亚热带、热带、寒带植物都能生存。要好好研究，为外地提供经验。”“要研究热带病，少数民族的疾病要注意。”“这个学校里学法语的教授很多，东南亚很多国家流通法语，今后是否仍把外语系恢复？着重法语。大学生也应该分别学习几种不同的外语，不要太单一了。”

总理问学校教授的情况，学校负责人的汇报谈到几种不同的类型。总理很严肃地说：“能到大学来教书，也许总有他一技之长，我们主要是善于发挥他那一技之长。”并再次强调：“特别要重视那些有真才实学的人，要充分发挥他们的学术专长，不要在政治上过多地苛求。”总理要看教授宿舍，由学校负责人陪同，在朝阳村平房看了一家。总理亲切地同他们握手，然后很随便地走到他们的书架旁去看看，还抽出一两本翻阅。询问他们：“有科研项目吗?”“还需要些什么条件?”并说：“你们有什么要求，可以向学校领导提出。我们现在条件是差一些，图书、仪器都不够，但相信经过大家的努力，条件一定会逐渐改善的。”学校负责人通知历史系主任张德光来带路，总理又到九家村 1 号看望张若名和杨堃，但他们不在家。

周总理在云大视察，没有喝一口水，没有坐下来休息一分钟。后来总理看了一下手表，一辆银灰色的小轿车驶到排列着苍劲古柏的校园大道上，大家依依不舍地把周总理簇拥上车。总理频频挥手，大声说：“同学们，再见!”同学们高呼：“总理再见!”车从北后门缓缓开出时，总理还在车内向追着汽车跑的学生挥手。直到车转弯看不见了，同学们还挤在门口，遥望着远方，久久不肯离去。后来获得消息的同学，追赶总理的足迹，络绎不绝地来到北后门。有的人往西赶到昆明工学院去，其实车是向东开往周总理下榻的震庄。

这天晚上，云大度过了一个不眠之夜。广大师生都聚在一起，听见到周总理的师生兴奋地回忆着这终生难忘的时刻。

（原载《思想战线》2001 年第 6 期）

附：周恩来视察云南大学时间考证

周恩来总理是1955年视察云南大学的，然而，由于当时周总理正准备出席印度尼西亚万隆召开的亚非会议，为了避免国民党特务的破坏，他的行踪严格保密，新闻单位概不知道。同时，也为了了解真实情况，避免有关单位讲排场，周总理对云大的视察是“突然袭击”，学校没有任何接待准备，到校前，学校领导概不知道，事后也未做任何记录。由于人们接触的角度和传闻的渠道不同，加之年湮日久，后来的追忆难免产生歧异或讹误。因此，有必要对主要情节和时间进行认真考订。

对于周恩来总理视察云南大学的日子，据有关人士回忆，有以下几种说法：丁宝珠《亲切的关怀，难忘的会见——忆周总理1955年来云大视察》（1977年1月8日云大历史系油印）记为4月10日，星期天；署名云南大学革命委员会的文章《敬爱的周总理在云南大学》（载《思想战争》1977年第1期）笼统说：“1955年春天”，“那是一个星期日的下午”；方仲伯《忆敬爱的周总理来云大视察的时刻》（载《云南大学》第333期，1983年10月20日出版）记为5月，一个星期天；杨堃的回忆，见杨在道《张若名在云大》（1992年3月打印稿），说是4月8日上午周总理接见他们夫妇，下午周总理来云大；徐柏操《周恩来总理说“云南大学要发展成为东南亚各国留学生的重要基地”》一文（1993年写成，载《东陆春秋》第1辑，云南大学出版社1996年版）记为“四月一个星期天”。以上说法互有出入，但有一点是共同的，即大家都承认这天是一个星期天。

周总理万隆会议前后在昆的情况，《云南省志·公安志》有记载："1955 年，国务院总理兼外交部部长周恩来、副总理陈毅出席在印度尼西亚共和国万隆召开的亚非会议时，台湾特务机关阴谋暗害，制造了'克什米尔公主号'飞机被炸失事事件。周恩来总理率领中国代表团改道由昆明经缅甸联邦首都仰光赴雅加达，于4 月 8 日到达昆明，4 月 14 日离开昆明。亚非会议结束后，又于4 月 29 日返抵昆明，5 月 3 日离昆返京。周恩来、陈毅这两次途经昆明，在停留短暂的时间里，视察了科研单位、云南大学，出席了省委举办的报告会和接见了各民主党派地方组织负责人和无党派民主人士，参加了昆明市欢迎代表团出席亚非会议归来大会和昆明市各族各界 8 万余人庆祝'五·一'国际劳动节集会与游行的检阅活动。"（云南人民出版社 1996 年版，第 612～613 页。）

周总理于4 月 8 日上午 11 时半率领出席亚非会议的中国代表团抵达昆明，4 月 14 日 7 时 20 分乘印度空军"空中霸王号"飞机离昆，在昆明停了五天半。参加亚非会议后，于4 月 29 日下午 2 时 15 分回到昆明，5 月 3 日乘飞机离开昆明赴成都，在昆明又停留了三天半。这两段时间中，4 月 10 日和 5 月 1 日都是星期天。5 月 1 日参加昆明市的盛大游行，周总理和陈毅副总理站在检阅台上挥手，云大的师生集队整齐地通过今东风东路，接受总理的检阅。那天晚上，周总理又到云南民族学院与各民族学生联欢。周总理这天下午来云大的可能性不大。

周总理是否会在前一个星期天来云大呢？我们在魏春元同志的帮助下，在省公安厅档案室发现了云南省公安厅党组小组 1955 年 4 月 29 日写的《关于亚非会议代表团莅昆的保卫工作总结报告》，其中记载："我国出席亚非会议代表团在周总理的率领下于4月8日上午11时半抵昆。在昆住游五天半，于本月14日上午7时20分乘印机离开昆明。……代表团到昆五天半的期间，除组织机场迎送1次外，还先后游览大观楼、圆通山……参观植物研究所、云南大学，举办晚会4次，出席省委举办的报告会1次，接见各民主党派民主人士1次。”

据此，周恩来总理视察云南大学是在4月10日星期日下午。

近日得见天津44中学退休教师胡开亮提供给云大党史校史办公室的当年在校日记。胡老师1953~1957年在云大中文系学习，逐日有记，1957届毕业。他在1955年4月10日的日记里说：

> 上午搞俄文练习。洗了衣服。
>
> 今下午周总理和陈毅到学校来，在学校走了一圈，很多人也不晓得。周总理穿的是深黑色的呢服，陈毅穿着糅色的衣服，他们很健康。周总理是串脸胡，很关心我们的身体，问每月伙食费多少，问身体长得如何，还问每周有多少学习时间，……校长一点也不晓得。周总理还到会泽院去过，等到他们走了之后，这件事才传开来，很多人赶到昆明工学院去。是的，周总理到工学院去了，可是因看见就是一幢房子，刚陇（拢）也就转车走了。好多人好像很失望——因为没见着周总理和陈毅。

当时亲历者的记录足可征信。中华人民共和国的第一任总理周恩来轻车简从，亲临云南大学视察，时间是在1955年4月10日下午。

至于周总理接见云大教授张若名、杨堃夫妇的时间，杨堃的回忆有误，他说4月7日晚上接通知，第二天接见则是4月8日。他又叙述省委统战部部长陈方说：“周恩来总理昨天已经来到昆明，今天他要和你二人见面，时间定的是八点。周总理这次来昆明，是完全保密的，谈话时，你们不要做记录。”则可能是周总理到昆的第二天，即 4 月 9 日上午。但杨堃又说：“当天下午，在没有事先宣布的情况下，周恩来又来到云南大学。”《敬爱的周总理在云南大学》一文也说：“学校负责同志听说总理来了都非常兴奋，却又十分惊讶。上午，他们曾到周总理的住处，汇报了云南大学的一些情况，总理还请他们吃了午饭，刚回来没半小时，总理就来看大家了。总理没有休息一分钟，总理事先没有通知，怎么不叫人惊讶呢?”显然这是采访方仲伯所得，情节与杨堃所说相同，两位当事人的回忆是一致的。会见张若名、杨堃夫妇和视察云大同在一天，应即 4 月 10 日上午。中共云南省委党史研究室编《情系南滇——周恩来与云南》一书所附《周恩来与云南要事简记》对周总理这几天在昆明的活动也有概括：“4 月 14 日，上午 7 时 20 分，周恩来率中国代表团乘专机离开昆明，取道缅甸前往印度尼西亚出席亚非会议。他在昆明的 5 天多时间里，先后游览了大观楼、圆通山、筇竹寺、西山、安宁温泉、黑龙潭、金殿等风景名胜并参观了昆明植物研究所和云南大学。”（云南民族出版社 1997 年版，第 423 页。）

但是，该文完全袭用杨堃回忆的时间，说：“4 月 8 日上午 11 时半，周恩来率领出席亚非会议的中国代表团抵达昆明。他与陈毅副总理会见天津‘觉悟社’骨干，同赴欧洲勤工俭学、时任云南大学中文系教授的张若名和丈夫杨堃，并共进午餐”（同上书，第 422 页），把周总理赴昆途中在飞机上和在昆与张若名夫妇长谈糅在同一段时间里，事实上是不可能的，应予订正。

（原载《思想战线》2001 年第 6 期）

云南大学历史建筑巡礼

云大校园中轴线

云南大学这片土地，有很多特点值得重视。

第一，时间长，文物多。这里原是一片荒山，明初才围进云南府城内，称为佛护里。弘治十二年（1499 年）云南贡院移此扩建，从此称为贡院坡。清末废除科举。1922 年又在此建云南大学，至今已有 500 多年的历史。这里保存的文物和历史建筑众多。省级文物保护单位有至公堂、考棚、会泽院、熊庆来李广田故居、映秋院、云南第一天文点。市级文物保护单位有袁嘉谷旧居、王九龄旧居、物理三馆、钟楼。还有一些具有历史价值的纪念建筑，如云南大学烈士纪念碑、李维恭烈士衣冠冢、滇军抗法战争使用的铜炮等。1998 年被公布为省级爱国主义教育基地。

第二，大师云集，名人踵至，文化底蕴丰厚。贡院时期李澄中、鄂尔泰、林则徐、王先谦等都曾在此做过考官，主持乡试。据党乐群《云南古代举士》一书统计，明清云南共有文举人 7884 人，其中考中进士者为 971 人。云南的精英多出其中，并且还有一批白族、彝族、回族、傣族、纳西族、壮族等少数民族的士子入选，对云南文化的发展意义重大。民国年间，蒋介石、宋美龄到昆，驻云大会泽院二楼，从 1935 年 5 月 10 日到 24 日，云大东栅子门侧挂了“国民政府军事委员会委员长行辕”牌子。云南大学时期楚图南、费孝通等曾在此从教。据刘兴育《云大拾英》一书统计，有32位院士曾在云大任过教，云南大学培养的院士有7人。新中国建立后，党和国家领导人周恩来、陈毅、贺龙、彭德怀等都曾到云大视察。缅甸总理吴努、阿尔及利亚国务部长阿玛尔·乌兹加尼等曾到云大发表演说。很多重要的历史事件和文化活动都在云大发生。

第三，生态环境优越。这里林木蓊郁，古柏森森，俗称青山，至今还有贡院时期的古柏。银杏道、海棠圃、桂花园、雪松林各具特色，还有珍稀的水杉、缅兰、油橄榄等。巨大的悬铃木被象征性地称为“云大育大树”。林间嬉戏的松鼠更被视为校园独具的风景。云南大学校园的森林覆盖率在70%以上，被表彰为全国花园式单位、全国绿化先进单位。

在云南大学校园，古和今、历史和现实、文物环境和生态环境，巧妙地融合在一起。众多历史建筑荟萃不算稀奇。各个时代的建筑有序地布列，它们的原生环境总体未变，500多年的匠心独运，才是最值得称道的。

云南贡院处云南府城北隅，圆通山向西延伸的缓坡上。其范围南临翠湖，北靠城墙，东抵丁字坡、北门街，西抵围墙巷（后改民强巷），面积75亩。居高临下，集山水之胜，视野开阔，滇池、翠湖、西山、五华，尽收眼底，是赏景的好地方。当然翠湖周边适于赏景的地方不止一处，但贡院取士的崇高地位必须坐北朝南；作为棘闱重地还必须远离闹市，便于防卫，具有私密性。云南贡院的选址，综合了这些优越条件，自然禀赋极佳。

明、清两朝对各省贡院的建筑规制都有统一要求，各建筑的标准名称全国一样。贡院分前后两部分。前半是考生的试场，称外帘，主体建筑为至公堂。后半是考官的工作重地，称内帘，主体建筑是衡鉴堂。内帘西部为主考官和房考官改卷、生活的地方，称抡才堂；内帘东部为提调、监临等行政官员的工作小院。明远楼置于至公堂和龙门之间，且位于考场的中心，便于瞭望，监视考场动向，将考场分为东文场和西文场。号舍整齐横列，按《千字文》顺序编号。

云南贡院不但雄踞山上，也包有山下的平地和陡峻的坡坎，如何合理利用它们成了难题，但正是这些复杂地形成就了规划设计的亮点，在遵循总体格局的基础上又有所创造。明远楼稍前移到山边，不但观察试场动静，也突出了登高赏景的效果，当然大片号舍则位于它的北侧了。将龙门道拉长，头龙门又称大门，是三间楼房，便于严格启闭；二龙门又称仪门，是三间过厅；它们都自成院落，有管理人员值守。三龙门为牌坊。从低到高，步步攀登，缓急相间，突出了庄严肃穆的气氛。山脚是一片空地，便于考生及有关人员集结或疏散，也是向一般人开放的部分，人们可在此窥视贡院的崇隆和神秘。中间置旗台，南端设一大照壁，照壁以南临湖的街道称为照壁街。空地两侧有牌坊，东为“腾蛟坊”，另一面有“为国求贤”四字，西为“起凤坊”，另一面有“明经取士”四字。两坊皆置木栅栏，俗称东栅子、西栅子，平时人们可从中通过，东到青云街，西到文林街。从山麓的大照壁，经龙门道，再经明远楼、至公堂到衡鉴堂，形成贡院建筑群的中轴线，至公堂则是整个贡院的核心和主体。

云南贡院也注意通过建筑物进行思想教育，这是其他贡院未发现的。在头龙门外两侧有一对红砂石雕的獬豸雄踞。獬豸是传说中的异兽，独角，能辨曲直，触奸佞，俗名神羊。把守大门的獬豸能使妄图作弊的士子心理崩溃。在明远楼东侧又建有风节亭，教育士子要忧国忧民，具有高风亮节。南明时期，吏部尚书王锡衮不愿与叛乱的土官沙定洲合作，在贡院写《风节亭恭记》，终被沙定洲杀害，说明风节亭的教育起到了实效。

清末光绪三十一年（1905 年）宣布废止科举，我国的科举考试至此结束。光绪三十二年（1906 年）至光绪三十三年（1907 年），就贡院内曾办过体操专修科。宣统元年（1909 年），中等农业学堂迁到原贡院处。其间，提学使叶尔恺曾拆贡院号舍砖瓦到五华山建两级师范学堂。由于体操专修科和农业学堂在此，贡院被拆还是有限的。1922 年的资料表明，当时贡院中轴线上的建筑几乎都还存在，西文场的号舍基本拆完，东文场拆了一部分，保留一部分。

云南大学筹备阶段主动要求省里拨给原贡院为校址是充分考虑过有关条件的。第一，“要求拨给具有历史意义的贡院为校址”，贡院具有悠久的历史文化传统。第二，“地势宏广，空气流通”，环境优美，是办学的理想之地。第三，“略加改进，即可适用，较另拓地建筑，事半功倍”，物质基础好，原来的建筑可以利用，省钱省力。以上内容，见诸当时呈文及董泽的回忆。这就决定了云大初期对原址的态度：保护原来的山、坡、水等自然优势，保护历史文化环境，包括贡院的基本格局、贡院的中轴线、龙门道及城墙等，总体保留了长期积累的历史文化环境。这一思路一直延续到现在。

董泽时期在明远楼原址建会泽院，拆除龙门，并将龙门道进行相应改造，加西式栏杆，调整了宽窄变化，装点了西式喷池，但三道龙门的三个平台仍旧保留，还保留了两座牌坊和照壁。其他礼堂、食堂、宿舍、办公室等皆“修葺旧房充之”。至公堂用作礼堂，衡鉴堂做食堂，东号舍做学生宿舍，衡鉴堂以东的提调、监临等院落则做办公用房、教职员俱乐部等。这样，不但保存了贡院的主体建筑和基本格局，由于会泽院的体量、规模超乎寻常，加强了这条中轴线，取代了至公堂标志性建筑的地位，成为云南大学的标志性建筑，后来云大校徽皆选取会泽院的图案。

1931 年南菁学校成立，划走了云南大学东部临北门街的一片，即原贡院东文场的地方，原先保留的几幢用作学生宿舍的号舍，仅一幢仍为云大所有，即今唯一幸存的东号舍，贡院的历史格局才有可能让后人窥见端倪。

熊庆来时期的两组建筑与此有关。一组是 1938 年建的校长室和训导处，靠近会泽院，便于工作。一组是 1938 年到 1941 年建的映秋院和泽清堂，作为女生宿舍和食堂，靠近城墙，环境幽静。它们分别位于中轴线的东南和西北，保持平衡，并选用中式建筑风格，与至公堂、衡鉴堂协调，加强了这一片的历史气氛。校长室即今熊庆来、李广田故居，其西并排的训导处 20 世纪 90 年代已被拆除。

新中国建立后，1952 年在照壁处建大校门，逐步关闭东、西两道牌坊的对外通道。1961 年在中轴线北端的城墙上建成图书馆，雄峙在贡院坡的最高处，相应拆除了城墙及衡鉴堂。该图书馆是在周恩来总理的关怀下建成，云大师生怀念周总理，因称怀周楼。今怀周楼两侧的老埂为城墙残段，动力科院内保存较完好。怀周楼前长有梅树和龙柏的平台即衡鉴堂遗址，大石柱础至今仍保存在至公堂东侧林下。1993 年在至公堂前建了“云南大学革命烈士纪念碑”。这些，仍保持并加强了传统中轴线，但也悄悄地增强了这条中轴线上的现代氛围。

由于历史的原因，云南大学只能往西边、北边发展，后来扩大的面积超过原贡院地面若干倍。1955 年在西部原城墙上建成物理、生物、化学三馆，又在原贡院西文场建成钟楼。此时才填埋掉尚有积水的北城墙外的城壕。今物理馆北侧封闭的地下水池即为城壕改建，银杏餐厅南侧的石墙也是改造城壕的老埂而成。最后的 100 多米城壕在 1968 年才被填平。钟楼的选址十分精到，它处贡院坡上台地的南缘，居高临下，统领贡院老区和城外新区，成为它们之间的过渡；它巧妙地点缀在云大校园中部纵贯南北的花圃的林冠，成为新的绿色带状轴线的领头。

从翠湖举目能见，视觉效果突出，钟声远播整个校园甚至翠湖，成为新时期云南大学的又一标志性建筑。

不同时期的琳琅满目的历史建筑群，通过这条传统中轴线，被和谐、有序地组织到一起。我们可从中体察到，云南大学是在中华优秀传统文化的沃土上成长的现代新型大学，这就是它的象征意义。唐继尧在《〈东陆校刊〉序及发刊词》中说："要以宣扬东亚文化，研究欧美学术，冀中西真理，融会贯彻，造就专才，为国家之选。"云南大学从物质到精神都实现了中西融通，世所罕见。建筑方面以这条积累了500多年心血的传统中轴线为代表；人物方面的卓越代表袁嘉谷，既是科举考试的状元，又是云南大学的教授。近年，基于对这条中轴线的感悟，云南大学将贡院时期的至公堂和大学时期的会泽院巧妙连缀，凝练成"会泽百家、至公天下"的云大精神，其学术追求和人格砥砺相结合，立意高远，特点突出，堪称绝唱。

云南大学既是文物富集区，又汇聚了文物古迹与山水园林之胜。其完整保留的文物的空间格局和历史环境，使我们今天还有可能体察500年来的历史进程，其性质属历史文化景观，是一处难得的教育景观，与其他农业景观、工业景观，同样应该受到重视。

云大历史建筑群的保护，也有经验值得肯定。第一，长期坚持"保护为主，合理利用"的原则，众多的历史建筑并没有靠边站，旧贡院老区至今仍是云大的核心区。第二，经常维修，"修旧如旧"，尽量恢复历史遗迹。风节亭累毁累建，1925年、1995年重建。"文革"中被拆的腾蛟坊、起凤坊，2003年在原址恢复。獬豸长期掩埋在贡院坡的土坎下，被发现后照原件重雕一对置于原址。第三，市规划建设部门高瞻远瞩，大力支持。民国年间和20世纪80年代，大门外两次道路维修，截弯改直的方案皆被否定，才得以保持地块的完整。第四，领导重视。

历届校领导做了很多文物保护的好事实事。成立有专门机构文物办公室。第五，有文物保护的传统，有一批热心保护校园环境、文物、历史建筑的教职员工。

贡院遗珍至公堂

云南贡院最值得介绍的建筑首先是至公堂。作为贡院的主体建筑，至公堂的命名也是中央颁定的，各省相同。至者，最也。至公者，最公也。作为考选人才的重地，公平最为重要，历代科场舞弊，人们憎恶痛绝。国家明示，通过科举考试，公平、公正遴选优异人才。

至公堂居贡院坡顶宽敞平地的中心和贡院中轴线上，高爽适中。其建筑综合了礼仪规制和组织乡试功能的需要，是云南贡院建筑群中体量最大的一幢，大有引领全局之势。建筑面积564平方米，坐北朝南，面阔五间，单檐硬山顶，前坡作卷棚式延伸，柱粗梁大，庄重典雅。南北两面皆雕花门窗，金碧彩绘。堂前有一方形平台，既增添了建筑的气势，又便于组织人员进退。

国家派往各省的主考官多是硕学鸿儒或名宦。李澄中，为康熙二十九年（1690年）庚午科正考官，独具伯乐慧眼，且清正廉明。归时行箧中仅一根竹杖、一片松子石和所写的《滇行日记》及诗稿，滇人称颂。鄂尔泰，雍正元年（1723年）癸卯科典试云南，雍正三年（1725年）即被任命署云贵总督。任考官时对云南的了解是他以后治理云南的先导。林则徐，嘉庆二十四年（1819年）典云南乡试，选编了试卷中“文艺诗策尤雅者”14篇，并写《己卯科云南乡试录序》和《己卯科云南乡试策问》。王先谦，著名学者，著述甚多。同治九年（1870年）庚午科任云南乡试副考官，搜罗人才，不遗余力，拔举许印芳的例子被传为佳话。他们都曾在贡院工作和生活，为云南文化教育的发展做出了贡献。

至公堂是举行乡试大典的重地。每三年一次的乡试，皆在秋季举行，故称秋闱。八月初六日，中央王朝派来的主考官离开寓居的皇华馆（今翠湖东路的五华区教育局），乘亮轿赴布政司署（后为巡抚衙门），参加入帘上马宴。由省里的要员担任监临，率司道送主考官入闱，同考官、提调、监试等随行，到贡院至公堂下轿，再从堂后门进入内帘。初七日，受卷、弥封、誊录、对读四署官员齐集至公堂，编排戳印坐号。初八日点名入场，一连三场。十六日考毕，受卷官列坐至公堂前，接受士子交卷，并发给一签，验签方能出龙门，称为放牌。阅卷结束，多在寅、辰日支发榜，因辰属龙、寅属虎，取龙虎榜之意。时值秋季桂花盛开，俗称桂榜。发榜前一日，官员齐集至公堂，乡试录取工作进入高潮。主考官居中坐，监临在左，学政在右，内外帘官依次列坐于东西两侧，逐个核对录取者的硃卷、墨卷和草榜，交书吏高唱名次，写成正榜、副榜及题名录。入夜，堂上燃遍巨红花烛，唱声高亢，一派热闹景象。发榜日贡院大门正式开放，用黄油彩亭装上录取名单，鼓乐仪仗兵丁护送，从至公堂出发，过龙门出贡院，抬到布政使司署或巡抚衙门前张贴。发榜后一天，在布政使司署设鹿鸣宴，歌鹿鸣之诗，表演魁星舞，向考官赠礼。新科举人谒见主考官、房考官及其他帘官，拜受知师。至此，主考官离开贡院仍住皇华馆，忙碌的乡试才告一段落。

南明时期，云南贡院登上了中国历史的舞台，成为永历皇帝朱由榔的皇宫。自清兵进入北京后，大西农民军的余部孙可望、李定国、刘文秀、艾能奇等“四将军”以昆明为中心，实行联明抗清的政策，与南明政权遥相呼应。艾能奇的定北府即设于贡院。永历皇帝为应付清兵，率部四处转移，行踪不定。

永历十年（顺治十三年，1656 年）三月，李定国从贵州安龙迎永历帝抵云南府，从此，昆明成为南明最后一个政治中心，时称滇都。史载“将贡院腾出作行宫，制仪仗，选校尉，安顿迎帝来省，诏告中外”。贡院成了滇都的皇宫，至公堂就是大内的朝堂，永历帝经常在此处理政务，接见臣僚。封李定国为晋王，刘文秀为蜀王，“于是初莅朝堂，二王侍立，文武肃然”。农民军与永历政权经过漫长的联合，终于在此迈入统一的门槛。著名农民军领袖李定国经常出入贡院皇宫，“上每召见”。李定国、刘文秀写信与郑成功联系也在此时。

1923 年4 月20 日在此举行东陆大学的开学典礼，揭开了至公堂作为礼堂的历史篇章。从此，很多重要集会在此举行，很多著名学者莅此发表学术演讲。抗日战争时期，大量学术机构内迁，大批著名学者涌入昆明，云大学者云集，西南联大受屋舍条件限制，全国性的学术活动和著名学者的精彩演讲经常在云大至公堂举行，至公堂成为全国最活跃的科学大讲堂。我们可以列出一个长长的清单，限于篇幅，此处从略。联大校园、云大至公堂、昆郊的名人故居，成为抗日战争时期昆明科技文化教育活动的三大亮点。1944 年6 月25 日，美国副总统华莱士参观云大，并在此发表演说。1946 年7 月15 日，闻一多在此发表了《最后一次演讲》，当天在回家的路上即遭特务杀害。

20 世纪50 年代，至公堂也做过图书馆的阅览室，里面放了几十张大阅览桌，供同学们围坐查阅资料，复习功课。为了增加采光条件，学校在屋顶安了很多亮瓦。

1987 年，云南贡院被公布为第三批省级重点文物保护单位。1988 年，至公堂按原样落架重修。

至公堂前有革命烈士纪念碑。云南大学是一所具有光荣革命传统的学校，在抗日战争和解放战争时期被誉为“民主堡垒”，共有烈士68 人，烈士数目之多，在全国高校中仅次于北京大学。经中共中央宣传部批准，1993 年建成云南大学革命烈士纪念碑。碑名为全国人大常委会前副委员长、曾任云南大学教授楚图南题写。

会泽院的历史情结

会泽院是云南大学的主楼，对它的命名极富中国传统文化色彩。中国是非常讲究礼仪的国家。中国人过去命名的习惯，有名、有字、有号，人们为了表示对一个人的尊敬，一般都不直呼其名，往往称他的表字或尊号。《颜氏家训》说：“古者，名以正体，字以表德。”对一些特别受到尊崇的人，则以其乡里籍贯命名，或以其所主政的地方的地名命名。唐继尧创办的私立大学，唐继尧别号“东大陆主人”，因被命名为东陆大学。正如董泽在《东陆大学创办历史》一文中说：“以创办人的别号为校名，以资纪念，故安名为东陆大学。”又因唐继尧是会泽县人，所以东陆大学的主楼被命名为会泽院。

会泽院是法式建筑，选取这种建筑形制和风格是有其历史原因的。云南大学建校时就明确提出，办学模式、办学方法等“皆仿欧美大学制度”，与此相适应，选择西式建筑做它的形象代表是必然的。由张邦翰担任设计也能满足这个要求。张邦翰（1885～1958 年），曾留学巴黎，到比利时学建筑，又获得电化工程师证书，能胜任法式建筑的设计。1920 年回国后，被任命为耀龙电灯公司工程师、无线电报局局长、航空学校教官等，极力推广西方科学技术。后来曾任省建设厅厅长、省民政厅厅长。云南自滇越铁路通车后，也有条件进口特殊的建筑材料和构件，满足建筑需要。所需的“红毛泥”即水泥，东京木、黑木等上好木料，走廊及大厅铺设的花砖等，皆向若利玛洋行订购，通过火车进口。工程顾问商索尔、材料承办人马业等皆为法国人。

1923 年 4 月 20 日隆重举行会泽院奠基仪式暨大学开学典礼，有千余人参加，翻开了云大建校的第一页，盛况空前。这一天清晨，航空处飞机盘旋校园上空，散发书面祝词："大哉东陆，为国之珍；群英济美，善觉莘莘。学基始奠，文质彬彬；猗欤休欤，中华主人。"上午，在张搭松柏的彩棚下举行奠基典礼。下午，在大礼堂（至公堂）举行开学典礼。唐继尧致训词，董泽报告建校经过，英、美、法等各国领事及周钟岳相继演讲祝贺。此后，每年的 4 月 20 日遂被定为校庆纪念日。

在以后的两年中，贡院坡上的繁忙景象，成了昆明的别样风景。大量石料采自圆通山边的一窝羊一带，曾铺轻便铁道运输。后改从西山开采，用木船运到篆塘，再用马车运抵工地。所需河沙，由学校派专人在小东门以上至小菜园一段盘龙江捞取，再用马帮驮运。为保证学校采沙，政府布告暂停私人捞运。所需大量红砖，学校在小马村租用了 3 座砖瓦窑赶工烧制。一时东栅子和西栅子两门车水马龙，人车拥堵，为之塞途。学校曾于照壁外另筑道路分流。

1924 年会泽院顺利建成。大楼长 78 米，楼高 23.3 米，建筑面积达 4153 平方米。会泽院的优点很多。它坚固、实用，厚重的铸铁门至今完好无损。墙很厚，过去有学生把"火腿椅"放到窗台上复习功课，在上面还可活动自如。全为木地板，高爽，冬暖夏凉。窗子大，采光好，白天可以不用人工照明。它选址在龙门道的顶端，再加上高挑的四根立柱，雄伟壮观，真有顶天立地的感觉，"龙门仰止"成为云大一景；登楼远眺，湖山胜景尽收眼底，"崇楼眺翠"又是云大一景。它的风格和色彩获得人们喜爱，起到了引领潮流的作用，为此后云大校园的建设定了调，以后的物理三馆，再后的文渊楼、文津楼，近年的云大呈贡校区，都受它的影响。

没有想到的是，会泽院的显赫，使它在抗战时期竟成为日军狂轰滥炸的目标。1940 年 10 月 13 日、1941 年 5 月 12 日两次被日本飞机轰炸，第二次的一颗炸弹竟洞穿楼板直达地面，但大楼仍巍然屹立。抗日战争胜利后，1946 ~ 1948 年进行了维修加固，由本校土木工程系王景贤教授负责设计和监工，在大厅加了两根顶梁柱，又加盖了三楼，命名为仰止楼。

会泽院前有两个纪念建筑，分别反映近代史上两段重要岁月，云南对外御侮的可歌可泣的英雄事迹，意义深远。1884 年的中法战争，我国军队从云南出兵，配合已在越南的黑旗军，在临洮、宣光等地大败法军。西侧陈列的就是中法战争我方使用的铜炮，用它建立了功勋。华秀升校长给军械局长的信强调："将安南战役奏凯归来留存之开花炮拨给敝校，修补陈列，以唤醒历史观念，激发爱国热忱。""对于吾滇历史颇有价值。"抗日战争中，云大学生纷纷投笔从戎，参军参战，为击溃日寇建立了功勋，有的甚至献出了生命。矿冶系学生李维恭毅然参军，1945 年 5 月 21 日在湖南芷江阵亡。东侧就是李维恭烈士的衣冠冢。熊庆来校长亲笔题词"岘首同高"，并挽诗一首："烽火卢沟一夕惊，同仇敌忾志成城。黉宫投却班超笔，胜利偿君不朽名。"

我在云大 50 多年，最先接触并且印象深刻的就是会泽院。1954 年进入历史系，我们的教室在会泽院三楼正中的那间，大家坐的是便于移动又可放书记笔记的"火腿椅"。入学后不久就逢中秋节，系上在我们教室前的大阳台上举行迎新晚会，当然这里也是赏月的好地方。系上的老师都参加了，系主任张德光主持并讲话。在大家的热烈欢迎下，著名的阿拉伯史专家纳忠教授还唱了一支阿拉伯歌曲。就是在这融融的月光下，我第一次瞻仰众多名师睿智、慈祥的面庞，从此我跟着他们习水、遨游，渐渐学着在科学的海洋里远航。大学毕业我被留校。60

年代高治国、李广田担任学校领导，大抓教学质量和师资培养，李校长常说：“我们现在不抓师资培养要犯历史性的错误。”要求每位青年教师都必须确定一位老教师为指导教师，恭恭敬敬向老教师学习。我的教学岗位是中国古代史，系上确定我的指导教师是李埏先生。不但系上有重点培养对象，学校还确定了33 位青年教师为重点培养对象，由李广田校长直接抓，经常了解、检查、考核。1963 年 4 月 25 日，学校通知我们 13 位青年教师考试。题目由指导教师出，由于专业不同，各人所考的内容不同。校长亲自主考，当时被大家称为“殿试”。殿试的考场就在会泽院一楼南廊西侧第一间，每人一张办公桌，不准带任何书籍，考了半天。80 年代，我同时开基础课“中国古代史”和选修课“历史地理概论”，教室主要在四合院。那时会泽院一楼还有少数房间做教室。选修课的选课人数很难预测，“历史地理概论”不但有外系同学选，还有外校的同学旁听。有一次，学校把这门课排在会泽院南廊东侧的一间可容五六十人的教室，听课的人越来越多，一些同学是提前去占位子，有些后来的甚至没有座位。同学们向教务处反映，上了两次后，学校只得把这门课调到四合院更大的教室。大概此后不久，会泽院做教室的历史任务也就结束。那些年代同学们如饥似渴的认真学习，勤奋、刻苦的精神，让我很受感动，至今难忘；也激励我要精益求精，为同学负责，把课讲得更好。

今会泽院前的石阶共 95 级，中有 3 个平台，分 5 段。从下到上，第一段 27 级，第二段 20 级，第三段 31 级，第四段 8 级，第五段 9 级。这 95 级石阶引起诸多猜测。有人说，这是唐继尧“有天子之贵”的野心。

遍查有关记录，皆无此处台阶 95 级的记载。罗养儒《纪我所知集》记龙门道石阶仅 38 级，殊难据信。贡院坡的高度不变，且龙门道分 3 道龙门，它们分别所在的 3 块平台至今仍存，地理形势变化甚微，石阶的数量也应大体相近，不会相差如此之多。贡院前的大道既称“龙门道”，是否当初即置95级石阶，以表示其尊崇？若干年前，笔者参观官渡孔子楼，其大门坚实的门钉也刚好是95个。是否云南历史上把全国尊崇的文庙、贡院等都用“九五之尊”来表示？云南贡院在南明时期曾改作永历皇帝朱由榔的行宫，按皇帝至尊的理解，也可能95级石阶的改造发生在南明时期。清末民初的历史照片显示，从山麓平地到有一对獬豸耸立的第一个平台为30级，以后再上9级为头龙门，见《历史的凝眸——清末民初昆明社会风貌摄影纪实》。无法获知头龙门以内的石级数，但可以肯定，龙门道在后来曾经过改造和调整。退一步说，即使建东陆大学时设计为95级石阶，也不能说是表现唐继尧的野心。唐公馆近在北门街今三十中学教工宿舍处，今圆通山孔雀园是唐公馆的后花园，不缺做隐喻文章的条件；若把“九五之尊”的文章做到他创办的大学，只能说他把大学教育、孔孟文章、最高学府推到至尊的地位，这正是云南大学崇高之处，有什么不好呢？

多年来，笔者曾注意观察，石阶下今云大校门内的平地过去比现在低，石阶也曾被填埋过，石阶总数可能发生过变化。对95级台阶的数字大可不必认真。

不寻常的映秋院

云南大学在贯彻男女平等上是开放的、先进的。建校之初，省务委员会决议暂时不招女生。董泽则表示：欧美各国均男女同校，“但属才堪造就，即无分男女”。第一届预科即招了6名女生，称“特别生”。以后，女生数量逐年增加，熊庆来任校长时，全校女生已达160多人，但学校没有住宿条件，女生只能“通学”，学习、生活和学校的管理都很不方便。

映秋院是云南大学的第一幢女生宿舍，也是熊庆来亲手策划、操办建成的。当时省长龙云的夫人顾映秋慨允捐款建筑，因名映秋院。又配套建女生食堂，由军政要员、后来的省长卢汉的夫人龙泽清捐款，因名泽清堂。请著名建筑学家梁思成及林徽因共同设计，获得他们“纯友谊的协助”。报载：顾映秋“慨然捐建价值国币二万余元之宿舍一院，现已由建筑美术专家梁思成及其夫人林徽因女士将图案设计完成，经龙夫人核定，不日即可招标承建”。但当时正值抗日战争困难时期，举步维艰。物资匮乏，物价飞涨，又出现偷工减料，发生质量问题，建筑商换了两家。熊庆来又请梁思成提出补救方案，并请营造学社派人监理。经费不够，顾映秋原捐款 2.5 万元，后又增加 4 万元，龙泽清原捐 2 万元，后又增加 2 万元，捐款已达 10 万以上，加上学校挪补，共耗资 17 万余元。日本飞机轰炸亦伤及映秋院，部分房屋被震崩塌，又得重新修补。从 1938 年开工，到 1941 年才完成，工期长达 4 年。映秋院是在抗战岁月克服种种困难才建成的。

这是一院别出心裁的建筑。貌似开放，实则封闭。它适用、方便，既方便生活，又方便管理。东南角设传达室，以后是会客室，才进入宿舍；出口在东北门，与传达室的入口相对，便于照应管理，具有一定的私密性。东部为“T”形敞廊，连接东南门、东北门与泽清堂的西门，出门办事或吃饭，皆不会湿滑淋雨。西楼用外走廊，延纳朝阳；北楼是内走廊，阻避寒风，都考虑到遮风避雨的效果。院落各方高低错落，富于变化，便于瞻眺、赏景，视觉效果好，欲穷千里目，还可更上一层楼。它也很美观。设计者着意展示中国传统建筑的优美形象，南边的会客室设花窗，西楼加瞭望塔，北院门为月宫门，还有东边的走廊，俨如一院小姐的绣楼。1938 年熊庆来给顾映秋的信对映秋院有很高的评价：

龙夫人映秋女士大鉴：

前承慨允捐建敝校女生宿舍，热忱厚谊，全校同钦。即请梁思成先生及林徽因女士共同设计，具有中式建筑优美的兴趣及西洋近代建筑适用之特长，且充分利用本地建筑材料，以求经济。梁氏夫妇苦心经营，将来建筑落成，不仅莘莘学子得沾蔽荫之惠，而营造设计另辟蹊径，在云南建筑史上亦可放一异彩。估计价值约为国币二万五千元。建筑名称拟为映秋学舍，聊表纪念之意。专函奉达，即颂大安。

熊庆来　五月七日

“映秋学舍”是初拟名称，后来熊庆来给顾映秋的信中已称“映秋院”了。应该指出的是，这样一院卓尔不凡的建筑，不是给显赫人物享用的公馆，而是莘莘学子的集体宿舍，反映了对学生特别是对女生的关怀、爱护，甚至是宠爱，彰显了以人为本的精神。关心、爱护学生，为学生服务，一直是云南大学的传统。

映秋院的建成，是云大的大事，也成为当时展示云南大学形象的地方。一些重要的活动，多安排在映秋院。1941 年 8 月 7 日，印度著名诗人泰戈尔逝世，11 月 30 日云南大学与西南联大在云大泽清堂共同举行泰戈尔追悼会，熊庆来校长的致辞《泰戈尔先生哀歌》至今保存在云大图书馆。1942 年 4 月 20 日在映秋院旁泽清堂前举行了云南大学成立 20 周年庆典。这是云大建立以后第一次大规模的校庆，但按当时的习惯以虚岁计算定在 1942 年。参加典礼的有教育部来宾、西南联大的领导及驻昆各国使领馆人员 3000 多人。冯友兰、潘光旦、贺麟、吴宓、雷海宗、陈序经、陈省身、严济慈、华罗庚等著名学者做了 20 多场学术报告。1942 年 10 月 30 日，中国天文学会第 18 届年会在映秋院举行，严济慈、张钰哲、陈遵妫、陈一得、熊庆来等与会。一些著名人物也先后住过映秋院，如徐悲鸿、彭桓武等。1942 年徐悲鸿在映秋院阁楼旁边的一间住了几个月，在那里他还被小偷偷过。当时经常跑警报，有一天，小偷趁跑警报的机会偷走了他的几十幅画，其中就有他视如生命的《八十七神仙卷》。当时，熊庆来的儿子熊秉明在联大哲学系读书，袁晓岑在云大文史系读书，他们喜欢画，经常去拜访徐悲鸿，得徐悲鸿的指点，进步很大，袁晓岑后来回忆说，“他的教诲是我艺术生涯的转折点”。过去云南大学没有艺术学院，但仍然培养出了美术大师，徐悲鸿的“杏坛”就在映秋院。新中国建立后，映秋院仍然是女生宿舍。1955 年4 月 10 日，周恩来总理视察云南大学，专门到映秋院看望女同学。他语重心长地说:“女孩子上大学，解放前确实不容易。党中央、毛主席很关心女同志，正在为更多的女同志创造上大学的条件。今后女同学还要多，男女生各一半，我们要给你们盖专门宿舍，盖得比映秋院更大更好!”以后不久，云大在东小门附近建了新的女生宿舍。20 世纪 80 年代新建的 3 幢女生宿舍可容 3000 多人。近年新建的一幢公寓式女生宿舍，建筑面积达 11000 多平方米，已经是第四代女生宿舍。

1987 年，映秋院被公布为第三批省级重点文物保护单位。映秋院长期被人们珍爱着。

云南第一天文点

1993 年云南省公布的第四批省级重点文物保护单位中，有一项“云南第一天文点”，在今云大校内钟楼西北方不远的路边。为一座精工砌筑的圆角方形石台基，长 240 厘米，宽 180 厘米，高 50 厘米。这是云南在地球上最早标明准确位置的地方，因此称为云南第一天文点。又因该经纬度首先镌刻在云大，也称为云南大学天文点。石台南侧，有何瑶校长篆书题写的“云南大学天文点”7个大字，北侧碑文如下：

此地经纬度自二百二十四年前初测，云南府昆明县北极高二十五度六分，京师偏西十三度三十八分。至今中华民国二十三年冬，由云南省政府教育厅、云南省教育经费委员会、云南通志馆、云南省立云南大学、昆明市一得测候所发起复测，大学校长何瑶主其事。十二月十九日夜七时起，在大学体育场，用六十度等高仪、天文时计、无线电收音机实行试测。是后四夜正式测量。观镜者沈文侯，记录者浦光宗，读表者陈秉仁。共计测星二百，结果较前精密，并测真子午线一。测处定为云南第一天文点。特立石标为志。

这次复测云南第一天文点的工作，由云南省政府教育厅、云南省教育经费委员会、云南通志馆、云南大学、昆明市一得测候所发起，云南大学校长何瑶主其事。从1934年12月19日夜间开始，用60°等高仪、天文时计、无线电收音机等进行测量，以后又连续进行了4个晚上。观镜者沈文侯，为南京紫金山天文台专门委派，来滇协助这次工作的。记录浦光宗，为云大土木工程系首届毕业生，时任教于云大工学院，受学校派遣参与其事，并负责石台基的设计建设。读表陈秉仁，字一得，著名气象和天文学家，为一得测候所所长。

我国古代很早就懂得观测日月星辰来编订历法和测定各地的位置。昆明是我国实测天文点的理想位置之一。元代郭守敬主持在全国设立27个测景所，其中就有滇池测景所。清初接受了西方传入的新法测量，完成了当时世界上范围最大、成果最先进的全国性经纬度测量，并在此基础上编绘了《皇舆全览图》。这次全国测定的天文点达640处，其中云南有30处。遗憾的是这些点位没有一处被保存下来。1934年的复测证实了清初测量的可信，成为北京观象台以外唯一的实测经纬度的原始点位。云南省测绘工程院的专家白永兴评价说："云南第一天文点是我国古代开展大地测量仅存的实证之一，也是云南乃至全国具有科学研究价值和历史资料价值的测绘遗迹。"

据参加复测的浦光宗老人证实，当初曾考虑过几个观测点，在其他处测得的数据与历史上测得的数据相差很大。而在云大测量的数据既找准了清初测量的点位，又"结果较前精密"。这次所得为"东经一百零二度四十一分五十八秒又百分秒之八十八，北纬二十五度三分二十一秒又百分秒之一十九"，即102°41′58″·88E，25°03′21″·19W，精确到秒后2位。

1957年苏联第一颗人造地球卫星发射成功，我国着手建立人造卫星光学观测站，选择12个城市设站跟踪观测。昆明观测站设在师大物理楼顶层圆顶的平台，由云南师范大学物理系教授麦赐球主持。昆明观测站即使用1934年在云南大学校内复测得到的数据为地理坐标，进行观测记录，坚持到1962年10月。云南第一天文点又一次发挥了它的作用。

在当初进行观察那些年代，天文点周围宽敞空旷，其东是大体育场，其西为昆明最早的网球场，昆明城区建筑物既少又矮，是最佳的观测位置。至今，体育场成为花圃，网球场一片几经沧桑，后建文津楼，云南第一天文点即处楼檐下。由于道路垫高，天文点相对变低了。

（为纪念云南大学建校90周年而作，原载《昆明史志》2013年第1期，其中前三部分曾被《云南日报》"文史哲"2013年4～5月连载。）

附篇 地 图

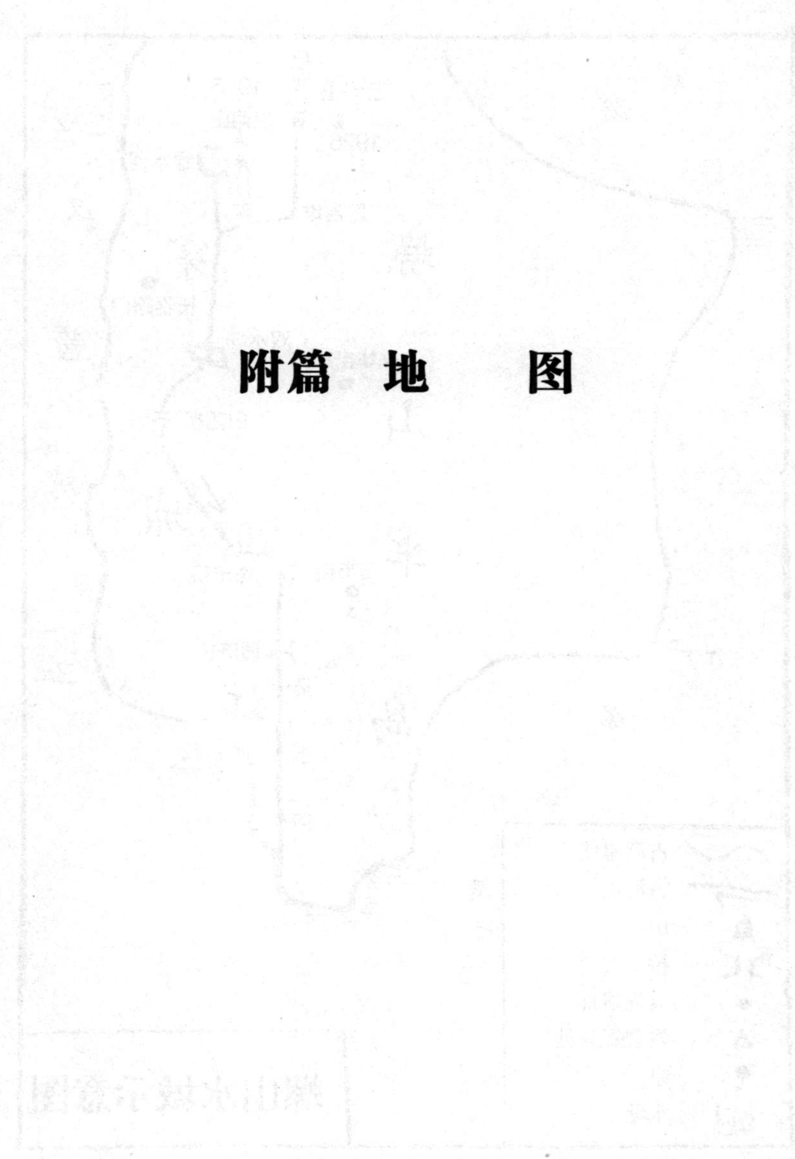

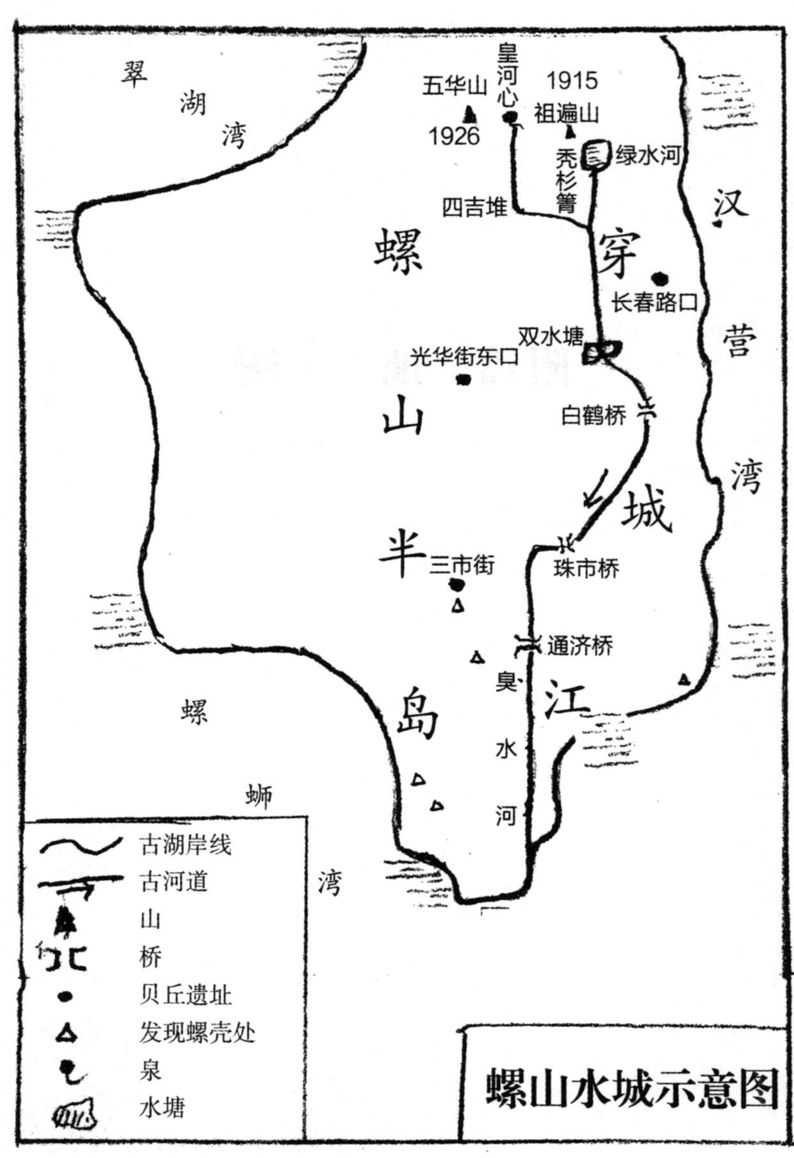

翠
湖
湾
五华山
1926
皇
河
心
1915
祖遍山
绿水河
秃
杉
箐
四吉堆
汉
螺
穿
长春路口
双水塘
光华街东口
营
山
白鹤桥
湾
城
半
三市街
珠市桥
通济桥
臭
螺
岛
江
水
蛳
河
古湖岸线
古河道
山
桥
贝丘遗址
发现螺壳处
泉
水塘
湾
螺山水城示意图

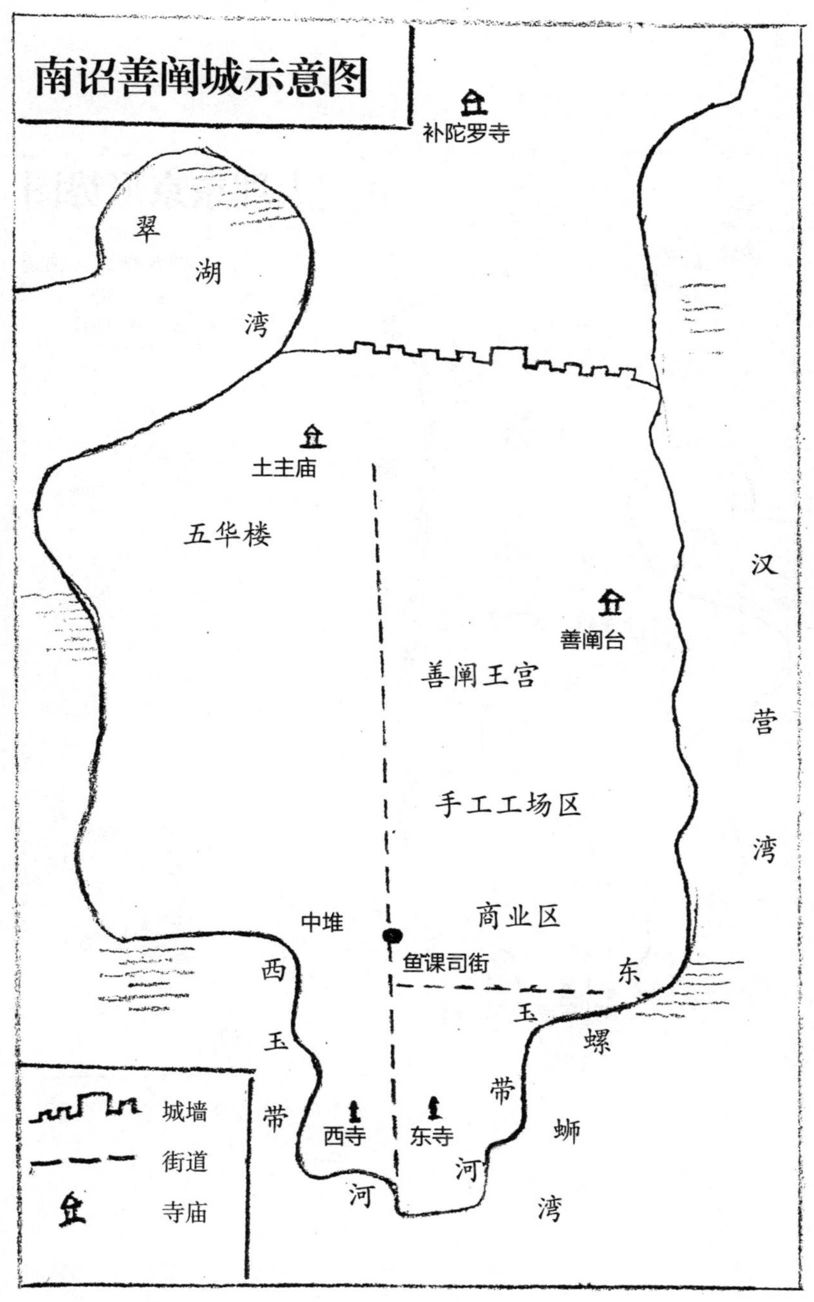
南诏善阐城示意图
补陀罗寺
翠湖湾
土主庙
五华楼
汉营湾
善阐台
善阐王宫
手工工场区
商业区
中堆
鱼课司街
西玉带河
东玉带河
螺蛳湾
西寺
东寺
城墙
街道
寺庙

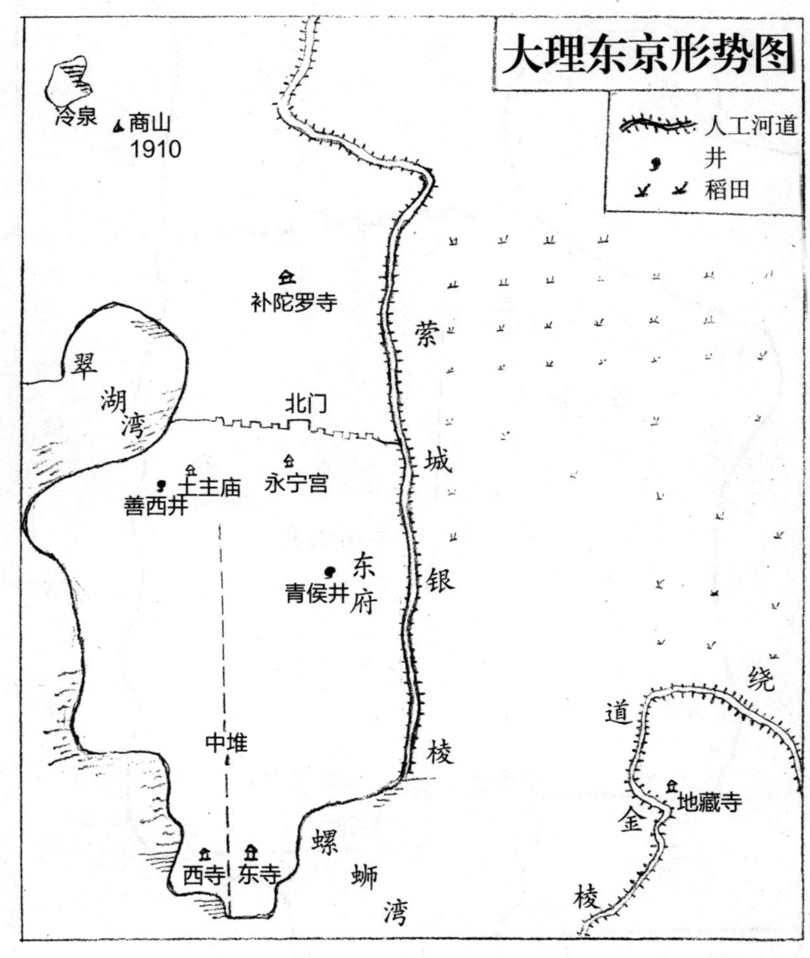
大理东京形势图
人工河道
井
稻田
冷泉
商山
1910
补陀罗寺
萦
城
银
棱
翠
湖
湾
北门
土主庙
善西井
永宁宫
东
府
青侯井
中堆
西寺
东寺
螺
蛳
湾
绕
道
金
棱
地藏寺

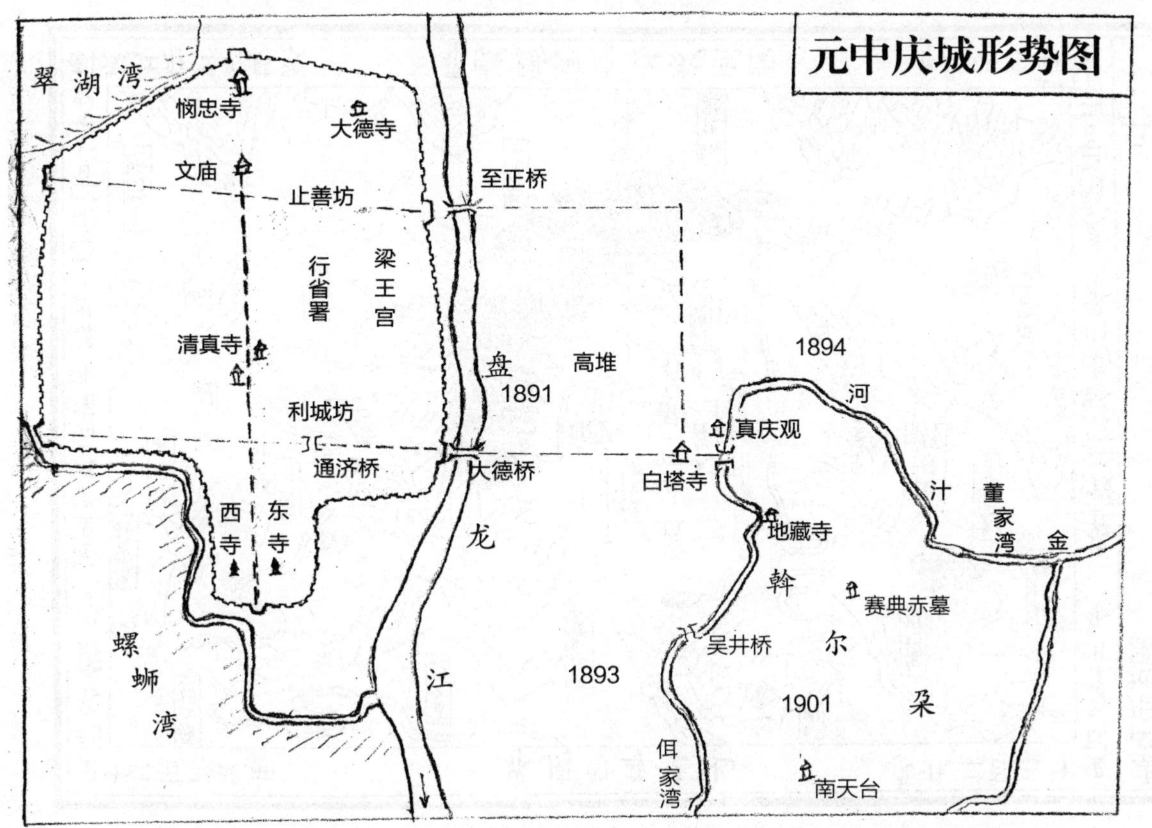
元中庆城形势图
翠湖湾
悯忠寺
大德寺
文庙
止善坊
至正桥
行省署
梁王宫
清真寺
盘
高堆
1891
1894
河
真庆观
白塔寺
利城坊
通济桥
大德桥
西寺
东寺
龙
地藏寺
汁
董家湾
金
斡
赛典赤墓
吴井桥
尔
螺蛳湾
江
1893
1901
朶
佴家湾
南天台

雲南府地圖
東北二百三十里到馬龍州界
北至尋甸府界
西北二百二十里到武定府界
東至澂江府路南州界
東南四百二十里到廣西府界
南至澂江府河陽縣界
西南一百七十里到澂江府江川縣界
西至楚雄府廣通縣界
三
省城
雲南府
昆明縣
滇池
羅次縣
富民縣
嵩明州
楊林驛
板橋驛
金馬山
宜良縣
呈貢縣
河泊所
昆陽州
歸化縣
晉寧州
三泊縣
易門縣
易門所
安寧州
鹽井
碧雞
温泉
祿豐縣
祿脿驛
煉象堡

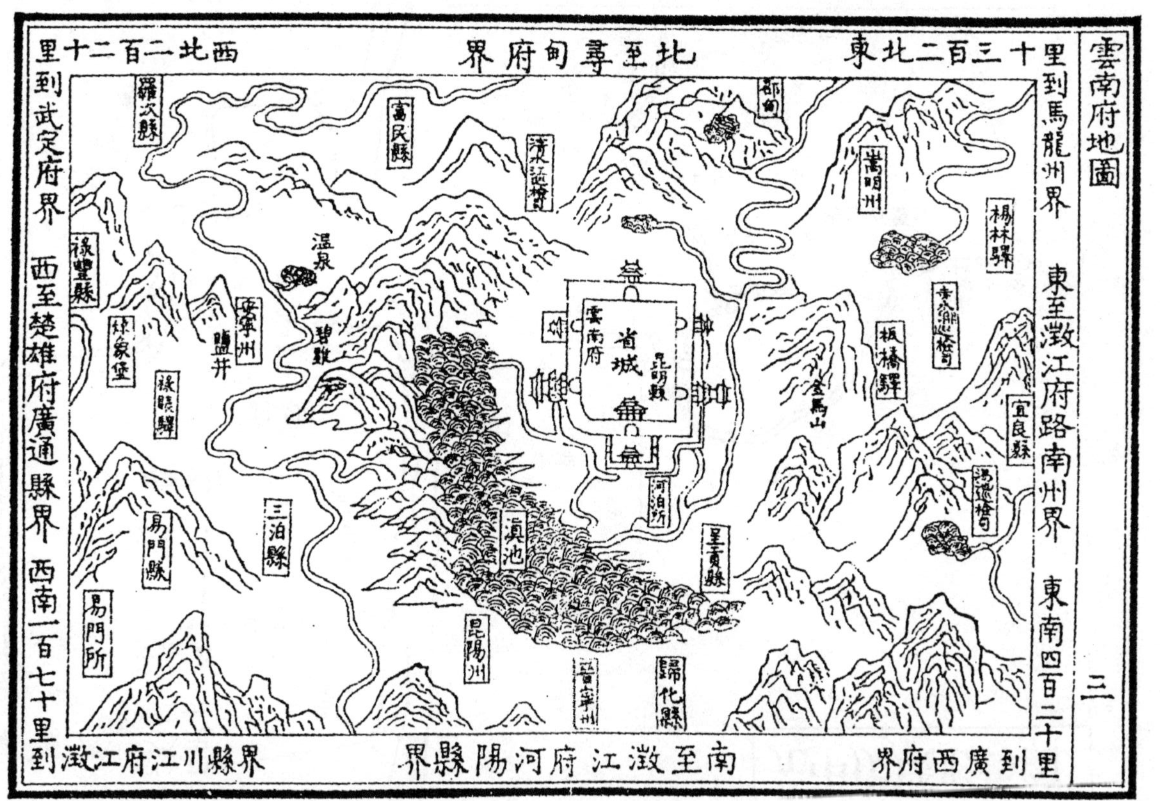

见万历《云南通志》

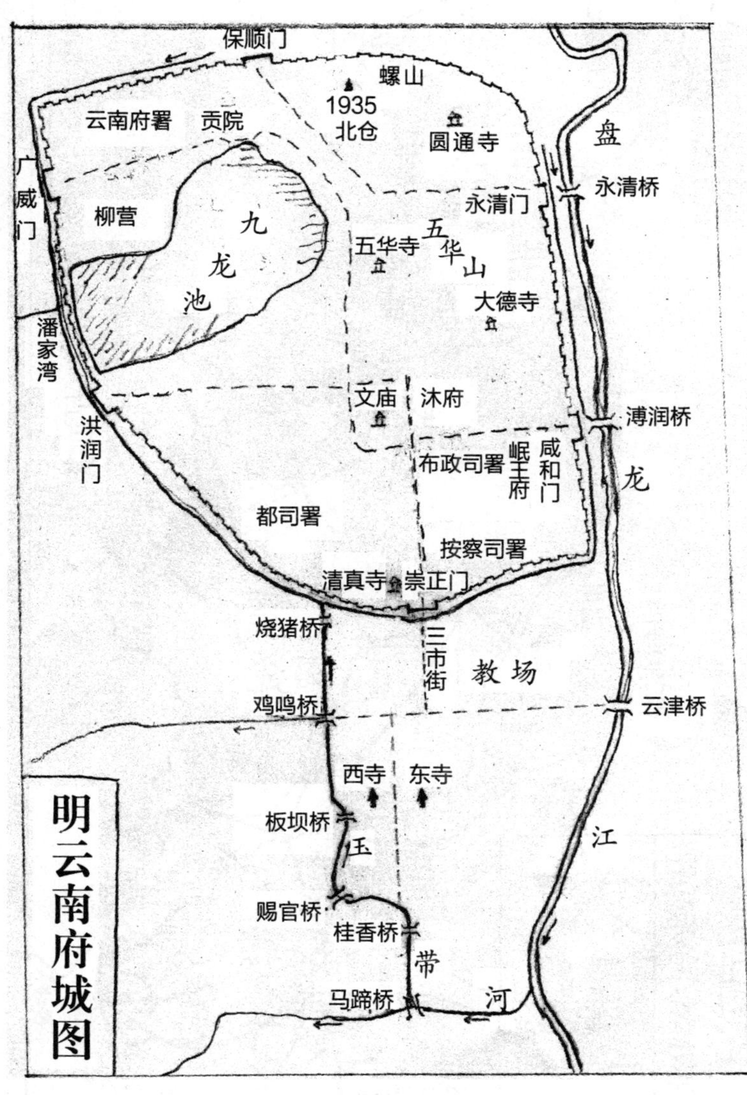
保顺门
螺山
1935
北仓
云南府署
贡院
圆通寺
盘
广威门
柳营
九龙池
永清门
永清桥
五华寺
五华山
大德寺
潘家湾
文庙
沐府
溥润桥
洪润门
布政司署
岷王府
咸和门
龙
都司署
按察司署
清真寺
崇正门
烧猪桥
三市街
教场
鸡鸣桥
云津桥
西寺
东寺
板坝桥
玉
江
赐官桥
桂香桥
带
马蹄桥
河
明云南府城图

李定国
坚持西南抗清斗争示意图
省会
城镇
作战路线
联络路线
孙军作战路线
主要战场
今国界
至北京
扬州
南京
安庆
杭州
武昌
江
夷陵（宜昌）
夔州
忠州
长
保宁（阆中）
成都
雅州
重庆
嘉定
叙府
三坡
遵义
岳州
南昌
温州
樟树
长沙
宝庆
南丰
吉安
福州
建昌卫
（西昌）
金
沙
江
丽江
毕节
贵阳
可渡
曲清
武冈
衡州
零陵
大理
昆明
黎平
桂林
腾越
永昌
安龙
八莫
缅宁
盘江
南
田州
柳州
梧州
广州
潮州
厦门
台
湾
元江
蒙自
车里
南宁
西
江
新会
阿瓦
勐腊
廉州
高州
恩平
孟艮
雷州
电白
0
500公里
景线
见《李定国纪年》

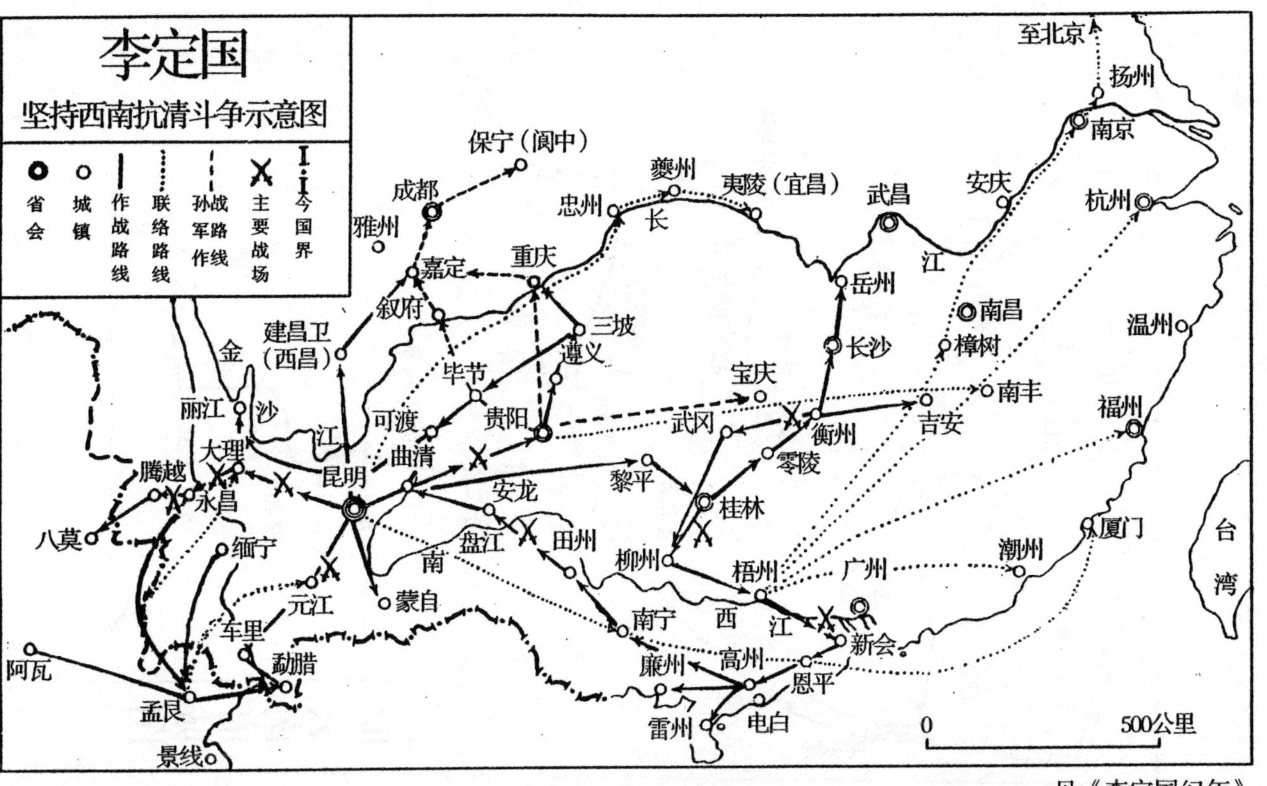

昆明縣志
卷二
圖
十六
昆明縣治圖
北校場
商山
北倉
螺峯山
圓通寺
昆明縣
城守營
雲南府
貢院
錢局
海心亭
學院
承華圃
監獄
五華山
萬壽亭
祖遍山
大德寺
五華書院
硝黃局
綠水河
象房
武廟
城隍廟
土主廟
文廟
報國寺
巡撫
撫標參將
總督
布政司
雙塘
三牌坊
督標中軍
太傅坊
糧儲道
按察司
鐘樓
鼓樓
鹽法道
南關通判
南校場
忠愛坊
碧維坊
金馬坊
重關

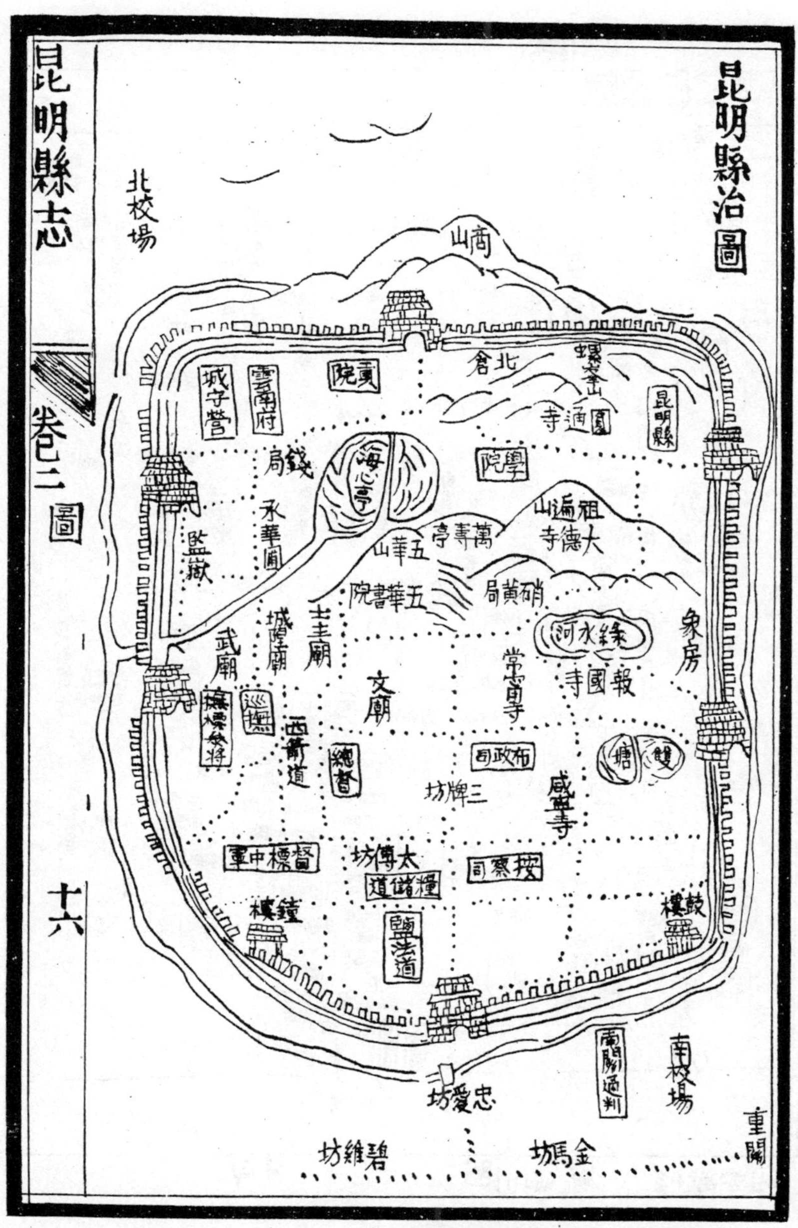

根据道光昆明縣志复制

城內街巷圖
螺峯山
太陽宮
圓通寺
昆明縣署
大德寺
祖山
河綠水
五華山
五華書院
紅柳子
貢院
承華圃
城隍廟
文廟
總督節署
大傅坊
布政使署
按察使署
咸寧寺
東道公館
興華街
柳樹巷
財神宮
鐘樓
鼓樓
昆明縣志 卷三 圖 十七

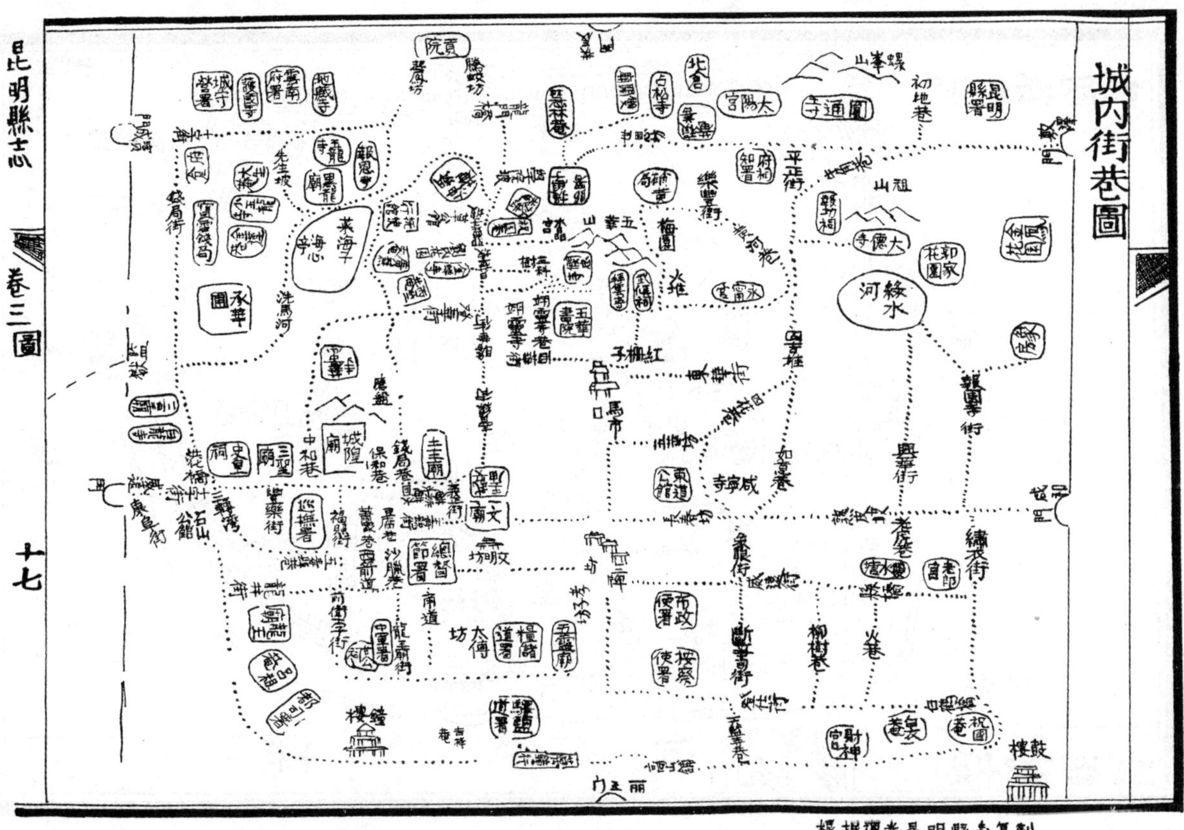

根据道光昆明县志制

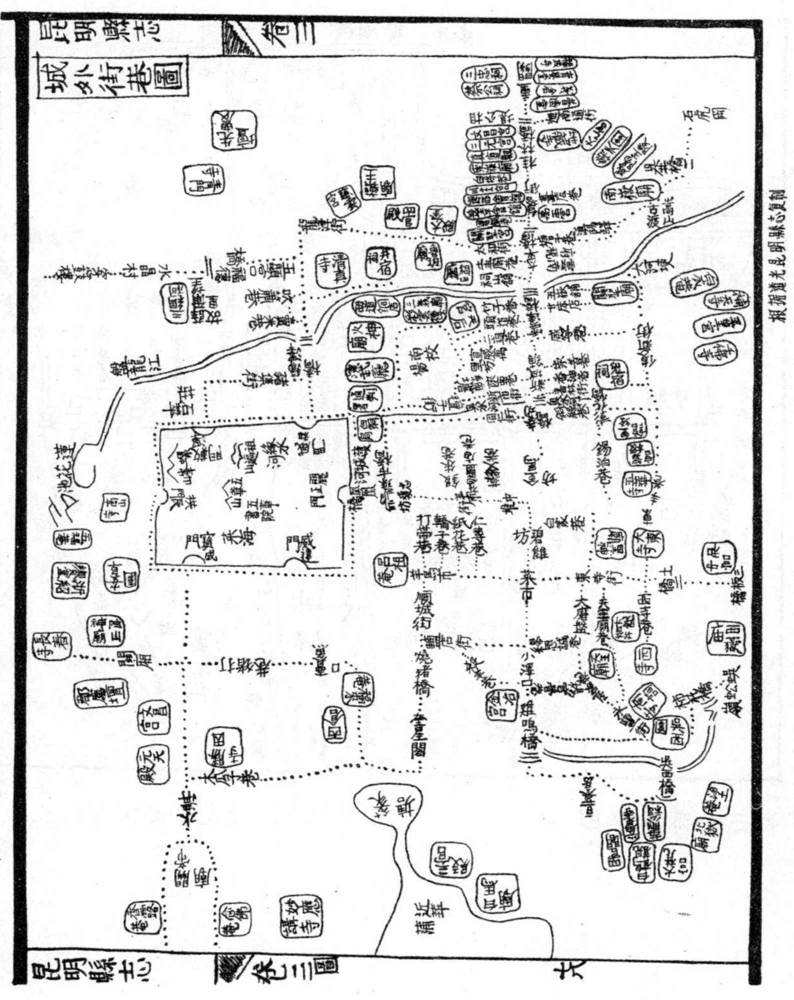

根据道光昆明县志复制

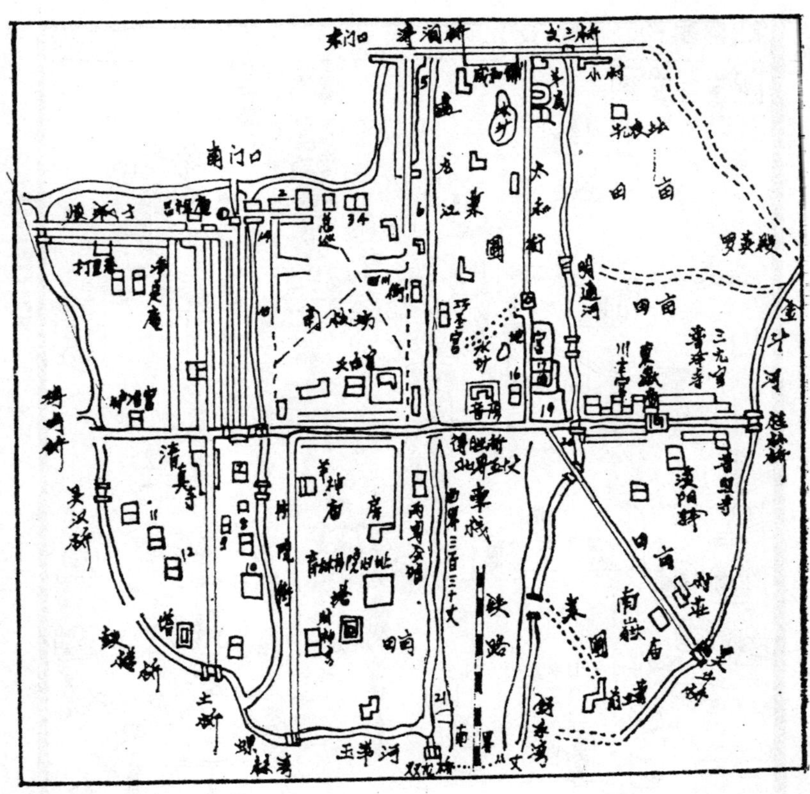

云南商埠草图　　　　见《盘龙区文物志》

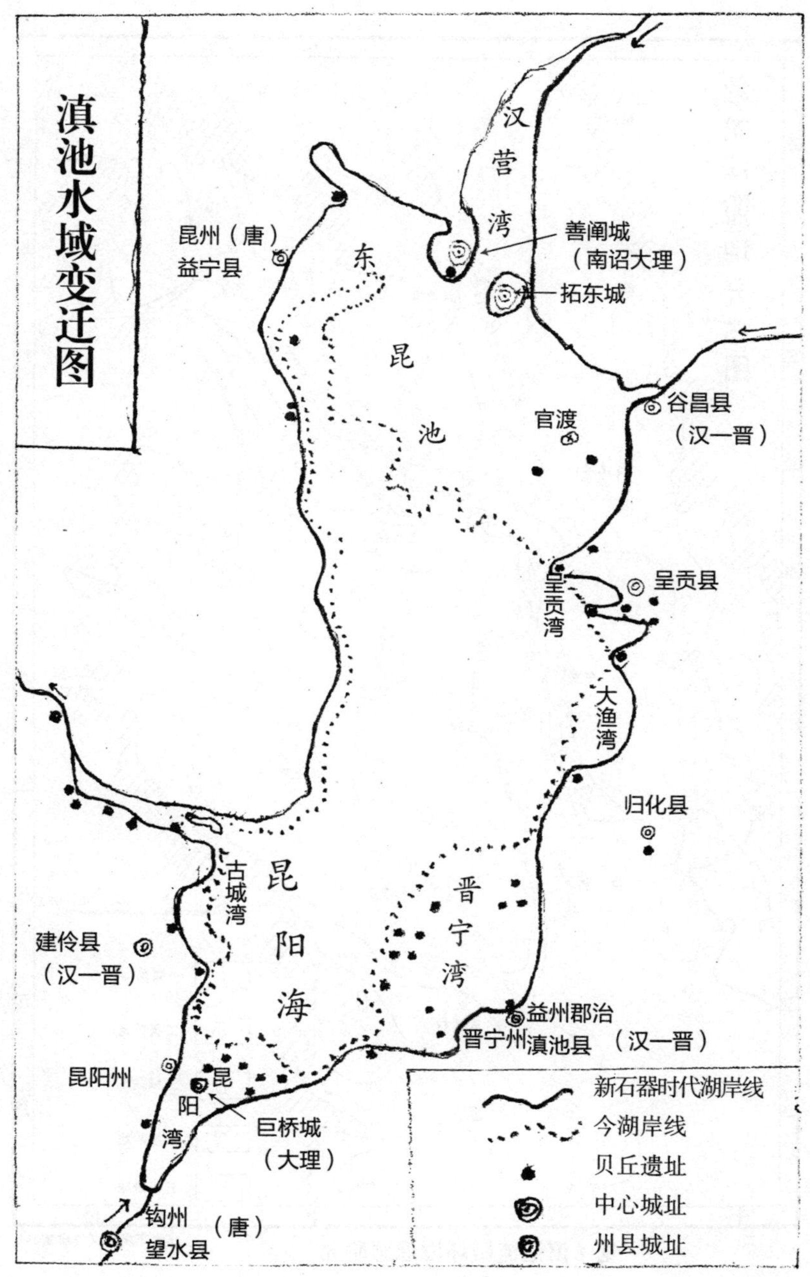

滇池水域变迁图
汉营湾
善阐城
（南诏大理）
拓东城
昆州（唐）
益宁县
东
昆
池
官渡
谷昌县
（汉一晋）
呈贡湾
呈贡县
大渔湾
归化县
古城湾
昆
阳
海
晋
宁
湾
建伶县
（汉一晋）
益州郡治
晋宁州
滇池县 （汉一晋）
昆阳州
昆
阳
湾
巨桥城
（大理）
钩州
（唐）
望水县
新石器时代湖岸线
今湖岸线
贝丘遗址
中心城址
州县城址

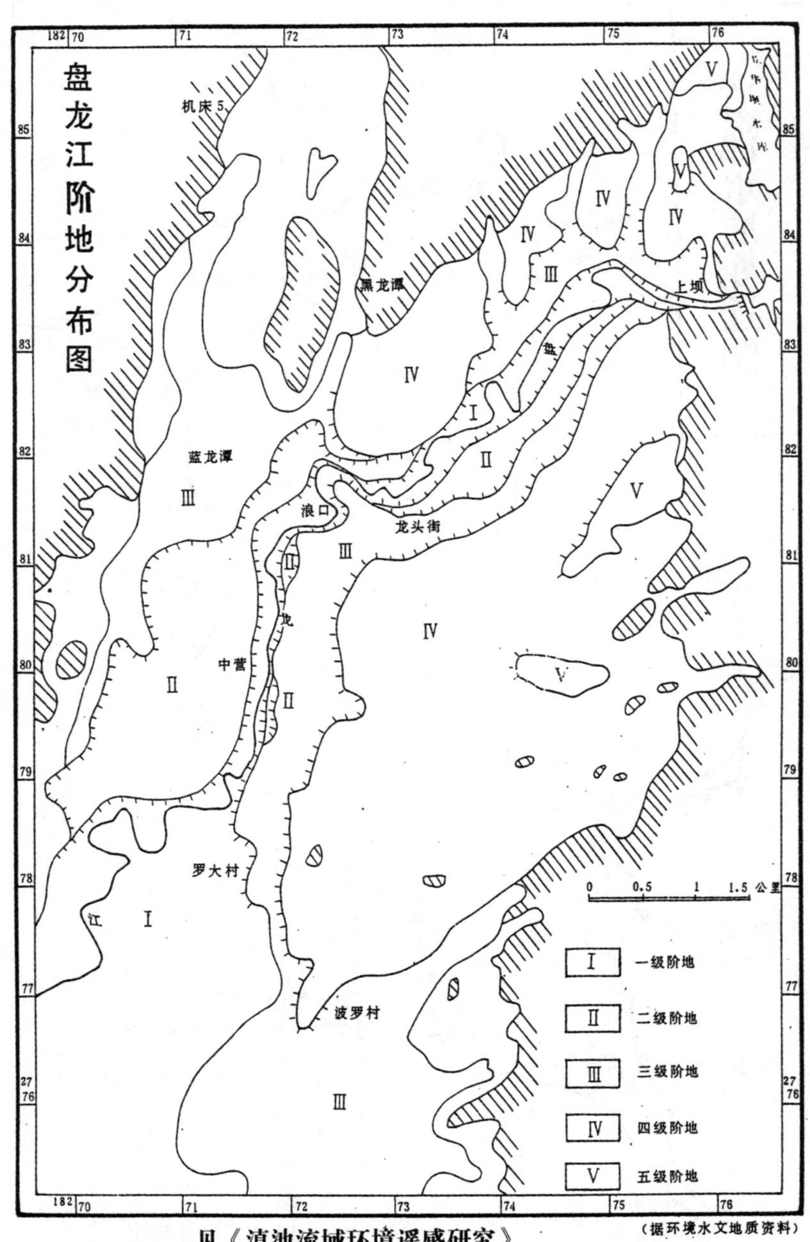

（据环境水文地质资料）

见《滇池流域环境遥感研究》

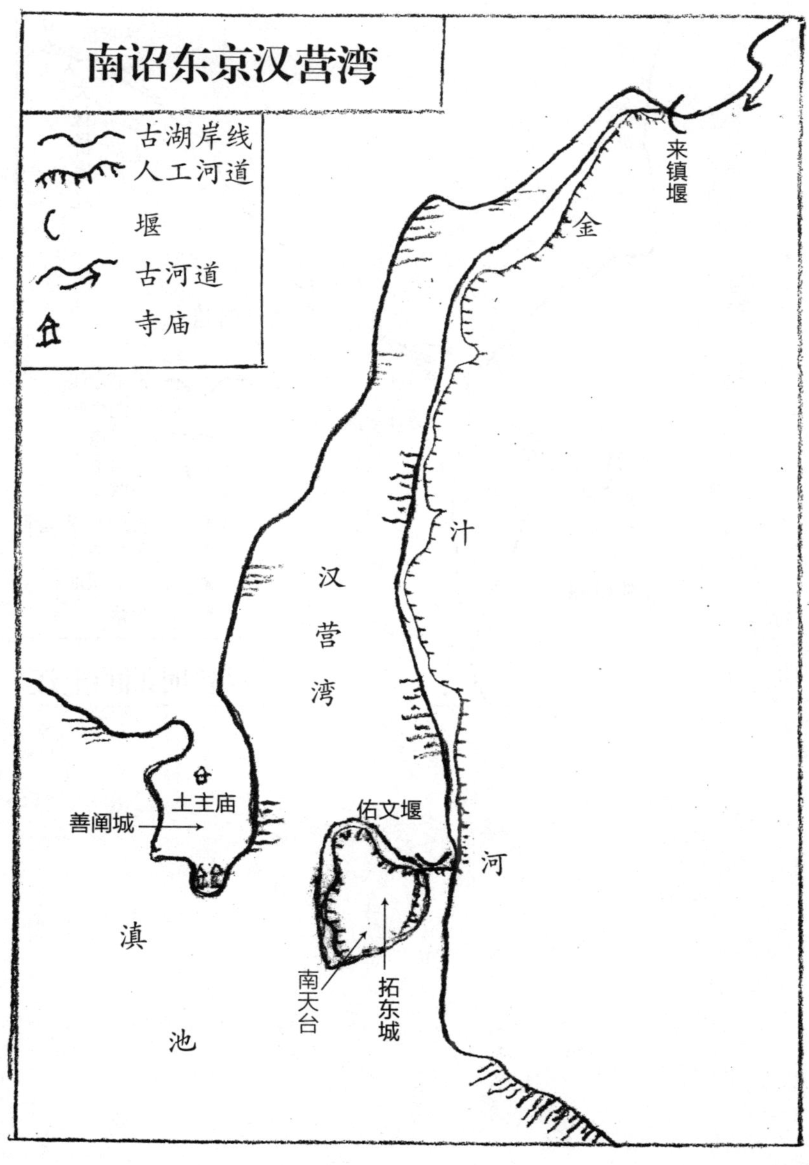
南诏东京汉营湾
古湖岸线
人工河道
堰
古河道
寺庙
来镇堰
金
汁
河
汉
营
湾
土主庙
善阐城
佑文堰
滇
池
南天台
拓东城

大板桥
江
大板桥遗址
宝
野猫洞遗址
谷昌城
羊甫头墓地
螺峰村遗址
官渡
石虎滩遗址
古湖岸线
今湖岸线
古河道
今河道
道路
古遗址、古墓葬
贝丘遗址
州县城址
聚落

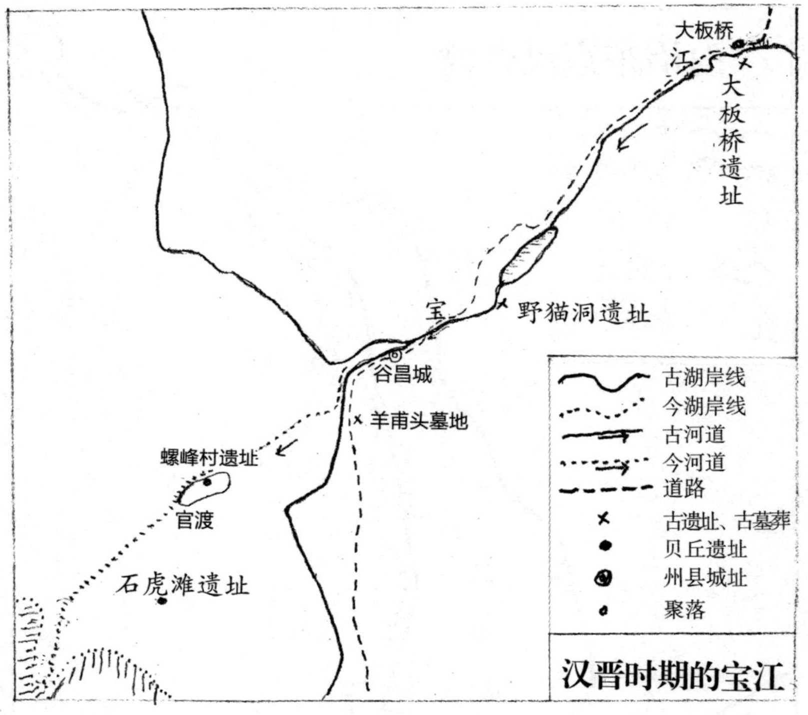

汉晋时期的宝江

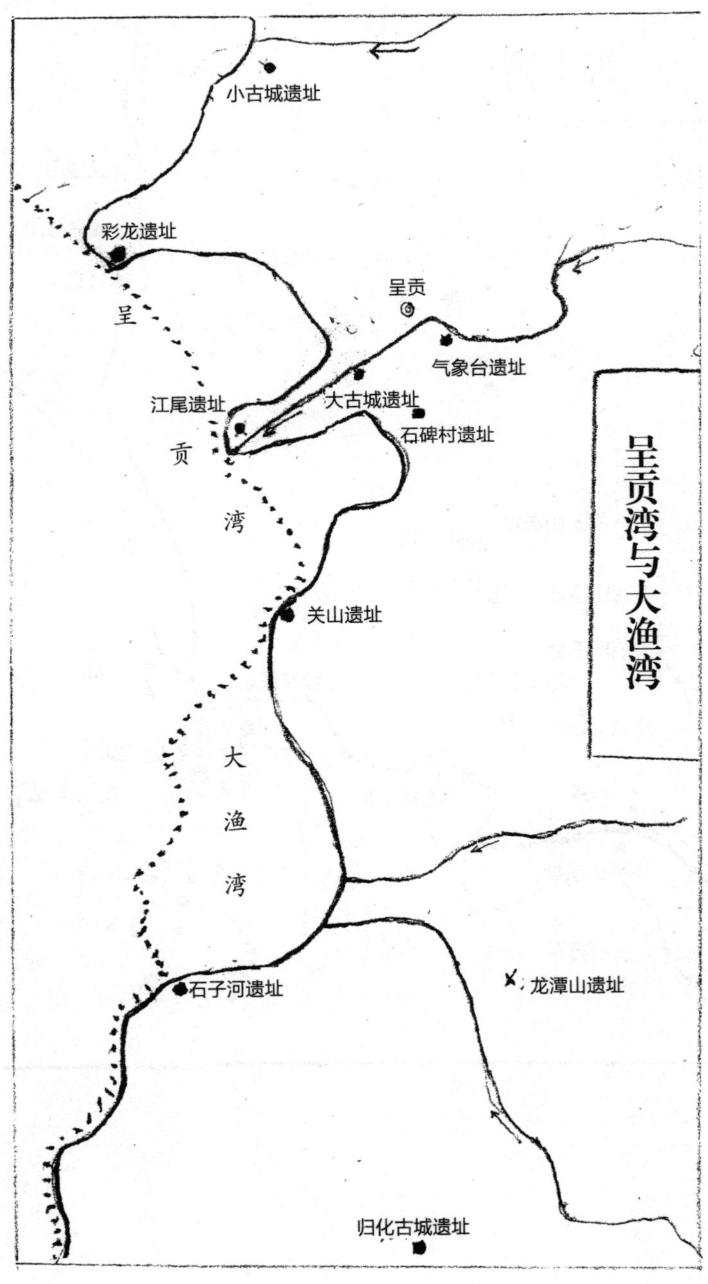
小古城遗址
彩龙遗址
呈贡
气象台遗址
江尾遗址
大古城遗址
石碑村遗址
呈
贡
湾
关山遗址
大
渔
湾
石子河遗址
龙潭山遗址
归化古城遗址
呈贡湾与大渔湾

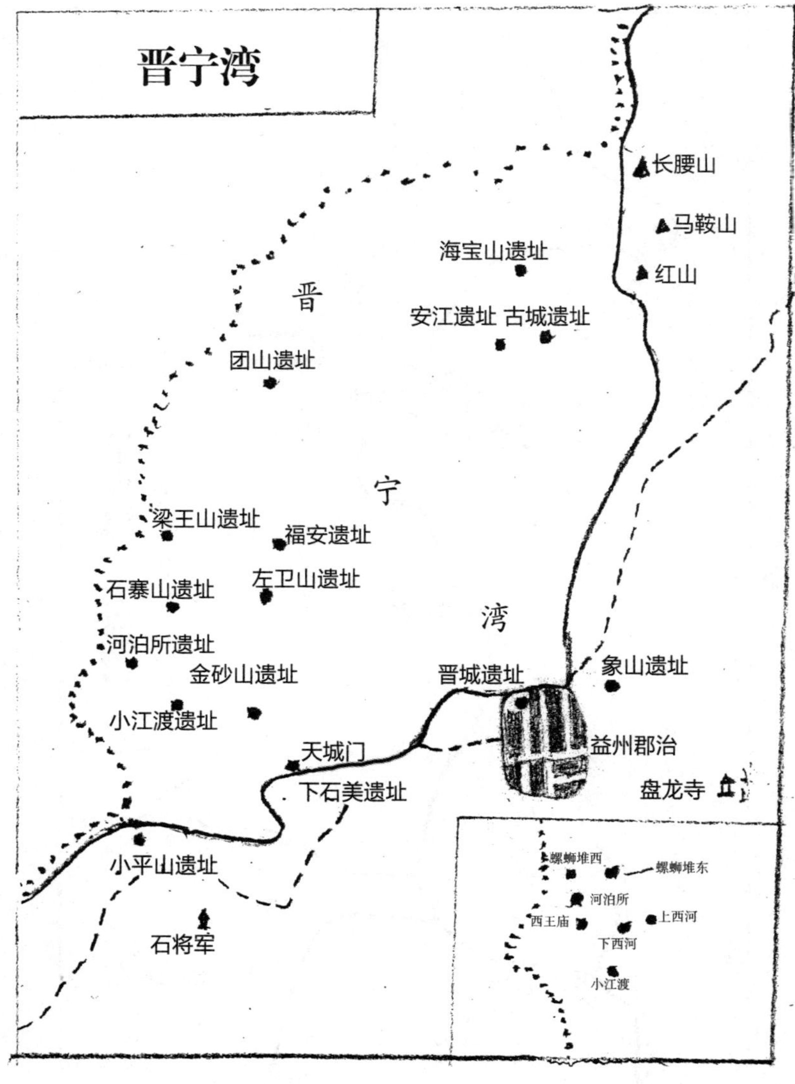
晋宁湾
长腰山
马鞍山
海宝山遗址
红山
晋
安江遗址
古城遗址
团山遗址
宁
梁王山遗址
福安遗址
左卫山遗址
石寨山遗址
湾
河泊所遗址
金砂山遗址
象山遗址
晋城遗址
小江渡遗址
天城门
益州郡治
下石美遗址
盘龙寺
螺蛳堆西
螺蛳堆东
河泊所
西王庙
上西河
下西河
小江渡
小平山遗址
石将军

古
城
湾
滇
池
中谊村遗址
河西县
（元）
建伶县
（汉一晋）
虎山遗址
太史庄遗址
兴旺村遗址
大河村遗址
小墩沟遗址
海埂遗址
昆阳
（明清）
昆
和代桥遗址
昆阳新城
（明末）
黄牛墩遗址
巨桥城（大理）
小团山遗址
昆阳（元）
堡孜村遗址
后村遗址
阳
湾
钩州（唐）
望水县（唐）

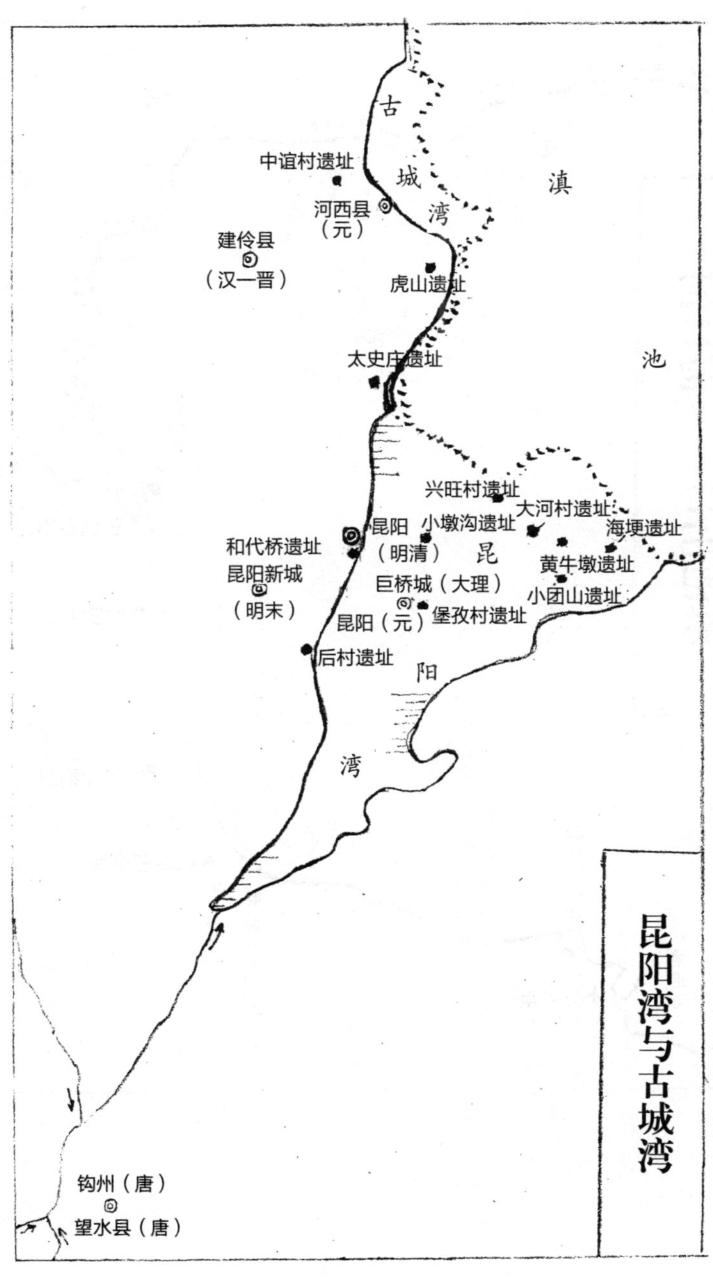

昆阳湾与古城湾

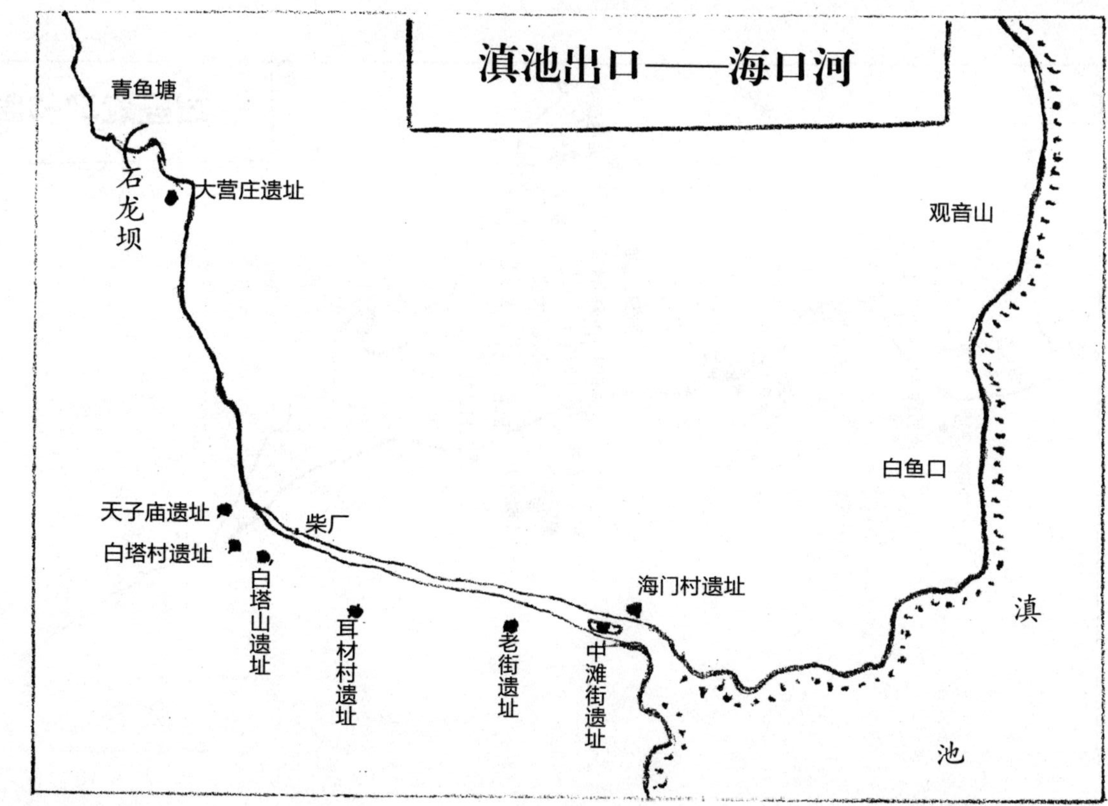
滇池出口——海口河
青鱼塘
石龙坝
大营庄遗址
观音山
白鱼口
天子庙遗址
柴厂
白塔村遗址
白塔山遗址
耳材村遗址
老街遗址
中滩街遗址
海门村遗址
滇池

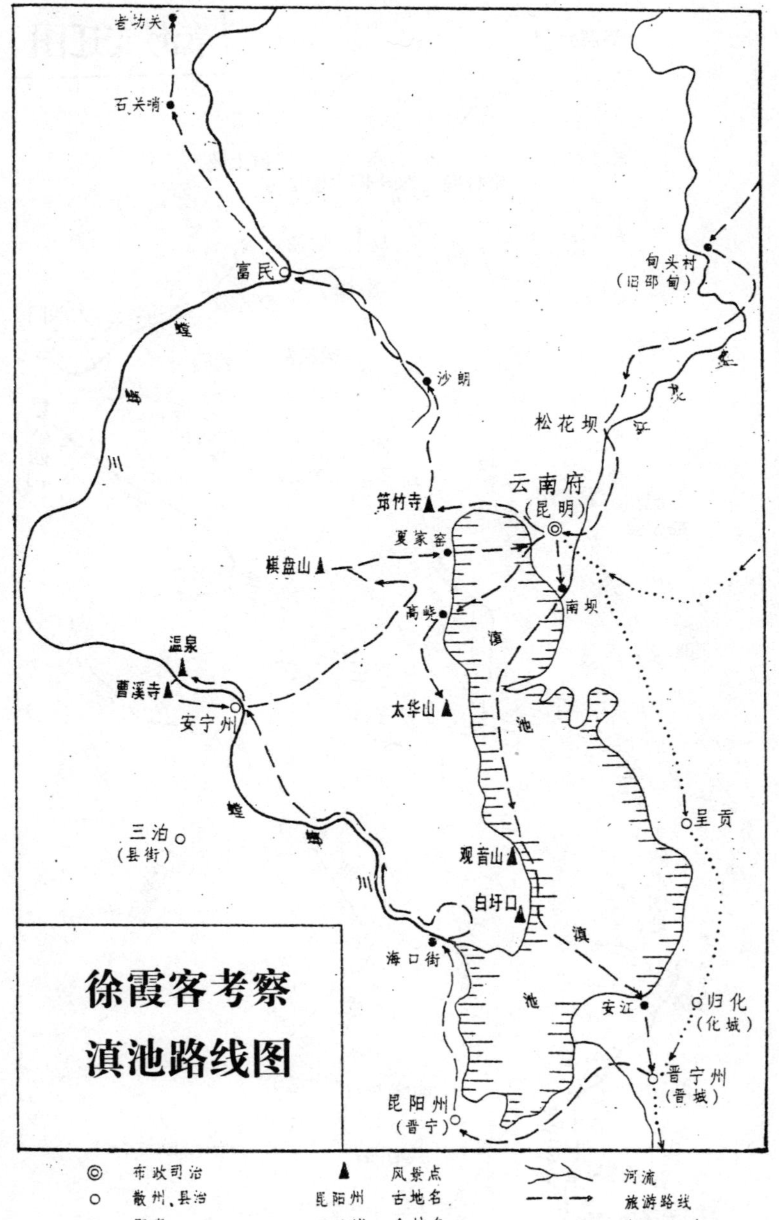
石关哨
富民
螳
螂
川
沙朗
甸头村
（旧邵甸）
盘
龙
江
松花坝
云南府
（昆明）
筇竹寺
夏家窑
棋盘山
高峣
南坝
滇
池
温泉
曹溪寺
安宁州
太华山
螳
螂
川
三泊
（县街）
呈贡
观音山
白圩口
滇
池
海口街
安江
归化
（化城）
晋宁州
（晋城）
昆阳州
（晋宁）
徐霞客考察
滇池路线图
布政司治
散州、县治
聚落
风景点
昆阳州 古地名
（晋宁） 今地名
河流
旅游路线
考订路线

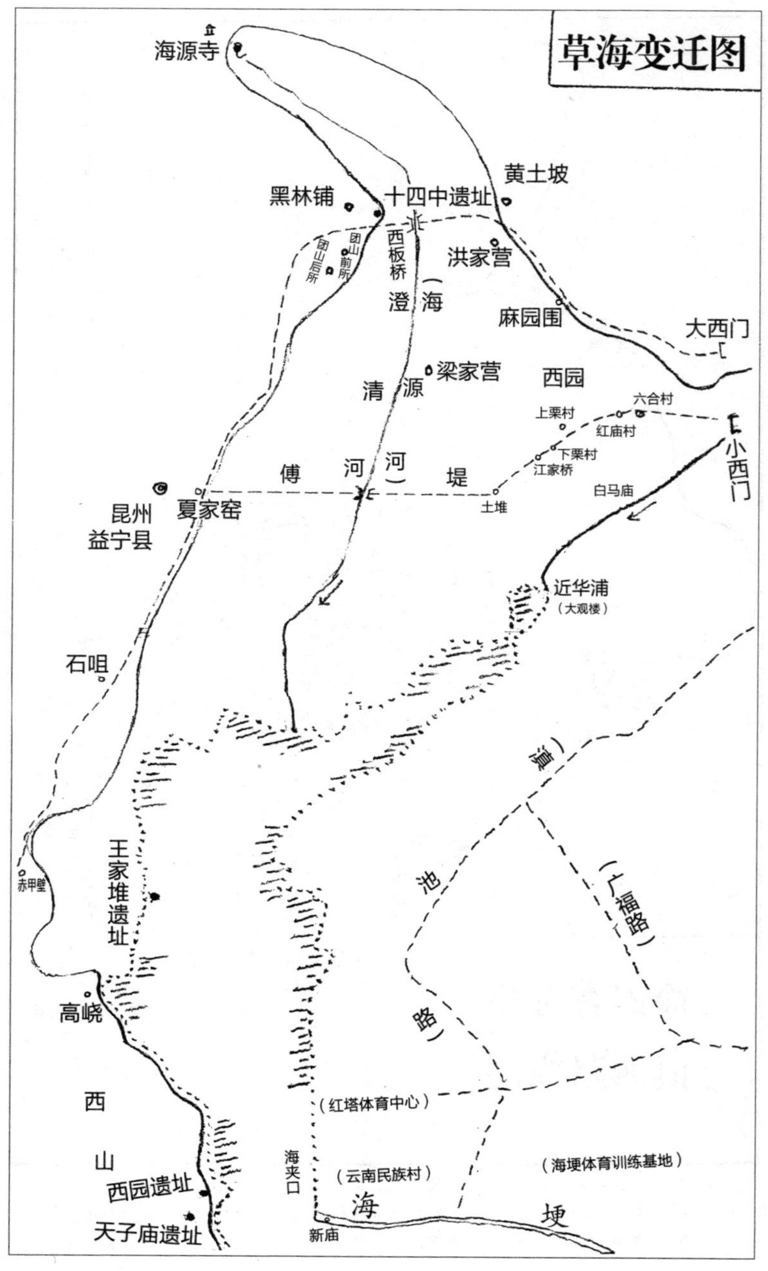
草海变迁图
海源寺
黄土坡
黑林铺
十四中遗址
团山前所
团山后所
西板桥
洪家营
澄海
麻园围
大西门
梁家营
西园
清源
六合村
上栗村
红庙村
下栗村
江家桥
小西门
傅河
河堤
土堆
白马庙
昆州
益宁县
夏家窑
近华浦
（大观楼）
石咀
滇池路
赤甲壁
王家堆遗址
广福路
高峣
西
山
（红塔体育中心）
海夹口
（云南民族村）
（海埂体育训练基地）
西园遗址
天子庙遗址
海埂
新庙

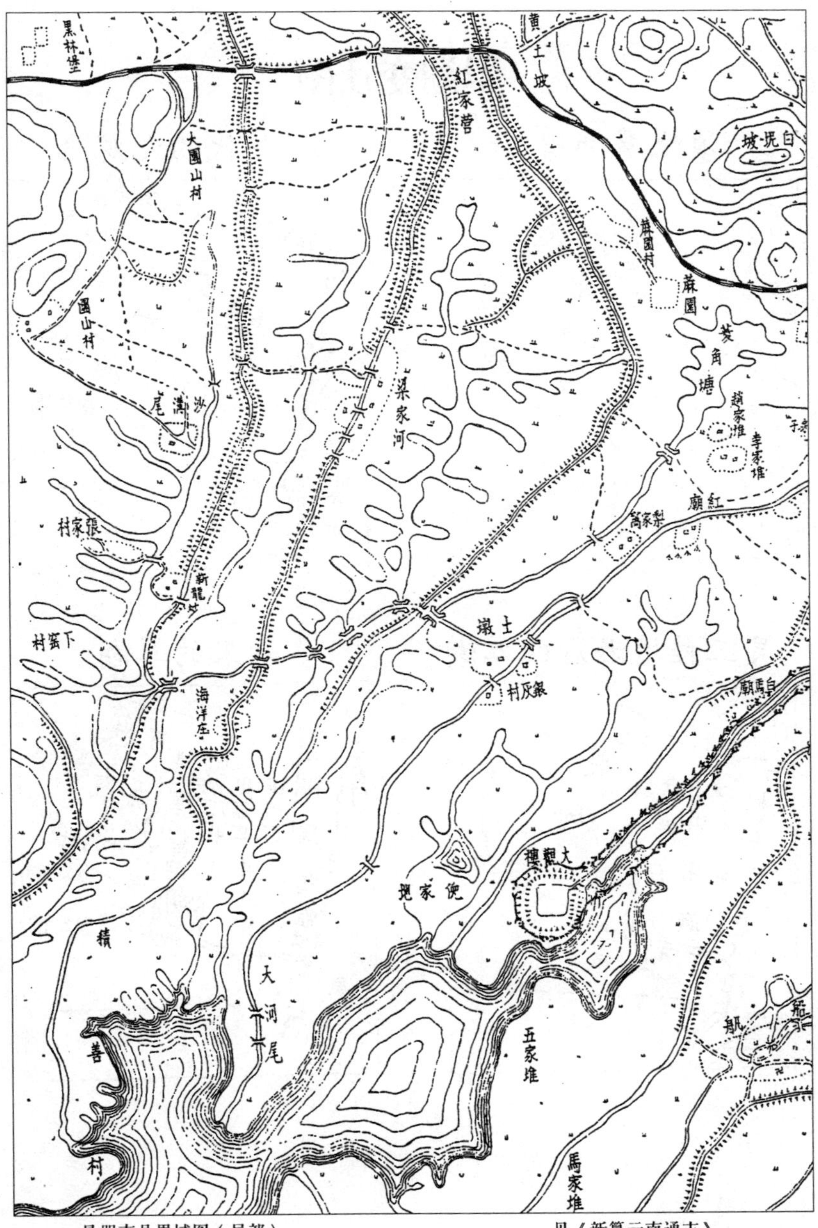

昆明市县界域图（局部）　　见《新纂云南通志》

翠湖变迁图

滇池翠湖湾
翠湖湾

明代的九龙池
贡院
云南府署
广威门
柳营
九龙池
胜应寺
皇华馆
潘家湾
洪润门

吴三桂填淤后的翠湖
菜海子
大西仓
洪化府
洗马河
洪化桥
篆塘

清末的翠湖
贡院
子边
宝城门
北海
钱局街
铸币厂
机器厂
莲花禅院
阮堤
翠湖
水月轩
法领事馆
讲武堂
监狱
南海子边
皇华馆
威远门

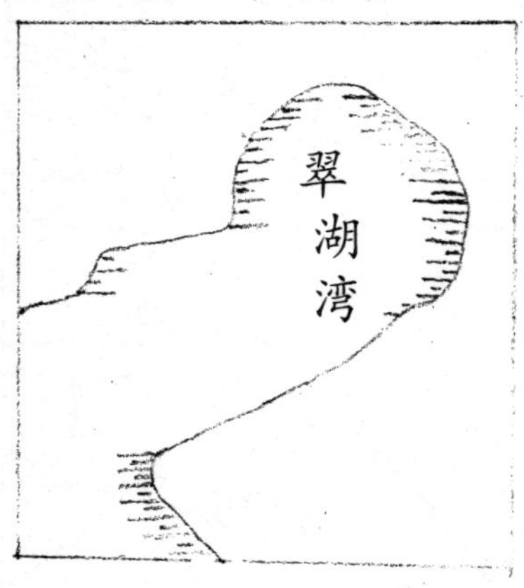

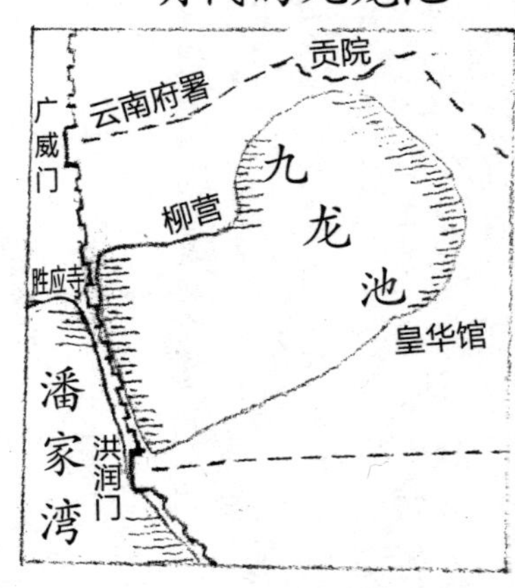

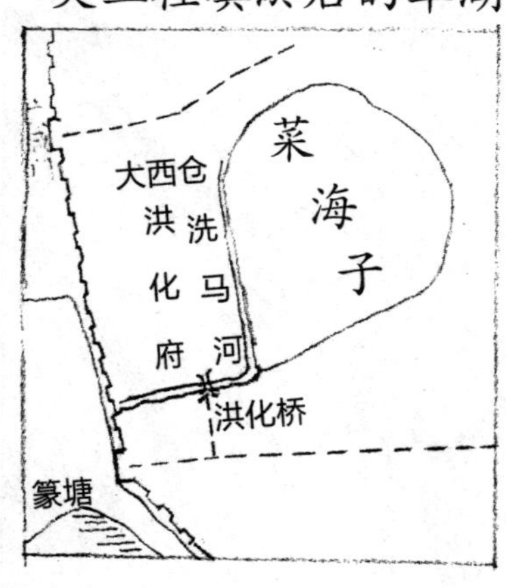

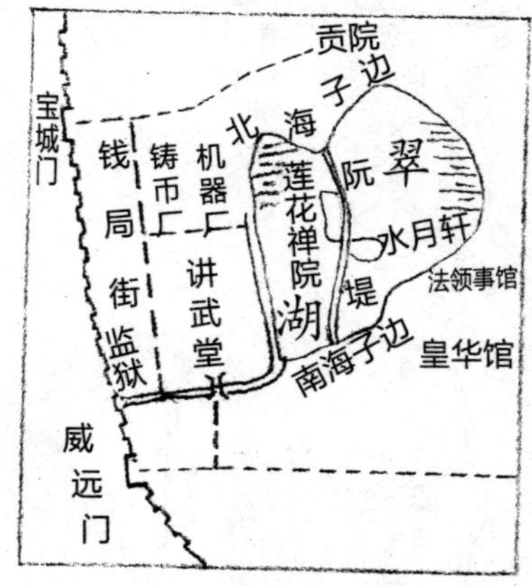

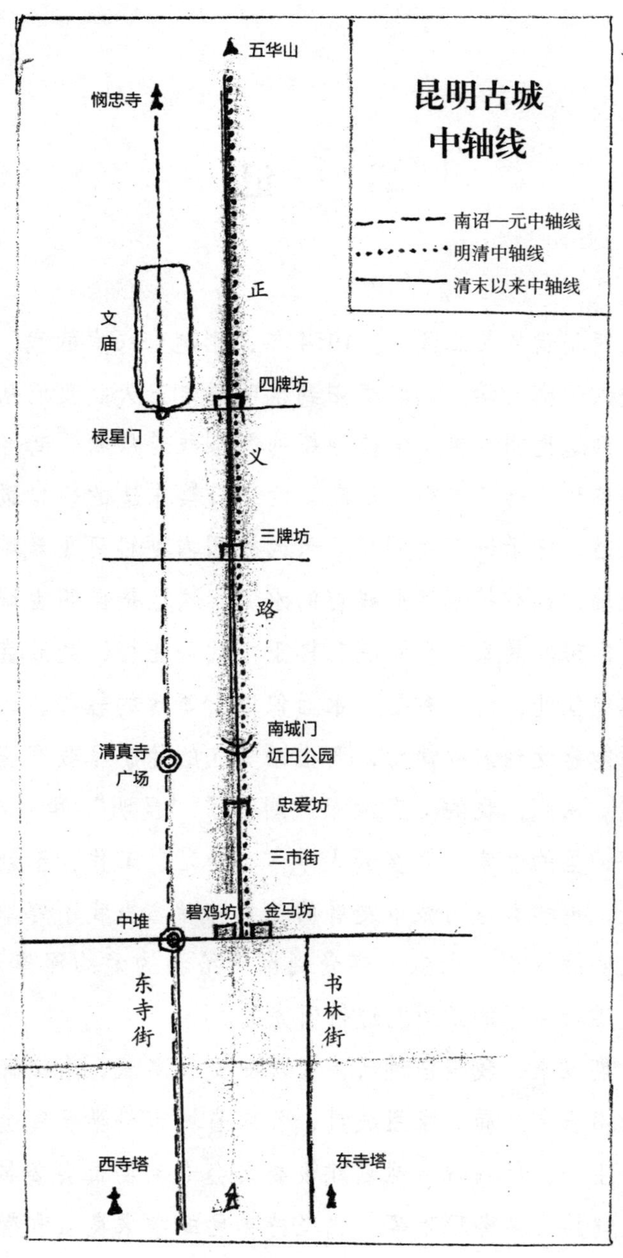
昆明古城
中轴线
南诏—元中轴线
明清中轴线
清末以来中轴线
五华山
悯忠寺
文庙
棂星门
正
义
路
四牌坊
三牌坊
南城门
近日公园
清真寺
广场
忠爱坊
三市街
碧鸡坊
金马坊
中堆
东寺街
书林街
西寺塔
东寺塔

后　　记

昆明是我的第二故乡。1954 年，刚满十八岁的我，通过高考进入云南大学。那时贵阳到昆明要走三天。我们从沾益乘火车到达昆明，再由学校迎新的汽车载着从塘子巷经过金马、碧鸡坊，转三市街，从高耸的近日楼东边的缺口缓缓驶到正义路，终于进入昆明城。云大校园内举目可见巍峨、斑驳的城墙，还有护城河里残留的水塘，这已是昆明古城的北隅。我们班的教室在会泽院三楼正中的仰止楼，是欣赏湖光山色的绝佳处，远处苍茫的水面似罩上薄薄的轻纱，天朗气清时还能感受到波纹律动，西山睡美人的轮廓尽收眼底，犹如画幅。从此，我的心底深深地刻下了“昆明”和“滇池”这两个神圣的名字。我在云大学习、生活、工作，奉献半个多世纪，也和着昆明城市发展的节拍脉动。当我不停地积累着对昆明的认识，也愈加感受到昆明给我的爱的深厚无涯，我是充溢着深深的爱对它进行研究的。

长期以来，我担任过云南省历史文化名城、名镇评审专家，云南省文物局专家组成员，云南省城市科学研究会编辑委员会主任，昆明城市规划建设委员会专家委员会委员，昆明市文博协会常务理事等。我坚持自己的学术良心和敬业精神，积极建言献策，保护历史文化名城、保护滇池。1986 年昆明市开展“假如我是昆明市长”活动，我投书建言《建设历史文化名城刍议》，受到市长的赞赏和接见（载《春城晚报》1986年3月23日第1版）。1987年我发表《边疆历史文化名城有关问题的探讨》，提出历史文化名城保护的三种模式：一种是保留几座古建筑作为象征，普遍翻新旧城；第二种是新旧城同时存在，局部保护旧城的精华部分或典型街区；第三种是保留完整的旧城建筑景观，另建新城。“前者作为历史文化名城不宜提倡”。“由于各种条件限制，普遍采用第二种模式”，但必须“成片保留才能突出特点”。“第三种模式最理想，但多数城市缺乏这种条件。”（载《云南城市研究》1987年创刊号，后收入《文化·历史·民俗——中国西南边疆民族文化论集》，云南大学出版社1993年版。）1990年应邀参加昆明历史文化名城研究会成立大会，我的论文《论昆明的地位和特点》通过分析提出：“昆明在全国突出的地位不是靠经济水平，而是靠得天独厚的历史条件和自然环境，它是一座历史文化名城和风景旅游名城，这就是昆明的优势和特点。因此，在昆明保护历史文化遗产和风景资源，保护古城风貌和自然风光显得特别重要”；“工厂建得再多，昆明在全国仍然只是小伙伴的地位；假如失掉它几千年形成的历史名城的特点或破坏了它美好的自然风光，昆明在全国的地位将一落千丈”（载《昆明历史文化名城研究会会刊（研究会成立大会专辑）》、《昆明社科》1991年第3期）。我在大会上的发言受到领导和专家的好评。1992年昆明市集会纪念国家公布昆明为历史文化名城十周年，请我就此再做强调。我报告的题目是《名城昆明在我国占有特殊的地位》，载《昆明城市科学》1992年4月的《纪念昆明历史文化名城公布十周年增刊》。2003 年《春城晚报》举办“云南历史文化名城保护与开发大家谈”，我的《历史文化名城重在保护》一文受到大家欢迎，获征文一等奖第一名（载《春城晚报》2003 年 10 月 28 日第 27 版）。我牵挂着昆明，关注着古城，多次接受各种媒体的采访，介绍古城风貌、文物古迹、旅游资源及滇池保护的得失，也曾为保护历史文物奔波。

城市研究是我从事学术研究的重要领域之一，包括城市历史地理、城市史、古都研究、名城保护等。1981 年云南省旅游局请我写《昆明史话》，在《导游拾零》第 6 期专册刊载。通过对昆明古史传统认识的梳理，我感到悬疑甚多，问题复杂，便将该文压在箱底，不欲示人，但从此踏上了攻坚克难的征程。我的老师谭其骧院士主编《中国国家大地图集·历史地图卷》，有一次谈及对历史自然地图的编绘，他感慨地说：“我们仅画黄河、长江行吗？还有东北、西北、西南等广大边疆地区众多的要素怎么画？”他问我：“云南古代的湖泊能画出来吗？”我说：“记录太少，但至少明清时期的可以画。”他赶紧说：“很好，明清时期的能画出来也不错。”我把谭先生的话牢记心里，加强对历史自然地理的研究，通过努力，明清时期高原湖泊的状况基本廓清。昆明古城与滇池的关系密不可分，昆明古城变迁的轨迹也因对滇池的研究而逐渐清晰。我是带着强烈的使命感进行研究的，边疆历史自然地理应该有突破，相信滇池的研究也会带动对于云南众多高原湖泊的探索。

我对昆明古城和滇池的研究持续了三十多年。随着研究的深入，增强了历史自信和文化自信，我对昆明的爱也从感性升华到理性。本书所记正是：

三万年赓续递进屡创辉煌，

五百里沧桑巨变保护为先。

我把对于昆明的古老记忆和美好乡愁与家乡的父老乡亲分享，并敬呈给祖国美丽灿烂的历史文化百花园。

本书是时代的产物，是在新中国科学文化蓬勃发展的基础上完成的。新中国为跨学科的研究提供了广阔的空间，没有其他相关学科的发展，本课题的深入也只能是望洋兴叹。本书的出版得到云南人民出版社领导的慷慨支持，责任编辑冯琰女士为本书的出版多次奔走，精心设计，严格把关，付出了辛劳，本人铭感不尽。参加本书搜集资料、编图、校稿全过程的还有朱彤。由于全书调研和成稿延续时间较长，很多地块或建筑的名称、范围、功能、设施等频繁变更，不便将今地一一注出，请读者鉴谅。

朱惠荣校讫谨识

2017年春日于云南大学西苑耕织园